NONPROFIT
非营利研究丛书

依附式发展的第三部门

THE THIRD SECTOR IN DEPENDENT DEVELOPMENT

康晓光 等/著

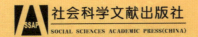

社会科学文献出版社
SOCIAL SCIENCES ACADEMIC PRESS(CHINA)

目 录
Contents

1   前言

1   **依附式发展的第三部门：第三部门环境分析**

1   一 导论

3   二 分析框架

7   三 第三部门

36   四 环境

88   五 环境对第三部门的协同影响

97   六 结论：依附式发展的第三部门

100   **嵌入性控制：当代中国国家—社会关系的新观察**

100   一 研究背景

103   二 文献综述

116   三 研究设计与理论框架

123   四 政策梳理

140   五 研究结论

144   **企业战略性慈善理论研究**
        ——对波特战略性慈善理论的拓展

144   一 问题提出

145   二 两流派理论综述

156   三 新战略性慈善理论构建

161   四 小结

163　**国际社会对中国第三部门发展的影响：世界社会的视角**

163　　一　绪论

175　　二　国际性组织和机构

194　　三　世界文化对国家的影响

214　　四　国际社会与国内第三部门组织

229　　五　结论和讨论

233　**当代中国大陆慈善文化研究**

233　　一　导论

238　　二　目前中国大陆存在的两种慈善文化观念特征群

275　　三　结论

282　**公益领域问责研究**

282　　一　导论

296　　二　研究设计

302　　三　公益领域问责现状

312　　四　问责机制分析

328　　五　有效问责的影响因素

336　　六　结论和讨论

前　言

　　本书是福特基金会资助的"中国人民大学非营利组织研究所能力建设项目"（资助号：1090－0453）专题研究成果。

　　中国人民大学非营利组织研究所致力于中国第三部门的理论研究。经过多年的努力，针对转型时期的第三部门，建立了一套宏观分析方法，即"系统—环境分析模型"。该模型在宏观层面上，研究改革开放以来中国第三部门发展的基本规律，包括发展的动力、机制以及形成的结构和功能。该模型认为，全球化、改革开放、改革的初始条件构成了第三部门发展的大背景，这些大背景塑造了转型时期中国的政治、经济、社会和文化的属性，而政治、经济、社会和文化的属性又塑造了第三部门的属性和历史轨迹。"系统—环境"视角强调，第三部门不是一个自足的系统，而是"嵌入"在由政治、经济、社会、文化构成的"母体"之中；第三部门深受其"母体"的影响，它也对"母体"产生反作用。时下中国的第三部门还非常弱小，还不具备主导自身命运的能力，相反，其现状和未来命运在很大程度上取决于外部环境的状态。这意味着，要理解第三部门的历史、现状和命运，首先要理解它生存于其中的"母体"的历史、现状和演变趋势。

根据"系统—环境分析模型",本项专题研究设立了五个子课题,分别研究政府、企业、海外力量、本土文化与第三部门的关系以及公益领域的问责问题。前四项课题分别讨论各种环境因子对中国第三部门发展的直接影响。康晓光是专题研究的总负责人,刘鹏博士负责政府与第三部门关系研究,赵秀梅博士负责海外力量与第三部门关系研究,康晓光、杨宝和许文文负责企业与第三部门关系研究,康晓光和王瑾负责本土文化与第三部门关系研究,康晓光和李呈呈负责第三部门问责研究。

本书共收录了六篇文章。第一篇"依附式发展的第三部门:第三部门环境分析"由康晓光撰写。该文曾作为总报告收入《中国第三部门观察报告2011》一书。该书于2011年1月在社会科学文献出版社正式出版。该文运用"系统—环境分析模型"分析中国的第三部门以及第三部门与环境的关系。在该文中,康晓光用"依附式发展"概括了转型时期中国第三部门的基本特征。鉴于该文是对中国第三部门的一个总括性论述,故收入本书,以起到统领作用。第二篇"嵌入性控制:当代中国国家—社会关系的新观察"由刘鹏执笔。该文从国家与社会关系的视角分析了近年来政府与第三部门关系的新变化,提出了"嵌入性控制"概念。第三篇"企业战略性慈善理论研究——对波特战略性慈善理论的拓展"由许文文执笔。该文整合了当前企业战略性慈善理论的两个主要流派(波特战略性慈善理论和品牌导向型慈善理论),提出了更为全面也更具有解释能力的分析企业战略性慈善的理论框架。第四篇"国际社会对中国第三部门发展的影响:世界社会的视角"由赵秀梅执笔。该文利用世界社会理论解读国际社会对中国第三部门发展的影响。第五篇"当代中国大陆慈善文化研究"由王瑾执笔。该文从终极价值观、慈善理念、慈善行动模式入手，分析现实中占据主导地位的慈善文化模式，并归纳出"西方现代慈善文化"和"本土现代慈善文化"两种观念特征群。第六篇"公益领域问责研究"由李呈呈执笔。该文从问责主体、问责对象、问责内容、问责方式和问责效果观察问责体系。分析发现，以价值观、道德规范为核心的软机制在问责过程中发挥着积极作用，当软机制和硬机制良性互动时可以使问责效果"倍增"。需要说明的是，这篇文章是在陈南方的硕士论文的基础上完成的。

本项研究采取了团队合作的工作方式。康晓光设计了总体计划，对五个子课题提出了明确的要求，然后分包给研究团队成员执行。在项目运行期间，康晓光定期召集团队成员讨论专题研究工作，共召开了6次全体成员参加的讨论会；此外，还召开了10余次子课题讨论会。在讨论会上，团队成员就各个子课题的研究主题、理论框架、案例调研、主要结论、报告撰写等展开讨论。可以毫不夸张地说，每篇文章都是集体劳动的产物，体现了集体的智慧。参与研究工作的团队成员包括：康晓光、冯利、赵秀梅、刘鹏、卢宪英、王兵、蒋金富、王瑾、杨宝、许文文、李呈呈、陈赞、田舒、王世强、陈倩、杨培、罗瑞雪、常健、陈莉。这本书就是全体成员精诚合作的见证。

杨宝担任本项目的项目助理，负责安排定期和不定期研讨会，督促各个子课题按计划实施以及与资助方沟通。他还承担了本书的编辑工作。

本书出版得到社会科学文献出版社编审、社会科学图书事业部主任王绯女士的大力支持，感谢李兰生先生高质量的编辑工作。

在本书即将付梓出版之际，我谨代表中国人民大学非营利组织研究所，向福特基金会、社会科学文献出版社、中国人民大学公共管理学院致以诚挚的谢意。

康晓光教授

中国人民大学非营利组织研究所所长

2010 年 12 月 31 日

依附式发展的第三部门：
第三部门环境分析

康晓光

一　导论

改革开放 30 多年来，中国的第三部门发生了很大变化。无论在结构还是功能上，它都已经不同于 30 多年前。那么，我们应该如何来审视这些变化？在全球化的大背景下，今日中国的第三部门，与西方的第三部门相同或者相近吗？中国的第三部门正在走向"历史的终结"，变成西方那样的公民社会，还是呈现出完全不同的形态？在纵横向的比较视野中，当前中国的第三部门到底呈现出哪些特征？这些特征又是如何形成的？

事实上，在第三部门发生变化的同时，第三部门的外部环境也在变化，第三部门与外部环境之间的关系也在变化。而第三部门的变化本身就是外部环境作用和影响的结果。当然，第三部门的变化又会进一步促进外部环境的变化。在这个过程中，第三部门与外部环境之间的关系也会发生变化。

本报告关注这样的一些问题：经过 30 多年的发展和变化，当前中国第三部门的现状到底如何？第三部门的现状受到了哪些环境因素的影响？第三部门的环境是如何塑造的？这些环境因素是如何影响中国的第三部门的？我们应该如何界定在这些环境因素共同影响下的当前中国第三部门的性质？

研究这些问题对于社会、经济、政治和文化均具有重要的意义。

第一，第三部门的成长改变着社会的结构和边界。作为一种自组织形式，它在政府和市场之外，满足社会中的人们对于自由结社的向往和需要，并使人们在这种结社的过程中，通过互惠互利，提供公益性的社会服务，解决其共同面临的问题。伴随着第三部门的发展，社会领域的边界不断扩大，社会领域的结构也在发生重要变化。

第二，第三部门也在规范着其与市场之间的界限。一方面，第三部门与市场经济相互支持。各种行业协会、商会在订立行规行约、规范企业竞争、加强市场交流、维护市场秩序等方面发挥着积极的作用。市场经济的发展为第三部门的出现奠定了基础，并为其发展提供各种支持。近年来，企业参与公益事业的力度越来越大，市场的一套运作手段和管理方法被逐步引入第三部门，也提高了第三部门的效率。另一方面，第三部门又是抵御市场暴政的有效手段，避免市场经济因自身工具理性的过度扩张而造成的对人们生活世界的殖民化，解决市场经济发展所带来的环境问题、公平问题，监督市场和企业无道的行为，维护社会的公平正义。

第三，第三部门的发展改变着国家与社会的关系，影响着中国未来的政治发展。伴随着由第三部门发展而带来的"社会"边界以及社会领域结构的改变，中国的国家与社会关系也在发生重要的变化。此外，社会领域的这一变迁还对中国未来的政治发展至关重要。政治发展与社会领域的变迁密切相关，社会领域的变迁是影响政治发展的决定性因素之一。更何况，中国是一个世界大国，它的政治发展不仅对中国，而且对全世界都具有极端重要的影响。

第四，第三部门还是文化形成和传播的重要载体，是社会化的重要场所。在第三部门发展的过程中，它形成或改变着人们的价值观和理念，促使人们互助友爱，倡导奉献，支持公益，共同促进一个和谐的拥有美德的社会的建立，它塑造着社会的公益文化。

更为重要的是，当前中国的第三部门正处在急剧变化的关键时期，而这一变化却呈现出不确定性。为此，迫切需要确立一套有效的分析方法，并运用这套方法对现实进行持之以恒的观察，以判明未来的形势，指明发展的方向，确立相应对策，使中国的第三部门以及政治、经济、社会和文化等各方面，共同走向良性的未来。

本观察报告就准备致力于这样一种持续的跟踪工作。希望通过这样的跟踪，客观地记录下第三部门发展的重要足迹，及时反映最新动态，成为促进第三部门发展的一支重要力量。

二 分析框架

任何事物都会受到环境或多或少的影响。环境分析对目前的中国第三部门尤为重要，这是因为，中国的第三部门现在还非常弱小，其特性主要是由外部环境决定的。

（一）研究内容

环境分析意味着，第三部门不是一个自足的体系，其受到所面临的政治、经济、社会、文化等环境因素的广泛影响，反过来，它也在影响着环境因素。第三部门不是悬浮在"真空"之中，而是深植于"母体"之中，并与其母体存在紧密的互动。

因此，要真正理解第三部门，必须理解其母体，理解它与母体之间的互动。正是在这种互动中，第三部门才能形成自己的结构，发挥自己的功能，改变自己的环境。用开放系统理论的术语来说，第三部门就是系统，而其母体就是环境。

第三部门的环境分析包括：（1）因子：对第三部门组织有影响的外部因子叫环境因子。在当前中国，第三部门所面临的最重要的环境因子包括：政府、企业、公众、媒体、文化、海外力量等。（2）因子集合：包括环境因子为第三部门提供的各种资源，为第三部门的行动提供的行动空间，以及行动的规则等。其中，环境因子为第三部门投入的资源包括人员、资金、物质、专业知识、关系网络等。环境因子为第三部门提供的行动空间是指允许第三部门组织开展活动的领域。环境因子为第三部门生存和发展所制定的规则性的支持体系，包括政府提供的法律框架、政府的管理策略和行为、文化传统等。（3）因子作用机制：研究系统和环境如何发生作用，它们通过什么渠道和方式发挥相互作用等。（4）因子作用效果：主要指在环境因子的综合影响下，中国的第三部门所呈现出的状态及其性质。

（二）研究逻辑

1. 环境因子及其变迁

对第三部门最有影响的环境因子，包括政府，企业与企业家，公众、媒体与文化，海外力量等。

环境并不是亘古不变的东西。今日中国第三部门所面临的环境的状态，一方面取决于它的初始条件，另一方面取决于改革开放对它的影响。而改革开放的动力机制是全球化，正是全球化造就了中国的改革开放。

第三部门所面临环境的初始条件可以概括为：全能主义体制，国家主宰一切，典型的"一元结构"，几乎禁止一切自发的集体行动和结社行为；社会结构稳定、僵化；计划经济体制；马克思主义文化，等等。由于"路径依赖机制"的作用，改革的初始条件对改革的方式及其后果均产生了深刻的影响。

环境因子的初始条件决定了改革是一场政府主导的改革。伴随着改革的推进，中国第三部门的环境因子，包括政治、经济、社会和文化都发生了重要的变化。这一变革始于经济领域。经济领域的市场化改革，确立了市场机制的主导地位，导致国家与社会出现了首次分离。国家与社会的分离使社会领域出现了半自由化状态，人们的私生活获得解放，并且逐渐拥有了一定的自由结社的权利。此外，国家与社会的分离也使得文化以及人们的价值观、思想和行为规范发生了一系列变化。这一切带来了政治领域中"自然而然的变革"，全能主义国家逐渐向权威主义国家过渡。

当然，在这一变迁的过程中，对外开放也发挥了重要的作用。事实上，改革本身也是对外开放的结果。对外开放使得西方社会对中国改革的方式和方向产生了重要的示范影响。

2. 环境变迁与第三部门的发展

环境因子的这些变化深刻地影响了第三部门的发展。

一方面，环境因子的变迁为第三部门组织的产生创造了供需条件。首先，在改革开放的过程中，伴随着环境因子的变迁，一系列新的政治、经济、社会和文化问题随之而来，这些新问题为第三部门组织的产生奠定了需求基础。其次，环境因子的变迁也为第三部门组织的产生提供了供给条件。全能主义体制的瓦解为第三部门组织的产生提供了政治空间，市场化改革为第三部门组织提供了自由资源，文化、人们价值观和社会舆论的改变，媒体的进一步开放，为第三部门组织的产生创造了社会环境。海外力量也在持续地施加影响，不但为中国第三部门组织的发展提供了示范压力，还为第三部门组织的产生提供了各种资源、专业知识和网络支持等。这一切共同促进了中国第三部门组织的产生以及第三部门的发展。

另一方面，第三部门的发展又反过来刺激了环境因子进一步的变迁。为了适应第三部门的发展，政府不断调整行政框架，改变管理的策略和手段。公众逐渐认识并认可第三部门的理念、价值和所作所为，社会舆论中有越来越多关于第三部门的内容，公益文化越来越凸显。企业的公益意识和社会责任意识也因此而加强。海外力量正在根据第三部门的发展动态调整其应对的策略和重点。

因此，可以看出，全球化、初始条件、改革开放等，这一切重新塑造了第三部门的外部环境，又通过环境促进了第三部门的发展；而第三部门的发展又进一步促进了环境因子的变迁。

图 1 显示了本报告考察第三部门的环境因子与第三部门之间相互作用的逻辑关系。

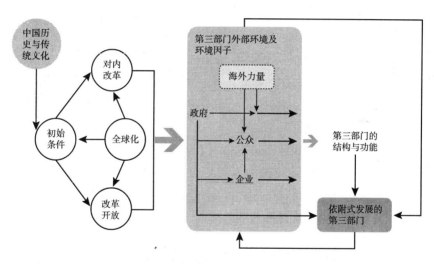

图 1　分析框架：系统与环境相互作用图示

3. 环境因子的相互作用与力量分析

环境因子对第三部门的作用不是单一纬度的，环境因子彼此之间也有很多互动，第三部门在所有环境因子的共同作用下生存和发展。政府与企业是一种"精英联盟"，它们在对待第三部门的问题上拥有共同利益，因此，在合作与相互扶持的基础上共同影响乃至控制第三部门是它们的选择。政府试图联合企业，共同抵御海外力量对中国第三部门的渗透，抵制西方社会对中国的"颠覆"和"瓦解"，以维系自己的利益。企业与海外力量不存在联合的可能性，企业资助海外力量"颠覆"当前政权，无异于自毁饭碗。

不同的环境因子的力量格局也并不均衡。其中，政府的力量依然是最强大的。政府完全能够控制市场的力量，使之为己所用。海外力量也不足以对抗政府。而海外力量与企业又不可能联盟。因此，在当前的环境因子中，政府始终是影响第三部门最强大的力量，它不但直接与海外力量抗衡，还扶植企业作为一支新崛起的环境力量，与海外力量争地盘。由于得到了政府的支持，因此，未来企业的力量可能会增强，而海外力量可能会因政府与企业的联合抵抗而减弱。新格局的大赢家是政府，政府扶持自己可以控制的企业，通过企业公益为社会提供公共服务，促进社会发展。

4. 环境影响下的第三部门

当前中国的第三部门呈现出的各种特征，正是环境因子共同影响的结果。

政府、企业、海外力量和公众分别为第三部门提供了不同的资源和支持，它们共同推动了第三部门组织数量的增长、发育程度的提高、自主性的增加，以及所能发挥的功能的增强。但整体来看，中国的第三部门仍处于发展的初级阶段。这除了与中国的第三部门发育较晚有关之外，政府的限制发展策略是其发育不良的主要原因。

第三部门所面临的环境因子不止一个，不同的环境因子对第三部门存在不同的意图，并且影响第三部门的施力点和施力方向是不同的，对不同的第三部门组织施力的力度和具体方式也是不同的，这就决定了第三部门内部组织特征的高度多元化以及发展的不平衡性。

第三部门组织自主性和独立性的强弱取决于两方面，一是行政权力对第三部门实施干预的程度，二是组织主导资源的单一化程度。在中国，绝大多数第三部门组织的资源非常单一，而组织的资源都掌控在第三部门组织所面临的环境因子手中，这就造成绝大多数组织高度依赖于在资源提供上占据主导地位的环境因子，并且更容易受到这一环境因子的控制。这是第三部门组织在整体上缺乏独立性和自主性的主要原因。但是，当前的中国政府无法为第三部门的发展提供一套合法性论说；中国的传统文化虽然内涵深厚，但目前却很式微；而市场经济的逻辑本身就与西方文化一脉相承，具有天然的亲和性。这些为中国的第三部门接受西方文化和价值观提供了可能。

但是，政府很好地控制了第三部门的行为，使其只能在政府允许的范围内，开展一些服务社会、服务政府的行动。企业为第三部门提供资源，并使大量的第三部门组织对企业资源产生依赖，从而使其丧失了挑战市场、挑战企业的能力。海外力量对第三部门的资助虽然有利于提高第三部门的挑战性，但是这种挑战性更多停留在思想层面，海外力量无法直接控制第三部门的行为。

（三）报告结构

本报告所有内容，正是试图阐述这一逻辑。但是为了使读者读起来更有结构感，本报告采取"倒叙"的方式来布局。即：首先从观察第三部门的现状出发，总结当前中国第三部门的结构和功能特征。然后，分析第三部门的各个环境因子及其对第三部门结构和功能特征所产生的"独立"影响。最后，考察环境因子的变迁、互动及其对第三部门结构和功能所产生的"综合"影响。

本报告的结构安排如下：

第一部分讨论研究报告的重要性；

第二部分建立分析框架；

第三部分讨论第三部门的定义、结构与功能；

第四部分讨论第三部门所面临的环境，包括政府、企业、公众、媒体、文化与海外力量因素及其对第三部门的结构和功能所产生的"独立"影响；

第五部分讨论环境因子的变迁、环境因子的互动，以及环境因子对第三部门结构和功能的"综合"作用；

第六部分讨论目前中国第三部门的基本特征。

三　第三部门

本部分界定我们的研究对象，介绍第三部门的现状，包括其结构与功能。

（一）定义

从范围上讲，第三部门是指不属于第一部门（政府）和第二部门（企业）的其他所有组织的集合。从功能上讲，第三部门从事那些政府和企业不愿意做、做不了或者做起来没有效率的事情。按照这一界定，在中国，第三部门内的组织极为丰富，包括：人民团体类组织①，国家规定的免登记社团②，事业单位，地域型组织③，在民政部门登记注册的社会团体、民办非企业单位、基金会，在其他政府部门登记注册的第三部门组织（例如业主委员会、宗教活动场所等），海外力量第三部门组织在中国的分支机构，挂靠在合法组织下的各种第三部门组织，在单位、社区内部活动的各种第三部门组织，公园街头的各种兴趣组织，互联网上的虚拟社团，政治反对组织。此外，大量以企业法人身份登记注册，但按照第三部门组织的理念和方式，从事非营利活动的组织，按照功能来看，也应该归入第三部门的范畴。

美国约翰·霍普金斯大学非营利组织比较研究中心萨拉蒙教授从结构—运作角度出发，对西方国家从范围上属于第一部门和第二部门之外的组织（即第三部门组织）的特征进行了界定。这一界定被认为是对西方社会第三部门组织根本特性的经典总结。

萨拉蒙认为，西方社会的第三部门组织通常具有以下特征：一是组织性。强调组织有内部规章制度，有负责人，有经常性活动。纯粹的非正规的、临时聚集在一起的人不能被认为是第三部门组织。第三部门组织应该有根据国家法律注册的合法身份，这样才能具有契约权，并使组织的管理者能对组织的承诺负责。二是民间性。强调第三部门组织不是政府的一部分，也不是由政府官员主导的董事会领导。但这不意味着第三部门组织不能接受政府的资金支持。三是非利润分配性。第三部门组织不是为其拥有者积累利润，第三部门组织可以赢利，但所得必须继续用于组织的使命，而不是在组织缔造者中进行分配。四是自治性。第三部门组织能控制自己的活动，有不受外部控制的内部管理程序。五是志愿性。无论是实际开展活动，还是在管

---

① 包括中华全国总工会、中国共产主义青年团、中华全国妇女联合会、中国科学技术协会、中华全国归国华侨联合会、中华全国台湾同胞联谊会、中华全国青年联合会、中华全国工商业联合会及其基层组织。
② 包括中国文学艺术界联合会、中国作家协会、中华全国新闻工作者协会、中国人民对外友好协会、中国人民外交学会、中国国际贸易促进会、中国残疾人联合会、中国宋庆龄基金会、中国法学会、中国红十字总会、中国职工思想政治工作研究会、欧美同学会、黄埔军校同学会、中华职业教育社、中国电影家协会、中国戏曲家协会、中国美术家协会、中国音乐家协会、中国曲艺家协会、中国舞蹈家协会、中国摄影家协会、中国书法家协会、中国民间文艺家协会、中国杂技家协会、中国电视艺术家协会及其基层组织。
③ 包括城市社区居委会、农村村委会。

理组织的事物中均有显著程度的志愿参与。特别是形成有志愿者组成的董事会和广泛使用志愿工作人员。

但是在当前中国，绝大多数的第三部门组织，虽然发挥西方第三部门组织相应的功能，但并不完全具备萨拉蒙界定的五个特征。能够完全符合萨拉蒙这一界定的组织，只是我国第三部门组织内的一小部分。

第一，从"组织性"来看。只有在民政部门登记注册的社会团体、民办非企业和基金会，才完全具备萨拉蒙意义上的"组织性"。但它们要么是官方发起成立的组织，要么有很强的政府背景，要么是企业成立的基金会。绝大多数中国的第三部门组织并不具备这种"组织性"。比如，8 大人民团体、25 家免登记社团、业主委员会，以及 1989 年之前在政府其他部门登记注册的组织等，它们不具备萨拉蒙所说的法律身份，但是国家通过立法或者其他相关规定确定其合法性。机关、团体、企业事业单位批准成立，只在本单位内部活动的团体；某一个特定机构的二级机构或者挂靠在某个特定组织下面的第三部门组织等，它们也没有法律身份，只是依附于其他有法律身份的组织而存在。还有些组织虽然有法律身份，但其法律身份与组织自身的本质特征不相符，甚至是相违背的。比如，很多第三部门组织因为找不到业务主管单位，达不到民政部门的注册登记条件，被迫注册成企业。此外，还有一些第三部门组织，它们组织结构模糊，没有法律身份，但是有相对固定的成员和经常性的活动，认同西方第三部门组织的价值和理念，从事西方第三部门组织所从事的活动，从本质上看也完全符合第三部门组织的内涵。从以上的分析中我们可以看出，中国的第三部门组织在"组织性"上体现出高度的差别化。但是，这些差别主要并不是第三部门组织自身的原因，而是由国家的法律框架和政府管理策略造成的，它体现了环境对第三部门组织的影响。因此，在讨论中国的第三部门组织时，应该放宽萨拉蒙关于"组织性"的界定，不应强调其法律身份和组织的正规性，而应看组织所做的事情、内在价值理念以及所发挥的功能。

第二，从"民间性"上来看。中国的第三部门组织在法律意义上都不属于政府。法律意义上的政府是指"机关法人"，即各级政党机关和国家机关。根据国家统计局 2001 年发布的《第二次全国基本单位普查法人单位及产业活动单位划分规定》，"机关法人"包括：县级以上各级中国共产党委员会及其所属各工作部门；县级以上各级人民代表大会机关；县级以上各级人民政府及其所属各工作部门；县级以上各级政治协商会议机关；县级以上各级人民法院、检察院机关；县级以上各民主党派机关；乡、镇中国共产党委员会和人民政府，以及街道办事处（第五条）。但现实中，中国政府对社会有着很强的但又差别化的控制和干预。对有些组织，政府的控制强一些，对有些组织，政府的控制弱一些。实际上，政府对所有组织都有控制，至少是一种底线控制，即：只要第三部门组织不挑战政府或者不闹事，政府就放任它们的行为。但是只要它们"越轨"，就会受到严厉的制裁，甚至被清理整顿掉。因此，在中国，真正不受政府干预的，符合萨拉蒙意义上的"民间性"的组织是很少的，甚至可以说是没有的。中国的第三部门组织，正是在政府无所不在的干预下，做着第三部门组织应该做而政府又允许做的事情。因此，对于中国的第三部门组织而言，"民间性"更多只能是一个法律层面的概念，即第三部门组织从法律上来讲，并不"隶属"于政府。

第三，从"非利润分配性"上来看。中国的第三部门组织与西方社会没有太大差别，第三部门与第二部门之间有着较为清晰的边界，绝大多数第三部门组织遵循着利润不分配的原则。但是，由于一些第三部门组织注册成了企业，使得其"非利润分配性"不容易得到监控，可能会为某些不法之徒所利用。因为这些第三部门组织即使将利润所得进行了分配，甚至将组织的全部资金挪作他用，或直接进行分配，只要它符合《企业法》的相关规定，法律上就没办法追究其责任。当然，从长远来看，这类组织会被同行、社会所唾弃，最终会丧失生命力。

第四，从"自治性"上来看。中国的第三部门组织只拥有部分自治，或者很弱的自治。正如上面所提到的，其受到政府各方面的控制和干预，尽管近年来，政府对第三部门的控制有所减弱，第三部门相对于政府的自治性有所增强，但整体来看，第三部门还是处于政府的控制之内。除了相对于政府的弱自治之外，随着市场经济的发展，资本及其逻辑越来越多地渗入第三部门，第三部门组织相对于企业和资本的弱自治也越来越明显。正如萨拉蒙所说："在过去，第三部门面对着被政府接管的危险；今天，这种威胁来自商业部门。""营利组织进入各个领域，并排斥第三部门组织，有些时候达到取而代之的地步。"① 当然，海外力量一直是致力于提高我国第三部门组

---

① 〔美〕莱斯特·M. 萨拉蒙等：《全球公民社会》，贾西津译，社会科学文献出版社，2002，第 238、196 页。

织自治性的重要力量，它们通过提供资金、理念、运作模式等各种方式对中国的第三部门施加影响，使中国的第三部门组织逐渐接受西方的价值观和理念，将追求相对于政府和企业，尤其是相对于政府的"自治性"作为组织奋斗的目标和应然的状态。但是海外力量的影响其实质也是一种控制，只不过它更少控制第三部门组织的行为，而更多控制第三部门组织的思想。

第五，从"志愿性"上来看。萨拉蒙意义上的"志愿性"，从根本上讲，是指第三部门组织的利他精神，强调第三部门组织中的相当一部分人员是志愿贡献个人的时间及精力，在不为物质报酬的情况下，为改善社会服务，促进社会进步而提供服务。因此，自愿的利他性是"志愿性"的根本内涵。从"利他"的角度来看，中国的第三部门组织与西方国家是没有差别的，它们都是为社会提供服务。无论是民间具有利他精神的人自发联合起来成立的组织，还是政府发起成立的组织，从目前来看，它们都表现出一定程度的志愿性。在开展活动的过程中，它们都使用了大量的志愿者。在组织的管理方面，也大都建立了由志愿者组成的理事会。

上面界定的第三部门可以称为"泛第三部门"，是范围最广的第三部门。但是，"泛第三部门"内部的组织类型之间存在很大差异，因此，很少有研究将它们纳入一个统一的视野下。人们通常公认的，最符合萨拉蒙定义的第三部门组织是在民政部门登记注册的社会团体、民办非企业、基金会。其他组织，包括应该在民政部门注册但未能注册的草根组织，比如工商注册的组织、未注册的草根组织、挂靠或者依附在其他机构内部的组织，等等，与西方社会第三部门组织也拥有较多的共性，因此也常常被列入第三部门的研究视野。本报告的研究就只包括在民政部门登记注册的三类组织，以及应该在民政部门登记注册但未能注册的草根组织。事业单位、村委会、居委会等组织不包括在此项研究之中。

（二）结构

本报告从第三部门组织的数量规模、发育水平、治理方式、价值观和理念、行动与互动这5个指标来考察第三部门的结构。这5个指标，涵盖了第三部门组织特征最主要的方面。

需要指出的是，本报告是在纵横向比较的视野下总结第三部门的结构和功能。所谓纵向比较，是将当前中国的第三部门与改革开放前进行比较。所谓横向比较，是指与当前西方社会的第三部门进行比较。

1. 数量种类

（1）组织数量显著增长

改革开放 30 多年来，中国第三部门组织数量的增长是有目共睹的。

民政部《中国民政统计年鉴》和统计公报对在民政部登记注册的社会团体、民办非企业单位和基金会的数量进行了统计。根据《2009 年中国民政统计年鉴》的数据显示，截至 2008 年年底，全国已有社会团体 23 万个。其中，全国性及跨省（自治区、直辖市）的 1781 个，省级及省内跨地（市）域的 22810 个，地级社团 62004 个，县级社团 143086 个。中国民政统计公报显示，截至 2009 年年底，登记注册的第三部门组织总量已经接近42.5 万个，其中社会团体 23.5 万个，民办非企业单位 18.8 万个，基金会1780 个。此外，《2009 年中国民政统计年鉴》还对未来民政注册的社会组织的数量进行了预测，预计 2010 年社会团体将达到 27.8 万个，民办非企业单位将达到 21.3 万个，基金会将达到 2000 个。

从发展趋势来看，改革开放后民政注册的社会组织的数量增长很快。据统计，1965 年，我国全国性社会团体只有近 100 个，地方性社会团体 6000多个。1966～1976 年的"文革"期间，全国各类社团陷入"瘫痪"状态。改革开放后，第三部门组织的数量迅速增长。到了 1989 年，全国性社团剧增至 1600 个，是 1978 年的 16 倍；地方性社团达到 20 多万个，是 1978 年的 33 倍。1989 年的政治风波后，我国政府对各种第三部门组织进行了重新登记和整理，第三部门组织的数量在短期内稍有减少，但不久后即重新回升。至 1998 年底，全国性社团达 1800 多个，地方性社团达 16.56 万个。此外，1998 年我国民政部还公布了《民办非企业单位登记管理暂时条例》，一批民办非企业单位登记注册。1998 年之后，中国的第三部门组织经历了跨越式的大发展。表 1 显示了这种发展趋势。

但是，在民政部门登记注册的社会组织只是整个第三部门的冰山一角。第三部门中还存在大量的未注册的组织，它们的数量可能远远超过了注册组织的数量。有学者估计，2003 年，8 大人民团体基层组织数量就已经达到5378424 个。中国残疾人联合会、中国计划生育协会、中国文艺界联合会等其他准政府社团基层组织数量为1338220 个，学生社团、社区文娱团体、业主委员会、网上社团等各种草根组织数量为 758700 个，因此估计社团总数

表1 1997~2010 年在民政部门登记注册的社会组织数量

年份	社会团体（万个）	民办非企业单位（万个）	基金会（个）	第三部门组织（万个）
1997	18.1			
1998	16.6			
1999	13.7	0.6		
2000	13.1	2.3		
2001	12.9	8.2		
2002	13.3	11.1		
2003	14.1	12.4	954	26.7
2004	15.3	13.5	892	28.9
2005	17.1	14.8	975	32
2006	19.2	16.1	1144	35.4
2007	21.2	17.4	1340	38.7
2008	23	18.2	1597	41.4
2009	23.5	18.8	1780	42.5
2010	27.8	21.3	2000	49.2

资料来源：2008 年及之前的数据来源于《2009 年中国民政统计年鉴》，2009 年的数据来源于中国民政统计公报，2010 年的数据是《2009 年中国民政统计年鉴》中的预期值。其中，2001 年以前的基金会含在社会团体内。

应为 8031344 个。[1]

（2）多元化和不平衡

除了数量上的增长之外，改革开放后，第三部门内部组织的类型也呈现出高度多元化。目前，西方第三部门组织的所有活动领域内都活跃着我国的第三部门组织。

仅以在民政部门登记注册的第三部门组织为例，其类型已经包括：科技与研究类、生态环境类、教育类、卫生类、社会服务类、文化类、体育类、法律类、工商业服务类、宗教类、农业及农村发展类、职业及从业组织、国际及涉外组织、其他。截至 2008 年年底，在民政部注册的社会团体包括工商服务类 20945 个，科技研究类 19369 个，教育类 13358 个，卫生类 11438 个，社会服务类 29540 个，文化类 18555 个，体育类 11780 个，生态环境类 6716 个，法律类 3236 个，宗教类 3979 个，农业及农村发展类 42064 个，职

---

[1] 何增科：《中国公民社会制度环境要素分析》，见俞可平主编《中国公民社会的制度环境》，北京大学出版社，2006，第 122 页。

业及从业组织类 15247 个，国际及其他涉外组织类 572 个，其他 32882 个。更何况，注册的第三部门组织的类型，只是整个第三部门组织的类型的一部分。

将中国第三部门组织的类型与西方社会进行比较，可以看出我国第三部门组织虽然涉及的种类很多，但整体仍呈现出不均衡性。

首先，绝大多数组织属于社会服务型组织。以在民政部门登记注册的第三部门组织为例，2008 年，科技与研究、教育、卫生、社会服务、文化、体育、法律、工商业服务、农业及农村发展、职业及从业组织类组织的数量占所有登记注册的社会组织的数量的 86.2%，这种类型的组织都是旨在为社会提供公共服务的。在这一特征上，没有登记注册的第三部门组织，与注册的第三部门组织没有差别。

其次，涉及宗教、生态环境、国际及涉外领域的组织数量较少。从表 2 可以看出，2008 年，在民政部登记注册的这 3 类组织的总和仅占所有登记的社会组织的 3%。民政部门登记注册的这类社会组织数量之所以偏少，是因为这类组织相对较为敏感。生态环境组织因为大多具有倡导功能，很多组织甚至公开抨击政府、干预国家政策，多采用一些另类、激烈的行为方式，因此政府对它们的管理相对也更为严格。国际及涉外领域因为涉及国家秘密、

表 2   民政部社会组织行业分类

单位：个

	社会组织	社会团体	民办非企业	基金会
科技与研究	28847	19369	9411	67
生态环境	7652	6716	908	28
教育	102619	13358	88811	450
卫生	39234	11438	27744	52
社会服务	55696	29540	25836	320
文化	25154	18555	6505	94
体育	17761	11780	5951	30
法律	4120	3236	862	22
工商业服务	23018	20945	2068	5
宗教	4270	3979	281	10
农业及农村发展	43266	42064	1166	36
职业及从业组织	16693	15247	1441	5
国际及涉外组织	604	572	21	11
其他	44726	32882	11377	467
合　计	413660	229681	182382	1597

外交安全等问题，能够登记注册的组织也较少。当然，除了在民政部门登记注册的此类组织之外，也有一些未注册的此类组织。但无论如何，与社会服务型的社会组织相比，这类第三部门组织的数量整体上还是明显偏少。

最后，不存在明确以政治参与为宗旨的民办第三部门组织。在我国，明确拥有政治参与权利的组织是8大人民团体，它们在全国政协拥有议政席位，但它们是政府发起成立的，政府对其的管理也高度类似政府部门，并且不允许民间成立此类组织。其他一些准政府社团，比如政府发起成立的免登记社团、行业协会、商会等组织，也可以一定程度上参与或者影响公共政策的制定和执行，但主要是通过搜集信息、反馈意见等方式。部分倡导型的环保组织，虽然偶尔也能起到影响政府公共决策的作用，实现某种程度上的政治参与，但这种参与方式还很边缘。在中国，政府尚不允许明确以政治参与为宗旨的民间第三部门组织的存在。

（3）处于初级发展阶段

与西方相比，中国的第三部门明显处于初级发展阶段。比如，2005年8月30日，民政部副部长李立国《在"中国民间组织评估体系专家论坛"上的讲话》显示，中国第三部门组织的数量规模与西方存在很大差距。以每万人民间组织数量计，中国2.1个，而法国有110个，日本97个，美国52个，阿根廷25个，新加坡14.5个，巴西13个，这种差距的巨大可见一斑。

即使与政府发起成立的同样从事社会公益服务的事业单位、村委会、居委会等组织相比，中国第三部门组织①的发育也很不足。据统计，2008年底，我国拥有村委会和居委会等基层群众自治组织687698个。而据人力资源和社会保障部副部长胡晓义介绍说，目前，全国共有事业单位120多万个。② 如果再考虑到事业单位规模和发育水平与第三部门组织的差异，这种差距就更大了。

2. 发育水平

通过第三部门组织的人力资源、财务和资产状况、专业知识水平等方面来体现其发育水平。

---

① 本文提到的第三部门组织，除了在定义"泛第三部门"之外，均不包括事业单位、村委会和居委会等组织。

② http：//www.rmlt.com.cn/News/201007/201007151020006169.html。

（1）整体发育水平有了明显进步

· 从业人数。《2009 年民政事业发展统计报告》显示，2008 年我国民政部门登记注册的社会组织吸纳社会各类人员就业 475.8 万人，比上年增长 4.2%，就业人员占总人口的比重为 0.36%，占非农就业的比重为 1.85%。由于民政部门登记的社会组织只包括 3 类，其严重低估了整个第三部门对我国就业的真实贡献。

人员素质和专业水平。第三部门组织越来越重视能力建设和技能提升，各种经验交流会、培训活动层出不穷，甚至还出现了一些专业的第三部门组织培训机构。在这一形势下，第三部门从业者的素质得到提升，高学历人才、年轻人才、专业人才越来越多。以在民政部门登记注册的组织为例，2008 年，在民政部门登记注册的社会组织中就业的人员包括大学专科学历 86.2 万人，大学本科及以上学历 42.2 万人。助理社会工作师 5682 人，社会工作师 225 人（见表 3）。

年龄构成。在 2008 年民政部门登记注册的社会组织就业的人员中，35 岁及以下人员 147.7 万，占总就业人数的 31%，36~45 岁之间的人员 198.1 万，占总就业人数的 41.6%，46~55 岁之间的人员有 96.8 万，占总就业人数的 20.3%，56 岁及以上人员只有 33.3 万，占总就业人数的 7%。可以看出，目前我国第三部门组织的就业人员明显以中青年为主，完全不同于前些年以离退休人员为主的情况（见表 3）。前些年，第三部门更多是离退休人员发挥余热的舞台，或是高官们的另类养老院。而现在，它已经成为一个朝气蓬勃的朝阳行业。

财务状况。近年来，整个社会投入到第三部门中的资源越来越多，渠道也越来越广泛。政府对第三部门的财政支持逐年增加，给予的其他各种资源也越来越多，比如面向第三部门开展公共服务外包，合作开展项目，鼓励大学毕业生到第三部门就业，给予一些肯定性的评价、鼓励等。社会和公众对第三部门的关注增加，公益意识增强，社会捐赠力度加大。海外力量对第三部门组织包括资金、理念、专业知识等各方面的支持继续加大。企业正在成为促进第三部门发展的重要力量，大量的企业资金开始涌入这一领域。因此，近年来我国第三部门的资源状况获得很大改善，资源瓶颈问题对于第三部门发展的限制作用有所降低。

以在民政部门登记注册的第三部门组织为例，截至 2008 年年底，社会组织固定资产原值合计 8058208 万元，当年收入 18454361 万元，国民经济增加值 3724018.1 万元。其中执行企业会计制度单位固定资产原值 123433.9 万元，营业收入 146950.7 万元。执行行政（事业）单位会计制度的第三部门组织固定资产原值 224239.9 万元，当年收入 160960 万元，其中事业收入 70192.2 万元，经营收入 31830.6 万元。执行民间非营利组织单位会计制度的第三部门组织固定资产原值 7710534.1 万元，当年收入 18146450.7 万元，其中提供服务收入 7944475.7 万元，政府补助收入 682894.4 万元。

表3　2008 年在民政部门登记注册的社会组织的人力资源状况

单位：人

		社会组织	社会团体	民办非企业	基金会	社会团体中的慈善会
单位数（个）		413660	229681	182382	1597	1073
年末职工人数		4758332	2855858	1892060	10414	4217
受教育程度情况	大学专科	861680	427749	432773	1158	1592
	大学本科及以上	421679	178318	242130	1231	1168
职业资格水平情况	助理社会工作师	5682	3501	2127	54	43
	社会工作师	225	54	165	6	41
年龄结构情况	35 岁及以下	1476553	776675	697075	2803	1545
	36~45 岁	1980817	1253067	724754	2996	1405
	46~55 岁	968203	604554	361078	2571	760
	56 岁及以上	332759	221562	109153	2044	507

（2）不均衡性

目前来看，我国第三部门内部组织之间的发育程度明显不平衡，并且这种不平衡突出表现在官办第三部门组织和民办第三部门组织之间。总体来看，官办第三部门组织无论在人力资源、能力素质和专业化水平、财务和资产状况等各方面，都比民办第三部门组织要好。官办第三部门组织之所以整体能力较强，主要是得到了较多政府部门的资助。此外，企业、海外力量，乃至公众，也都更愿意将资源投入到这些组织之中。企业从事公益活动大都带有功利性目的，与政府搞好关系就是一个重要目的。此外，官办组织通常相对于民办组织更规范，更有社会公信力，企业将资源投入其中要比投入到民办第三部门组织中更加放心。海外力量也更加愿意同官办第三部门组织合作。因为很多海外力量组织在国内无法获得法律身份，这给它们的活动带来很大不便。为了顺利通过政府的审查，得以在中国开展活动，它们通常选择与本土的官办第三部门组织合作，以减少合作中可能产生的风险。公众当然也更加乐于相信官办的第三部门组织，因为只有这样，它们才能确信捐款更可能被恰当地使用。

表4　2008年在民政部登记注册的社会组织的财务状况

单位：万元

		社会组织	社会团体	民办非企业	基金会	社团中的慈善会
增加值合计		3724018.1	928944.1	2382766.0	412308.0	192791.7
执行企业会计制度单位财务指标	固定资产原值	123433.9	—	123433.9	—	—
	营业收入	146950.7	—	146950.7	—	—
	费用合计	126639.9	—	126639.9	—	—
	营业利润	-2678.1	—	-2678.1	—	—
	单位增加值	16703.5	—	16703.5	—	—
执行行政事业会计制度单位财务指标	固定资产原值	224239.9	83785.1	140454.8	—	—
	上年结余	10193.0	93934.0	67026.0	—	—
	收入合计	160960.0	7172.6	3020.4	—	—
	支出合计	147777.5	87943.0	59834.5	—	—
	收支结余	2085.6	1863.0	222.6	—	—
	单位增加值	81903.2	50101.5	31801.7	—	—
执行民间非营利组织会计制度单位财务指标	固定资产原值	7710534.1	1858741.7	5708273.5	143518.9	29213.8
	上年结余	1061425.0	219822.2	618328.5	223274.3	270227.6
	收入合计	18146450.7	7140930.4	9733200.6	1272319.7	1020493.5
	费用合计	9373739.3	2078311.7	6571358.9	724068.7	605669.2
	单位增加值	3625411.4	878842.6	2334260.8	412308.0	117134.9

（3）发育水平较为初级

第三部门组织发育状态的平均水平最能体现这一特点。比如，2008年，我国在民政部门登记注册的第三部门组织平均吸纳就业人员11.5人，其中，社会团体为12.4人，民办非企业单位为10.4人，基金会为6.5人。每个社会组织平均拥有固定资产19.5万元，其中，每个社会团体为8.5万元，民办非企业单位为32.7万元，基金会为18.3万元。每个社会组织平均收入为44.6万元，其中，社会团体为31.1万元，民办非企业单位为54.2万元，基金会为796.7万元。每个社会组织的单位增加值为9万元，其中，社会团体为4万元，民办非企业单位为13万元，基金会为258.2万元。每个社会组织拥有的大学专科及以上学历的人员为3人，其中，社会团体为2.6人，民办非企业单位为 3.7 人，基金会为 1.5 人。

与行政事业单位、村委会、居委会等组织相比，我国第三部门组织的发育水平也相对较低。比如，2008 年，我国事业单位吸纳的就业人员为 2914.9 万人，是民政部门注册登记的社会组织的就业人员的 6 倍。2008 年，全国行政事业单位资产总额 9.04 万亿元，扣除负债后净资产总额 6.10 万亿元，行政事业单位净资产约占全部国有净资产总额的 1/3。① 社会组织几百万元的资产与之相比，简直是天壤之别。事业单位大专及以上学历就业人员更明显高于社会组织。

与西方发达国家相比，我国第三部门组织的差距更大。据萨拉蒙等学者 1995 年对世界上 22 个主要国家的统计，即使排除宗教性团体，22 国的非营利部门就已经是一个价值 1.1 万亿美元的庞大产业了，它拥有将近 1900 万名全日制员工。这些国家非营利部门的支出平均达到国内生产总值的 4.6%，非营利就业占所有非农就业的近 5%，占所有服务行业就业的 10%，占所有公共部门就业的 27%。如果把这些国家的非营利部门当做一个经济体的话，那么它的规模超过了巴西、俄罗斯和加拿大等国，相当于世界第八大经济体。这些国家非营利部门的就业相当于各个国家最大私营企业就业总和的 6 倍多。它们的就业人数比这些国家的公用事业、纺织制造业、造纸和印刷业或化学制造业的就业要高，相当于运输业和通信业的就业。而且，非营利部门吸引了相当数量的志愿力量，这些国家中平均占人口 28% 的人向第三部门组织贡献了时间，这相当于 1060 万个全日制志愿者，这样第三部门组织的全日制志愿者相当于达到 2960 万人。如果包括志愿者，那么这些国家的非营利部门的就业平均占到全部非农就业总数的 7%，占到服务业就业总数的 14%，更惊人地占到公共部门就业总数的 41%。②

3. 治理方式

目前来看，我国绝大多数第三部门组织都建立了理事会，作为"形式"上的治理机构。这是因为，一方面，法律要求在民政部门登记注册的第三部门组织必须建立理事会；另一方面，即使没有在民政部登记注册的第三部门组织，或者法律没有明确要求建立理事会制度的组织，它们为了获得社会合

---

① http：//www. mof. gov. cn/zhuantihuigu/zhongguocaizhengjibenqingkuang/caizhengguanli/200905/t20090505_ 139534. html.

② 〔美〕莱斯特·M. 萨拉蒙等：《全球公民社会——非营利部门国际指数》，陈一梅等译，北京大学出版社，2007，第 28 ~ 31 页。

法性，得到同行、资助方、受益方等的认可，也通常会选择建立理事会作为形式上的治理机构。这是因为，起源于西方的理事会治理现在已经是世界公认的治理第三部门组织的"规定"形式。实际上，我国法律对第三部门组织治理结构的规定本身也是学习西方的结果。这种理事会治理的内在逻辑是：理事会代表社会利益掌握第三部门组织的最高决策权，从而保证其所作所为能够对社会负责。但现实中，理事会很少能够发挥真正作用。

（1）多元化

当前中国第三部门组织"实际"的治理方式高度多元化，不同类型的第三部门组织的治理方式差别很大。

①民政部门注册的第三部门组织的治理

对于在民政部门登记注册的第三部门组织来说，"双重管理体制"将所有重要权力都赋予了"业务主管单位"，"业务主管单位"几乎掌握了法律赋予"理事会"的全部重要权力。而且政府规定，只有党政机关及其授权的机构才能担任"业务主管单位"。在这种治理结构下，双重管理模式中的第三部门组织的主要管理者由"业务主管单位"任命，并对组织的重大决策做出决定。

当然，不排除有些"业务主管单位""在其位，不谋其政"，"业务主管单位"与第三部门组织之间的关系比较松散。在这种第三部门组织中，日常工作中真正发挥决策作用的通常是秘书处，而且一般是秘书长专政。此类第三部门组织看似相对自治，但这一切建立在第三部门组织不"越轨"的基础之上，一旦第三部门组织从事一些政府比较敏感甚至厌恶或者禁止的事情，可以随时停止"业务主管单位"的职权，要求民政部门对其进行清理整顿。

除了业务主管单位依据法律权利对第三部门内部治理拥有决定权之外，第三部门组织主导资源的提供者也在其治理过程中发挥着重要作用。比如，企业基金会的出资方通常拥有对基金会的绝对控制权，基金会很多决策都要受资助方的操控。并且很多企业基金会在资源上过分依赖于某一家企业的资助，甚至成为某一家的"私产"，其治理权力当然容易控制在出资方手中。

②归口管理的第三部门组织的治理

由于实行归口管理的第三部门组织的类型差异比较大，因此，它们的治理结构也存在较大的差异。

以宗教活动场所为例，其归口管理部门是其实际的最高治理机构。根据《宗教活动场所设立审批和登记办法》的规定，"县级人民政府宗教事务部门是筹备设立宗教活动场所申请的受理机关"。宗教活动场所的一切重大活动，都要报归口管理部门进行审批。例如，举行超过宗教活动场所容纳规模的大型宗教活动，或者在宗教活动场所外举行大型宗教活动，应提前向大型宗教活动举办地的人民政府宗教事务部门提出申请。如果重大活动不经上级部门的批准，就有可能受到政府部门的制止。

与宗教活动场所相比，另一类属于归口管理的第三部门组织，其治理则拥有更多自治权。比如，业主委员会属于物业所在地的区、县人民政府房地产行政主管部门归口管理，但是归口管理单位对业主委员会的重大事项及负责人任命等活动都很少干预，通常都是由业委会做出决定。业主委员会的决定既不需要提前审批，也没有程序上的要求需要事后汇报。对于业主委员会的决定，归口管理部门也没有最终否决权。对于业主委员会本身，归口管理部门也没有随便撤销的权力。

③代管的第三部门组织的治理

代管的第三部门组织的内部治理权力主要掌握在代管机构的手中。

在机关、企事业单位内部成立，并且只在单位内部活动的第三部门组织不需要到民政部门登记注册，只在所在单位登记即可。这些内部组织因为从隶属关系上来讲，属于其所在单位，组织的各类资源也多依赖所在单位，因此其所在单位也往往将其纳入自身的组成部分进行统一管理。这些组织的各种重大决策都更多是由所在单位做出的。如果所在单位认为其有存在的必要，其才能生存下来；如果认为其没有存在的必要，随时都可以将其取缔，而不需要取得任何其他人或者组织的意见。因此，所在单位是其真正的治理主体。

对于挂靠的第三部门组织来说，其所挂靠的单位对挂靠组织的内部治理拥有更多权力。因为这类挂靠组织打的是被挂靠单位的旗号，因此，被挂靠单位从自身利益出发，通常会对挂靠组织有一些监督和控制。要求挂靠组织不定期向自己汇报活动，参与挂靠组织重大决策的做出，是被挂靠组织常见的行为。挂靠组织的行为必须符合被挂靠单位的要求和规定，否则被挂靠单位可以随时取消挂靠关系，而这无疑意味着"取消"了挂靠组织形式上的合法性，对挂靠组织的生存和发展会有致命的影响。从资源上来讲，形式上的合法性是被挂靠单位能提供给挂靠组织的最主要的资源。挂靠组织所需要的其他资源则可以来源于海外力量、企业甚至是个人。对于资源比较单一的组织来说，其主导资源的提供方往往也掌控着组织的实际治理权。

④企业注册的第三部门组织的治理

企业注册的第三部门组织通常受行政权力的影响很小，政府只是按照对待企业的方法管理它，因此相对于政府而言，它的治理相对独立。但是，由于很多企业注册的第三部门组织资源高度依赖海外力量，因此，海外力量往往在它的实际治理中具有决定性影响。当然，如果企业注册的第三部门组织资源比较多元，不过分依赖某一主体，则其治理就可能是完全自治的。对于这类组织来说，有可能其按照第三部门原则设立的理事会起决策作用，也有可能组织的发起人或者产权人拥有最终的决策权。但目前来看，以组织负责人起决策作用的居多。因为在中国，第三部门组织的理事是组织"请"来的能对组织提供帮助、带来好处的人，而不是代表社会利益为组织决策，监督并使之履行组织使命和社会责任的人。"花瓶"或者"资源库"依然是绝大多数第三部门组织理事会的定位。

⑤未注册的草根第三部门组织的治理

我国绝大多数未注册的草根第三部门组织规模小、历史短，治理结构很不完善，甚至连形式上的理事会也没有建立。组织的发起人或者负责人通常直接决定了组织全部的重大事项。即使建立了理事会，理事会也只是徒有其名，更多是获取社会合法性、进行资源动员的工具。海外力量资源通常是草根组织最主要的资源，但是海外力量直接控制和干预第三部门组织治理的情况较为少见，但是，它通常决定了组织的治理方式，即草根组织通常追求并坚持独立、自治的治理。

（2）弱自主性

从以上的分析中我们可以发现，改革开放30多年来，中国第三部门的自治性有所增强。因为改革开放前，几乎所有的第三部门组织都由政府直接管理和控制，组织基本没有自治权。组织的主要负责人都是公务员，由政府直接任命，其晋升、福利都由政府统一安排。组织的所有决策，都是由政府任命的公务员做出。可以说，改革开放前的中国第三部门组织是与政府部门高度相似的。但是，今天中国的第三部门中，已经出现了一些能够完全自治的第三部门组织，比如上文中提到的未注册的草根组织等。并且一些老的第三部门组织的自治性也有所增强，比如，很多业务主管单位对注册社团、民办非企业单位和基金会的日常工作不再直接干预，而更多采取监督和听取汇报的方式。但是，从根本上说，今日中国第三部门组织的自治性还很不足，因为真正能够自治的组织不多，而且其发育水平也不高，能够发挥的功能也不强。

决定中国第三部门组织治理方式的因素主要包括两方面，一是强制权力对第三部门施加影响的程度，二是组织对环境资源的依赖程度。一般来说，受强制权力影响较大的第三部门组织，其治理更容易受强制权力主体的掌控。这里，强制权力的行使主体不只包括政府部门，还包括政府授权的业务主管单位、归口管理单位、被挂靠单位，以及有内部第三部门组织活动的单位。根据法律的规定，它们有权对所辖范围内的第三部门组织行使管理权力。资源单一的第三部门组织，其治理容易受到资源提供方的影响。只有那些受强制权力的影响小，同时资源又相对多元的组织，其治理才可能具有独立性和自治性，观察现实可以发现，这类组织是很少的。

4. 价值观和理念

当前中国的第三部门内虽然组织类型很多，但是总体来看，它们基本接受了西方的价值观，在理念层面已经基本被西化，尤其是在"显性"或者"宣称"的层面。

今日中国的第三部门组织都将自己定位为 NGO。认为中国的第三部门组织应该像西方的第三部门组织那样，具备萨拉蒙定义的组织性、民间性、非营利性、独立性和志愿性。因此，它们要求政府放开对第三部门组织登记注册的限制，允许第三部门组织都能享有平等的结社权利，能在民政部门获得法律身份。要求政社分开，政府及其官员不担任第三部门组织的领导或者兼职人员，政府不干预第三部门组织的行动和决策。并且，要求政府与第三部门组织之间建立起平等的合作关系。公共服务外包就是它们极力倡导的一种模式。在活动的领域上，第三部门组织也要求政府进一步开放空间，要求官办第三部门组织和民办第三部门组织享有同等待遇，有共同的行动空间和权利，能够平等竞争。要求允许它们采取更加灵活、多样、参与式的行动，甚至可以作为压力集团，采取一些对抗性、冲突性的行为。此外，第三部门组织还希望能像西方的第三部门组织那样，参与公共治理，抵抗市场暴政，监督并制约政府权力的滥用，促进民主化，等等。

但从实际行为来看，中国第三部门组织深层的或者说"隐性"的价值观和理念更多体现为中国特色。中国传统文化对第三部门组织的行为有重大影响。比如，很多第三部门组织在从事公益事业时，更多体现出"救世主"式的中国传统公益文化观，而不是西方基于平等权利的公益文化观。绝大多数公益活动或者项目的设计，都是由提供公益的一方，根据自己对现实的理解或者自己的喜好和意愿，而单方面设计并实施的，他们很少听取受益方的意见或建议，真正参与式的项目设计还很少。在项目的设计过程中，很多机构也非常注重体现"感恩"的精神，比如，要求受益方给资助方定期汇报、写感谢信，等等。事实证明，这种体现"感恩"精神的项目设计，更能吸引资助方的捐款。而受益方，包括广大公众在内，也大都认为，受益方应该对资助方充满感恩，否则就是忘恩负义，违背社会基本认同。这一点完全不同于西方，西方认为，受益方享受资助方的帮助是自己的权利。之所以要接受资助是因为自身的权利受到了损害，享受资助只是社会弥补自己权利损失的一种方式。因此，可以看出，从深层次来讲，中国第三部门组织的价值观还是更多体现为中国的传统文化。

5. 行动与互动

（1）集体行动和互动正在浮现

从目前的发展状况来看，中国第三部门一盘散沙的时代基本结束了，整体感、结构性、互动性正在浮现。

第一，专业化分工与产业链正在形成。过去，大部分第三部门组织采取"一站式"的运作模式，但是近年来，第三部门内部的分工越来越细，一条第三部门的产业链正在形成。在这条产业链上，有大量的第三部门组织处于提供社会服务的第一线，也有大量的第三部门组织为这些一线组织提供支持和服务。第一线的第三部门组织直接面向社会需求方，亲自运作项目，并提供产品与服务。位居二线的第三部门组织，可以为一线组织提供各种各样的资源和支持。比如，筹集资源后通过项目招标、服务外包等方式资助或者"购买"其他第三部门组织的服务。有些组织专门从事第三部门组织能力建设工作。比如，近年来出现的孵化机构是专门为初创期和中小型民间公益组织提供支持，帮助它们成长的组织。有些组织致力于相关信息的提供。有些组织则致力于改变第三部门的外部环境，比如改变政府政策、社会观念等。

第二，第三部门内部组织之间的横向合作增多。其中，开展自律、问责、评选等部门文化建设工作，是第三部门组织联合行动的主要内容之一。比如，基金会中心网是基金会主动进行信息披露和行业自律的重要平台。该网采集了全国1857家基金会的名录信息，400多家基金会的财务信息，18家基金会的项目信息，400多家第三部门组织机构的基本信息。中国非公募基金会发展论坛①组织110多家非公募基金会、10余家公募基金会和10余家境外基金会及国际组织、20余家高等院校和科研机构、40余家服务类公益组织、10家工商企业和40余家国内媒体出席首届论坛年会，还发布了《中国非公募基金会自律宣言》和《2008年中国非公募基金会发展报告》，带动基金会行业的发展。北京星星雨教育研究所从推动行业发展的角度出发，以培训会员为主要方式，发起了"心盟"孤独症网络。截至2009年5月份，已有93家单位成为"心盟"网络成员。中国消除贫困奖②和壹基金的典范工程③则通过评奖这一形式，建立、完善并提高行业标准，推动整个中国公益事业的标准化和产业化。

第三，部门集体行动正在形成一个压力集团。2009年几家大型基金会联合抗税风波曾引起极大轰动。2009年5月31日，包括青基会在内的5家公益基金会一道联名向财政部、国家税务总局递交了紧急请示，请求按照非营利组织的纳税标准核算其应缴纳税额。但是这一建议并没有被政府采纳。随后，南都公益基金会副理事长兼秘书长徐永光牵头，24家公募基金会与非公募基金会一起再次发起了联名抗议。截至目前，这件事情还没有得到很好的解决。此外，2010年7月发生的基金会联合拒缴青海玉树抗震救灾捐赠款事件也证明第三部门正在凸显其作为一个压力集团的潜在能量。7月7日，民政部会同五部委发布精神，要求慈善组织将募集的善款统一汇缴拨付到青海省的专用账户中，由青海省统筹使用。此举招致10多家全国性慈善基金会的联合反对。截至目前，这场政府与第三部门之间的拉锯战还在持续。

第四，行业领袖与旗帜开始出现。南都公益基金会等机构可以认为是基金会中的领导者。它们理念先进，管理规范，规模大，项目多，业绩好，影响力强。这类组织虽然数量不多，但它们代表着行业内的最高水准。中国扶贫基金会、中国青少年基金会等也可以算作是行业内的领袖和旗帜。无论从组织的规模来讲，还是从所发挥的作用来讲，它们的能量都不是行业内其他

---

① http：//www.cpff.org.cn/.

② http：//www.fupin.org.cn/eliminates-impoverished/index.asp.

③ http：//www.onefoundation.cn/html/90/category-catid-90.html.

组织可比的。它们依托各级行政组织，在全国建立了庞大的伞状组织体系，拥有庞大的业务队伍，一些大的项目只能由这类组织来完成。还有一些组织在行业内不一定是管理最规范的，也不一定是规模、影响力最大的，但它们在某一方面的理念或者行为却是最先进的。它们为行业带来活力和创意。NPI公益组织发展中心就是一个富有创新思维的组织，它们在国内最早提出公益孵化器、公益创投等概念并付诸实践。除了组织之外，第三部门内部也出现了一些具有行业领袖风范的人物，比如徐永光。徐永光在第三部门内所成就的开创性的功绩，以及他充满了传奇色彩的经历，使他成为人们公认的第三部门的领军人物。

从以上的分析我们可以看出，近年来第三部门的内部结构发生了一些重要的变化。一条公益产业链正在形成，第三部门组织正在逐渐形成自己的市场定位和市场细分，上下游企业之间的合作也逐渐形成。此外，部门内组织的横向合作也在增加，自律、互律等一些基本的认同与共识正在建立，部门内的整合正在逐步形成。

但是，我们也不得不指出，从第三部门发展的整体状况来看，整个部门的自组织能力还很不足，部门的整合还处于起步和萌芽阶段，部门内的分工与合作、行业自律、部门文化、行为规范均存在严重不足。相对于政府控制第三部门组织的能力而言，第三部门与政府的互动也显得毫无章法，这些偶发的、因为具体利益而引发的、局部的并且尚不稳定的压力集团，与强大的、稳定的、持续的、全面的政府控制能力根本无法相比。相比而言，第三部门的学习能力太差，它们还不能从与政府打交道的过程中，迅速地摸索出一条"突围"之路，与政府发生的个别的对抗并不能从根本上改变政府的态度和行为，更无法改变政府与第三部门的关系。

（2）行动方式呈现出西化特征

在具体的行动方式上，当前中国的第三部门组织与改革开放前相比，呈现出明显的西化特征。首先，改革开放后产生的新型组织的行动方式非常西化，因为它们大都是模仿西方模式成立的。它们要求并致力于组织的独立和自治，甚至希望通过自己的行动对政府、市场和社会产生广泛影响。行动中各主体之间较为平等，对项目的设计和执行等各方面有较多参与和建议，决策较为民主。行动中更多利用志愿者，体现出更多的志愿精神。行动方式灵活、多样，富有创新性，例如采用联名的方式进行倡导、倡议等。其次，老的官办组织的行动方式也发生了变化。例如，一些组织在开展活动中越来越注重民意，越来越重视服务对象的反馈意见。而改革开放前第三部门组织的行动方式相对来讲比较强调科层等级结构，强调服从，以自上而下的方式开展活动，行为方式缺乏灵活性和创新性。

但是，当前中国第三部门组织也不完全同于西方社会。总体来看，其行为较为温和，激烈的、冲突性的行为很少。即使第三部门组织开展反对政府和企业行为的活动时，比如公开反对政府政策和决定，反对企业污染环境，维护弱势群体的权益等，它们所能采取的也只局限于政府所许可的行动方式，例如联名抗议、提案等。诸如静坐、游行、罢工、暴动等激烈的冲突很少发生。

（三）功能

当前，中国第三部门所能发挥的功能比改革开放前有了极大的拓展，西方国家第三部门所能发挥的功能，我国的第三部门也都能或多或少有所体现，因此，多元化是当前中国第三部门在功能上表现出的主要特征之一。但是整体来看，第三部门的各项功能都还处于"初级阶段"，与西方社会的第三部门根本无法相比。而且，第三部门所能发挥的功能具有明显的不平衡性，比如，在促进市场和经济发展、提供社会公共服务、引领和推动社会创新等对政府、企业有益的方面，第三部门发挥了重要的作用，但在反抗市场暴政、参与公共政策、制约政府权力、促进政治民主化等反对或者限制政府、企业权益的方面，第三部门所能发挥的作用却很小。并且，官办第三部门组织所能发挥的功能明显要比民办第三部门组织强。这些可以归结为第三部门组织在功能发挥上的"中国特色"。

1. 支持市场发展

第三部门组织在市场经济发展的过程中发挥着重要的作用。

首先，第三部门存在的重要原因之一就是弥补市场的失灵。因为，由于搭便车问题的存在，追求赢利的企业会因为在提供公共产品与服务方面的低效率，而不愿意提供公共物品。此外，企业在提供服务时存在的信息不对称，可能导致生产者以自身信息优势欺骗弱势的消费者，即通过提供劣质产品或服务获得额外的收益，使得消费者需求不能得到满足，权利无法得到保护。第三部门的产生，正是为了弥补市场这些失灵。第三部门通过一套非营利的方式，协助市场提供社会服务，满足社会需求，从而保障了市场的有效运行。

其次，第三部门中的各种行业协会、商会类组织，通过为企业提供政策咨询，反映合理诉求，平衡各方利益，调解贸易纠纷，并把企业组织起来，订立行规行约，规范同业竞争，促进行业信用建设和行业守信自律，对加强市场交流，维护市场秩序，促进产业升级，加快转变经济发展方式，促进行业可持续发展起到了"催化剂"和"助推器"的作用。近年来，我国第三部门中旨在支持市场经济发展的各种行业协会、商业协会的数量有明显增加。据民政部统计，截至 2005 年年底，全国在民政部门登记注册的第三部门组织 31.5 万个，其中在 16.8 万个社会团体中，行业性社团占到 5.3 万个，是数量增长最多的一类。

不过，在全国层次乃至省级的行业协会中，几乎还没有完全"民办"的组织，即使在市级或更基层的地方，真正由企业自主成立的行业组织比例也不高。相当数量的行业协会仍然在组织组建、决策机制、资源运作、人事关系、职能目标等各方面与政府部门有着千丝万缕的联系，从而被称为"官办"协会，甚至有时成为"二政府"。主体定位的模糊，成为行业协会市场驾驭力不足的一个重要原因。目前，各地正在积极探索政社分开，将政府职能转移到行业协会的机制和方法。

再次，以第三部门组织为主要成员的市民社会为市场经济的发展提供了社会基础。与建立在严格的权力划分和制度约束基础上的政治国家不同，市民社会乃是以一种普遍的契约关系和契约精神建立起来以保证其良性运行与协调发展的。而市场经济很大程度上就是契约经济，即独立、平等的市场主体在契约自由、意识自治和责任自负的基础上，自由、平等地参与经济活动。政治国家只是通过法律和政策，进行宏观性间接调控。因此，离开了市民社会这一社会基础，市场经济就如无水之鱼、无本之木，根本无法运行。

2. 提供社会服务

第三部门提供社会公共服务的目的，是为了弥补政府在提供公共服务方面的不足，重点是为弱势群体提供服务，缓解政府在提供公共服务中存在的不公平问题，同时为少数人提供特殊服务，满足人们的个性化需要。提供社会服务是第三部门最主要的功能，在西方如此，在中国也一样。近年来，随着第三部门组织数量明显增加，规模逐渐增大，能力不断提升，其在提供社会服务方面的作用明显增强。

但整体来看，官办第三部门组织提供社会服务的能力仍然明显比民办第三部门组织的能力要强。例如，在扶贫方面，工会组织就做了大量的工作。

目前，工会系统已经形成了送温暖工程、困难职工帮扶中心和金秋助学活动"三大品牌"。截至 2008 年 2 月底，全国各级工会累计筹集送温暖资金达 295.8 亿元，走访慰问了 124.7 万家（次）困难企业和 7687 万户（次）困难职工家庭，帮助 509.7 万户困难职工摆脱了贫困。全国工会系统共建立困难职工帮扶中心 2975 个，100% 的地级城市和 91% 的县级城镇已全部建立帮扶中心，帮扶中心累计筹集资金 41.3 亿元，帮扶困难职工 2103.3 万人次。全国工会系统累计筹集助学资金 27 亿元，资助了 338 万名困难职工子女上学。① 具有官方背景的中国扶贫基金会仅在 2007 年就投入扶贫资金 2.3 亿元，扶贫项目覆盖 838 个县、327 所大学、860 所医院。受益人口达 62.8 万人。②

目前来看，中国民办第三部门组织在提供社会服务方面与官办第三部门组织相比仍然处于边缘地位，它们的作用不但不如准政府组织，相比事业单位差距更大，它们更多起到拾遗补缺的作用。可以说，目前在中国，提供社会服务的工作主要还是由政府、官办社团以及事业单位来完成。但是民办第三部门组织在提供社会服务方面越来越重要的趋势不容忽视，事实上，政府可能对此相当重视，针对第三部门的公共服务外包模式可能会发展成为未来社会服务的主要方式，第三部门作为"第三方政府"的作用正在显现。

此外，随着企业资本大量进入公益领域，能够得到政府支持的第三部门组织，尤其是企业基金会和私人基金会，在提供社会服务方面的能力也越来越强大。但目前，企业基金会和私人基金会的数量还不多，因此，从总量上来看，它们提供社会服务的能力还很不足。但是可以预见的是，今后它们将会成为提供社会服务的一支重要力量。作为民办第三部门组织中的重要力量，伴随着企业基金会和私人基金会的成长，民办第三部门组织提供社会服务的能力也必然增长。

3. 促进社会创新

相对于政府部门而言，第三部门组织因其贴近人民群众、身处基层而

---

① 参见中华全国总工会副主席孙春兰在全国工会帮扶工作会议上的讲话《认真学习贯彻胡锦涛总书记重要指示精神 扎实推进工会帮扶工作的创新发展》，2008 年 3 月 28 日，来源于全国总工会网站，网址为：http：//www. acftu. org/template/10005/file. jsp？cid = 318&aid = 76070。

② 来自中国扶贫基金会 2007 年度报告。

更能及时了解社会现实问题和人们的各种需求，能够更直接快速地作出反应。并且由于它们倡导参与式的工作方法，因此，能够在提供服务或者执行项目的过程中，不断听取各方，包括受益方的意见，进而更容易形成有效的工作方式和解决方案，并提高服务的质量和效率。在这种过程中形成的一些解决问题或者提供服务的方式和方法，多富有针对性和创新性，更富成效。

此外，第三部门组织更注重国际国内的各种交流，在交流中逐渐碰撞出火花，产生新思想、新思路。一些大的第三部门组织还非常重视学术研究创新，每年都对高校、研究机构的相关研究进行大量资助。加之第三部门组织较强的行动感，也更容易将这些新思想、新成果落实到实处，以思想的创新推动工作的创新。

第三部门相比于政府部门更加富有创新精神，还因为相对而言它们出错的成本低。通常第三部门组织的规模较小，项目的影响力不算很大，因此，即使出现了错误，也能够及时停止，损失也不大。但政府部门就不同，它们从事的都是规模和影响力较大的工程，一旦出错，后果就很严重。这也就决定了政府部门的工作方式通常力求稳定，故而也相对保守，不够有新意。

在我国，第三部门在引领、实施和推动社会创新方面发挥了重要的作用。比如，环保思想就是第三部门最先倡导的，如今，这一思想已经引起了政府部门的高度重视，得到了广大民众的支持，在中国一批环保主义者已经形成。此外，中国扶贫基金会等开展的"小额信贷扶贫项目"、"母婴平安120项目"、"天使工程项目"，中国青少年基金会的"希望工程"项目，等等，都是由第三部门组织创造出来的优秀扶贫方法，它们比政府部门的扶贫工作更能瞄准贫困者，扶贫资金的使用效率更高。

同理，在引领、实施、推动社会创新方面，民间性较强的第三部门组织比官办的第三部门组织一般而言更有优势，因为官办第三部门组织在很大程度上也存在着政府部门的弱点，太过保守和僵化。

4. 影响公共政策

第三部门影响、参与公共政策的制定与执行，一方面体现了公共治理的思想，另一方面体现了社会制约权力的思想。第三部门参与公共政策的目的是制约政府行政权力的过度膨胀，引入竞争机制促使政府提高制定和实施公共政策的效率，提高政策对不同利益群体的代表性和政策的社会合法性，同时实现善治的理想。在西方，这是第三部门组织一个非常重要的功能。

在我国，第三部门组织也部分实现了这一功能。比如，人民团体、免登记社团等准政府组织，在参政议政方面拥有一定的权利，可以参与公共政策的制定。行业协会、商会等组织通过搜集相关信息、反馈政策执行意见等方式，也起到了影响公共政策的作用。一些倡导性组织，通过利用公众传播方式，影响公共舆论等方式，也会对政策的制定产生一些影响。

但是，总体来看，我国第三部门组织在影响和参与公共政策方面的能力还很不足。拥有参政议政合法权利的组织只有准政府组织，明确以政治参与为宗旨的民间组织在中国是得不到政府的承认的。倡导性组织也只能在政府许可的范围内施加影响，其权利得不到保障，因为政府具备取缔、清理整顿任何第三部门组织的绝对权力。行业协会、商会等组织实际上从事的是为政府政策制定提供信息服务的工作，它们并不具备否决某一公共政策的绝对权力。而中国的其他绝大多数组织，尤其是大量民办第三部门组织，都不具备参与公共政策的权利，甚至还缺乏这一行动意识和尝试。

5. 反抗市场暴政

随着市场经济的发展，垄断、炒作、造假、损害工人利益和破坏环境的现象时有发生，令市场的道德价值蒙上阴影。同时，市场的利润原则、功利原则，极易诱发拜金主义、利己主义和极端个人主义，由此产生经济腐败、贫富不均、社会不公、经济秩序混乱等社会问题。第三部门则是维护社会公正、反抗市场暴政的重要力量。

从目前来看，中国的第三部门组织在扶贫、环保等方面确实做了不少工作。但是，不能否认的是，这些工作大都是在不触及企业和市场根本利益的前提下开展的。当弱势群体的利益与企业、市场的利益存在直接冲突的时候，中国的第三部门组织并没能为了维护弱势群体的利益奋起反抗市场的暴政。

比如，解决劳资矛盾是第三部门反抗市场暴政的一个重要手段。但是我国第三部门组织在这方面的表现很差。2010年震惊全国的富士康N连跳事件和南海本田罢工事件，以及后来又连续在广东佛山、深圳、惠州，江苏南京、无锡、昆山，北京，山西，河南，湖北以及珠三角、长三角等地区接连发生的一系列工人罢工事件，集中凸显了这一问题。工会本来是解决劳资矛盾的专业机构，但它并没能很好地代表工人的利益。在这场工人为维护自身合法权益而与资方展开的一系列斗争中，工会更多选择保持沉默，甚至在出现劳资矛盾时优先考虑企业而非工人的利益。在许多企业，资方对工会的控制力很强，有些甚至沦为"老板工会"，绝大多数企业工会的主席是由企业高层管理人员担任，比如，富士康的工会主席就是企业总裁郭台铭的助理。

6. 制约政府权力

政府权力最具有扩张性和侵犯性，政府权力对公民、法人、其他社会组织的人身权、财产权等造成侵害的情况屡见不鲜，政府官员的腐败行为屡禁不止，这正是政府权力缺乏制约的必然后果。因此，讨论政府权力的制约问题，关键在于有怎样一种外在力量可以阻止行政权力过度膨胀，使其难以侵犯公民、组织的合法权益。然而在政府公权力面前，个人显得太渺小、太单薄。若没有代表自己利益和反映自己意愿的社会中介组织的存在，个体的力量无法与以国家为后盾的政府权力来抗衡，对政府权力的侵害也就无能为力，自身利益的诉求就可能无法实现，就可能会导致政府权力的滥用。因此，第三部门组织就作为个人联合起来限制政府权力的重要形式而产生。第三部门组织作为社会中的一种结社力量，在政治上制约政府权力，其实质是起到了促进政治民主化的作用。现实中，西方第三部门组织在制约政府权力，促进民主政体的有效运行等方面，确实发挥了重要的作用。哈贝马斯、托克维尔、帕特南、达尔等都对第三部门组织的这一作用进行了深入研究。[①]

但是在中国，改革开放已经30多年了，中国的第三部门组织虽然在制约政府权力方面发挥了一定的作用；国家也不再主宰一切，不再禁止一切集体行动和结社行为，不再全面干预社会生活；社会领域的自由度大幅度增加，自发的结社开始出现，研究、发表也更加自由，但政府依然牢牢地控制着政治权力，并且仍然主动保持对"公共领域"[②]的支配权。

---

① 哈贝马斯：《公共领域的结构转型》，曹卫东等译，学林出版社，1999；托克维尔：《论美国的民主》，商务印书馆，1991；罗伯特·D. 帕特南：《使民主运转起来——现代意大利的公民传统》，王列、赖海榕译，江西人民出版社，2001；罗伯特·达尔：《论民主》，李柏光、林猛译，商务印书馆，1999；罗伯特·达尔：《多头政体——参与和反对》，谭君久译，商务印书馆，2003。

② 哈贝马斯：《公共领域的结构转型》，学林出版社，1999。

（四）总结

基于上述分析，可以总结出当前中国第三部门最主要的结构和功能特征。

1. 发展的初级阶段

无论在结构还是功能上，我国第三部门在改革开放后的 30 多年里都得到了极大发展。这些发展体现为第三部门组织数量上的增长，第三部门组织各方面能力的提高，第三部门组织自主性和独立性的增强，第三部门内部专业化分工和产业链的形成，以及第三部门所发挥功能的明显提高。

但是，从比较的视野来看，当前中国的第三部门仍处于发展的初始阶段。中国第三部门组织的数量明显不如西方多，尤其从人均拥有量来看，这种差距更大。中国第三部门组织各方面能力的发育程度也明显处于初级阶段，绝大多数第三部门组织的发育并不好，发育较好的第三部门组织在中国的第三部门中所占的比例还较小。无论与事业单位等官办组织相比，还是与西方社会相比，这种差别都非常明显。中国第三部门的整合还处于起步和萌芽阶段，部门内的分工与合作、行业自律、部门文化、行为规范均存在严重不足。相对于政府控制第三部门组织的能力而言，第三部门与政府的互动也显得毫无章法。在功能上也一样，中国的第三部门虽然在各方面都发挥了一定的功能，但在每一项功能上，都无法与西方第三部门相提并论。在中国，本来应该由第三部门所发挥的功能，却更多由政府以及政府成立的事业单位、村委会、居委会等组织来完成，第三部门所起到的作用与这些组织相比微乎其微，它只是起到了拾遗补缺的作用。

2. 多元化及不平衡性

从以上的分析中我们可以看出，在组织类型、发育程度、治理方式、所发挥的功能等方面，第三部门内部都呈现出高度的多元化。第三部门内的组织类型包括在民政部门登记注册的社会团体、民办非企业单位和基金会；国家规定免登记的社会团体；在其他政府部门归口管理的第三部门组织；代管的第三部门组织；工商注册的第三部门组织；未注册的第三部门组织等。第三部门组织的发育状况差别也很大。有些第三部门组织发育良好，组织体系健全，正规化程度较高，并且具备了一定的规模。有些第三部门组织却发育不良，组织规模小，资源少且单一，组织体系不健全。而更多组织则处于两者之间。第三部门组织的治理方式也高度多元化。有些组织是由理事会治理，有些组织是秘书处治理，有些是组织的负责人或者发起人独裁，有些是组织外部的人或者机构掌握组织的治理权，这些外部的人或者机构可能是政府及其官员、企业及企业家、海外力量机构或人员等。第三部门组织的功能也很多元化，如前所述，西方国家第三部门所能发挥的功能，中国的第三部门也都能实现。

除了多元化之外，当前中国第三部门的发展还体现出高度的不平衡性。从数量上来看，当前活跃在中国的绝大多数第三部门组织属于社会服务型组织。宗教、生态环境、国际及涉外领域的第三部门组织数量较少。明确以政治参与为宗旨的组织更是不允许存在。从第三部门组织的发育程度上来看，官办第三部门组织明显比民办第三部门组织的发育程度要高。在民办第三部门组织中，大量企业基金会和私人基金会等资源较为充裕的组织又比其他第三部门组织的发育程度要高。从发挥的功能来看，在促进市场和经济发展、提供社会公共服务、引领和推动社会创新等对政府、企业有益的方面，第三部门发挥了重要的作用，但在反抗市场暴政、参与公共政策、制约政府权力、促进政治民主化等反对或者限制政府、企业权益的方面，第三部门所能发挥的作用却很小。

3. 弱自主性

从改革开放 30 多年来的发展态势来看，中国第三部门的独立性和自主性均有所增加。改革开放之前，政府对第三部门组织的管理完全仿照对政府职能部门的管理，不但组织的负责人完全由政府任命，并且其升迁、福利等各方面也都由政府统一管理。组织的所有决策，也都由政府或其官员来完成。但是，当前中国的第三部门中，已经产生了很多完全自主和独立的组织，特别是改革开放后民间发起成立的一些新型组织。另一方面，一些老的组织类型，其自主性和独立性也都有所增强。

但是，从整体上来看，当前中国的第三部门仍然是缺乏自主性的。从数量上来看，完全能够独立自主的第三部门组织的数量很少。从发育情况来看，这类第三部门组织大多不如独立性差的第三部门组织。从所发挥的功能来看，这类第三部门组织所能发挥的功能也很弱。因此，在当前的中国第三部门中，所占比例比较大，发育情况较好，并且发挥主要功能的大都是缺乏自主性和独立性的第三部门组织。如上文所述，第三部门组织缺乏相对于政府、企业和海外力量的独立性的同时，也获得了这些环境因子给予的大量的资源。也就是说，从整体上来看，当前中国的第三部门是明显缺乏自主性的部门。

4. 弱挑战性

中国第三部门所能发挥的功能具有明显的非挑战性。当前，中国第三部门所发挥的功能主要集中在提供社会公共服务、促进市场和经济发展、引领和推动社会创新等方面。发挥这些功能的第三部门组织首先在数量上就占绝对优势，在发育水平上也相对要高。第三部门所发挥的这些功能，从根本上来说，主要是服务社会、服务市场和服务政府的。但是在反抗市场暴政、参与公共政策、制约政府权力、促进政治民主化等方面，第三部门所能发挥的作用却很小。有些第三部门组织即使开展了一些能发挥此类功能的活动，其方式也非常缓和，大多数第三部门组织都会尽可能避免与政府、企业等发生正面冲突。虽然也有一些草根的第三部门组织，像西方第三部门组织那样发挥着一些具有挑战性的功能，但是这类组织的数量和发育程度通常都不高，而且其行动空间也大都受到政府的各种限制，其能发挥的作用是极其有限的。

5. 结构与功能失调

第三部门结构与功能的失调主要体现在两个方面。

一方面，那些并不太符合西方国家关于第三部门组织的界定的中国第三部门组织，恰恰发挥了西方第三部门组织应该发挥的功能。而那些独立性和自主性较强，在结构上最符合西方关于第三部门组织界定的组织，它们所发挥的功能，与那些独立性和自主性差的第三部门组织相比是很小的。

另一方面，如前文所述，当前中国绝大多数第三部门组织都接受了西方的思想和价值观，至少从显性的层面，或者话语层面，它们是认同西方的公益文化的。它们认为第三部门组织应该是独立于政府和企业的，它应该成为政府和企业之外为社会提供服务的主要力量，甚至在某种程度上，应该是比政府更重要的社会公共服务的供给者。它应该积极参与公共治理，参与公共政策的制定，并有效制约政府的权力。但是，第三部门组织的这一"思想"或者价值认同，在现实层面根本无法实现。在现实层面，中国的第三部门只能在政府允许的范围内，为社会提供服务。并且，即使在提供服务方面，第三部门所发挥的作用也是有限的，它不但不能与政府相提并论，甚至不能与政府成立的事业单位、村委会、居委会等组织相提并论。结果就是，中国的绝大多数第三部门组织都是思想上西化，而功能上却是中国特色，造成了其功能和认知的失调。

四 环境

第三部门的环境因子包括政府、企业、海外力量、公众、媒体及文化等。本部分考察第三部门所面临的环境因子的目前状况及其分别对第三部门产生的单一维度的或者说独立的影响，包括其影响的方式和效果。

（一）政府

法律法规对于第三部门的发展至关重要，失去了法律依托，第三部门组织不但无法拥有合法性，还会陷入无序、混乱的境地。但是，目前的研究者和实践者更多关注这些法律法规的负面作用，比如，强调法律体系的漏洞，其确立的双重管理体制对第三部门发展的制约作用等，从而忽视了它们的建设性作用。通过罗列法律、法规、条例，本报告希望读者能够客观地了解现有法律的情形。

1. 法律框架及特征

广义的"法律"包括：法律、条例、政策、文件、口头指示和不成文规则。

目前，我国还没有形成一个普遍适用于所有第三部门组织的法律，但却根据第三部门组织的不同类型分别建立了有针对性的法规。1998 年 10 月修订的《社会团体登记管理条例》、新制定并颁布的《民办非企业单位登记管理暂行条例》，以及 2004 年 3 月颁布的《基金会管理条例》，分别对在民政部门登记注册的社会团体、民办非企业单位和基金会进行了规定。1989 年 6 月颁布的《外国商会管理暂行规定》对在境内活动的外国商会进行了规定。这些法律法规规定了第三部门组织的法律身份、组织结构、治理结构、活动领域、活动及运作方式、与其他法律主体的相互关系、享有的权利和责任等。

1999 年 8 月颁布的《中华人民共和国公益事业捐赠法》对自然人、法人或者其他组织自愿无偿向依法成立的公益性社会团体和公益性非营利的事业单位捐赠财产，从事公益事业的有关事项进行了规定。包括可以接受捐赠的机构类型、捐赠资金使用的范围、捐赠资金的使用和管理，以及捐赠人或者单位可以享有的优惠等。

2008年1月1日开始施行的《中华人民共和国企业所得税法》为了鼓励企业支持社会公益事业，规定企业发生的公益性捐赠支出，在年度利润总额12%以内的部分，准予在计算应纳税所得额时扣除。2007年12月29日通过的《中华人民共和国个人所得税法》规定：个人将其所得对教育事业和其他公益事业的捐赠，是指个人将其所得通过中国境内的社会团体、国家机关向教育和其他社会公益事业以及遭受严重自然灾害地区、贫困地区的捐赠。捐赠额未超过纳税义务人申报的应纳税所得额30%的部分，可以从其应纳税所得额中扣除。

对于8大人民团体和25家免登记社团，我国也设立了相关的法律法规来调整。比如，1992年4月颁布实施的《中华人民共和国工会法》、2008年6月颁布的《中国共青团章程》、2008年10月颁布的《中华全国妇女联合会章程》等分别对工会、共青团、妇联的法律地位、组织属性、组织的成立、组织结构、权利义务、经费财产等方面的内容做出了规定。对于免登记社团，政府也大都通过规章制度对其行为进行规范。

除了以上法规之外，民政部和有关部门在具体的工作过程中，又根据实际的需要发布了一系列配套性的政策或者通知文件。此外，各级地方人民政府也制定了一些管理第三部门组织的具体实施细则和管理办法，这里不再罗列。总之，这些法律法规、条例、政策、文件等共同构成了改革开放后中国第三部门组织所面临的法律环境。

我国第三部门组织法律框架的特征可以概括为：政府主导、双重管理、行政分割、限制竞争和强制年检。

（1）政府主导

无论从第三部门组织在参与相关立法上所拥有的权利来看，还是从法律框架所体现出的政府与第三部门组织的关系来看，其特征都体现为政府主导。在我国，政府在立法过程中占据绝对主导地位。我国第三部门组织和公众参与政府立法的制度空间和现实空间都有限。法律制度没有明确规定第三部门组织和公众参与立法的权利和义务，现实层面更没有具体规定第三部门组织和公众参与立法的事项和程序。缺乏第三部门组织和公众参与的立法，更容易站在政府的立场上，更多从政府的利益出发。现行第三部门立法就明显体现出这一特点，立法机关更多是从如何更好地管理第三部门组织，使之始终处于政府的掌控之下这一立场出发，而不是从如何更好地发展第三部门组织出发。立法中对第三部门组织明显更多控制而少支持。立法所体现出的政府与第三部门组织关系，也自然是政府始终要处于主导地位。

（2）双重管理

"双重管理"是指第三部门组织要接受登记管理机关和业务主管单位的双重管理。根据《社会团体登记管理条例》、《民办非企业单位登记管理暂行条例》和《基金会管理条例》规定：国务院民政部门和县级以上的地方各级人民政府民政部门是本级人民政府的社会团体、民办非企业和基金会的登记管理机关。同时，国务院有关部门和县级以上地方各级人民政府有关部门、国务院或者县级以上地方各级人民政府授权的组织，是有关行业、学科或者业务范围内社会团体、民办非企业和基金会的业务主管机关。

在这种双重管理模式中，业务主管单位在政府和第三部门组织之间发挥着至关重要的枢纽地位。因为第三部门组织是高度分散的，数量规模是巨大的，作为登记管理机关的民政部门，无论在财力、人力、物力上都不可能对每个第三部门组织进行直接管理，也没必要进行直接管理。但是，政府对第三部门组织又不是完全放心的，是不会放任其发展的。因此它就把业务主管单位作为自己的代理机构，代替自己对第三部门组织实施全方位的监管。一方面，业务主管单位是自己指定的嫡系的组织，是完全可以信任的"自己人"；另一方面，业务主管单位或多或少与主管的第三部门组织在业务上有相通的地方，监管起来更专业、更便利。因此，业务主管单位自然而然地成为政府监管第三部门组织的重要枢纽。不但第三部门组织登记注册前要找到业务主管单位，在日常的工作中，业务主管单位也要对第三部门组织实施适时的全方位管理。

（3）行政分割

法律要求对社会团体进行属地登记。《社会团体登记管理条例》规定："全国性的社会团体，由国务院的登记管理机关负责登记管理；地方性的社会团体，由所在地人民政府的登记管理机关负责登记管理；跨行政区域的社会团体，由所跨行政区域的共同上一级人民政府的登记管理机关负责登记管理。"

并且，现有法规限制第三部门组织设立分支机构，限制第三部门组织超出地域边界的活动。比如，《社会团体管理条例》规定，社会团体的分支机构不得再设立分支机构。社会团体不得设立地域性的分支机构。《民办非企业单位登记管理暂行条例》规定，民办非企业单位不能设立分支机构。这些规定方便了政府的管理，但限制了第三部门组织开展活动的范围，限制了组织规模的扩展。

（4）限制竞争

《社会团体登记管理条例》、《民办非企业单位登记管理暂行条例》都规定，在同一行政区域内已有业务范围相同或者相似的第三部门组织的，没有必要成立的，对于第三部门组织的成立申请不予批准。不仅如此，有的地方民政部门还主动将其认为业务上有重复或者没有必要存在的社团，予以撤销或者合并。

（5）强制年检

第三部门组织在民政部登记注册之后，政府对其的主要控制手段是实施年检。民政部专门出台《社会团体年度检查暂行办法》、《民办非企业单位年度检查办法》、《基金会年度检查办法》等法规，对在民政部门登记注册的各种社会团体、民办非企业单位以及基金会实施年检工作作出了具体安排。

2. 政府的管理策略

尽管法律建立了一整套制度框架，但是法律的运用方式却是多元化的。对于不同的对象，同一个法律有不同的解释，会产生不同的结果。政府还掌握着大量的资源。许多资源在法律的调整范围之外。政府在使用这些资源的时候也是差别化的。现实还存在权力高于法律的情形，通过权与法的合谋，使权力无视法律，乃至凌驾于法律之上。因此，不同的政府部门，不同的政府官员，它们在面对不同的第三部门组织时，所采取的一系列差别化策略，相比于法律而言，才是真正影响第三部门的重要因素。

政府对第三部门组织的态度无非两种，一种是支持，一种是限制。在支持和限制方面，政府针对不同的第三部门组织都采取了差别化策略。

（1）政府的控制策略

对于一个权威主义政府来说，管理第三部门组织的首要策略是控制。根据政府控制第三部门组织具体方式的差异，可以将政府的控制策略区分为：

①准政府模式

这一模式的控制对象包括：人民团体、免登记社团、社区组织、官办教会等。

政府垄断着成立这类组织的权力，民间不许成立相应组织。组织的主要负责人由政府任命，或者由政府官员直接兼任，组织的重大决策由这些政府任命的人员决定，或者由主管的政府部门决定。组织的专职工作人员由政府通过公务员考试招录而来，其考核、职务任免与升降、奖励与惩戒、培训、交流与回避、工资福利保险、辞职辞退、退休、申诉控告等均比照《公务员法》。组织的资源主要来自政府，并且政府并不期望它们主动争取其他资源。在开展活动方面，这些组织要么依附各级行政系统，在全国建立自上而下的垂直科层组织体系，并且上一行政级别的同类组织在业务上指导下一行政级别的同类组织。要么依据政府的地域区划，在最基层的所有地区建立庞大的组织体系，在开展活动的过程中，它们受多个政府部门的控制和领导。此外，这些组织的活动领域也都是政府选定，而不是组织自己选择。

②双重管理模式

双重管理模式针对的组织类型是：在民政部门登记注册的社会团体、民办非企业单位和基金会。

政府通过法律规定的双重管理体制，抬高第三部门组织登记注册的门槛，从"入口"对第三部门组织实施严格控制。只有政府发起成立的组织，或者政府通过业务主管单位认可的组织，才能登记注册。登记注册的第三部门组织，需要按照相关法律法规的要求，组建理事会，招募会员和工作人员，在被获准的领域内开展活动，按照既定的渠道获取资源，并按照允许的方式运作。政府还依照法律对其实施强制年检，以保证其始终按照法律的规定发展。

在双重管理模式中，业务主管单位对第三部门组织实施全面控制。除此之外，政府对这一模式中的官办第三部门组织有更多控制，包括其负责人的任命、重大事项的作出、资源的来源、活动的开展等各方面，比如，需要第三部门组织主动汇报，重大事项要进行审批等。

③归口管理模式

在归口管理模式下，第三部门组织的登记注册不是在民政部门，而是在业务对口的政府主管部门。比如业主委员会的归口管理部门是物业所在地的房地产行政主管部门，宗教活动场所的归口管理部门是当地人民政府宗教事务部门。在归口模式下，政府对第三部门组织的控制存在一定差别。

政府对宗教活动场所的控制较为严格，成立之前要向县级人民政府宗教事务部门进行申请，只有获得批准的场所才可以筹建，并且筹建之后还要由该场所管理组织向所在地县级人民政府宗教事务部门申请登记。政府对宗教活动场所的管理也较为严格，除了强制年检之外，还会进行突击检查，并且限制其接受海外力量资源。组织的专职人员也要在政府部门备案，组织开展的活动也受到控制。跨省、自治区、直辖市举行超过宗教活动场所容纳规模的大型宗教活动，或者在宗教活动场所外举行大型宗教活动，需要宗教活动场所在拟举行日的 30 日前，向大型宗教活动举办地的省、自治区、直辖市人民政府宗教事务部门提出申请。

但是政府业主委员会的控制则较弱。业主委员会的成立不需要经过任何机构的批准，只需成立后到物业所在地的区、县人民政府房地产行政主管部门备案即可。业主委员会的治理也是完全自治的，其从何处获取资源、开展哪些活动，都由业主委员会自己决定。

④ "代管"模式

对于单位或社区内部的第三部门组织，政府并没有实施直接的控制，而是委托第三部门组织所在的单位代为管理。此类组织不用在民政部门登记注册，只需在所在单位进行登记。另外，在组织的治理、资源的获取、活动的开展等各方面，政府都没有直接干预。

⑤ "放任"模式

对于大量存在于街头、公园内的兴趣组织，政府的基本策略是"放任"。政府既不要求它们在有关部门登记注册，也不对其进行直接管理。在某种意义上，放任也可以看做一种控制策略。目前，政府对互联网上的各种虚拟社团的管理也属于放任模式。

⑥控制失灵

政府对第三部门的控制并不是完备的，它存在失灵的情况。比如，在双重管理体制下，很多组织因找不到业务主管单位，无法在民政部门登记注册而被迫注册成企业。对于这些组织，政府只能按照对待"企业"的方法进行管理，第三部门组织相对于政府完全是"自主经营、自负盈亏"。但是，按照政府的本意，这类组织本应该纳入双重管理之中，因为它们开展的活动、发挥的功能与双重管理模式下的第三部门组织是一样的。想控制而没有控制住，这就是政府控制的失灵。此外，还有一些草根第三部门组织，它们既不属于政府放任的范围，又不到民政部门登记注册，反而一直在体制外开展活动，这些组织也是控制失灵的主要对象。

需要指出的是，控制失灵是针对政府控制第三部门组织的控制体系而言的，是指第三部门组织控制体系的失灵。其实，除了针对第三部门组织的控制之外，政府的安全部门对所有的组织、所有的个人都有控制，即所有的组织都不能做出"出格"的事情，不能公开挑战政府的权威，不能威胁社会稳定。这实质上是政府实施的一种"底线控制"，一旦第三部门组织的活动越出了这一底线，政府的安全部门会采取相应的管理行动。

（2）政府的发展策略

政府不仅会控制第三部门组织，也会支持第三部门组织，并且还会对不同的第三部门组织给予不同的支持。根据政府对第三部门组织支持力度和方式的差别，可以将政府对第三部门组织的发展策略区分如下：

①延续模式

政府这一发展策略针对的组织类型包括人民团体、免登记社团、社区组织、官办教会等。

政府出资、出物、出人、出政策，从方方面面保证了组织的成立。组织成立后，政府又给它们提供了很多资源支持，甚至以立法的形式保障某些第三部门组织的经费来源。比如，《工会法》明确规定了工会经费的来源有：工会会员缴纳的会费；建立工会组织的单位按每月全部职工工资总额的百分之二向工会拨交的经费；工会所属的企业、事业单位上缴的收入；人民政府的补助；其他收入。要求工会所在单位为工会办公和开展活动，提供必要的设施和活动场所等物质条件，规定"工会的财产、经费和国家拨给工会使用的不动产，任何组织和个人不得侵占、挪用和任意调拨"。一些人民团体和群众团体的机关工作人员"享受着"政府公务员的待遇。此外，它们在开展活动的过程中，也经常能得到政府的资助和支持。

②新建模式

新建模式针对的第三部门组织包括政府在改革开放后发起成立的各类行业协会、官办第三部门组织、官办基金会。

这类组织也得到了政府较多的支持。比如，能够很容易地在民政部门登记注册，能够从政府部门获取一定的资源支持，比如开办经费、办公设施等。与其他民办的第三部门组织相比，政府更倾向于将一些外包项目交由它们承担，或者与它们合作。它们开展活动，需要政府官员出席时，一般也都能邀请到。

③收编模式

政府对各种民间成立的社会团体、民办非企业单位、民办基金会、归口模式下的第三部门组织、单位内部的第三部门组织等所采取的发展策略，都属于收编模式。

相对来讲，政府对这类第三部门组织的支持较少。如果可以将允许组织"合法"存在视为一种支持的话，那么，这类组织就获得了政府这方面的支持，它们都取得了开展活动的合法身份。此外，由于这些组织也在提供公共物品，客观上也是给政府帮忙，因此偶尔也能获得政府的一些资助。但与延续模式相比，这些支持多是临时性的、不稳定的、非制度化的。

④合作模式

这类模式主要针对民间发起成立，但没有取得免税法人身份的第三部门组织。

这类组织很难在民政部门取得法人资格，有的被迫注册为企业，有的没有注册。但是政府并没有严格禁止此类组织的活动，而是给予了一定的空间。政府会与它们合作开展一些项目，在合作的过程中可能给它们提供一些资源支持。但这些支持同样是临时性的、不稳定的、非制度化的。

⑤无支持模式

对于街头、公园内大量的兴趣组织，政府既不限制，也不支持，它们处于自生自灭的状态。

⑥替代失灵

从以上的分析可以看出，首先，政府在所有重要的领域组建了自己的官办组织，在各方面给这些组织以帮助，支持其发展。同时，禁止民间成立同类组织，避免与官办组织的竞争，确保重要领域官办组织的垄断地位。其次，对有助于自己的第三部门组织给予大力支持，使其归入自己的控制范围之内。再次，对不重要、对自己没用，甚至反对自己的组织不支持或者少支持，造成它们竞争环境的劣势。通过上述方式，政府培育了"可控的"第三部门组织体系，并利用它们满足社会需求，从功能上替代"自治的"第三部门组织，减少乃至消除"自治的"第三部门组织，尽量避免社会领域中出现独立于政府之外的第三部门组织，最终达到消除挑战势力和满足社会需求的双重目的。

功能替代的主要目的是避免第三部门组织游离于政府的控制之外，但事实上总有一些第三部门组织没有被纳入政府的控制体系之内，成为控制体系之外的第三部门组织。也就是说，政府的功能替代存在着失灵现象。例如，政治反对组织、家庭教会以及一些采取企业注册或者没有注册的第三部门组织等，就是其具体表现。替代失灵的存在一方面与第三部门组织的属性有关，另一方面也与政府的管理体制有关。有些第三部门组织的属性本身就决定了不可能被纳入政府的管理体系之中，例如政治反对组织；也有的组织本身不愿意被纳入政府的管理体系，例如家庭教会；还有一些组织由于制度设置的原因无法纳入管理体系，例如双重管理的登记制度就限制很多第三部门组织难以纳入政府的管理体系之中，只能采取企业的形式登记注册。

（3）控制策略和发展策略的相互关系

仔细考察发现，政府的控制策略和发展策略之间存在着一定的对应关系。比如，发展策略中的延续模式，对应的是老的组织类型，政府对这些组织的支持较多，而控制也较为严格，采取的控制模式为准政府模式。发展策略中的新建模式对应的是政府发起成立的新型组织，与此相应的控制模式是双重管理，也就是说官方新建的新型组织都被纳入了双重管理体制之中。

表 5   限制策略与发展策略的对应关系

发展策略和限制策略	延续模式	新建模式	收编模式	合作模式	无支持模式	替代失灵
准政府模式	+					
双重管理模式		+	+			
归口模式			+			
代管模式			+			
放任模式				+	+	
禁止模式						+
控制失灵				+		+

收编模式对应的都是民间发起的第三部门组织，对于这些组织，政府的控制策略是多元化的，有的纳入了双重管理体制，有的实施了归口管理策

略，有的采取了代管模式。尽管这些组织是民间发起成立的，但都有一个政府部门或者政府委托的部门对其进行管理。也就是说，这些民间成立的第三部门组织都被纳入政府的控制体系之内，即政府对这些第三部门组织实现了"收编"。合作模式对应的也是民间发起成立的第三部门组织，只不过这些组织在控制体系下属于控制失灵的组织类型，有的登记为企业，有的没有登记注册。无支持模式对应的是放任模式。对于此类第三部门组织，政府既没有干预也没有支持，属于放任的一类。

替代失灵中的民间组织对应的是控制失灵中的民间组织以及禁止模式下的民间组织。

（4）政府行为的逻辑

政府实施的限制策略和发展策略来源于国家的"双重职能"和第三部门组织的"双重属性"。一般来讲，国家有双重职能：一是镇压职能，二是提供公共服务的职能。任何一个政府只有实现了这双重职能，才能实现社会的稳定，维护自己的统治。因此，政府一方面必须对各种挑战力量采取不同形式的镇压，避免敌对势力对政府权威的挑战，另一方面政府还必须提供一定的公共服务，满足一定的社会需求。只有这样，政府才能保持稳定。第三部门组织具有双重属性。一方面，组织是实施集体行动的最重要载体，而集体行动又是挑战政府权威最有力的形式之一。因此，任何一个组织都具有挑战政府权威的潜在能力。另一方面，第三部门组织又具有提供公共物品的功能，可以帮助政府满足社会需求，解决社会问题。因此，第三部门组织又是政府的潜在帮手。

国家的双重职能、第三部门组织的双重属性、理性政府假设、权威主义，这一切决定了政府会采取"两手"策略管理第三部门组织。

限制策略是政府管理第三部门组织的首要策略。在这个前提下，权威主义政府才会允许第三部门组织的存在，并利用第三部门组织满足社会需求。这是因为，权威主义政府越是能够满足社会的需求，就越能够得到社会的认可。相应的，权威主义政府的统治也就越稳固。因此，利用第三部门组织满足社会需求，对于一个权威主义政府来说，也是至关重要的。在回应社会需求时，政府主要是通过功能替代的方式满足社会需求，即利用"可控制的"第三部门组织满足社会需求。例如通过延续老的第三部门组织、组建新的第三部门组织、收编民间发起成立的第三部门组织满足社会需求。作为功能替代的结果，自发的、挑战政府权威的民间组织就难以出现。因此，功能替代一方面满足了社会的需求，另一方面也维护了政府对政治权力的垄断。

任何一个政府都会追求自身的利益，都想把第三部门的发展置于自己的掌控之下。要把这种主观愿望变为现实还需要一定的实力。改革的初始条件以及政府主导型渐进改革赋予了政府根据自身意愿实施改革的能力。在政府主导型的改革中，每一项改革决策基本上都是政府的自主行为，是政府自主选择的结果。所谓"自主"就是指改革决策是政府直接制定的，而不是社会直接制定的。政府作为"理性经济人"，从自己的切身利益出发，根据内外环境条件，权衡成本与收益的关系，制定并实施改革方案。

也就是说，在"改革"、"开放"的背景下，理性的、以垄断政治权力为目标的权威主义政府、改革前的全能主义、政府主导的渐进改革，共同决定了政府不但有"主观动机"，也有"客观能力"，根据自身的意愿应对第三部门的变迁，即根据自身的利益对第三部门组织实施管理。这就是分类控制和功能替代形成的内在逻辑。

3. 新的探索和趋势

近年来，从中央到地方都在积极探索一套管理第三部门组织的新模式，这些探索可以归结为以下方面。

（1）降低登记门槛，改革双重管理体制

目前各地在登记管理制度方面的改革可以总结为：①要求政府和行政部门不再担任社会组织的业务主管单位。②放宽对同伙的控制，工商经济类、社会福利类、公益慈善类都是为政府帮忙而不是捣乱的组织，是政府的"自己人"。③设立枢纽性组织，做强做大自己的"亲儿子"，用"亲儿子"管"后儿子"。④双重管理的本质没有质变。政府的改革只是用"自己人"或者"亲儿子"代替自己行使业务主管职能，使自己从繁重的事务工作中解放出来。

比如，深圳市的双重管理体制改革主要是取消部分组织的业务主管单位，采取民政部门直接登记注册的方法。从行业协会开始，现在已经逐步将直接注册登记的范围拓宽到了工商经济类、社会福利类、公益慈善类社会组织。苏州市等地对社区组织实施备案制度，对尚不符合登记条件的社区社会组织，实行由社区居委会初审、报街道办事处（镇政府）备案的制度。而北京市正在探索构建的"枢纽型"社会组织工作体系，则通过确认一批"枢纽型"社会组织，根据有关法律、法规，授权其承担业务主管单位职责，对相关社会组织进行日常管理、提供服务，从而改变现有政府部门或行政单位作为社会组织主管单位的局面。

（2）强调专业化，政社分离，尊重行业自身的规律

近年来，各地都在积极推进政社分离，要求政府与第三部门组织在机构、人员、资产、财务等方面彻底分开。比如，广东省《关于进一步促进公益服务类社会组织发展的若干规定》要求推进第三部门组织民间化，"每个公益性社会团体中兼任领导职务的国家机关工作人员不得超过1名"。北京市也出台了《关于加快推进社会组织改革与发展的意见》、《北京市党政机关领导干部不兼任社会团体领导职务的实施办法》等文件，推行社会组织与主管行政部门在机构、人员、资产、财务等方面彻底分开，促进第三部门组织的民间化。

在推动政社分离的同时，政府也越来越尊重行业规律，放开第三部门组织来承担所在行业行规的制定。比如，中共广东省委办公厅、广东省人民政府办公厅出台的《关于发展和规范我省社会组织的意见》，明确规定要将行规行约制定等3大类17项职能转移、委托给社会组织。

（3）有选择地鼓励一些民间组织发展

近年来，政府出台了一些扶持资助第三部门组织的政策，但是这些组织大都是公益慈善类组织。政府的支持政策包括：一是完善社会组织税收和养老保险政策。比如，上海市财税部门出台《关于做好本市公益救济性捐赠机构管理工作的通知》，明确了公益救济性捐赠税前扣除程序，统一了接受公益性救济性捐赠专用票据。市民政局、市劳动和社会保障局、市社团局联合下发《关于在本市社会团体、基金会和民办非企业单位中建立年金制度若干问题的通知》，在全市社会组织中建立年金制度，作为基本养老的补充。二是财政扶持力度加大。比如，上海市民政局从2007年开始，每年从上年度本级福利彩票公益金中支出总额约7000万元的资金，对上海市慈善基金会等7家社会组织实施福利彩票公益金项目资助。三是建立公益"孵化器"，培育新兴社会组织。为初创阶段的公益组织提供场地设备、能力建设、注册协助和小额补贴等资源，扶助这些公益组织逐渐成长。

（4）主动规范引导

政府对民间组织开展评估及各类培训活动，主动对社会组织进行规范引导。比如，上海市在行业协会、社会福利和教育领域的基金会、部分领域和区县的民办非企业单位中开展规范化建设评估试点。对部分社会组织的组织

机构、内部治理、组织行为、社会公信力等方面进行了评估，引导各类社会组织加强自身建设，提高自律性和诚信度。政府有关部门将评估结果作为社会组织承接政府职能的一个重要依据。

(5) 实施政府采购

近年来，广东、深圳、北京、上海、辽宁、青岛、南京、宁波等地都开展了政府购买社会组织服务的尝试，通过各种渠道购买社会组织的服务，为社会组织开辟重要的资金来源渠道。比如，北京建立了政府购买服务机制，从福利彩票公益金、市和区县财政安排专项资金用于购买服务，支持社会组织在居家养老、助残慈善、志愿服务等方面开展社会服务。仅 2009 年，就有 128 个市级行业协会承担了从政府部门转移过来的行业管理职能，给予社会组织各种项目补贴 3.16 亿元。

(6) 控制第三部门组织的资金来源

一是加强对海外力量资金的控制。2010 年 3 月 1 日正式生效的国家外汇管理局颁发了关于境内机构捐赠外汇管理有关问题的通知（汇发【2009】63 号），对国内各类机构接受和进行国际捐赠行为进行了专门规定。通知要求，境内机构必须在外汇指定银行开立捐赠外汇账户，所有捐赠外汇收支都应当通过捐赠外汇账户办理外汇，而且境内机构开立的账户要纳入外汇账户管理信息系统进行管理。这一规定意味着，第三部门组织接收的每一笔海外力量资金都要受到政府的适时监控。此外，该通知还规定了第三部门组织和境外非政府组织境内代表机构收支外汇的范围。本国第三部门组织外汇账户的收入范围是：从境外汇入的捐赠外汇资金、从同名经常项目外汇账户或购汇划入的用于向境外捐赠的外汇资金；支出范围是：按捐赠协议约定的支出及其他捐赠支出。境外非政府组织境内代表机构捐赠外汇账户收支范围是：境外非政府组织总部拨付的捐赠项目外汇资金及其在境内的合法支出。

二是控制大规模募捐。比如，针对今年青海玉树地震期间民间组织所募得善款的使用问题，民政部、国家发展改革委、监察部、财政部、审计署联合出台《青海玉树地震抗震救灾捐赠资金管理使用实施办法》，要求统筹安排社会组织募集到的捐款，捐赠资金全部拨付到青海省，连同青海省接收的捐赠资金，统一纳入灾后恢复重建规划，由青海省统筹安排用于恢复重建。这种政府直接"收缴"基金会的善款由自己直接统筹使用的事情是史无前例的。因此，在公益界内引发的震动并不亚于大地震本身。

（7）加强民间组织党建工作

近年来，中央要求加大在各类新社会组织中建立党组织力度，实现党组织和党的工作全社会覆盖。在执行过程中，要求新社会组织中专职工作人员凡有 3 名以上正式党员的，都要建立党的基层组织；正式党员不足 3 名的，可与同一业务主管单位所属单位或其他单位联合建立党支部。尚不具备建立党组织条件的新社会组织，上级党组织要通过选派党的建设工作指导员等形式，为建立党组织创造条件。要把新社会组织负责人、业务骨干作为重点培养对象。切实选好、配强社会团体、基金会秘书处和民办非企业单位党组织负责人。各地按照中央要求迅速展开了在社会组织中的党组织建设工作。据民政部统计，我国各种符合建立党组织的社会组织中，党组织的组建率已达89.8%，社会组织中的党员数量已达到 132.6 万名。大规模的，甚至全覆盖的在社会组织中建立党组织已经成为新时期政府控制社会组织的最重要，也是最有效的方式之一。

（8）加紧对海外力量组织的监控

2010 年以前，国际非政府组织中有相当部分获得了中国政府给予的免税权。比如，2004 年国家税务局给北京市地税局下发文件（国税函【2004】777 号），同意免除包括福特基金会、英国救助儿童会等很多知名国际非政府组织在内的 33 家国际组织在北京的常驻代表机构企业所得税和营业税。在此之前，对于国际非政府组织还有其他的一些优惠政策，比如，2002 年 5月，国家税务总局给北京市地方税务局发出了关于福特基金会北京办事处常驻人员及其家属免征个人所得税的通知（国税函【2002】402 号），通知规定："对福特基金会北京办事处常驻工作人员及其家属来源于基金会的收入，在我国免予征收个人所得税。"此外，2000 年以中英项目中标专家身份进入中国的美国家庭健康国际（FHI）也一直享受这种免税优惠。然而，这些优惠政策在 2010 年发生了变化，据 FHI 北京办事处代表称，今年它们已经接到文件，从 2010 年 3 月开始，所有国外在中国的办事处都要交税。福特基金会也证实了这个信息。①

（9）小结

总的来看，政府过去只重视第三部门组织"捣乱"的一面，现在开始同时重视"帮忙"的一面，开始高度重视第三部门的服务功能，因此，开

---

① 来自河北经贸大学公共管理学院赵秀梅副教授对国际非政府组织的访谈信息。

始有选择地降低对一些组织的控制强度，同时加强了对"帮忙"的组织的支持、培育和引导。但是，总体上来看，政府的出发点没有变，它依然遵循理性经济人假设——追求自我利益的最大化。已经建立的一套分类控制与功能替代的策略也没有变，只是在一定范围内进行了局部微调。政府这种不断探索第三部门管理模式创新的做法，证明政府的能力很强大，具有很强的学习能力，积极主动出击，显示出有力的趋势。

4. 对第三部门的影响

政府所遵循的法律框架及其所实施的分类控制和功能替代策略，对当前中国第三部门主要特征的形成具有重要影响。

（1）促进与限制

政府是支持第三部门发展的重要因素。首先，通过立法，国家确立了第三部门组织存在的合法性。允许第三部门组织在其章程所规定的宗旨范围内开展活动，为第三部门组织开放活动的空间，并保障其行动的合法权益。对于未登记注册的第三部门组织，只要其不挑战或威胁政府权威，政府也基本放任其发展。可以说，开放行动空间是政府对第三部门最大的支持。其次，政府还主动成立了一批第三部门组织。虽然这些组织在很大程度上受命于政府，但它们毕竟也是第三部门的重要组成部分，发挥着第三部门应有的作用。再次，政府还为第三部门组织的发展提供了大量的资源。不但包括物质资源，还包括各种政策支持。近年来，政府与第三部门组织之间的各种项目合作也越来越普遍。政府资源的注入，为第三部门的发展提供了强大动力。政府对第三部门的这些支持，为第三部门组织数量不断增长、发育程度不断提升、功能不断增强奠定了基础。

但是，政府也是导致第三部门至今仍然发育不良的重要原因。首先，虽然国家从立法层面为第三部门的发展开放了空间，但是，从立法的初衷以及实际的管理策略中我们可以看出，政府对第三部门的限制多于支持。大量的第三部门组织无法在民政部门登记注册就是实证。而且，政府开放的空间也还比较有限。一些政府比较敏感的领域，比如政治参与、宗教领域等，民间第三部门组织都不能合法进入。其次，政府主动成立第三部门组织的目的也是为了限制民间成立同类的第三部门组织。再次，政府投入第三部门的资源，也更多提供给这些官方发起成立的组织，民间的第三部门组织所能获得的来自政府的资源很少，这与西方国家的差别很大。西方国家的第三部门之所以发育良好，在很大程度上是由于得到了政府及来自各方面的支持。西方

第三部门组织不但不会在取得法律身份方面受到限制，也很少受到活动领域的限制，并且，西方第三部门组织的绝大多数资金都来自政府。可以说，正是因为政府的诸多"限制"，以及微乎其微的支持，中国的第三部门才发育迟缓。

（2）导致第三部门内部多元化及不平衡

从组织类型来看，有关第三部门组织立法和政府管理策略的多元化，是第三部门内部呈现多元化特征的重要原因。至今，国家还没有针对第三部门建立一个统一的法律。从法律层面，政府就将第三部门组织区别为社会团体、民办非企业单位和基金会。此外，政府的分类控制和功能替代策略，也是导致第三部门内部多元化的重要因素。比如，在控制策略中的准政府模式和发展策略中的延续模式下存在的是 8 大人民团体、25 家免登记社团等第三部门组织。在控制策略中的双重管理模式和发展策略中的收编模式和新建模式下存在的是在民政部门登记注册的社会团体、民办非企业单位和基金会。在控制策略中的代管模式和发展策略中的收编模式下存在的都是各种挂靠组织、二级机构和在单位内部活动的社团组织。在控制策略中的放任模式和发展策略中的无支持模式下存在的是各类草根兴趣组织。而企业注册的第三部门组织、家庭教会、草根倡导组织、草根维权组织、国际组织等，则大都是政府控制失灵和替代失灵的组织。政治反对组织则是政府禁止成立，同时又替代失灵的组织。

从发育水平来看，那些受政府控制较为严格，但得到的政府支持也较多的第三部门组织，其发育水平通常较好。比如，8 大人民团体和 25 家免登记社团。而那些受政府控制较少，但得到的政府支持也较少的第三部门组织，如绝大多数草根组织，其发育水平通常较差。而其他大量的第三部门组织，其发育水平则处于两类组织之间。因此，根据政府对第三部门组织控制和支持程度的不同，可以将第三部门组织的发育水平进行多元化的区分。

从治理方式来看，政府不同控制方式下的第三部门组织的治理方式也是多元化的。比如，双重管理模式下的第三部门组织的治理更多是由业务主管单位主导。归口管理模式下的第三部门组织的治理更多是由业务主管单位主导。代管模式下的第三部门组织的治理更多是由代为管理的单位主导。而放任模式、禁止模式和控制失灵等模式下的第三部门组织的治理则更多由组织自行决定。

从行动方式来看，政府不同管理方式下的第三部门组织的行动方式也是多元化的。比如，受政府控制较多的第三部门组织的行动方式更加行政化、官僚化，而受政府控制较少的第三部门组织的行动方式则更富有创新性，更加灵活多样，更富有参与性。

政府的分类控制和功能替代策略，以及控制策略和支持策略内在逻辑的一致性，也是导致中国第三部门发育不平衡的重要原因。

从数量规模来看，受政府控制更加严格，但同时受支持也更多的官办第三部门组织与民办第三部门组织相比在数量上明显占优势。一些学者曾对当前中国的社团数量进行了估算，总的社团数量为 800 多万，其中人民团体以及其他准政府社团的数量为 670 多万，准政府社团占整个社团的比例高达 83.6%。①

从发育水平来看，受政府控制和支持较多的官办第三部门组织比受政府控制和支持较少的民办第三部门组织发育水平明显偏高。

从治理的自主性程度来看，受政府控制较为严格的第三部门组织，其治理大都受政府的干预，而受政府控制较少的第三部门组织，其治理则更加自治。

从行动方式的西化程度来看，受政府控制较为严格的第三部门组织的行动方式的西化程度比受政府控制较为宽松的第三部门组织要弱。

从所发挥的功能来看，由于官办第三部门组织得到的政府支持较多，而民办第三部门组织得到的支持较少，因此，官办第三部门组织在数量上比民办第三部门组织要多，在发育水平上比民办第三部门组织的发育水平要好，结构决定功能，在所发挥的功能上比民办第三部门组织也更强。此外，在政治参与、宗教信仰等领域，政府只允许官办的第三部门组织开展活动，不允许民办第三部门组织开展活动。尽管民办第三部门组织也偷偷地在这些领域开展了一些活动，但它们所能发挥的功能明显无法与官办第三部门组织相比。

（3）造成第三部门缺乏自主性

在中国的第三部门中，绝大多数发育较好的组织，都受到了政府较多的控制。在这些第三部门组织中，有一部分是政府直接发起成立的，一部分是被政府收编或者归口管理的。基于功能替代策略，政府首先在所有重要的领

① 王绍光、何建宇：《中国的社团革命——中国人的结社版图》，《浙江学刊》2004 年第 6 期。

域内建立了自己的官办组织，并在不断发展壮大官办组织规模的同时，严格禁止民间成立此类组织。这类官办组织在方方面面都受到政府的严格控制，其工作人员的招募、负责人的任命、重大决策，甚至日常活动，都由政府来决定。而对于一些民间发起成立的第三部门组织，政府又采取了收编的策略或者归口管理的策略，在给予其合法身份的同时，也给其指定了一个"婆婆"，处处都要对第三部门组织进行控制。从自主性上来说，无论是政府发起成立的组织，还是被政府收编或者归口管理的组织，都是很差的。但是，恰恰是这些自主性很差的组织，它们在数量上占绝对多数，发育水平较高，所发挥的功能也更强。因为它们在受到政府严格控制的同时，也得到了其他组织无法得到的各种政府资源。

与此相比，那些相对于政府而言，自主性较强的第三部门组织，不但无法得到政府的认可，在民政部门取得法律身份，而且也很难获得来自政府的各种资源以及其他的支持。在中国，缺乏政府支持的第三部门组织，是很难发展起来的。因此，这些草根的第三部门组织，在数量上明显较少，其发育水平通常也不高，所能发挥的功能更是不足。

因此，通过建立一套严密的限制策略与发展策略，政府将绝大多数的第三部门组织置于自己的掌控之下。这种策略，使绝大多数的第三部门组织，或囿于政府的严格控制与监管而不敢滋事，或离不开政府的资源支持，"断不了奶"，无法自立。

(4) 造成第三部门缺乏挑战性

政府采取分类控制和功能替代策略的根本目的就是既能发挥第三部门服务社会的功能，又能使其失去挑战性和对政府的威胁。政府的这套管理策略取得了很好的效果。"控制"是为了防止第三部门组织挑战政府权威，是为了继续垄断政治权力。而"功能替代"是通过实施"延续"、"新建"、"收编"、"合作"、"无支持"等策略，发育出"可控的"第三部门组织体系，并利用它们满足社会的需求，消除"自治的"第三部门组织存在的必要性，从功能上替代那些"自治的"第三部门组织，进而避免社会领域中出现独立于政府的第三部门组织，最终达到消除挑战势力和满足社会需求的双重目的。可以说，"功能替代"是一种更为精巧的控制手段，通过主动回应来自社会的需求，从功能上"替代"被统治者的"自治"诉求，从而达到"通过替代实现控制"的目的。通过同时运用这些策略，政府不但赢得了政体的稳定，也赢得了经济和社会的发展。

正是在政府的这一管理策略下，中国的第三部门更多的是发挥提供公共服务的功能，更多的是为政府"分忧解难"，帮助政府解决社会问题，满足社会需求。"帮忙"远远多于"捣乱"。也就是说，中国的第三部门是政府的助手，而不是挑战力量。

（5）政府价值和纪念上的"真空"为第三部门价值观西化创造了有利条件

政府的管理策略并不是完备的，它能够很好地约束第三部门组织的行为，却难以规定第三部门组织的思想。因为思想是靠内心的认同，而不是靠策略计谋或者武力胁迫而形成的。政府能够根据第三部门组织的特点，通过建立一套严密的分类控制和功能替代策略，约束第三部门组织做什么和怎么做，但是却无法约束第三部门组织想要怎么做，或者认为应该怎么做。因此，中国政府在第三部门价值和理念上的"真空"，就为中国第三部门接受西方的价值观提供了可能性。

（二）企业

企业正在成为影响中国第三部门发展的一支越来越重要的力量。近年来，企业参与公益事业的情况越来越多，它们不但为公益事业投入各种资源，甚至成立专门的公益组织直接推动第三部门的发展。与此同时，企业的理念、资本的逻辑也逐渐渗透到第三部门之中。

1. 概况

第一，企业中有过公益捐赠行为的越来越多。杨团等人对 1999 年上海市营业额前 1000 名中的 503 家公司公益捐赠行为的问卷调查显示，92.4%的公司有过公益捐赠行为。① 中国企业家调查系统 2006 年的问卷调查发现，90%的企业经营者有不同程度的社会捐赠。由民政部指导、中国社会工作协会主办、公益时报社承办的中华慈善排行榜的数据显示，2006 年上榜的企业数量仅为 86 家，共捐赠 5.47 亿元；2009 年上榜的慈善企业 899 家，捐款117.95 亿元。当然，企业公益捐赠的情况可能与受灾等情形有关。受灾年份企业公益捐赠的金额比正常年份通常要多，甚至成倍增长。

第二，企业捐赠的公益款项越来越多。民政部中民慈善信息中心发布的《中国慈善捐助报告》显示，据不完全统计，2007 年，我国公众和企业的慈

---

① 杨团、葛道顺：《公司与社会公益Ⅱ》，社会科学文献出版社，2003。

善捐赠（款物）总额超过 223 亿元；2008 年中国大陆地区的企业捐款达到388 亿元，主要原因是春季的雪灾、汶川地震导致捐赠总额迅猛提高。2009年是常态年，捐款总额虽然有所回落，但数据显示，企业仍然是国内最主要的捐赠主体。国内各类企业捐赠总额为 131.27 亿元，占境内捐出款物总额的 58.45%，其中民营企业为中国慈善市场提供的资源最多，其捐出款物总额超过 54.27 亿元，占境内企业捐出总额的 41.35%，占境内捐赠总额的20.39%。①

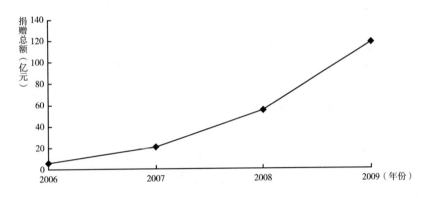

图 2 近年来中华慈善排行榜企业捐赠数额变化图

第三，企业参与社会公益事业的方式越来越成熟。前些年，中国绝大多数企业参与公益事业的方式是简单捐款，它们既没有为做公益活动设立专门的部门或基金，也没有配备专职从事公益活动的人员，只是将资金或者产品直接捐赠或者委托公益组织转赠给受益对象。但是近年来，越来越多的企业认识到，参与公益活动应该更加系统化、制度化和专业化，而不是"一捐了之"或者做"导弹型"公益。他们希望创建一个平台，整合企业内外部资源，系统地、持续地、专业地、制度化地为社会公益提供支持。2004 年的《基金会管理条例》恰好为企业成立专业公益组织提供了法律依据，企业、企业家、富人纷纷出资设立非公募基金会，专业从事公益活动。企业为这些非公募基金会提供稳定的资金支持，同时使之按照自己的意愿和宗旨开展公益活动。在这其中，还有多家企业联合行动成立专职机构的例子，比如，阿拉善 SEE 生态协会，新公益伙伴 NPP 等。还有

---

① 民政部中民慈善捐助信息中心：《2009 年度中国慈善捐助报告》，2010 年 4 月 8 日。

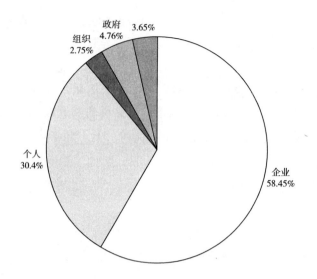

图 3 2009 年捐赠主体分析

些企业在内部成立了专门从事公益活动的部门，比如企业社会责任部、公益事业部、公共关系部等，配备了专职工作人员，也提供相对稳定的资金支持。

2. 背景

越来越多的企业进入社会公益领域，这一现象有其深刻根源。

首先，市场化改革为企业开展公益活动创造了供需条件。一方面，市场经济体制带来了中国经济的快速发展，财富的快速积累，造就了一大批实力雄厚的企业、企业家和富人。随着市场经济的发展和完善，他们越来越成熟，越来越了解自己的利益，越来越会谋求一些更为成熟的发展战略，比如积极地参与公益事业。另一方面，市场化改革也为企业开展公益活动创造了需求条件。市场经济体制取代计划经济体制，直接导致"单位办社会"体制的瓦解，社会服务被抛向社会或个人，造成社会服务和保障的巨大供需缺口。同时，市场经济带来全社会财富增长的同时，也产生了一些新的社会服务需求，环境保护、社会保障、社会福利等都有了更高的标准和要求。更为重要的是，市场化也带来了深刻的社会矛盾，就业问题、住房问题、医疗问题、教育问题等非常严峻，两极分化和不公平问题越来越严重，"穷人"、"弱势群体"等概念广泛进入我们的日常生活。

其次，十六大以来的政府态度和主张有力地助推了企业公益。政府对社会民生、社会公正等议题一直高度关注，要求采取切实措施改善底层社会和弱势群体的状况，推动企业公益就是其中一个很重要的方面。2004 年颁布《基金会管理条例》，2007 年颁布《企业所得税法》，规定企业公益性捐赠扣除比例从原来的 3% 提高到 12%。党的十六届六中全会也明确要求"广泛开展和谐创建活动，增强公民、企业、各种组织的社会责任"。胡锦涛总书记指出"既要继续健全企业激励机制，也要注重强化企业外部约束，引导企业建立现代经营理念，切实承担起社会责任"。温家宝总理要求"企业要向社会负责，并自觉接受社会监督"。在中国，政府在各项议题中都有着极强的影响力，因此，政府的态度和引导是企业从事公益的一个非常重要的力量。

再次，舆论压力也在推动企业参与公益。一方面，近年来社会舆论开始大量讨论企业和企业家的第一桶金、原罪等问题，这种社会舆论给那些欺行霸市、官商勾结、为富不仁的企业和企业家带来一种危机感，迫使他们不断寻求摆脱困境的办法。另一方面，要求企业在创造经济利润、遵守法律的同时，还要对员工、消费者、社区和环境承担起社会责任的呼声越来越高，甚至正在成为一种公众主流话语，这也促使企业积极参与公益。

3. 行动策略

根据企业开展公益的动机不同，可以将目前企业开展的公益区分为"目的性公益"和"工具性公益"。目的性公益指企业做公益的主观动机只是"利他"；工具性公益指企业做公益的主观动机包括"利己"和"利他"，甚至只有"利己"。

尽管数量不多，并且"纯"度也很难准确测量，但不可否认，目前我国的确存在一些在伦理道德和责任驱使下开展目的性公益的企业。

这些企业家拥有"为善"的价值观。他们推崇儒家"仁"的观念，愿意"推己及人"，追求"老吾老以及人之老，幼吾幼以及人之幼"，"四海之内皆兄弟"的"大同"境界；或者他们信奉佛教中的"慈悲为怀"、"因缘业报"观；抑或信奉基督教"博爱、泛爱众"的慈善观。不论如何，这种内在的"为善"的价值观都很有可能成为企业开展目的性公益的直接原因。

这些企业家成长的经历也可能是促使他们从事目的性公益的重要因素。改革开放之初，我国涌现出一大批民营企业家或家族企业家。这些企业家中的很多人受到毛泽东时代集体主义的影响，他们得益于政府的改革开放，感恩于社会为其发展提供条件。那种"生在红旗下、长在红旗下"的教育以及雷锋式的精神一直影响着他们的行为。他们所经历过的改革开放前的物质匮乏、生产力水平极端低下的生活也给他们留下了深刻的印象。随着企业的发展、财富的增长，这些企业家发自内心地希望为政府排忧解难，为需要的人提供帮助。他们做公益不图名利，只是真心希望社会越来越好。

但是现实中，这类纯粹的目的性公益是很少的。企业毕竟是一个理性的组织，追求利益是它的天性。绝大多数企业从事公益活动，除了追求社会效益之外，还要兼顾企业利益，甚至主要或完全为了企业利益。也就是说，绝大多数企业从事的是工具性公益。目前来说，企业从事工具性公益的主要策略包括战略性公益、品牌形象导向型公益以及结合两者的新战略性公益。

（1）战略性公益

战略性公益最早是由波特提出的，现实中，很多企业就是按照他设计的策略开展公益活动。战略性公益强调同时关注社会效益和企业利益，达到企业和社会双赢，具体方法是寻找社会效益和企业利益的最佳结合点，在此结合点上进行公益活动。波特认为此最佳结合点即是企业外部环境，在对企业外部环境具体定义时，波特沿用了他分析企业竞争力时的理论成果——钻石模型，认为企业外部环境由以下四种环境因子组成：①生产要素的数量、成本、品质和专业化程度。生产要素包括自然资源、人力资源、资金资源、有形基础设施、行政基础设施、信息基础设施、科学与技术基础设施。②需求条件，包括国内需求规模、调剂全国或全球的资源满足当地需求的便利程度、客户精明和挑剔的程度。③企业战略、结构、所处的竞争环境，包括企业所处地的市场透明度、公平公正的竞争环境、鼓励投资和企业发展的激励政策，例如知识产权保护政策。④相关与支援性产业的国际竞争力，包括企业所处地供应商规模及相关产业簇群的情况等。

从竞争环境因子出发，企业主要通过以下方式开展企业和社会双赢的慈善活动。第一，从生产要素条件入手：一是改善教育水平和培训水平，从而为企业提供大量高素质劳动力储备；二是改善企业当地居民生活质量，从而吸引到有能力的移动人口；三是有效提升所在地研发机构水平；四是提高诸如司法系统等行政管理机构的效率；五是改善基础设施质量；六是自然资源的可持续开发。第二，从需求条件入手，通过战略性慈善行为影响本地市场规模、有效改善本地市场质量，同时提高当地顾客的成熟度。第三，从战略与竞争环节入手，通过战略性慈善行为创建更有效率和公开透明的竞争环境，如 26 家美国企业和 38 家其他国家企业共同支持国际透明化组织反对国际商业贿赂，这不仅有利于当地居民，同时为推动这种活动的企业提供了进入市场更便捷的途径。第四，从相关和支持性产业的角度看，通过战略性慈善行为促进产业簇群的发展并巩固支持性产业。

当然，企业不可能针对上述领域全面出击，它们都会找出对自身而言最具战略价值的社会环境领域，挑选出最具共享价值的一项或几项来实施公益。这种战略性公益活动是经过理性和系统思考的结果，是有重点的、经过精心设计的，注重长远利益的，它不同于分散的通过善因营销或某些大张旗鼓的赞助彰显企业品牌和形象的行为。

在具体实施战略性公益的过程中，要求企业：一是选择最佳捐赠对象；二是沟通其他捐赠者，通过集体行动缓解搭便车问题，更有效地改善竞争环境，降低分摊成本；三是提高受赠方的绩效，利用企业独特资源和能力帮助受赠者改善绩效；四是更新知识和方法，利用企业专有的技能和研究能力帮助第三部门组织探索解决社会问题的方法。

通常，一些大型的集团企业会选择这种战略性公益策略。比如，联想集团就结合自身资源优势，将社会公益聚焦于"缩小数字鸿沟、环境保护、教育、扶贫赈灾"四大领域，并通过"结合业务发展战略，引入创新公益机制，坚持传统慈善捐赠"三大手段实施社会公益。[1] 永威集团为了配合公司的发展，选择资助消防、公检法、军队等与产品相关的公益项目。除了给企业的名声、形象带来好处外，还可以与政府直管部门打下合作基础，更为直接地配合生产经营，起到了营销作用。[2] 百事（中国）的公益也体现为战略性公益策略。[3]

（2）品牌形象导向型公益

与战略性公益相比，品牌形象导向型公益策略是更多中小型企业的选择。因为战略性公益为企业设定的慈善活动目标过于宏大，企业需"默默"地从事公益活动而改善大的竞争环境，从而提升企业竞争力，最终才能为企业增加利润。而品牌形象导向型公益策略对于很多中小型企业而言则更有可

---

[1]　许文文：《联想集团调研报告》，2010。
[2]　杨宝：《永威集团调研报告》，2010。
[3]　杨宝：《百事（中国）调研报告》；杨培：《NPP 调研报告》，2010。

操作性。实施品牌形象导向型公益策略的企业会在慈善方面投入财力、人力、知识等资源，精心选择最适合的公益项目，然后向全世界宣传自己的目标和贡献。这种慈善行为能够塑造公司形象，增加公司声誉，加深雇员忠诚度，增大对潜在应聘者的吸引力，为企业带来道德资本并加强与利益相关者的关系，进而销售更多的产品和服务。从而，能够获得社会效益和经济利益的双赢。

在实施品牌形象导向型公益战略时，企业也会遵循五个原则：一是精心挑选公益项目；二是精心挑选慈善机构；三是公益定位不过于宽泛，而比较具体；四是充分利用企业各种资产；五是充分利用各种渠道宣传慈善活动。

比如，永威集团的许多公益项目是以"永威"命名的，如"永威奖学金"在沁阳市的影响非常大，在当地几乎是家喻户晓。百事（中国）自2001年起开始资助母亲水窖项目，每年都会组织大型捐赠仪式或回访仪式，每次都安排专业公关公司配合媒体宣传。

（3）新战略性公益

许多企业采取的公益策略不止一种，其中既包括战略性公益，也包括形象品牌导向型公益，联想集团就是一个典型的例证。联想集团的"缩小数字鸿沟"慈善项目是一个战略性公益项目，它通过改善企业竞争环境中需求条件提高企业竞争力，从而取得社会效益和经济效益双赢。而联想集团的"公益创投"项目则完全符合形象品牌导向型慈善行为的标准。该项目是联想在制定慈善捐赠战略后，为配合联想打造"创新性"企业品牌进行的项目。

绝大多数大型企业更加倾向于将战略性公益和企业形象品牌导向型公益结合起来，因为这两种策略各有特点。战略性公益的优点是它最具理性，最符合企业的长远利益和根本利益，最富有系统性，是一种高水平策略。缺点是这种策略的目标过于宏大，长远的慈善行为容易使企业产生畏难情绪。只有行业内的龙头企业才会选择这一策略。另外，大企业从环境改善中获取的收益最大，而中小企业采取这一策略更多是"为他人作嫁衣"，明显得不偿失。此外，企业在通过公益行为改善竞争环境时，产业内或区域内的其他企业甚至竞争对手都将毫无代价地从中获益，使得公益行为的战略性价值因这种搭便车行为而大打折扣。

相对于战略性公益策略而言，形象品牌导向型公益的优势在于目标更为具体、直接和可行，是绝大多数企业都力所能及并能及时落实的。但这种企业公益策略行为目的性太强，容易使公众对企业慈善行为产生厌烦情绪，这不仅不能改善企业形象，反而会有负面效果。

为更好地描述现实中的企业公益，本报告在波特的战略性公益理论分析框架的基础上，整合品牌形象导向型公益，提出新战略性公益策略。本报告认为品牌形象导向型公益本质上是通过改善"外部对企业的看法"，从而在解决社会问题的同时，提高企业竞争力，获得社会效益和企业利益的双赢。"外部对企业的看法"来源于企业外部，企业可以通过自身的行动去影响但不能决定，因此，可以说"外部对企业的看法"也是企业外部环境的一个因子。基于上述分析，本报告将"外部对企业的看法"引入波特的钻石模型中，扩大了企业与社会的最佳结合点——企业外部环境的范围，产生了新钻石模型（见图4），从而构建了新战略性公益策略。

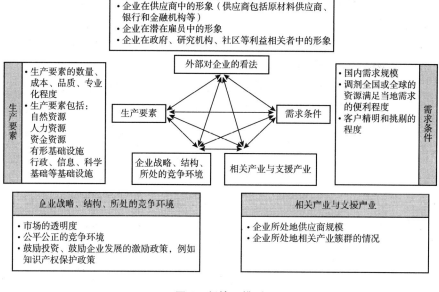

图 4　新钻石模型

在这里，"外部对企业的看法"所包含的内容有：企业在消费者心中的形象；企业在供应商中的形象（供应商包括原材料供应商、银行和其余金融机构等）；企业在潜在雇员中的形象；企业在政府、研究机构、社区等利益相关者中的形象。

品牌、商标、企业声誉都是企业通过持续的努力在公众心目中树立起来的，都会表现出社会对企业的认同，是企业竞争优势的重要来源。消费者对企业品牌的认同能够增加企业产品和服务的销量，甚至能够帮助企业维系一个忠诚的客户群体。例如，可口可乐和百事可乐依靠消费者对其品牌的认同成为软饮料行业的巨头；医疗、教育等行业的核心竞争力也是来源于消费者的信任。

商誉良好、形象健康的企业不仅产品和服务容易被消费者接受，在同样的质量下卖出好价格，而且在获得产业链上游资源、融资、借贷、招聘到好员工方面都会得到方便和优惠。例如，全球500强企业在寻找供应商、融资和招聘员工方面相较于其他企业优势非常明显。

企业的生存离不开外界环境，因此与外部的关系就显得异常重要。与政府、相关研究机构、社区等建立良好的关系，可以帮助企业顺利地获取资源、销售产品，提高企业适应环境的能力。与政府维持良好关系可以帮助企业树立在政府心目中的良好形象，方便企业获取有利于自己的政策法规资源；与研究机构的合作能够让企业掌握新技术发展的动向，促进企业技术创新；企业与所处社区的关系对于企业的生存来说异常重要，社区对企业是否认同决定了企业是否能快速融入环境。

相较于波特的战略性公益理论，新战略性公益理论的优势体现在：一、论证企业品牌导向型公益也符合战略性公益的特征后，拓展了战略性公益范围，解决了原理论的逻辑上自相矛盾的问题；二、新战略性公益理论相比于原理论，其所提倡的战略性公益多了通过改变外部对企业的看法从而提升企业竞争力的公益行为的部分，对现实的解释力增强。

虽然，新战略性公益理论是对战略性公益和品牌导向型公益的整合，但是它的解释力远远超出以上限制，也适用于分析一般的工具性公益和目的性公益两种行动策略。比如，企业在目的性公益策略的指导下，可能更加关注当前或未来社会中最需要帮助的活动。虽然企业开展公益时不是刻意追求获利，但是这种行为必然改善企业的外部环境，提升了外部形象及相关要件。企业履行社会责任本身就是对社会要求的回应，可以改善生存环境，树立良好的企业形象。所以，新战略性公益理论有很强的解释力。

4. 意识形态

企业做公益不是凭空无根的，它也有一套意识形态，即用社会科学理论对企业公益动机进行包装。

　　企业公益最初产生于西方国家，我国的企业公益是学习和模仿西方而来的，从根本上说，企业公益是产生于市场经济条件下的，是资本主义的一种逻辑。在西方社会，形成了一些论证企业公益正当性的理论，或者说是企业公益的意识形态。

　　最传统的解释是卡耐基的"财富观"。他认为企业做公益的目的就是纯粹的慈善，仅仅是出于良知、爱心、道义和责任。他的这一财富观来源于基督教精神。首先，他承认"剩余财富"的正当性①，这里所说的剩余财富指的是除去维持舒适的生活和家人的教育所必需的财产。其次，他认为"拥巨富而死者耻辱"，这是富人对社会不负责任的表现。富人在慈善方面具有不可推卸的责任，因为花钱与赚钱一样需要高超的才能，唯有运用得当，财富才能真正对社会有益。因此，富人应该当仁不让地承担起管理责任，依据自己的判断将钱财用于对社会最有益的事业，只有这样才能真正矫治目前的财富分配不均。在这里，财富拥有绝对的权力，可以决定社会中其他人的需求。再次，他分析了慈善捐助的对象。他认为富人要拯救"美德"而不是鼓励恶习，所以资助时不能滥施布施，鼓励懒人、醉汉和不值得尊重的人。这样，贫富矛盾就此解决，个人主义得以继续，但百万富翁将只是穷人的信托人，暂时受托为社会创造更多的财富，但其对财富的管理要远远好于社会自己的管理。②

　　再有一种解释是最近几年比较时髦的"企业社会责任"。这种意识形态认为，企业社会责任是一个金字塔模型，完整的企业社会责任应该包括经济责任、法律责任、伦理责任和慈善责任。企业在实现其经济使命的同时，还要遵法度、重伦理、行公益。慈善责任是企业履行社会责任的最高境界。③

　　还有一种解释是"慈善资本主义"。这一解释特别强调，用企业精神改造慈善领域。伴随着最近30年自由市场原教旨主义的兴起，用市场机制、企业方式来改造、完善公益事业，提高公益资源的使用效率，成为一大潮流。慈善资本主义就是这一潮流的概念化成果。慈善资本主义强调要提高公益部门的资源利用效率，要把企业家精神、企业家技能引入公益部门，从而

---

① 卡耐基认为文明本身奠基于《私有财产神圣不可侵犯》的原则。
② 卡耐基：《财富的福音》，京华出版社，2006。
③ Michael E. Porter and Marl R. Kramer, Philanthropy's New Agenda: Creating Value, *Harvard Business Review*, 1999.11.

大幅度提升慈善资源的使用效率。让社会的慈善资源，无论是志愿者的爱心，还是各种资金和物质，以及理念、激情和专业知识，更有效地服务于这个社会。①

最近几年，还有一个非常重要的理论崛起，这就是比尔·盖茨所倡导的"创新资本主义"。②与慈善资本主义相反，他强调用公益精神改造企业，改造市场。他认为，在人的本性中，蕴涵着两个巨大的力量，一个是自利，一个是关爱他人。资本主义利用了人性中自利的力量，取得了经济繁荣，但这只服务于有钱人，而穷人只能依靠政府援助和慈善。21世纪新型的资本主义需要对此进行调整，通过市场的力量以及制度的创新，直接服务于穷人。盖茨将慈善作为资本主义发展的目的，而不是将慈善作为资本主义发展的手段。因此，创新型资本主义需要一个新的制度体系或者制度安排。新制度安排的使命，一是赚钱赢利，二是让那些无法充分享受市场经济益处的人群生活得到改善。新的制度安排的激励机制有两个，一个是利润，另一个是获得公众或社会的认可。盖茨认为，利用这两种动力机制，可以推动企业在社会公益方面作出更大的贡献。他还身体力行地实践了自己这一理念，他把自己的全部财产捐献出来，创造了一种"为他人赚钱"的私有企业模式，证明资本主义企业赚钱的动力可以不是自利，而是为了利他的。

5. 对第三部门的影响

企业及其公益行为对中国第三部门的发展产生了重要影响。

（1）支持第三部门发展

企业参与到第三部门事业之中，从整体上增加了第三部门可以获得的资源，促进了第三部门的发展。可以预见，未来企业对第三部门的资源支持会越来越多。另外，企业也将一些有效的管理方法和手段应用于第三部门组织的项目运作过程中，从而提高了第三部门组织的管理水平和运作效率，有利于第三部门发育水平的提升。

但是目前来看，企业公益行为还不成熟，政府对很多企业公益行为尚心存疑虑。比如，对成立企业基金会就有较多限制，企业从事公益活动的制度

---

① M Bishop and Michael Green, The birth of philanthrocapitalism, *Economist*, 2006. 2. 25.
② Bill Gates, A New Approach to Capitalism in the 21st Century, *World Economic Forum*, Jan. 24 2008 in Davos.

环境也很不完善。担心企业公益资金的使用没有效率，甚至被滥用成为很多企业不从事公益活动的主要理由或者借口之一。此外，绝大多数企业的公益意识还不强，从事公益活动的企业在全部企业中所占的比重还不高，企业投入公益事业的资金数量也很不够。而且，即使部分企业开展了公益活动，也很少属于目的性慈善，更多是策略性慈善，是为提高企业利润服务的。所有这些，也是造成中国第三部门发育缓慢的重要原因。

（2）加大第三部门内部的分化和不平衡

企业从事公益活动，促成了企业基金会这一组织形式的产生，进一步促进了第三部门内部组织类型上的多元化。有些第三部门组织得到的企业资金多，有些第三部门组织得到的企业资金少，因此造成了第三部门组织发育水平上的多元化，以及所能发挥的功能水平的多元化。

企业公益行为也会导致第三部门内部的分化和不平衡发展。因为一般情况下，企业不会亲自执行所有的公益项目，很多时候要将公益资金委托给其他合作伙伴，由它们来设计并执行项目。为此，理性的企业为了提高其资金的使用效率，必然选择执行力最佳的合作伙伴，它们通常非常看重合作伙伴的公信力、执行力和影响力，以及是否能为企业发展提供帮助等能力。结果，企业普遍愿意与优秀的第三部门组织合作，很少企业会资助草根组织，这就造成第三部门内部组织的两极分化以及不平衡发展。

（3）降低了第三部门对政府和海外力量的依赖

企业进入第三部门，还降低第三部门对政府和海外力量的依赖性。过去，绝大多数第三部门组织的资源要么依赖于政府，要么依赖于海外力量。但是近年来，随着企业参与公益事业的热情越来越高，企业正在成为第三部门的一个新的重要资源。这一趋势意味着，第三部门对政府和海外力量的依附性会降低，但是一部分第三部门组织会越来越依赖于企业。现实中我们可以发现，资本对第三部门组织的控制绝对不弱于政府的控制。比如企业基金会的出资方对基金会的几乎所有重大行为都有最终决策权，基金会所要实现的宗旨更是由企业及企业家制定。而且，绝大多数企业基金会的资金来源比较单一，主要依靠出资成立的企业，这就使得企业基金会从资源上高度依赖于出资企业。

与此同时，伴随着企业资本越来越多地进入公益领域，资本的逻辑也正在影响着第三部门。这会使第三部门组织成为越来越理性、越来越注重成本收益的算计的组织，甚至有可能导致第三部门的营利化倾向。

（4）强化第三部门组织的非挑战性

反抗市场暴政是第三部门组织的一项重要功能。但是，随着企业越来越多地参与公益事业，第三部门组织将越来越依赖企业的资源，在这种依赖产生的同时，第三部门组织也会逐渐丧失对企业不当行为的挑战能力。因为，这些依赖企业资源的组织，不太可能开展一些与企业针锋相对的活动。比如，这些组织不可能为了保护环境，而对给自己提供资金支持的某些环境污染企业进行揭发和整顿。不可能为了维护企业员工的权益，而与企业和企业家反目。当然，这并不是说，企业不会开展环境保护、扶贫等缓解市场经济发展带来的一系列问题的活动，只是说，企业参与市场公益，使第三部门组织不太可能采取与企业正面冲突的方式开展活动。这样，缺乏正面冲突的行动方式，使第三部门组织所开展的环境保护、扶贫等工作，更多变成了为市场经济"擦屁股"和"收拾烂摊子"，从根本上说是在保障市场的良性运行，而不是反对市场，或者给企业以压力。在这种情况下，企业与第三部门更多变成了合作，而非敌对关系。

（三）公众、媒体与文化

公众、媒体与文化，为第三部门的发展奠定了人员、思想和舆论的基础。

1. 公众

随着第三部门的发展，公众对其的态度发生了重大变化，能为其提供的资源越来越多，对第三部门的支持力度越来越大。但同时，能对第三部门形成的监督和问责能力也越来越强。

（1）越来越认同第三部门

十几年前，在大陆，没有多少人听说过"NGO"、"NPO"、"非政府组织"、"非营利组织"、"第三部门"。但是现在，随着第三部门组织越来越多，影响力越来越大，人们接触并了解第三部门的机会也越来越多，各种媒体、交流会、学校的教育、研究机构的研究成果，这些都成为人们认识第三部门的重要渠道。2008年四川汶川发生"5·12"大地震之后，第三部门组织更是在公众面前来了一次集体亮相。他们深入灾区第一线，捐款捐物，安抚受灾群众，开展大量志愿活动。公众从电视、报纸、网络等各种宣传渠道都能了解到这些第三部门组织的事迹，了解它们的所作所为。更重要的是，随着人们对第三部门组织了解的增多和加深，公众开始对它产生认同。态度的变化带来行动的变化，越来越多的人开始关注甚至参与到第三部门事业中。

（2）提供从业人员

近年来，我国第三部门吸纳社会就业的能力越来越强大，并且从业者主要是受过高等教育的白领和中产阶级，因为第三部门的理念最符合他们的诉求，他们构成了第三部门的社会基础。据陆学艺统计，在市场经济背景下，伴随着高等教育的发展，我国的中产阶级或白领已经逐渐成长起来，2008年中产阶级的数量已经占到总人口的22%～23%，并且以每年1%的速度在增长。[①] 中产阶级拥有收入、声望、文化，他们从业于第三部门，带给第三部门的绝不仅仅是劳动力，还有最先进的理念、资金以及因声望而带来的各种资源。

大学毕业生正在成为第三部门最主要的从业者。随着大学毕业生人数的增加，第三部门职业地位的提升，第三部门对大学生的吸引力越来越大。如今，从业人员几乎都是大学毕业。比如，2009年3月28日上海市举办了首次社会组织招聘活动。170家社会组织提供了1800个岗位，吸引了近3万名大学生前来应聘。[②] 2009年12月，新华网记者从上海市政协召开的"发展社会事业，扩大就业"论坛获悉，在上海市依法登记的9000多家社会组织中，有9万多人具有高等教育背景，占社会组织总就业人数的68%。在上海社工队伍中，约有4万社会工作人员已初步具有社工理念和方法，并且正向职业化和专业化方向发展，其中约有0.8万人取得了社工专业资格。[③] 此外，越来越多的硕士毕业生，甚至博士毕业生开始进入这一领域，他们并不是没有其他就业选择，而是因为看到了第三部门未来发展的潜力，并且认同第三部门的理念。

在事业单位、公司工作的一些人，也开始慢慢转入第三部门。第三部门的薪酬水平较之前有明显提高，逐渐成为一个相对于企业薪酬水平而言可以接受的选择。第三部门中的各类资源越来越多，机会和发展空间很大。此外，第三部门的社会地位也在逐渐上升，加之其崇高的道德内涵，使之相对于企业、事业单位都越来越有自己独到的吸引力。

---

① http：//www. ce. cn/macro/more/200908/17/t20090817_ 19800560. shtml.

② 顾训中：《重视社会组织蕴含的就业潜力》，2009年4月4日《新民晚报》。

③ 上海：《社会组织成为吸纳大学生就业的有效渠道》，http：//www. bjbys. net. cn/zczx/ jwjyzc/sh/252345. shtml。

（3）捐款

在西方国家，公众的捐赠是第三部门最主要的收入来源之一，我国的社会捐赠虽然离发达国家的水平尚远，但是，从纵向发展态势来看，公众的捐赠意识和捐赠行为都明显增强。

中国社会科学院发布的《慈善蓝皮书：中国慈善发展报告（2009）》指出，与欧美不同，企业捐赠一直是我国民间捐赠的主体。"5·12"汶川特大地震普通民众的积极参与使得2008年的个人捐赠首次超越企业捐赠，达到了458亿元，占全社会捐款总额的54%，完全改变了此前国内个人捐赠不超过总额的20%的格局。而且，2008年中国内地个人人均捐款34.66元，是2007年的人均捐款额2.5元的近14倍。此外，据他们的问卷调查显示，中国企业和主要城市个人的捐赠行为率高达90%以上。①

2010年6月份，中民慈善捐助信息中心宋宗合在《京华时报》上发表了题为《个人捐赠超过企业 激情捐款仍成主流》的文章。文章指出，目前进行洪灾救助等工作，公众的捐款热情高涨。仅2010年6月27日至7月2日，国内捐赠额就达34.2718亿元之多。广东慈善捐赠一枝独秀，单是6月30日的"广东慈善日"一日，受赠额就有30亿元之巨，占全周捐赠总额的88%。值得一提的是，在统计的捐赠对象中，有半数以上的捐赠方是个人。②

中国扶贫基金会的"爱心包裹"项目自2009年4月26日启动以来所取得的成效，也证明了我国公众在社会捐赠方面的热情。截止到2009年8月底，全国爱心人士累计捐赠学生"爱心包裹"114万个、学校"爱心包裹"近1.8万个，合计捐赠价值1.28亿元。

富人慈善是公众个人捐赠中的一个尤为重要的部分。比如，"2009CCTV经济人物社会公益奖"的得主福耀集团董事长曹德旺长期捐赠公益慈善事业，因捐赠金额巨大，赢得了"裸捐富翁"的美誉。他的捐赠多以私人捐赠为主，2009年4月20日，他与长子曹晖以个人名义向玉树地震灾区捐赠1亿元，2009年5月20日他又以个人名义一次性向云南、贵州、广西、重庆、四川西南五省市区捐赠扶贫款2亿元人民币，此举开创了中国慈善史上

① 《中国企业和主要城市个人捐赠行为率90%以上》，http：//news.qq.com/a/20090916/002889.htm。
② 《个人捐赠超过企业 激情捐款仍成主流》，http：//finance.qq.com/a/20100705/000742.htm。

款项最大的个人捐款，被誉为中国慈善"个人第一捐"，这最大的一次捐赠将使近 10 万贫困农户直接受益。① 2010 胡润慈善榜显示，排名首位的余彭年 2010 年捐赠 32 亿元，5 年累计捐赠额共达 62 亿元，第五次蝉联中国最慷慨的慈善家。世纪金源集团董事局主席、总裁黄如论因单年捐赠额达 21.4 亿元位列第二。新华都集团董事长陈发树新捐 7 亿元，排名第三。共有 100 位慈善家上榜，从 2005 年至今，这 100 位慈善家共捐赠了 229 亿元，比去年增加 72 亿元；平均捐赠额占《2009 胡润百富榜》上榜企业家平均财富的 6%，如果抛开余彭年和黄如论的捐赠额，则只占到 3% 多一点。平均捐赠额达 2.3 亿元，比去年提高了 85%。有 80 位《2009 胡润百富榜》上榜企业家入选《2010 胡润慈善榜》，其中 7 人是《2009 胡润百富榜》前十名。②

（4）志愿者

近年来，公众当志愿者的热情空前高涨。无论是国家有重大灾情、险情的时刻，还是国家有重要活动或者盛事的时刻，抑或者在我们的日常生活中，志愿者的身影已是无处不在。

据团中央相关负责人介绍，自 1993 年底团中央发起实施青年志愿者行动以来，志愿服务已在全国范围开展 16 年，按照《中国注册志愿者管理办法》进行规范注册的志愿者人数达到 3047 万；累计已有 4.03 亿多人次的青年和社会公众为社会提供了超过 83 亿小时的志愿服务；全国 90% 以上地（市、州、盟），80% 以上的县（区、市）以及 1968 所高校成立了青年志愿者协会。③ 其中，我国社区志愿者注册人数已超过 1000 万人，去年参加社区志愿服务活动的人数达 3000 万人次，目前有 100 万社区志愿者参加日常志愿者服务活动。④ 截至 2008 年，中国社区志愿者组织数达到 43 万个，志愿者队伍规模近亿人，其中仅共青团、民政、红十字会三大系统就比上年增加志愿者 1472 万人，年增长率达 31.8%。⑤

2008 年北京奥运会的志愿者招募工作自 2006 年 8 月 28 日启动，到

---

① 《曹德旺父子捐 5 省市 2 亿 为最大一次性个人捐赠》，http：//news. qq. com/a/20100520/002518. htm。

② 《余彭年最后一次个人捐赠 今后将交由基金会运作》，http：//news. hexun. com/2010 - 04 - 23/123518474. html。

③ http：//www. ccyl. org. cn/newscenter/tendency/200912/t20091207_ 318001. htm.

④ http：//job. sowosky. org/index. php？ action = display&option = article&extent = 107.

⑤ http：//news. xinhuanet. com/newscenter/2009 - 05/11/content_ 11351632. htm.

2008年3月31日报名结束，报名人数达到了1125799人，其中908334人同时报名残奥会志愿者，报名人数成为历届奥运会之最。最终录用了来自98个国家和地区的74615名志愿者，其中来自中国内地的73195人，来自中国香港的299人，来自中国澳门的95人，中国台湾也有91人入选，外籍志愿者共有935人。① 2010年上海世博会的志愿者招募工作自2009年5月1日启动，截至2009年12月31日，报名总数为612251人，成功注册报名总数为561549人。报名者来自全国各省、自治区、直辖市以及109个国家和地区，其中，外籍报名者网上报名数量就达到3001人。② 今年广州亚运会、亚洲残运会的志愿者报名人数截至7月底已突破90万人，其中，身为东道主的广州市民报名者占志愿者报名总人数的86.2%。③

2008年"5·12"汶川大地震期间，中国的志愿者队伍更是发挥了重要作用。据中国国务院新闻办发表的《中国的减灾行动》白皮书显示，四川汶川特大地震发生后，中国公众、企业和社会组织参与紧急救援，深入灾区的国内外志愿者队伍达300万人以上，在后方参与抗震救灾的志愿者人数达到1000万以上。④ 此外，2009年青海玉树地震救灾期间，今年云南五省旱灾救灾期间，也都有大量的志愿者活动其间。

2. 互联网与传统媒体

教化公众，引导或指导公众，激励公众，这是媒体的功能。伴随着媒体的市场化改革，媒体日益独立，日益商业化，并日益成为影响第三部门发展的一支重要的独立力量。

（1）宣传员

监督社会，揭露并对各种社会问题作出反应，以及宣传、倡导先进经验、理念和典型，都是媒体的主要工作。一方面，媒体会不断报道各种社会问题，以引起公众的重视，引发人们对问题解决的思考。在这些媒体所报道的问题中，有很多正是第三部门关注并致力解决的。另一方面，各类媒体又通过开辟公益栏目或频道，播报公益广告和公益新闻，开设公益网站等方式不断宣传第三部门的理念、所作所为以及优秀经验。在这个过程中，公众逐渐对第三部门的所作所为有所了解，逐渐认同第三部门的做事方法和行动理

---

① http：//news. xinhuanet. com/olympics/2008 - 07/16/content_ 8557521. htm.
② http：//expo2010. sina. com. cn/volunteers/update/20100127/14415600. shtml.
③ http：//www. gz2010. cn/10/0730/20/6CSAQ64H0078000T. html.
④ http：//news. xinhuanet. com/newscenter/2009 - 05/11/content_ 11351082_ 4. htm.

念，进而参与到第三部门中来。例如，近年来，中央电视台以及许多省级电视媒体都开办了多种形式的慈善公益类电视节目，很多地市电视媒体也加入其中。如央视的《春暖 2007》、《春暖 2008》和《慈善 1 + 1》，东方卫视的《闪电星感动》，湖南卫视的《勇往直前》，安徽卫视的《幸福密码》，南京电视台的《日子》，等等，成为荧屏亮点。

（2）合作者

对于第三部门而言，媒体所起到的作用绝不仅仅是报道、宣传，媒体还是一个更直接的参与者，是一个"身在其中"的行动者。它还主动设计项目，与第三部门组织广泛合作，开展社会动员和资源动员，深入到第三部门事业的第一线。比如，中央电视台的《2009 中国慈善导航行动》节目就是中央电视台策划的，央视率先提出创意，主动联系南都公益基金会副理事长兼秘书长徐永光，听取他关于节目制作的意见，推动项目启动。并借助他联系到三大基金会与许多民间公益服务组织，以及学术界的专家加入到导航行动中。央视还深度参与活动的策划、拍摄和实施工作，免费拿出黄金时段的频道资源来播出这档节目。在这其中，媒体不但自己投入资源，还起到了动员其他资源的作用。

此外，《2009 中国慈善导航行动》还为第三部门内部专业化分工与合作，以及公益产业链的形成探索出一条行之有效的道路。中国的公募基金会与公益服务组织之间资源对接脱节的现象一直非常严重。在中国的公益产业链中，有的人钱多得花不掉，成了"堰塞湖"，而很多民间公益组织无法获取本土资源支持，只能向境外基金会申请资金，健康发展令人担忧。在"5·12"汶川大地震中，这一问题表现尤其严重。一方面，民间捐赠超过700 亿元，民间捐款热情犹如"井喷"，但绝大部分善款被集中在公募基金会中，大批义无反顾奔赴抗震救灾第一线的草根组织和志愿者却很难从公募基金会快成为"堰塞湖"的巨额捐款中获得有力、持续的支持。因此，现状要求必须改善公益产业布局，促进第三部门内部专业化分工与合作的实现；形成"有钱出钱，有力出力"的格局，在资助机构和公益机构之间形成一个上下游资源对接的方式方法。《2009 中国慈善导航行动》通过电视媒体，将这种第三部门内部组织之间资源对接方式高效地传播了出去，它有力地促进了第三部门产业链的形成。

（3）监督与问责

媒体的监督具有及时、全面、影响大的特点，是一种重要而有效的监督形式，具有导向作用和威慑作用，所以能够对第三部门组织的管理者形成强有力的约束。

媒体更多与公众一起发挥监督和问责第三部门的作用。在问责过程中，媒体主要起到了传播信息，曝光不法或者不道德行为的作用。公众从媒体中获取信息，利用媒体和网络对某些第三部门组织发出质疑，并借助社会舆论形成监管压力，推动整个社会、政府及其他相关部门对第三部门组织的问责。

在四川汶川"5·12"大地震期间，媒体和公众就表现出了对第三部门强大的问责能力。比如，中国红十字会的救灾行为曾一度被公众质疑。首先，曾因为某报纸的一份表述含糊的报导，导致公众误认为其要克扣40%的管理费。一时之间，各种质疑和评论迅速在网上流传。随后，某网站社区出现一个名为"某车友会联合红十字为四川地震搞募捐活动，三亚红十字会副会长兼秘书长王骊态度恶劣"的视频，又激起了公众的批评。此后，网上又爆出，红十字会因不愿接受公众监督，拒绝与网易合作使用在线捐赠系统的事情，以及向灾区捐赠"天价帐篷"一事。

这一切引发了公众对红十字会的质疑，各种批评迅速在网上流传。虽然后来证明，这些报道都是有偏事实的。同时有人指出，红十字会从捐款中提取一定比例的管理费的做法是符合国际惯例的，也没有触犯中国的法律，但公众依然表示不依不饶。在公众质疑的压力下，中国红十字总会做出会将所接收的"5·12"地震募捐款物全部用于抗震救灾，与抗震救灾无关的费用不在"5·12"地震募捐款中列支，不进行扣除的承诺。同时表示，将定期向社会公告所接受的赈灾捐款捐物及调拨、分发、使用情况，接受政府部门的审计及社会监督，并要求各级红十字会不得在赈灾捐款中提取管理费。也许正是因为普通大众这种近似苛刻的问责态势，才使得在前期紧急救援阶段及过渡安置阶段，第三部门组织的行为能够比较规范，违规操作现象很少发生。

从以上的分析可以看出，互联网和公众的力量成为对第三部门组织问责的最重要的力量。并且，越来越多的人开始对第三部门组织进行积极问责，而不是等到出现问题了再来问责。他们常常会提问，我们的捐款去哪里了？是如何使用的？他们需要第三部门组织主动给予答复。

（4）媒体背后的研究与教育机构

研究与教育机构是支撑媒体发挥作用的主要力量。一方面，教育和研究机构为媒体的传播提供了"炮兵"，大学培养了媒体从业人员，以及通过媒体进行传播活动的人们。另一方面，教育和研究机构创造并传播了思想和理念，为媒体的传播提供了"炮弹"。研究机构一方面为大学提供教育内容，一方面和大学一起为媒体提供信息炮弹。大学和研究机构既是西方观念的中转站，也是本土资源的开发基地。理念、专业知识、制度模式、规范和职业伦理，都是大学和研究机构引进、开发，然后再由媒体接力传播。

3. 公益文化

公益文化是支持第三部门发展的核心理念，它决定着第三部门的发展方向和最终归宿。现阶段，对人们的公益行为起实际影响作用的文化主要是中国本土现代公益文化和西方现代公益文化。

通过表 6 中的这套指标体系来描述这两种公益文化的特征。这套指标体系包括三个一级指标——"终极价值观"、"公益理念"、"公益行动模式"。"终极价值观"下的二级指标包括：本体论、基本信念、最高价值、对人际关系的看法、对社会的看法以及对道德的看法；刻画"公益理念"的指标包括：对人性的看法、对善的定义、达到善的途径；而描述"行动模式"的指标则包括行善对象、行善方式及帮助内容。

（1）本土现代公益文化

首先，从终极价值观的维度来看，本土慈善文化在本体论上属于"社会本位"，相信社会中的个体是生活在一系列相互依存的基本社会关系之中。个人不能脱离社会，而单独存在。就对人际关系的看法而言，强调社会内的个体之间的非独立性，社会借助人伦关系把个体组合成一个紧密的亲疏有别的"差序格局"。在这样的社会结构中，个体的行为必须依在这个关系网络中自己对他人所背负的责任及义务来行事。因此，强调人与人之间适当关系的实现，强调在两两相对的社会角色中每个角色的义务而非权利，比如"父"要"慈"、"子"要"孝"，等等。就对社会的看法而言，相信社会先于个人而存在，社会的整体幸福是个体幸福的先决条件和保障，个体的利益只有在整个社会利益得到保障之后才能成为事实。要达到此目的，个体就要以自我修养的途径，逐渐放弃对个人利害的考虑，并培养出保障社会利益的意愿。因此，道德不是个体的私事，而是有较为确定的伦理规范，这些规范需要社会中的任何人都要遵守，从而使得社会利益得以优先实现。并且道德属于公共事务而非私人事务，政府有责任和权利弘扬

"好"的道德。

其次，从公益理念的维度来看，相信"向善"是人性的内在本质，相信"人"在"行善"、"为善"上具有能动性和可完美性是本土现代公益文化重要的人性论基础。就对善的定义而言，中国本土慈善文化坚持"善"的观念的绝对性，认为存在着不以个人喜好和意志转移的道德准则——"天道"。人类社会是天道的一部分，人间秩序是以自然界的"公"为准则，追求"公"就能实现社会理想、天下太平。那么如何达到这样一种善呢？概括来说就是"个人承担责任，爱由亲始，推己及人，亲亲而仁民，仁民而爱物"，具体而言，就是每个人依据"推己及人"的原则，由近及远践行"忠恕之道"，达到"老吾老以及人之老，幼吾幼以及人之幼"，最终达到"四海之内皆兄弟"的"大同"境界。

最后，从公益行动模式的维度来看，可以将本土现代公益文化概括为"基于道德实践的善行"。行善是个体自我道德成长和人格完善的需要。就行善对象的选择而言，出于对天然的人际伦理关系的尊重，本土现代公益文化承认父母子女之间、兄弟姐妹之间、朋友故交之间与一般的社会成员之间相比，要更加亲近，因而彼此要承担更多的互助责任。但同时强调人与人之间的关怀和互助并不止此，而是应该进一步包容社会的全体成员甚至是所有的人。在面对陌生人时，如何选择要受助者受到"道德原则"的约束。也就是说，人们更愿意帮助那些"值得"他们帮助的人，而不是不论要受助者是谁，普洒爱心。对于一些"道德有问题"的人，比如不孝敬父母的人，赌徒，好逸恶劳的人，人们一般认为他们不应得到帮助。"道德原则"之外，本土现代公益文化依据"需求原则"选择受助者，那些不能够依靠自身和家庭力量的特殊群体成为首要的关注对象。就帮助内容和行善方式而言，主要是由己出发、秉持"爱人"原则，来确定帮助什么以及如何帮助。行善过程的各个环节均主要由施助人自己决定，不太注重受助对象的参与性。

（2）西方现代公益文化

首先，从终极价值观的维度来看，与本土现代公益文化不同，西方现代公益文化是基于"个人本位"的。其背后关于人与人之间关系的看法是"原子式的个人"，也即无差别的个体间的相互独立。就对社会的看法而言，相信个人先于社会而存在，个人是本源，社会、国家是个人为了保障自己的某种权利或利益而组成的，除了个人的目的，社会或国家没有任何其他目的。作为社会的"共同体"完全是虚构的概念，"共同体的利益"只是该共同体的成员的利益之总和。在"个人主义"的视角下，每个人都是自足的实体，社会只是个人的集合体。个体具有最高价值，是目的本身，社会只是个人目的的手段，而不是相反。在这种原子式的社会结构格局里，同样引起了截然不同的道德观念：作为约束人们日常行为的道德伦理也具有"个人主义"的倾向——否认道德的绝对性，坚持道德多元主义，强调道德在本质上是个人的，善和恶完全是个人的主观评价。依据此种观念，每个人便成了其自身利益的最佳判断者，并且每个人知道如何促进这些利益。道德属于私人事务，政府无权干涉赋予每个人以选择其自身目标和实现这些目标的手段的最大自由和责任，并采取相应的行动，便可最佳地实现每个人的利益。因此，"权利"概念成为西方现代公益事业的基石。西方现代公益文化强调社会中的任何个体都应享有一系列的基本人权，这些权利是自然法赋予的，由宪法和各种法律制度保障的，是伴随着人的属性而产生的，是不可剥夺、不可转让的。

其次，从公益理念的维度来看，"人性恶"的观念和在此基础上生发出的"罪感文化"是西方现代公益文化重要的人性论基础。就对善的定义而言，个人主义的伦理观消解了"善"的道德绝对性，使其具有多元主义的特征——个人有选择自己生活方式的自由，因此存在善的观念的多样性。如果能够实现人人平等，那么就能公平分配资源，这样就能够使得所有人都有追求其自身善的观念的公平机会。从而，实现"人人平等"成为善的最高境界。"个人主张权利，社会保障个人权利，每个人在'博爱'的指引下，帮助他人，关爱他人。"是实现上述境界的重要途径，也就是说，在机会均等情况下每个人自我奋斗和自由竞争，依据公民义务依法纳税，按照良知的指引捐赠、做志愿工作等，政府或者社会则有责任给每个人提供保障，使得每个人的权利和机会均等。

最后，从公益行动模式的维度来看，可以将西方现代公益文化概括为"基于权利行使和义务履行的善行"。行善既是个体行使其追求自身善的观念的权利，也是利益相关者履行自己的公民义务。西方现代公益理念中的"权利观"和"平等观"落实到行善对象的选择上，集中体现为"权利原则"——任何人都平等享有基本权利，因此任何人都应受到公平合理的对待，既不享有任何特权，也不履行任何不公平的义务，并且权利与义务相一致。根据权利原则，在现实操作过程中，西方公益组织主要按照权利缺失的状况来确立其行善对象。就帮助内容和行善方式而言，主要围绕"权利"这一概念来确定救助内容和选择行善方式。在整个行善过程中，强调施助者和受助者双方的平等性，一方面提高受助对象的参与意识，另一方面在决策、实施、监测、评估各个环节增加受助对象的发言权。

（3）公益文化的历史演变及现阶段格局

中国是世界上最早提倡与发展慈善事业的国家，慈善文化源远流长。早在西周时期就设立了专门官职来施予惠政，救济贫困之民。儒家文化作为影响中国两千年的主流文化，也深刻地影响着中国慈善事业的发展。儒学的思想内核为"仁"，讲求"由仁趋善"。由此，以"仁爱"为中心的儒家文化慈善观构筑了包括大同思想、民本思想在内的十分丰富的慈善思想体系。

十月革命给中国送来的马克思列宁主义，替代传统文化成为毛泽东时代唯一的价值观灵魂。毛主席的老三篇《为人民服务》、《纪念白求恩》、《愚公移山》奠定了该时代公益文化的基调，以"雷锋精神"为核心内容的公益理念成为指导该时代中国人处理"公"与"私"的行为准则，"全心全意为人民服务"、"毫不利己专门利人"、"狠斗私字一闪念"、"学雷锋做好事"，等等，不仅仅作为标语和口号存在，而且在深层次上影响和塑造了该时代中国人的利他主义行为。

改革开放以来，伴随着西方自由主义的大规模传入，公益观念发生了巨变。毛泽东时代的公益理念式微，市民社会理念、新公共管理思潮兴起。西方社会的主流文化和价值观被大量介绍和引进，影响着中国现代公益事业的发展。特别是一些国际组织把它们的公益理念和成熟的组织管理制度引入到中国，培育了一大批本土公益组织，成为中国现代公益事业的重要力量。2008 年"5·12"汶川大地震中出现了中国公众自发组成的声势浩大的救灾济困活动。加拿大《环球邮报》记者 Geoffrey York 从四川绵阳发出题为《中国首次出现广泛的公民社会》的报道，该报道援引分析家的说法，认为"在这个民间慈善或社区行动传统不很彰显的国家，地震催生了一种值得注意的现象：声势浩荡的'草根'志愿者运动。这可能是历史性时刻，中国第一次出现了广泛的公民社会"。①

---

① 《外媒报道汶川地震：中国出现广泛公民社会》，http：//www.jihe.org.cn/show.asp? ArticleID = 3291。

与此同时，处于蛰伏状态的中国传统慈善文化复兴并进行了现代式的转化，逐渐与现代社会相适应。"现代式"而非"西方化"的本土公益理念，在未被西方"污染"的地区或领域中发挥着越来越大的影响力。

现阶段中国第三部门的公益文化格局是：毛泽东时代公益理念式微的局面没有改变，西方以市民社会理念为核心的公益文化观念仍处于强势地位，"现代式"的本土公益理念虽然处于边缘地位但潜在影响力巨大、抬头之势强劲。

（4）公益文化对第三部门的影响

西方公益文化相对于中国本土公益文化的强势，是造成当前中国绝大多数第三部门组织思想和行为上凸显西化特征的主要原因。尤其是在话语层面，西方公益文化已经成为第三部门的从业者们表达、交流和讨论时所体现出的主流意识。在开展具体的公益活动时，也更喜欢用西方公益文化做包装。比如，在项目的宗旨、目标中常常提到维护弱势群体的权利，提升公民社会意识，等等。

但是，西方公益文化毕竟是一种外来的文化，它更多还停留在表象或者话语层面。在深层次上，中国第三部门的从业者们认同的还是中国本土的公益文化，尽管这一点连从业者们自己都没有想到，或者想到也不敢承认。中国的传统文化曾经统治了中国几千年，其深厚的文化底蕴深深地根植于人们的内心。即使经过了五四运动、"文化大革命"以及改革开放的洗礼，这种内心深处的文化认同仍然很难改变。中国本土现代公益文化与西方现代公益文化的关系，就如同海洋中潜流与显流的关系。能够表现出来的，引人注意的虽然是显流，但是真正能够支配海洋结构和运动的则是潜流。这也就是当前中国的第三部门组织在口头上更多西方话语，但行动中却更多体现中国文化的主要原因。随着中国硬力量的强大，人们越来越向本土文化回归，中国传统文化的复兴之势已启。因此，真正能够决定中国第三部门的方向和未来的，相信更多的会是中国本土的现代公益文化。

（四）海外力量

海外力量对中国第三部门的发展具有举足轻重的影响。如果说，在20世纪90年代之前，中国第三部门的发展动力主要来自于国内改革的话，那么90年代后期以来，国际社会对中国第三部门发展的影响则越来越明显。可以说，如果没有来自海外力量的巨大影响，中国的第三部门绝不会是今天

表 6　西方与本土现代公益文化观念特征群比较

比较维度		西方现代公益文化	本土现代公益文化
终极价值观	本体论	个人本位	社会本位
	基本信念	个体具有与生俱来、不可剥夺的权利,个体在享有权利的同时,具有与权利相称的义务	个体是生活在一系列相互依存的基本社会关系之中,强调每个个体对他人的责任或义务
	最高价值	个人的发展与成就	天人合一
	对人际关系的看法	个体间相互独立;无差别的人人平等;博爱	个体与个体相互依存;亲疏有别、差序格局
	对社会的看法	个人先于社会而存在,个人幸福是社会存在的原因	社会先于个人而存在,社会整体幸福是个人幸福的保障
	对道德的看法	坚持道德多元主义;道德属于私人事务;政府无权干涉	坚持一元道德;道德是公共事务;政府有责任和权利弘扬道德
公益理念	对人性的看法	性恶论	人具有为善的潜能
	对善的定义	坚持"善"的观念的多元性,追求公平,保障个人权利	坚持"善"的观念的绝对性,存在不以个人喜好和意志转移的道德准则
	达到善的途径	个人主张权利,博爱社会保障个人权利	个人承担责任,要由亲始,推己及人,亲亲而仁民,仁民而爱物
公益行动模式	行善对象	依据权利/需求原则选择	依据道德/需求原则选择
	行善方式	平等主义的行善方式	父爱主义的行善方式
	帮助内容	权利、能力、资源	资源、技能、责任感

的模样。海外力量一方面直接参与中国的活动,一方面为中国本土第三部门组织的发展提供诱因、机会、示范压力和资源。在发展的初期,许多官办第三部门组织的成立就是为方便与海外力量的交往。政府创立第三部门组织也是学习西方经验的结果。中国的公众、官方、企业以及第三部门自身关于第三部门组织的知识也主要来自海外力量,包括第三部门组织的价值、功能、治理结构、管理方式、项目运作方式、筹资方式、负责的意识、组织文化、监督、评估、培训、咨询、研究方法,甚至人才都来自海外力量。时至今日,绝大多数成功的草根第三部门组织还没有脱离"哺乳期",而它们的"奶娘"就是海外力量。

1. 概况

在这里,"海外力量"的地理范围包括外国、中国台湾、中国香港和中国澳门。"海外力量"包括海外的政府、企业、非政府组织,等等。国际非政府组织是海外力量对中国第三部门施加影响的最主要载体。在这里，"国际非政府组织"是指具备非政府组织的一般属性，在海外注册，并在中国大陆开展活动的组织。

关于国际非政府组织的数量，迄今为止官方还没有准确的统计数字。很多学者尝试进行了估计，比如，《中国发展简报》创刊编辑高扬认为，目前在中国大陆设立办公室、开展活动的国际非政府组织有300家左右，另外还有几百家通过其他各种途径在中国内地开展相关工作。中国发展简报网站提供的资料显示，目前在中国设立办公室、开展活动的国际非政府组织已经接近500家。王名认为，目前境外在华社团的数目在3000家到6500家之间，其中资助机构2000家，项目机构1000家，商会行业协会2500家，宗教社团1000多家。① 另一种来自官方的说法是，活动在中国大陆的各种国际非政府组织有2000多个。② 但是，这些估计大都没有确切的依据或者科学的推断方法，缺乏可信度和权威性。

关于国际非政府组织的地区来源，根据《200家国际NGO在中国》统计显示，来自美国的最多，几乎所有在大陆活动的国际非政府组织都来自发达国家，来自港澳台地区的也不少。

关于国际非政府组织的活动区域，目前来看，我国几乎所有省、自治区、直辖市都有国际非政府组织在活动，但地区差距很大。

国际非政府组织在中国的活动领域也很广泛，包括教育、医疗卫生、环境保护、扶贫、社会福利、救灾等。它们在选择活动领域时，往往尝试将项目与所在领域内的政策制定和立法工作结合起来，期望借此推动政府体制和政策改革。比如关注司法改革、村民自治、环境政策、能源政策、国际关系等方面的国际非政府组织就是这样。它们采取的行动方式也多种多样，如举办研讨会、培训班、交流活动，开展相关调研和研究，收集、整理、提供有关信息，进行各种形式的宣传活动，提高本土第三部门组织的能力建设，等等。

唐士其等人总结了国际非政府组织进入大陆的几种方式：（1）应邀前来，如世界自然基金会。（2）与政府或政府机构签署协议，获得进入大陆

---

① 《走近国际NGO：数千家机构正悄然进入中国》，http://news.sina.com.cn/c/2005-09-28/15177889970.shtml，2005年9月28日。

② 唐士其等：《NGO在中国》，载高丙中、袁瑞军主编《中国公民社会发展蓝皮书》，北京大学出版社，2008，第374页。

的合法权利，如英国海外力量志愿服务社、福特基金会。（3）通过与政府进行项目合作进入大陆，如宣明会。这种方式最为普遍。（4）通过与合法社会组织合作进入大陆。（5）通过承担外国政府或国际机构在中国的项目进入大陆，如帕斯适宜卫生科技组织（PATH）就是通过实施联合国人口基金中国项目而获得了进入大陆的机会。（6）直接在中国工商部门注册，以企业身份存在。（7）先成立中国分部，再加入总部，如中国狮子会。[①]

对于在中国活动的国际非政府组织来说，无法在民政部门登记注册是其面临的困境之一。2004 年颁布的《基金会管理条例》给国际性基金会提供了一个注册管理的法律框架，[②] 但是对于其他类型的国际非政府组织则没有相关的法律规定，因此，政府"保留"了随时清理整顿国际非政府组织的权力。面对这种生存环境，一些国际非政府组织，尤其是一些小的组织，如果筹资渠道不在国内，就在一些不敏感领域做一些社会服务，不希望引人注意。有些不愿意凸显自己的宗教背景，有些有自己的理念，以论坛、研讨会等各种形式在各自的领域做一些倡导，以影响政府决策。但是，这些国际非政府组织都非常清楚，政府其实是采取"为我所用"的态度，做社会服务它比较欢迎，但是不喜欢 NGO 批评，不喜欢其倡导的一些理念。[③]

2. 背景

海外力量之所以能对中国的第三部门施加影响，主要基于以下两方面的原因。

（1）施加示范压力

"冷战"以社会主义阵营的瓦解告终，使中国的软力量相对于西方呈现出明显式微之态。正是在这样的背景下，作为西方软力量重要组成部分的第三部门及其价值和理念也对中国产生了强烈的示范压力。人们认为，这是一种更加先进和有效的制度设置，理应成为中国学习的榜样和追求的目标。因此，大批的有志之士通过海外力量学习、培训、交流等各种方式，将西方第三部门组织的运作模式，附带其价值和理念一起引入了中国。

---

① 唐上其、陈蕊、詹亦佳、张毅：《INGO 在中国》，载高丙中、袁瑞军主编《中国公民社会发展蓝皮书》，北京大学出版社，2008，第 383~385 页。

② 到 2007 年底，已经至少有 11 家海外力量基金会的在华办事处在民政部登记注册了，包括六家美国基金会（如比尔及梅琳达·盖茨基金会、克林顿基金会等），三家香港基金会（如李嘉诚基金会等），以及两家瑞士基金会（世界经济论坛和世界自然基金会）。

③ 程芬：《走近国际 NGO：数千家机构正悄然进入中国》，http://news.sina.com.cn/c/2005-09-28/15177889970.shtml。

（2）以"人权外交"对中国政府施加政治压力

人权外交是西方国家为了满足其政治目的和霸权主义的需要，奉行的以"人权"作为建立和发展国际关系基本准则的外交政策。人权外交的实质是借口人权问题干涉别国内政。它通过批评和指责别国的人权问题，来向别国推行其意识形态和社会政治制度。

西方国家一直以人权问题为幌子，强制对中国推行西方的价值和理念。比如，指责中国缺乏自由结社的权利，强迫中国建立与西方国家类似的第三部门组织，并以帮助中国人争取自由结社权为借口，强制向中国派入人力、物力、财力，按照其意图组建第三部门组织或影响第三部门组织的运作方式。

3. 行动方式

海外力量不但直接对中国的第三部门实施影响，还会通过影响中国政府、公众、研究机构、媒体等，实现对第三部门的间接影响。这种影响力的来源包括：第三部门的哲学层面的理念；专业知识，包括项目、组织和行动的方式；资金、人员、网络和支持体系等资源。

（1）发挥示范影响

海外力量积极推动与西方第三部门有关的各类专业知识和价值观念传入中国，这些知识和价值观经教育系统及媒体的广泛传播，逐渐为中国第三部门的从业者或潜在的从业者所接受，从而影响着中国第三部门的发展方式。

海外力量针对中国的情况，开展了大量有关第三部门的研究，有针对性地将这些研究成果在国内推广。近十余年来，世界银行一直与民政部开展合作，帮助促进第三部门组织的发展。2004年世界银行组织和资助了一项《非营利组织税法研究》的项目，分析了中国现有税法和税收政策，介绍了国际先进经验和做法，对中国税制改革培育社会组织发展提出了具体建议。2009年，世界银行组织和资助了一项《向公民社会组织采购社会服务的国际经验》的研究，全面介绍了政府出资利用社会组织提供社会和人道服务的国际经验。此外，世界银行还翻译了大量国外的社会组织相关法律，放在世行网站上供参考。①

海外力量还积极资助第三部门有关的成果出版。福特基金会资助出版了《NPO能力建设与国际经验》，喜马拉雅基金会支持清华大学的NGO研究所

---

① http：//www.worldbank.org.cn/Chinese/.

翻译出版了最早一批关于第三部门组织的学术书籍。在中国第三部门非常有名的《中国发展简报》自从 1990 年代在中国创办以来，一直是在国际社会的资助下，从事有关第三部门组织的研究和信息推广工作，曾出版关于在华的国际非政府组织的名录，以及中国非政府组织的名录等资料。这些都极大地促进了国际社会和中国第三部门的交流。

几乎所有从事资助的国际组织，特别是大型基金会，都有专门用于资助国际学术会议、学术研究的项目。受助者包括国家的相关管理部门，大型官方社会团体，以及学术研究机构。比如，福特基金会的资助中有相当大的部分用于第三部门的学术研究。近年来，对学术研究的资助资金和项目数目都一直占所有资金和项目数的一半左右。此外，国内关于第三部门研究的会议大都得到了国际社会的资助。

海外力量组织非常注重利用媒体宣传与第三部门有关的知识和理念。一些海外力量第三部门组织还主动选择与媒体进行合作。例如，香港地球之友从 1997 年开始与中国环境记者协会合作，每年向一批中国环境教育者、新闻工作者和活动家颁发"地球奖"。该奖项分新闻、教育、综合、青少年（集体）四类，每个类别 10 名。通过与媒体的合作，地球之友很好地传播了第三部门的有关知识和理念。[①] 再如，为了加强公益组织的宣传倡导能力，促进新闻媒体和公益组织之间的相互了解与合作，在香港乐施会支持下，NPO 信息咨询中心、《市民》杂志等发起组织了"媒体工作坊"，连续举办沙龙，对第三部门组织与公共媒体合作的现状进行了分析，策划了"NGO 与媒体联合采访活动"，形成了 10 多个第三部门组织与媒体的联合采访小组，从实践层面进行了一次第三部门组织与媒体合作的现实演练。同时，分享了联合采访的成果与心得，探讨了第三部门组织与媒体合作的现实路径。[②]

由于报纸、电视等传媒在当前中国还受到一定控制，利用它们传播价值观有时还存在一定的难度。相对而言，网络则是较为自由的空间，因此很多海外组织充分利用网络进行知识和理念的传播。事实上，绝大多数的海外第三部门组织都建立了自己的网站，它们将各方面的知识上传到网站上，包括

---

① Robyn Wexler，徐莹，Nick Young：《非政府组织倡导在中国的现状》，载《中国发展简报》，2006 年 9 月。

② http：//www.foe.org.hk/welcome/gettc.asp.

组织的理念、使命和目标，组织的架构和运作方式，项目设计、实施与推广，各种经验及问题的总结与反思，等等。为了便于信息的传播，它们还建立了网站的中文版，或者针对中国办事处的情况专门建立了网站。例如香港乐施会的中国网站"乐施中国信息网"，不但介绍了组织所开展的各类活动，包括开展各类活动的方法，还有与其发展议题相关的各类研究报告、出版物等，并支持多种专业资料的免费下载功能。

另外，海外组织还经常组织各类培训活动，通过培训活动传播西方的价值观念。这类培训活动既可能是针对本土第三部门组织或者本土从业者的，也可能是面向本土社会，希望改变整个社会的价值观和理念的。例如香港乐施会的工作人员每年都要接受培训，培训内容包括项目管理培训、财务管理培训、社会性别与发展培训、灾害管理培训、管理技能培训、传媒与政府关系培训、计算机应用培训、团队建设培训、英语培训等。组织有专门的资金用于培训，同时也有很多工作人员拿到国外奖学金出国培训。此外，香港乐施会也面向社会开展培训，通过培训传播价值观和理念。比如开展的"乐施青年动力"培训计划，目的是凝聚一批对社会公义有热诚、有理想的青年人，透过工作坊、海外力量考察让他们认识贫穷的根源，以及反思个人与社会公义的关系，然后策划有创意及活力的倡议行动，结集更多的公众力量，改善贫穷人的生活。它们每年会确定议题，设计活动内容，此后设定条件并面向社会公开招聘受培训人员。例如 2008 年，乐施青年动力以"气候贫穷"为主题，设计了"气候贫穷工作坊"、"菲律宾考察之旅"和"公众教育行动"三个活动。面向全社会公开招募报名人员，只要年龄在 18 ~ 25 岁的年轻人，关心社会公义及有志推动扶贫工作，愿意投入为期半年的活动均可报名。①

总之，在海外力量的积极推动下，西方第三部门的知识、价值理念开始传入中国内地，这些知识理念的传播对中国第三部门的发展产生了重大影响。

（2）提供资源

对外开放还使大量的海外力量资源进入中国，这些资源成为影响中国第三部门发展的重要因素。特别是改革开放的早期，内地民营企业的发展规模还不很大，来自内地的社会捐赠比较有限。在这种背景下，海外力量的资金

---

① http：//www.oxfam.org.cn/.

支持对第三部门组织的发展至关重要。例如，中国青少年发展基金会在早期的发展中就曾得到海外力量资金的支持。20 世纪 90 年代初期，"希望工程"获得的两笔最大的捐赠都来自海外力量，即菲利普公司捐赠的近万套音响器材以及日本安部牡丹园株式会社捐赠的 1 亿日元的资金。中国青基会早期的统计数据表明，1994 年以前，青基会接受的海外力量捐赠一直多于内地捐赠。在成立的头 10 年中，青基会与数十个海外社会组织建立了牢固的合作关系，动员的资金达到 4 亿元之多。青基会的负责人曾经指出："海外力量社会及相关社团组织对于刚刚兴起的中国公益事业的巨大热情和支持，使我们认识到透过国际交往所可能带来的巨大的社会空间和各类资源，并且进而认识到充分地动员这些资源，使之成为中国国内公益事业发展的一个重要支点的可能性。"①

随着开放的进一步增加，国际组织对中国第三部门的资助也越来越多。例如，自 1987 年开始，香港乐施会便致力于推行扶贫发展及防灾救灾工作，其每年用于此的资金在 2300 万元以上。目前，英国海外力量志愿服务社每年在中国的经费预算为 3000 多万元。国际爱护动物基金会于 1993 年开始在中国开展活动，主要为设立在中国的一些小型项目提供资金，每年在中国的预算为 800 多万元。福特基金会每年用于中国的资金预算在 8000 万元以上。英国救助儿童会从 20 世纪 80 年代末开始在中国大陆开展项目，每年在中国的预算为 1200 多万元。微笑列车已投入了近 2 亿元在中国大陆开展关于唇颚裂方面的研究、培训和补救治疗，其中部分用于为残患儿童提供矫正手术。绿色和平组织自 1997 年开始在中国大陆开展环保活动，目前每年在中国（包括香港特区）的预算在 500 万元左右。喜玛拉雅基金会的主要工作是举办学术研讨会、出版台湾基金会名录、设立公益网站和公益图书馆等，每年在中国的预算在 1000 万元左右。②

总之，开放使得内地的第三部门组织可以获得海外力量机构的资金支持。通过资金资助，第三部门组织获得了开展活动所必需的资源。

（3）复制西方第三部门运作模式

当然，海外组织在资助本土第三部门组织开展活动时，不仅仅是提供资

---

① 顾晓今、甘东宇：《国际化：中国青基会的一个重要发展方向》，载《处于十字路口的中国社团》，天津人民出版社，2001，第 206～209 页。
② 邓国胜：《在华十大国际 NGO 组织》，http://ngo12315.bokee.com/3590659.html。

金，还借机将西方第三部门组织的专业知识、运作模式等复制到中国。一般来讲，只有那些理念、操作方式方法与西方的价值观念相一致的项目才能获得资助。举例来说，参与式是海外组织资助本土第三部门组织的一个基本要求，通过参与活动，可以培养受助人的自主意识和参与精神，进而在草根社会中培养民主精神，这是海外组织资助本土第三部门组织的一个重要动机。在这种背景下，一些海外力量资助本土第三部门组织时非常注重受助对象在项目中的参与。例如，国际鹤类基金会曾在草海自然保护区开展过一个项目，该项目是由国际鹤类基金会为社区提供资金，由村民自主推荐出管理委员会进行管理。这些资金分成小额贷款发给最贫困的农户，让他们自主决定如何使用。至于资金如何运转、循环年限、贷款利息、还贷监督措施等都完全由管理委员会和全体村民商讨决定，而管理委员会参加者既有村委会成员，也有村民另选的德高望重的村民。①

对此，一些国际组织也并不避讳。作为第一个被特许在中国大陆设立办事处的国际非政府组织，福特基金会前任驻华代表华安德就曾说过："NGO不能仅仅是个钱袋，换句中国的古语，福特基金会更愿意'授人以渔'而非'授人以鱼'。"②

通常，西方向中国移植其第三部门的相关专业知识，复制其运作模式，大都是伴随着资助或者合作开展项目的方式进行的。当然，中国的第三部门组织为了获得海外力量资源，也主动模仿、学习、引进西方第三部门的专业知识和运作方法。正是在这种背景下，中国的第三部门无论在组织自身的设置、开展活动和项目的方式等各方面，都体现出越来越多的"西化特征"。

（4）支持开展能力建设

加强第三部门组织的能力建设也是国际非政府组织在中国实施的活动的重点。很多国际组织开展了促进中国第三部门能力建设的项目，按照国际社会通用的能力建设模式，对中国的第三部门组织进行各种组织能力培训。典型的案例是福特基金会支持的 2002～2005 年实施的为期三年的温洛克民间组织能力开放项目。③温洛克项目在组织发展和战略规划、治理和领导能

---

① 唐士其等：《INGO 在中国》，载《中国公民社会发展蓝皮书》，北京大学出版社，2008，第388 页。

② 《走近国际 NGO：数千家机构正悄然进入中国》，http：//news. sina. com. cn/c/2005 - 09 - 28/15177889970. shtml。

③ http：//www. chinadevelopmentbrief. org. cn/qikanarticleview. php? id = 383。

力、人力资源管理、财务管理等四个重点领域，对福特基金会资助的来自北京、武汉、西安、贵阳、昆明、深圳等地的18个民间组织，聘请经验丰富的专家根据每一个组织的具体情况，采用集体培训、单独辅导、第三部门组织领导人的个别辅导和具体管理问题的咨询等多种形式来为这些民间组织提供专业服务。项目的有形成果的享受却不限于接受直接服务的18家民间组织，该项目的中国的第三部门组织编纂了一系列的资料。这些资料在2005年编辑为《温洛克非营利组织管理参考资料系列》，其"旨在为有中国特色的政策法规和社会环境下运作的非营利组织，在加强组织管理、提高组织效能和透明度方面提供参考"。①

4. 对第三部门的影响

在海外力量的持续作用下，中国的第三部门整体上呈现出明显的西化特征。但是，不同的第三部门组织，它们受海外力量影响的程度也有显著差异。具体来看：

（1）促进第三部门发展

从前面的分析我们可以看出，海外力量对中国第三部门的发育和成长起到了非常重要的作用。中国第三部门的发展及其发展方式本身就是学习西方的结果。西方第三部门的状况为中国的第三部门从业者及公众提供了示范。海外力量也为中国第三部门的发展带来了大量的资源，其中既包括资金、人员，也包括专业知识。海外力量还将西方的价值观和理念传播进来，使第三部门的从业者们能按照西方的模式和理念开展活动。所有这一切，都在推动中国第三部门的成长，尤其是民办第三部门组织的成长。

（2）造成第三部门多元化及不平衡发展

海外力量第三部门内部也是高度多元化的，随着社会需求的发展，产生了各种类型的第三部门组织，这些组织类型也被复制到中国，从而扩大了中国第三部门内部的组织类型。但是，与中国不同的是，在西方社会，这些不同形态的第三部门组织在法律身份上大都没有差别，而在中国，这些不同形态的第三部门组织被要求注册成不同的法人。此外，中国第三部门组

---

① 该书共有8个分册，分别是：1. 中国非营利组织参与式组织自我评估；2. 国际标准的非营利组织理事会：供中国非营利组织参考的框架；3. 中国非营利组织人力资源管理指南；4. 中国非营利组织志愿者管理指南；5. 中国非营利组织财务管理指南；6. 国际非营利组织筹资策略：供中国非营利组织参考的框架；7. 中国非营利组织战略规划指南；8. 非营利组织管理文章、书目和网站——精选和评注。

织活动领域的多元化，行动方式的多元化在很大程度上也都是学习西方的结果。

但是，海外力量对不同的第三部门组织的态度是不同的。海外力量的资助都是有目的的，这些资助从根本上而言，都是为了实现其意图。因此，被资助的第三部门组织必须开展符合海外力量宗旨和目标的活动。海外力量的意图有很多，有些旨在扶贫，有些旨在救助弱势群体，有些旨在促进环保，等等，因此，海外力量也会根据第三部门组织实现其意图的可能性，选择资助哪些第三部门组织。自然，符合海外力量资助意图的第三部门组织受到的海外力量资助较多，不符合其资助意图的第三部门组织受到的资助就少，这必然造成第三部门内部的分化和不平衡。

（3）提高第三部门对于政府的独立性

与政府不同，海外力量不能直接控制或者干预中国第三部门组织的行动，它更多通过提供资源、传播价值观和理念等方式，对中国的第三部门实施影响。

通过提供各类资源，海外力量使部分第三部门组织不用再在资源上过分依赖政府和企业，因而能相对提高部分第三部门组织相对于政府和企业的自主性和自治性。但是，通过提供资源达到提高中国第三部门独立性和自主性的效果并不明显。因为，海外力量的这一策略更多只能影响资源瓶颈比较明显的草根第三部门组织，绝大多数由政府发起成立的第三部门组织和企业基金会，它们并不缺乏资源，因此，海外力量这一策略对它们的影响并不大。但是，单单提高民办草根第三部门组织的独立性和自主性，对于提高整个第三部门的自治性来说，力量又是很微弱的，因为草根第三部门组织不但在整个第三部门中所占的数量较少，其发育水平也不高，所能发挥的功能也不强。

相比于提供资源来说，影响第三部门组织的价值观和理念，才是海外力量最能影响中国第三部门的方式。当前中国绝大多数第三部门组织都基本接受了西方的公益文化，它们都认为，第三部门组织应该是独立和自治的，应该敢于维护社会中的个人的合法权益。由于思想上已经被西化，已经高度依赖于海外力量，因此，很多第三部门组织都期望能将这一理念付诸行动之中，并自觉地为之努力。只不过，由于现实中，政府对第三部门组织的行动有诸多的限制，因此，它们在争取独立性和自主性等方面，更有技巧和策略，更加迂回。

五 环境对第三部门的协同影响

本节讨论作为环境因子的政府、市场、海外力量、媒体、公众与文化，它们是如何共同影响第三部门的。

环境并非一成不变。改革开放 30 多年来，中国第三部门的环境发生了重要变化，并且正是由于环境的变化，真正意义上的第三部门才得以产生并发展起来。当前中国第三部门组织身上所体现出来的一系列特征，也是环境因子变迁及其影响的结果。当然，在这一过程中，第三部门并不总是"被动的被影响者"，它的发展和变化也会反作用于环境，并促进环境因子的进一步变迁。此外，环境因子彼此之间也不独立，它们也在相互的作用和影响中促成彼此的变迁。

（一）环境因子及其变迁

环境因子的变迁始于西方主导的全球化。全球化造就了中国的改革开放，而改革开放又决定了第三部门环境因子的变迁。

西方主导的全球化是中国 30 多年转型以及 19 世纪中叶以来中国历史发展的大背景。尽管"西方冲击—中国回应理论"被指责为"以偏概全"，但它毕竟道出了中国近代变迁的最主要的动力机制。[①] 当然，"中国自身的逻辑"也不是消极无为的、可以忽略不计的力量，也在影响这一个半世纪的变迁。

今日中国第三部门所面临环境的状态，一方面取决于它的初始条件，另一方面取决于全球化及改革开放对它的影响。第三部门所面临环境的初始条件可以概括为"全能主义体制"，属于典型的"一元结构"。由于"路径依赖机制"的作用，改革的初始条件对改革及其后果产生了深刻的影响。

在东西方两大阵营之间的"冷战"中，社会主义阵营在经济效率竞赛中表现不佳，是催生中国改革开放的全球背景。"冷战"的经验使中国的领导人意识到，要赢得全球经济竞赛，必须用市场体制取代计划体制，于是市场导向的改革开始了。这一改革的主要内容是，对内以市场经济取代计划经济，对外以开放取代封闭，即全面参与西方主导的世界市场。

---

① 柯文：《在中国发现历史——中国中心观在美国的兴起》，中华书局，2007。

经济领域的市场化改革属于"先导性变迁"。然而，改革并没有止于经济领域，而是引发了全面的变迁，中国的政治、社会、文化也随之发生剧变，它们属于"适应性变迁"。经济领域的市场化改革使政治体制"自动地"从全能主义体制转变为权威主义体制。政府不再全面干预社会生活，而是仅仅满足于"垄断"政治权力。社会领域的自由度大幅度增加，"中产阶级"开始出现，而且所作所为越来越像"中产阶级"。个人和家庭生活获得了极大的解放，在婚姻、就学、择业、流动等方面人们获得了自主权。尽管仍然受到各种限制，但是自发的结社开始出现，研究、发表也更加自由。但是，为了维护对政治权力的垄断，政府仍然主动而固执地保持对"公共领域"[①] 的支配权。西方文化伴随着西方世界"硬力量"的绝对优势，强力进入中国并逐渐成为中国公众的主导文化。

（二）环境变迁与第三部门的发展

改革为第三部门的发展创造了"需求"。改革打破了原有的公共物品供给机制。政府放弃了一部分提供公共物品的职能，逐渐退出经济领域和社会领域，把资源配置职能还给了市场。与此同时，企业、事业单位也放弃了原来的单位办社会职能，甩掉了提供社会服务和社会保障的负担。而市场化改革又不断带来一系列新的社会问题。在这种背景下，老的需求还没有得到弥补，新的需求又不断涌现出来，而新的公共物品供给机制并没能及时形成，其结果是出现了严重的"供不应求"局面。这种"供需缺口"呼唤并催生新的社会服务供给体制。

改革开放也培育了第三部门发展的条件。全能主义体制的瓦解为第三部门的产生提供了政治空间。教育机构和媒体自主权增加，各种形式的国际交流增多，西方的价值观、管理知识、科学技术在国内得到有效传播。一批接受了西方第三部门价值观的中产阶级成长起来，而且越来越具有行动能力。与此同时，市场化改革削弱了国家对资源的全面控制，一部分资源逐渐从国家的垄断中游离出来，成为体制外的自由流动资源。而西方的资金、人员等也纷纷涌入中国大陆，为中国第三部门的发展提供了资源条件。当然，西方作为"先进"、"发达"、"文明"的样板，其示范压力也不容忽视。政府效仿西方相继颁布的一系列相关法规，包括《社会团体登记管理条例》、《民

① 哈贝马斯：《公共领域的结构转型》，学林出版社，1999。

办非企业单位登记管理暂行条例》、《基金会管理条例》等，从法律层面保障了社会成员以组织的形式开展各种各样的社会服务活动的权利，为第三部门的行动者提供了行动的空间。正是上述所有条件为第三部门的发展做好了铺垫，并使之具备了大量的"西化"特征，并能顺应社会的需求，成为一个新的社会服务供给者，并塑造了一个全新的社会服务供给机制。

第三部门的发展反过来又促进了其环境因子进一步的变迁。为了适应第三部门发展的新形势，通过积极的学习，适应新的环境，政府做出了有效的回应。这是一个动态的过程，政府的态度、策略和行为方式都在随着环境的变化而变化。然而，政府的学习是被动的，是对社会领域变化的被动适应，而不是主动进攻，所以我们把社会领域的改革称为"适应性变迁"。

对于庞大的现代国家来说，一盘散沙式的人群是无足轻重的，而第三部门中的组织是集体行动的最有力的工具，因此独立于政府的民间组织是权威主义的"天敌"。对于这样的危及自身根本利益的"天敌"，政府首选的对策当然是限制其发展和影响。但是，经济、社会、文化、国际环境毕竟变了，全能主义体制下简单的一刀切式的"禁止策略"已经行不通了，需要根据各类组织的属性采取各种不同的对策。更何况，如果处理得好，还可以借助对方的力量解决自己的问题，达到"为我所用"的最佳效果。为此，政府根据外部环境的变化，采取了限制与发展并重的两手策略。一方面通过"分类控制"限制独立的第三部门组织的发展。另一方面，在重要的领域成立自己的第三部门组织，在对其严格控制的同时，又给予各种支持和优惠政策，鼓励其发展，最终使一批能为政府控制的第三部门组织成长起来，在所有重要的领域发挥功能，从功能上替代"自治"的第三部门组织的产生。

此外，伴随着市场化的进一步发展，市场对第三部门的影响不再停留在创造有利的"基础性环境"和提供"自由流动资源"。近年来，越来越多的企业开始参与到公益领域中，它们在为第三部门提供资金支持的同时，还将企业理性、效率的理念，私营部门的管理技术和市场化运作的手段输入第三部门。企业也日益成为影响中国第三部门的重要力量。

伴随着第三部门的产生及发展，公众也逐渐认识并认可第三部门的理念、价值和所作所为，越来越多的人投入到第三部门的事业中去，为其贡献时间和资源。社会舆论中也有越来越多关于第三部门的内容，媒体更加频繁和积极地报导第三部门组织的作为，甚至亲身参与到第三部门的事业中去。与此同时，各种研究和教育机构也在积极地传播第三部门的价值观和理念。

海外力量也在不断观察中国第三部门的发育状况，并根据第三部门的发展动态不断调整其支持的策略与重点。

综上所述，全球化、初始条件、改革开放等这一切重新塑造了第三部门的外部环境，又通过环境促成了第三部门的发展，而第三部门的发展又进一步促进了环境因子的变迁。

（三）环境因子的互动及力量格局分析

环境因子不是孤立的，它们之间也存在相互作用。环境因子既可以"单独地"对第三部门产生影响，也可以"联合起来"发挥作用。第三部门在所有环境因子的协同作用下生存和发展。

1. 政府与海外力量

政府与海外力量几乎是"彼此独立"的两种力量。它们都不具备控制对方的绝对能力。海外力量无力直接影响中国政府对待第三部门的态度和手段。海外力量更多地通过示范压力对中国政府进行影响，或是通过"人权外交"对中国政府施加压力。

政府针对海外力量的策略也做出了积极的反应。严格来说，政府在控制第三部门组织的"行为"和"结果"方面是有效的。通过发展一套"分类控制"和"功能替代"策略，政府成功地使中国第三部门在"行为"上"只帮忙，不捣乱"。

但是，政府没有办法抵御西方在"价值"层面的渗透。海外力量将西方的价值观、理念、专业知识输入到中国公众的心目中，使中国的公众接受并按照西方的方式组建第三部门组织，并按照西方的方式开展西方第三部门组织应该开展的活动。

2. 政府与企业

政府与企业是一种"精英联盟"，它们在对待第三部门的问题上拥有共同利益，因此，在合作与相互扶持的基础上共同影响乃至控制第三部门是它们的选择。

对于企业对公益事业的参与和渗透，政府表示了支持和鼓励。例如，民政部门主动为找不到业务主管单位的企业公益基金会担任"婆婆"，大大降低了企业进入第三部门的门槛。企业的根本利益是赢利，而要想赢利首先就不能得罪政府。因此，企业只会做一些政府喜欢的公益项目，而不会做政府不喜欢的事情。事实上，企业从事公益行为的一个重要的策略性考虑就是博取政府的好感，以及因此而可能给企业带来的实惠。

在政府与企业的关系中，政府占据主导地位，它在控制市场和企业方面表现出了越来越大的自信。政府支持企业公益可谓"一箭双雕"，一方面，通过企业公益为社会提供公共服务，促进社会和谐发展，以政绩合法性维系政府政权的稳定；另一方面，通过发展本土企业公益，有效地减少海外力量资金对本土第三部门的影响力，挤占海外力量在中国第三部门中的地盘，收到了"釜底抽薪"的效果。

3. 企业与海外力量

无论是本土企业还是跨国企业都不倾向于与国际 NGO 联盟，因为企业清楚是中国政府而不是国际 NGO 为它们创造了发财的机会和条件。对于企业来说，资助国际 NGO 与中国政府对抗无异于自毁饭碗。因此，即使企业对政府心存不满，它们也不会转而支持国际 NGO。

从长远来看，本土企业作为一支新崛起的环境力量，未来会与海外力量争地盘。本土企业的力量会不断增强，而海外力量可能会逐渐衰减。

（四）环境因子对第三部门的影响

在当前中国，第三部门同时受到政府、企业和海外力量这些环境因子的共同影响。这些环境因子对第三部门的影响，在很大程度上决定了第三部门的各种特征。

1. 环境因子与中国第三部门的发展阶段

第三部门组织数量的增长、种类的增多、能力的增强、影响的扩大是各个环境因子"合力"作用的结果。

政府从全能主义体制向权威主义体制的转变为第三部门的成长开辟了空间，政府为第三部门组织提供了各种资源，包括法律框架、合法身份、优惠政策、资金、人员，等等。政府的教育体制为第三部门组织培养了大批的高学历人才。企业也为第三部门组织提供了大量的资金，还将一套行之有效的管理方式和手段引入第三部门，提高了第三部门组织运作的效率。企业还塑造着白领和中产阶级，它们是第三部门行动的主要参与者。海外力量同样在投入资源的同时，更多传入了其价值、理念和专业知识，促进了第三部门组织的发育和成长。公众越来越认可第三部门，为第三部门的发展提供参与者和支持者，也为第三部门提供越来越多的资源支持。媒体是宣传第三部门行动和价值观的主要阵地，此外，它也主动参与到第三部门的事业中去，并且益成为第三部门问责的主要主体，促进第三部门的自律和规范发展。西方现代公益文化越来越成为公众的主导文化，促进着第三部门的发展。总之，政府、企业、海外力量、公众、媒体与文化，它们形成的合力，共同促进了第三部门的发育和成长。

中国的第三部门尽管发展速度很快，但整体上仍处于发展的初级阶段。除了起步较晚这一原因之外，立法及政府行为是第三部门发育不良的主要原因。政府对待第三部门的基本策略是"重限制、轻发展"。政府向第三部门开放的空间还相当有限，一些政府比较敏感的领域，第三部门组织尤其是民办第三部门组织是不能合法进入的。政府还在所有重要的领域成立官办的第三部门组织，以抑制民间同类第三部门组织的产生和发展。政府给予第三部门的资源也很少，而且这些资源也更多给予了官办第三部门组织。事实上，正是因为政府的诸多"限制"，以及微乎其微的支持，才导致中国的民间第三部门发育迟缓。

2. 环境因子与第三部门的多元化

第三部门的环境因子是多元化的，不同的环境因子对第三部门组织的作用方向是不同的，程度也是不同的。第三部门在这些环境因子的"分力"作用下，无论在结构上还是功能上都体现出多元化。即使是同一环境因子，对不同的第三部门组织的作用方向和力度也是不同的。这就进一步造成了第三部门内部的多元化。

第三部门组织类型的多元化既是学习西方的结果，也是政府管理的结果。政府要求不同形态的第三部门组织注册成不同的类型，并对不同类型组织制定了不同的管理制度，例如，在民政部门注册、归口管理、单位内部代管、挂靠等。没有法律身份的草根组织和工商注册的第三部门组织的存在，也是现行双重管理体制过于严苛带来的后果。

第三部门内部发育的多元化，是因为政府、企业和海外力量同时支持第三部门，但各自支持的重点和力度有所不同导致的。通常来说，得到的资源和支持越多，第三部门的发育水平越高。政府对官办的第三部门组织，或者能为其提供服务的组织所能提供的资助较多。企业资助第三部门组织时，一方面会考虑第三部门组织宗旨与其资助意图契合的程度，另一方面会考虑组织自身的发育水平，企业更愿意选择自身发育水平已经比较高的组织开展合作。而海外力量更愿意资助第三部门中的草根组织。

第三部门组织治理方式的多元化，是由环境对其的控制的强弱不同造成的。外部干预较多的第三部门组织，其治理就缺乏自主性。一个第三部门组织可能同时受多个环境因子的影响，那么，在力量对比中占绝对优势的环境因子，往往在治理中发挥决定性作用。在中国，这个占优势的环境因子通常是政府，政府对第三部门组织的干预和控制无所不在，往往成为组织实际的决策主体。当然，企业和海外力量凭借其掌握的资源，对第三部门组织横加干涉的也不在少数。而对于那些环境因子控制和干预较少的第三部门组织，其治理就较为自主。

第三部门组织行动方式的多元化，也是政府、企业和海外力量影响的结果。受政府影响较多的第三部门组织，行动方式上更加行政化、官僚化，更加保守和僵化。受企业影响较多的第三部门组织，在行动方式上则更加注重效率，更多引入了企业管理的方式和方法。受海外力量影响较多的第三部门组织，则更富有创新精神，行动方式更加灵活，更加注重平等、民主和参与精神。

第三部门功能上的多元化，同样是由于存在政府、企业和海外力量的多重影响。事实上，环境因子造成了第三部门结构上的多元化，这种结构多元化本身，也会造成第三部门功能上的多元化。受政府影响较多的第三部门组织，多为政府提供服务。接受企业资源多的第三部门组织，多为企业服务。接受海外力量资源多的第三部门组织，也更多为海外力量服务。

第三部门内部的多元化并不是中国第三部门最根本的特征。这种多元化中表现出的不平衡性，才是中国第三部门的根本的特征。而这是由于第三部门所面临的环境因子力量的不平衡造成的。在这些环境因子中，政府的力量是最强大的，体现在第三部门上，表现为官办的第三部门组织明显比民办的第三部门组织数量上要占优势，发育水平要高，所发挥的功能也更强；而且，第三部门缺乏挑战性，那些有可能挑战政府权威的组织在数量上很少。政府允许存在并开展活动的，大都是为政府及其盟友（企业）服务的。

3. 环境因子与第三部门的弱自主性

中国第三部门真正开始发育的时间还很短，当前还非常弱小，而其所面临的外部环境，包括政府、企业、海外力量，却非常强大。强势的一方很容易对弱势一方产生强烈影响，这种影响在某种程度上就表现为一种"控制"，这种控制必然导致第三部门缺乏独立性或自主性。

环境因子对第三部门的控制主要来自于两个方面，一个是强权，一个是资源。政府对第三部门的控制在这两个方面都有体现。政府是唯一可以利用国家强制力来控制第三部门的力量。国家拥有对第三部门组织的立法权、行政权、司法权，政府可以在法律之外，采用一整套"强权控制"和"资源发展"策略来控制第三部门。政府对第三部门的这种强"控制"使得第三部门高度缺乏相对于政府的独立性。

企业对第三部门的控制主要凭借其丰厚的资源。企业对第三部门组织的行为也有影响，在项目的设计、执行过程中，都更加关注企业的利益，是否提升了企业利益成为衡量项目成功与否的重要指标。对于绝大多数第三部门组织来说，在目前阶段，资源瓶颈是其发展中面临的重要问题，它们很难抵挡企业的大笔资金的诱惑。所以，一旦第三部门组织在资源上高度依赖企业，企业就容易控制第三部门组织，第三部门组织的独立性也就无从谈起了。

海外力量对第三部门组织的控制既得益于资源，更得益于其价值和理念的示范作用。海外力量资源是很多草根第三部门组织的主要来源。海外力量的资助也不是无私的，它希望中国的第三部门组织能够按照西方的模式筹建、运作、开展活动、发挥功能。实际上，控制第三部门组织的资源或者具体行动，都没有控制组织的"思想"和价值观更稳固，一个思想上彻底西化的第三部门组织，即使你不去控制其资源和具体的决策活动，也能保证其按照你设定好的路线前进。在这一点上，海外力量取得了极大的成功。它成功地控制绝大多数第三部门组织，尤其是改革开放后新出现的一些类型组织的思想。这类组织，明显地缺乏对海外力量的独立性。

正是因为政府、企业、海外力量极为强大，第三部门组织才表现出"弱独立性"或"强依附性"。当然，强调第三部门的依附性，并不是说第三部门内部不存在独立的组织，而是说那些依附性较强的第三部门组织，在整个第三部门中占据了绝对多数。从发育水平来看，一般情况下，独立性较强的第三部门组织不如独立性较差的第三部门组织。这是因为，绝大多数独立性较差的第三部门组织，在丧失独立性的同时获得了来自政府、企业和海外力量的资源支持，因此能得到较好的发育。而独立性较强的第三部门组织却很难获得各种资源支持，尤其是来自政府的资源和支持政策，因此发育水平也不高。而从治理方式来看，绝大多数第三部门组织的治理受到了政府、企业以及主要资助方的干预，真正能够自我治理的第三部门组织很少。从所发挥的功能来看，独立性较强的第三部门组织所发挥的功能也很弱。

4. 环境因子与中国第三部门的弱挑战性

政府虽然控制不了第三部门组织的"思想",却能很好地控制第三部门组织的"行动"。通过立法,政府将那些具有挑战性的第三部门组织排斥在外,只允许那些非挑战性的第三部门组织获得合法身份。没有合法性的第三部门组织,不太容易得到很好的发育,因此即使其具有一些挑战的特性,这一特性也不能得到很好的发挥。通过分类控制与功能替代策略,政府在所有重要的领域建立了官办第三部门组织,同时禁止民间成立此类组织,从而杜绝在这些重要的领域内具有挑战性或者潜在挑战性的第三部门组织的产生。

政府在控制第三部门组织的行为上本身就具有很强大的能力,加之其与企业的联盟,更进一步增强了其对第三部门组织行为上的控制。企业资助的第三部门组织,几乎不可能从事挑战政府权威的活动。并且,除此之外,这些组织更不可能从事挑战企业的活动。政府与企业的联盟,以及它们对第三部门组织共同的控制,使得第三部门组织只能从事政府允许、企业高兴的活动。如果第三部门组织从事那些政府不喜欢或者是禁止的活动,政府一经发现,就立即叫停,甚至会取缔组织。如果第三部门组织从事那些企业不喜欢的活动,不但无法得到企业的资助,甚至也会受到政府的压制。

海外力量资助中国的第三部门组织,会使其思想上变得更加富于对政府和企业的挑战性。但是,由于政府对第三部门组织行为的严密控制,使得这类反叛思想无法落实到现实中。政府对第三部门组织行为上的这种控制能力是任何的其他环境力量都不具备的,它使得第三部门组织只能发挥对政府和企业有用的功能,而挑战政府、反抗市场暴政等功能都无法很好地发挥。这也就使第三部门组织在功能的发挥上具备了"中国特色"。

5. 环境因子与中国第三部门的结构与功能失调

受政府、企业、海外力量影响较多的第三部门组织,与受影响较小的同类相比,其数量规模、发育水平、所发挥的功能都更具优势。但是,它们的独立性不强,不太符合西方关于第三部门组织的定义。换句话说,那些并不太符合西方第三部门组织定义的中国第三部门组织,恰恰发挥了西方第三部门组织应该发挥的功能。而那些独立性和自主性较强,在结构上更加符合西方定义的组织,它们的数量、发育水平、所发挥的功能却不尽如人意。

由于环境因子对第三部门的施力点不同,中国的第三部门才会出现

"知行失调"的问题。在第三部门的思想和价值观层面，海外力量的影响力是政府和企业无法企及的。西方的公益文化观相比于中国的官方哲学、中国传统公益文化以及企业的价值理念具有绝对的优势。价值观上的西化使中国的第三部门组织也有行为上西化的潜在动力和认同。但是，在中国，由于政府在第三部门组织的行为上有强大的控制，使绝大多数第三部门组织没办法按照西方的模式运作并发挥相应的功能。这就造成了中国的绝大多数第三部门组织在思想上西化，在行为和功能上又表现出强烈的"中国特色"——明显缺乏挑战性，只能为政府"拾遗补缺"。这就是所谓的"知行失调"或"认知与行为的背离"。

六 结论：依附式发展的第三部门

眼下中国的第三部门在整体上还非常弱小，处于发展的初级阶段，缺乏自主性和挑战性，并且存在结构与功能的失调，其命运掌握在环境力量手中，尚不具备主宰自己未来的能力，这些是当前中国第三部门的主要特征。第三部门之所以具备这些特征，是因为其依附于外部强大的环境因子而发展的缘故。所以，本文用"依附式发展"概括当前中国第三部门的基本特征。

所谓"依附式发展"包含两个核心特征，一是"依附"，二是"特定的发展方式"。

"依附"表现为：（1）当前中国的第三部门还无法掌握自己的命运，相反，其命运掌握在外部力量手中。（2）第三部门组织无论在数量上，发育水平上，还是所能发挥的功能上，都明显受到环境因子的强烈影响。受环境因子的影响越大，依附性越强的组织，发育状况越好，发挥的功能越大。受环境因子的影响越小，依附性越小的组织，发育状况越差，发挥的功能越小。（3）在环境因子的权力格局中，政府具有最强大的控制能力。企业在某种程度上也是依附于政府的力量。第三部门在社会功能方面，主要是从事广义的社会服务，而不是倡导和参政，更不是挑战政府权威。对政府来说，它们的功能主要是"帮忙"，而不是"捣乱"。与它们的西方或东欧"对应物"相比，其危及权威主义政体的潜能受到有效控制，而提供社会服务的功能得到一定程度的发挥。（4）价值上的西化与行为上的中国特色，成为当前中国第三部门最重要的特征，反映了第三部门结构与功能上的失调。

　　第三部门之所以表现出"依附性"，首先是因为环境因子有控制的动机。作为强势力量的政府、企业和海外力量，都希望在第三部门中实现自己的企图。政府希望通过发展第三部门组织，为社会提供公共服务，缓解社会矛盾，提高政策的合法性，并据此维护社会和政治的稳定。政府也希望通过控制第三部门组织，防止其挑战政府权威。企业希望通过资助第三部门组织，提升企业形象和竞争力，也希望遏制第三部门反对市场暴政的能力。海外力量希望通过发展中国的第三部门组织，推广西方的价值观、生活方式、社会制度。其次，是因为环境因子有使第三部门依附于自己的能力。再次，依附式发展的第三部门是在全球化的背景下出现的。在全球化背景下，依附式发展的第三部门所在的国家，在全球竞争中处于"弱势地位"。海外力量凭借自己的优势影响弱势国家及其第三部门的发展。虽然，海外力量不可能对中国的第三部门的行为和功能实行直接干预，但是能够在思想层面和价值观上进行渗透。因此，价值上的西化与行为上的中国特色，成为当前中国第三部门最重要的特征，它反映了第三部门结构与功能上的失调。

　　"特定的发展方式"即"依附式发展"。"依附式发展"表现为：（1）第三部门确实得到了"发展"，但是这种发展不是"独立式"的，不是"独立发展"或"自主发展"，而是"依附式"的，是"依附式发展"。（2）不论环境因子是出于何种目的，它们确实促进了第三部门的发展。毕竟今日中国的第三部门与改革开放之前的第三部门不可同日而语。政府、企业、海外力量都为第三部门的发展提供了必需的资源和发展空间。（3）但是，无论取得了什么样的发展成绩，第三部门都没有摆脱依附的地位，都没有获得与其本性相称的独立性或自主性。而且，发展过程似乎是其独立性或自主性日益丧失的过程，是其依附性日益强化的过程。（4）在这种依附与被依附关系中，在某种程度上，第三部门组织成了外部势力的"买办"。政府、企业和海外力量都拥有自己的"买办"。通过这些"买办"，它们能够实现对第三部门的控制。一方面，政府、企业和海外力量通过提供资助、培训等各种方式，扶持了一批听命于自己的第三部门组织。另一方面，它们还自己发起成立了一批第三部门组织，比如，政府成立的人民团体、免登记社团、行业协会，企业成立的企业基金会等，海外力量在开展项目的过程中催生的第三部门组织。这些环境因子扶持和培育的第三部门组织，就成为政府、企业和海外力量控制和主导第三部门，达成各自目标的"工具"。（5）依附式发展不同于一般的发展。任何主体的发展，在其幼稚阶段都会呈现出某种依附性，但是越过幼稚阶段之后，其独立性和自主性日益增强。而依附式发展却没有显现出这种摆脱依附性的趋势，至少从最近30年的发展历程来看，中国第三部门的依附性越来越强。

依附式发展的未来命运如何？中国的第三部门是继续目前的趋势，越来越依附于外部力量？抑或是逐渐增强独立性，逐步发展为一个独立于政府、企业和海外力量的社会部门？对于这样的问题，无法用单纯的推理来回答，只能等待时间给出答案。

嵌入性控制：当代中国
国家—社会关系的新观察

刘　鹏

一　研究背景

改革开放以后，研究当代中国国家—社会关系的学者们所关注的核心问题包括：邓小平的改革政策是加强还是削弱了执政党体系对社会的控制？经济改革是否会催生市民社会的产生，从而给传统的国家—社会关系带来转机？市民社会的产生，能否推动国家层面的制度改革，或者反而被国家所控制？然而，正如美国哈佛大学教授裴宜理（Elizabeth Perry）所言，第三代学者所使用的这种国家—社会关系模式是源于欧洲传统的，国家政权建设（state-building）、市民社会（civil society）、市场经济发展与民主化之间的关系等问题的研究在这一时期占据了统治地位[①]，因此也不可避免地带有浓厚的欧陆色彩。根据欧洲经验的不同分析类型特征，可以导出市民社会、法团主义、市民社会反抗国家、总体制度等若干类型，然而这些解释类型在理解当代中国的国家—社会关系上，或是带有较强的理论移植色彩，或是因无法涵盖实际情况的丰富性而陷入一种乱贴标签、盲人摸象的局面。

为了更好地避免因研究者选择对象的不同而导致的不同结论，康晓光、韩恒通过对一些典型的非政府组织的特征进行深入实证调研，强调一个追求自身利益最大化的权威主义政府必然根据社会组织的挑战能力和提供的公共物品，对不同的社会组织采取不同的控制策略，即提出了所谓的"分类控

[①]　Elizabeth J. Perry, Trends in the Study of Chinese Politics: State-Society Relations, *The China Quarterly*, No. 139（Sep. , 1994）, pp. 704 – 705.

制"体系。① 这可以视为学者试图对纷繁复杂、处于某种均衡状态的中国国家—社会关系进行类型学考察的一种非常有价值的探索。之后康晓光、卢宪英、韩恒又从结构特征、行为特征和功能特征三个角度，将当前中国第三部门归纳为15种模式，同时总结出了延续模式、新建模式、收编模式、合作模式、无支持模式等五种政府的发展策略，并试图用"行政吸纳社会"的、强调国家与社会融合的理论范式对当代中国的国家—社会关系做出总体判断。② 应该说，这个论断是在借鉴原有的"行政吸纳政治"概念基础上，对"分类控制"解释的进一步完善和发展，对现阶段中国国家—社会关系的多样性具有很强的解释力度，并引发了学术界的热烈讨论。③

然而，无论是"分类控制"模式，还是"行政吸纳社会"的解释，只是为我们理解复杂的当代中国国家—社会关系提供了一个很好的宏观视角和分析框架，对于处于不断变动和发展中的中国国家—社会关系而言，学术界还需要提供一些更富有动态性的、更加中观和微观的分析工具，从而使得已有理论框架具有更强的解释力。正如康晓光在文中所言，"我们也无法预测，分类控制体系究竟是一种过渡性安排，还是一种具有持久生命力的终极性体制。也许只有时间能够告诉我们答案"。④ 因此，如何在分类控制模式的总体框架下，密切追踪中国当前国家与社会关系的新变化、新情况，并对该分析框架进行进一步充实、细化和发展，既成为前一阶段实证研究的逻辑延伸，也成为学术理论自我完善和发展的必然要求。

当今中国经济和社会飞速发展的现实，总是在某种程度上倒逼已有的理论不断更新发展，否则就很难解释新的经验现实。在"分类控制"和"行政吸纳社会"模式提出后的几年时间里，中国的国家与社会关系也发生了一些新的变化，政府也正在逐步探索对社会组织管理的新思路和新模式。民

① 康晓光、韩恒：《分类控制：当前中国大陆国家与社会关系研究》，《社会学研究》2005年第6期，第73~89页。
② 康晓光、卢宪英、韩恒：《改革时代的国家与社会关系——行政吸纳社会》，载王名主编《中国民间组织30年——走向公民社会》，社会科学文献出版社，2008，第287~337页。
③ 徐贵宏、贾志永、王晓燕：《农民工NGO建设的政策需求与生成路径》，《公共管理学报》2007年第4期，第69~75页；周军、唐兴霖、赵俊梅：《我国非政府组织与政府间的关系——以草根环境NGO为例》，《理论探讨》2008年第6期，第141~144页。
④ 康晓光、韩恒：《分类控制：当前中国大陆国家与社会关系研究》，《社会学研究》2005年第6期，第73~89页。

政部从 2004 年开始启动《慈善法》的起草工作，2006 年之后《慈善事业促进法草案》也被列入了国务院年度立法计划。另外，作为直接主管民间社会组织登记注册的机构，民政部也正在着手对传统的社团登记注册制度进行一定程度的改革。2008 年 8 月，民政部法制办吴明在接受媒体采访时表示，正在修订的《社团登记管理条例》，其中一个很重要的目标就是要让社团摆脱行政色彩，加强社团的组织管理，让社团组织朝着自律化、自主管理的方向发展。此次条例的修订，在一定程度上反映出政府对于传统的社团组织管理模式的反思和总结。

更为生动丰富的是一些地方政府在社会组织管理和支持方面积极探索和改革。例如，在北京，2008 年年底中共北京市社会工作委员会通过北京市社会建设工作办公室向人大提交报告，指出将逐步推进政府部门与社会组织分家。在上海，从 2006 年开始，新一轮的政府向社会组织购买公共服务改革全面铺开。在广东深圳，从 2006 年 3 月起，深圳市各职能部门不再担任行业协会、商会的业务主管单位。2009 年 7 月 2 日，民政部与深圳市政府签订了《推进民政事业综合配套改革合作协议》，准予深圳探索建立社会组织直接向民政部门申请登记的制度；在广东珠海，2008 年 12 月，广东省政府将珠海确立为社会管理综合改革试点城市。从 2009 年 4 月起，珠海市民政局花三年的时间初步建立现代行业协会制度，同时对于公益慈善类、经济类社会组织，将简化其登记注册办法，降低准入门槛，促进这两类组织加快发展。在江苏苏州，2005 年就对尚不符合登记条件的社区社会组织，实行由社区居委会初审、报街道办事处（镇政府）备案的制度。各地地方政府的探索和改革表明，基于"分类控制"和"行政吸纳社会"理论基础上的传统社会组织管理模式也正在悄悄地发生着变化，地方政府探索的经验将为下一步全国层面的改革提供怎样的经验和示范作用，值得深入研究。

综上所述，无论是在中央政府层面还是在地方政府层面，政府已经开始对传统的社团组织管理模式在新时期能否继续发挥作用进行反思，也试图利用各种可行的途径来探索和尝试新的管理模式（例如放松对慈善团体组织登记注册的限制、减少现有社团组织的政府主管部门的设置、以更大力度推动社团组织的去行政化改革等）。虽然我们现在还不能肯定这些反思和改革尝试是否一定导致原有管理模式的松动，"分类控制"和"行政吸纳社会"理论的解释力度降低，但这些反思和改革的背景、目的、动力机制是什么？

它们对未来中国社会组织管理有何意义？对于第三部门组织的健康、有序发展具有哪些新的价值？这些问题都构成了我们此份研究报告的核心关注问题。

二 文献综述

（一）30 年来海外学者关于中国国家—社会关系文献评述

对中国第一部门与第三部门之间关系的研究，国家—社会分析范式基本上是处于垄断地位。1983 年，倪志伟（Victor Nee）与蒙津戈（David Mozingo）联合编写了一本名为《当代中国的国家与社会》（*State and Society in Contemporary China*）的论文集，标志着海外学者开始用国家—社会关系的框架来分析当代中国社会，他们基本的判断与对前苏联的分析基本一致："文革"之前占主导地位的是极权主义模式，即执政党通过政党、意识形态、武装力量和大众传媒等全面渗入社会；"文革"之后取而代之的是多元主义，即社会分化的过程中形成了各种正式和非正式组织，各种社会力量也在透过国家控制的缝隙，表达着自己的利益追求。[1]

改革开放以后，研究国家—社会关系的学者们所关注的核心问题包括：邓小平的改革政策是加强还是削弱了执政党体系对社会的控制？经济改革会不会催生市民社会的产生，从而给传统的国家—社会关系带来转机？市民社会的产生，能否推动国家层面的制度改革，或者反而被国家所控制？根据他们学术观点侧重点的不同，可以大致把他们分为四派。

第一种是增强国家派，其观点认为，改革强化了国家对基层社会的控制。例如许惠文运用外围—中心理论研究农民与国家之间的关系，发现通过毛泽东在"大跃进"与"文革"期间的权力下放，特别是人民公社制度的建立，中国大陆成为一种蜂窝状的组织结构，不仅让中国地方主义得以复活，并且更使得人民公社成为具有工、农、商、学、兵等功能的自立式的整群组织。市场化之改革政策的选择，无非是借由统一市场的建立，以消除因为地方主义所形成之财政、经济、原料市场的壁垒，因此在某种意义上，中

---

① Victor Nee and David Mozingo（ed.），*State and Society in Contemporary China*，Ithaca, N. Y.：Cornell University Press, 1983.

国的改革政策是在重新建立国家机器的权威。① 柯丹青（Daniel Kelliher）也
认为，虽然市场化改革赋予了农民支配余粮更大的权力，国家为了推动经济
发展和提升汲取能力，不得不与农民进行讨价还价，但是，国家并不是单纯
的被动者，公社体制的瓦解以及市场化所带来的社会分化，都使得国家能够
更加容易控制农民。农民的行动虽然有群体性，却无组织性。因此，国家推
动农村市场化改革也是具有其深刻的政治逻辑的。②

　　第二派是削弱国家派，其观点认为，改革政策削弱了国家对基层社会的
渗透和控制能力。例如，戴慕珍和乔纳森·安戈（Jonathan Unger）等认为，
对收获余粮的分配一直是中国农村政治的核心，共产党的革命并没有改变这
一点。即使是在毛泽东时代，基层干部与农民之间也存在着强大的庇护—被
庇护关系，削弱了国家的政策执行能力。改革虽然在一定程度上削减了基层
干部的部分权力和资源，但并没有根除这种庇护型的政治关系。恰恰相反，
重新出现的市场经济使得这种庇护关系更加复杂和多变，基层干部通过更加
灵活的政策空间，与农民建立起了新的庇护型政治关系，国家在基层农村的
控制能力遭到削弱。③

　　此外，受到苏东剧变的启发，还有许多学者（例如戈登·怀特、郝秋
笛、童燕齐等）开始运用市民社会的概念来解读改革后的国家—社会关系，
认为一个社会学意义或者管理功能上的市民社会正在摆脱国家的束缚和控制
不断崛起。戈登·怀特（Gordon White）通过对浙江萧山的基层社团的考察
发现，伴随着经济改革的推进，在国家与新生的民间组织之间，权力转移正
在悄然地进行着；虽然这些民间组织并没有太强的独立性，但它们已经拥有
了一定的自主空间。因此，虽然不能据此断言它们已经发展成为市民社会，
但至少可以断言这种发展的客观趋势是存在的。后来，他和郝秋笛、尚晓媛
又对经济改革所带来的工会、妇联、商会以及城市和农村基层组织的变化进

---

① Vivienne Shue, *The Reach of the State: Sketches of the Chinese Body Politic*, Stanford: Stanford University Press, 1988.

② Daniel Kelliher, *Peasant Power in China: The Era of Rural Reform 1979 – 1989*, New Haven: Yale University Press, 1992.

③ Jean Oi, *State and Peasant in Contemporary China: The Political Economy of Village Government*, Berkeley: University of California Press, 1989; Jonathan Unger, "Rich Men, Poor Men: the Making of New Classes in the Countryside," in David Goodman and Beverley Hopper (ed.), *China's Quiet Revolution: New Interactions Between State and Society*, New York: St. Martin's Press, 1994.

行了分析，指出在社会组织层面，中国社团发展呈现出准市民社会的组织化特征等。①

为了加强市民社会理论对当代中国国家—社会关系的解释力度，另一些学者则结合中国社会组织国家色彩较浓的现实，对西方意义上的市民社会概念进行了略微的调整，例如何包钢用中国的经验修正了施密特（Philippe Schmitter）有关理想类型市民社会的四个特征，并比较了葛兰西式（Gramscian）的"社会挑战国家"和"社会—国家相互依赖"两种不同的市民社会观，认为后一种更符合当代中国的现实，并将其称为"准市民社会"；弗洛里克（B. Michael Frolic）则提出，在威权体制下，国家通过创造众多的社会组织和准行政组织，来达到管理日益复杂的经济和社会事务的目的，这实际上是一种"国家引导的市民社会"，② 等等，这些观点都倾向于从更平衡、更现实的角度来看待中国的市民社会现象。

第三种是平衡派，正如斯蒂帕恩（A. Stepan）所提出的，政治国家与市民社会的关系并不绝对是零和的关系，有可能是正和或者负和的关系。这派观点认为，改革政策对国家的控制能力并不是简单的加强或削弱，而是使得国家—社会的互动关系呈现出某种平衡的趋势。例如，托尼·塞奇（Tony Saich）从发生学的角度分析了中国社团中介组织的产生过程，发现每个社团组织与国家都存在复杂的互动与协商过程。这个过程使得有些社团被深嵌入内的国家权力所控制，而另一些组织则可以通过伪装服从而逃避政府的权力。国家可以通过将社团组织法团化的手段来控制社会，而社团组织也可以借助国家的政策漏洞来提升自己的地位。③ 安戈和陈佩华（Anita Chan）则认为党政合一国家的模式已经不再能有效解释改革后的国家—社会关系，他们提出用法团主义的概念来解释新的国家控制社会的模式。他们通过对工会、工商联组织、行业协会等社会组织与中央和地方政府互动关系的研究发

---

① Gordon White, "Prospects for Civil Society in China: A Case Study of Xiaoshan City", *The Australian Journal of Chinese Affairs*, No. 29 (January 1993), pp. 63 – 87; Gordon White, Jude Howell and Xiaoyuan Shang (ed.), *In Search of Civil Society: Market Reform and Social Change in Contemporary China*, New York: Oxford University Press, 1996.

② Baogang He, *The Democratic Implications of Civil Society in China*, New York: ST. Martin's Press, 1997; B. Michael Frolic, "State-led Civil Society", in Timothy Brook and B. Michael Frolic (ed.), *Civil Society in China*, New York: M. E. Sharp, 1997.

③ Tony Saich, Negotiating the State: The Development of Social Organizations in China, *The China Quarterly*, No. 161 (March 2000), pp. 124 – 141.

现，虽然它们仍然都在"国家化法团主义"的模式中运作，也仍然为当初组建它们的中央或地方政府管辖，但是随着时间的推进，至少有一些过去一直存在的"群众性团体"和新成立的协会正在逐步受到其基层群众的影响，开始成为他们的代言人。简言之，其中的一些团体正在一步步明确地朝社团化法团模式的方向发展。①

丁学良也曾批评市民社会理论对共产主义国家的观察只看到体制内外的冲突，看不到体制内的不一致性，因此对于共产主义社会的转型，国家—社会两分理论只能够解释像波兰团结工会这样的少数案例。为此，他通过对20世纪70年代末和80年代末中国出现的一些知识分子社团与国家之间关系的案例研究，提出了有关"制度的双重性"的概念。这个概念更加强调制度之间界限的模糊性以及制度本质的不确定性。他认为，被许多学者认为是独立或自主性的组织，实际上只是国家体制的一种寄生品，在许多资源上需要国家的保护；同时许多社会组织虽然在表面上与西方民主国家的自愿性组织很相似，但实际上这些组织主要以服务于国家体制下加强政治动员和个人效忠为政治目的。他认为，对于解释国家与社会关系相互紧密渗透的当下中国，强调国家社会关系模糊性和动态性的"制度的双重性"是一个更适用的解释概念。②

香港学者王绍光、何建宇则意图超越西方意义上的公民社会视角，转而从社会资本视角对中国社会的草根社团、虚拟社团和准政府社团进行了全方位的历史清理，勾勒出了一幅当代中国人的结社全图景，既为中国的社团数量和多样性提供了一个定量的估计，也为下一步深入研究国家—社会关系的定位奠定了坚实的实证基础。③ 此外，国内学者康晓光、韩恒则通过对一些典型的非政府组织的特征进行深入实证调研，强调中国政府基于自身的利益，根据社会组织的挑战能力和提供的公共物品，对不同的社会组织采取了不同的控制策略，即提出了所谓的"分类控制"体系，这可以视为学者试图对纷繁复杂、处于某种均衡状态的中国国家—社会关系进行类型学考察的

① Jonathan Unger and Anita Chan, China, Corporatism and the East Asian Model, *The Australian Journal of Chinese Affairs*, No. 33 (January 1995), pp. 29 – 53; Anita Chan, Revolution or Corporatism? Workers and Trade Unions in Post-Mao China, *The Australian Journal of Chinese Affairs*, No. 29 (January 1993), pp. 31 – 61.

② Xueliang Ding, Institutional Amphibiousness and the Transition from Communism: The Case of China, *British Journal of Political Science*, Vol. 24, No. 3 (July 1994), pp. 293 – 318.

③ Kevin O'Brien and Lianjiang Li, Suing the Local State: Administrative Litigation in Rural China, *The China Journal*, No. 51 (January 2004), pp. 76 – 96.

一种有益尝试。① 之后康晓光、卢宪英、韩恒又从结构特征、行为特征和功能特征三个角度，将当前中国的民间组织归纳为 15 种模式，同时总结出了延续模式、新建模式、收编模式、合作模式、无支持模式等五种政府的发展策略，并试图用"行政吸纳社会"的、强调国家与社会融合的理论范式对当代中国的国家—社会关系做出总体判断。②

第四种是冲突派，其观点认为，改革政策加剧了国家与社会的冲突，基层社会中已经蕴涵了某些反抗国家的因素。这类学者结合目前中国政府最为关心的政治稳定问题，以近年来不断攀升的"群体性突发事件"为分析对象，对基层社会所蕴藏的反抗能力进行全面评估。以农民集体抗争的研究为例，欧博文和李连江认为，早期中国农民的抗争更多的是詹姆斯·斯科特（James Scott）所提出的运用弱者的武器的"日常抵抗"，而从 90 年代以来，农民的反抗已经发展成为"依法抗争"或"依政策抗争"。③ 于建嵘则认为，1998 年后，农民的抗争已经进入到了组织性和冲突性更强的"有组织抗争"或"以法抗争"阶段。④

另外，查尔斯·梯利（Charles Tilly）曾经区分过三种类型的集体行动诉求：竞争性诉求、被动性诉求与主动性诉求。在一篇有关当代中国农民集体抗争的书评中，欧博文认为这三种类型的诉求在中国农村的集体性行动中都有所体现。虽然白思鼎（Thomas Berstein）和吕晓波也认为农民行动中含有权利抗争的因素，但基本上仍然认为它们是一种被动性、以具体问题为依归的集体抗争；而布雷斯·吉雷（Bruce Gilley）则以大丘庄的研究为例，认为农村经济的发展会逐渐提升农民在政治、经济和社会方面的权利意识，他们往往以不平等的制度设计为抗争对象，尤其是在乡镇企业比较发达的农村地区，这种集体抗争现象更加普遍。⑤

① 康晓光、韩恒：《分类控制：当前中国大陆国家与社会关系研究》，《社会学研究》2005 年第 6 期，第 73～89 页。
② 康晓光、卢宪英、韩恒：《改革时代的国家与社会关系——行政吸纳社会》，载王名主编《中国民间组织 30 年——走向公民社会》，社会科学文献出版社，2008，第 287～337 页。
③ Lianjiang Li and Kevin O'Brien, "Villagers and Popular Resistance in Contemporary China", *Modern China*, Vol. 22, No. 1 (January 1996), pp. 28 - 61; Kevin O'Brien and Lianjiang Li, "The Politics of Lodging Complaints in China", *The China Quarterly*, No. 143 (September 1995), pp. 756 - 783.
④ 于建嵘：《当前农民维权活动的一个解释框架》，《社会学研究》2004 年第 2 期，第 49～55 页。
⑤ Kevin O'Brien, Collective Action in the Chinese Countryside, *The China Journal*, No. 48 (July, 2002), pp. 139 - 154.

此外，李静君（Ching Kwan Lee）、华尔德和陈峰等学者对工人抗争的研究，裴宜理、崔大伟（David Zweig）等学者对学生运动的研究，都试图向读者展示当代中国国家与社会之间的冲突现象。[①] 在此基础上，史蒂文·杰克逊（Steven Jackson）在一篇文章中，从政治精英、军队、学生与知识分子、工人、失业人员、农民和少数民族七个社会阶层，全面分析了他们与国家发生冲突的可能性；怀默廷（Martin King Whyte）则大胆预言，由于缺乏成熟的制度建设来容纳民众的利益诉求，中国政府在未来将面临着来自基层社会的更多冲击和挑战。[②] 奥森伯格更是意味深长地写到，"国家与社会之间的分野与紧张，不仅仅存在于外部世界中，更重要的是深埋在每个中国人的内心深处"[③]。因此，可以预见，有关抗争政治研究，正在逐渐成为当代中国政治研究中的重要领地。

根据裴宜理的观点，国家—社会关系问题的探讨，在相当长的一段时间内仍然在当代中国政治研究中占有重要的地位。学者们应该进一步思考的是，中国独特的转型经验是否为这种源自欧洲的学术传统提供独特的实证基础。第一，学者们学术分歧的关键在于如何判断国家对社会的控制程度，用什么标准来进行这种判断是十分重要的问题。第二，正如欧博文和李连江曾经提到的，在中国社会，特别是农村社会中，国家—社会二分法显得过于简单，那么在国家与社会之间是否存在黄宗智（Philip Huang）所谓的"第三领域"？如何将复杂的国家—社会互动关系更好地用比较简练的学术模型描述、归纳出来？第三，国家可能是李侃如和奥森伯格所说的"分散型的威权主义"，而社会也不可能是完全的铁板一块。裴宜理曾经提醒当代中国政治学者，应当更多地、深入地研究国家内部和社会内部的多样性问题。只有

① Ching Kwan Lee, "The Labor Politics of Market Socialism: Collective Inaction and Class Experiences Among State Workers in Guangzhou", *Modern China*, Vol. 24, No. 1 (January 1998), pp. 3 – 33; Andrew Walder, *Popular Protest in the 1989 Democracy Movement: the Pattern of Grass-roots Organization*, Hong Kong: Hong Kong Institute of Asia-Pacific Studies, Chinese University of Hong Kong, 1992; Feng Chen, "Subsistence Crises, Managerial Corruption and Labor Protests in China", *The China Journal*, No. 44 (July 2000), pp. 41 – 63.

② Steven Jackson, "Introduction: A Typology for Stability and Instability in China"; Martin King Whyte, "Chinese Social Trends: Stability or Chaos", both in David Shambaugh (ed.), *Is China Unstable?: Assessing the Factors*, Armonk, N. Y.: M. E. Sharpe, 2000, pp. 3 – 17, 143 – 163.

③ Michael Oksenberg, The American Study of Modern China: Towards the Twenty-first Century, in David Shambaugh (ed). *American Studies of Contemporary China*, Washington, D. C.: Woodrow Wilson Center Press; Armonk, N. Y.: M. E. Sharpe, 1993, pp. 325.

如此，当代中国政治的研究才能超越国家与社会的框架，从而为飞速变化中的中国提供更准确的解释和预测。[①]

邓小平的经济改革政策不仅推动了中国经济的高速发展，也削弱了传统的全能国家对社会的控制与干预。许多海外学者带着放大镜来搜索中国市民社会的影踪，结果发现过于乐观，后来又提出了法团主义的理解框架，并进一步区分了国家法团主义与社会法团主义。在这一点上，笔者总体上认为中国正在逐渐由国家法团主义向社会法团主义过渡，理由如下：

第一，全能国家模式的解释力已经被逐渐稀释，取而代之的是国家法团主义。改革开放以后，一方面，原有的工会、共青团、妇联等半官方社团组织的自治空间有所增加；另一方面，政府对民间组织的成立和注册规定有所放宽，特别是随着网络虚拟社区的兴起，国家已经无法完全垄断对社会组织的控制，全能国家的控制模式正在逐渐弱化。但是，国家对社会组织的控制并没有因此而消失，而是转换成更加制度化的形式，例如通过人事任免、登记注册、财务审计等方式来保证对社会组织的驾驭。安戈和陈佩华通过对工会、工商联组织、行业协会等社会组织与中央和地方政府互动关系的研究，发现它们仍然都在"国家化法团主义"的模式中运作，也仍然为当初组建它们的中央或地方政府管辖。这是所谓的国家法团主义模式的充分体现。

第二，认为中国已经出现了一个独立于国家之外的市民社会的观点过于理想。市民社会派学者的论据主要来自两个方面：一是国家对非政治社会组织干预力度的减弱；二是中国社会不断激化的国家与社会间的冲突。在笔者看来，这两方面的论据都站不住脚：一方面，童燕齐和戈登·怀特等人都对市民社会进行了分类，承认中国兴起的是管理性社会而非批判性社会，[②] 这本身就将西方意义上的市民社会最核心的特点剥离了出去。即便如此，政府对管理性社会控制的放松可能更多的只是表面性的，深层次的组织控制说到底就是法团主义；另一方面，有关农民、工人等社会弱势群体的集体抗争，导致了国家与社会的许多冲突，但是这些冲突基本上都是在国家可控制范围内的"依法抗争"、"依理抗争"，虽然集体性很强，但组织性却较弱。正如

---

① Elizabeth J. Perry, Trends in the Study of Chinese Politics: State-Society Relations, *The China Quarterly*, No. 139 (Sep., 1994), pp. 707 – 713.

② Yanqi Tong, State, Society and Political Change in China and Hungary, *Comparative Politics*, Vol. 26, No. 3 (April, 1994), pp. 333 – 353.

童燕齐所说，缺乏自我组织的社会只能是一个群众社会。[1] 因此，笔者更倾向于把这些社会冲突看成是法团主义体制下的社会力量增强的结果，而非西方意义上的市民社会组织。

第三，在国家法团主义的模式下，社会法团主义的因素正在逐渐增加。例如安戈和陈佩华发现，虽然社会组织仍然都在"国家法团主义"的模式中运作，也仍然为当初组建它们的中央或地方政府管辖，但是随着时间的推进，至少有一些过去一直存在的"群众性团体"和新成立的协会正在逐步受到其基层群众的影响，开始成为他们的代言人。[2] 此外，陈峰通过对工会对工人维权运动态度的研究，也发现工会在双重角色冲突之间开始有所作为。简言之，其中的一些团体正在一步步、明确地朝社会化法团主义模式的方向发展，这或许可以成为未来中国市民社会发展的重要动力和资源。[3]

第四，市民社会论学者对法团主义的批评站不住脚。戈登·怀特、郝秋笛和尚晓媛等学者对法团主义在中国的运用产生了质疑：首先，法团主义的前提是政治精英具有将社会组织纳入政治体系的意识和明显意图，而在中国这种吸纳的过程是渐进、潜在和不连续的，显示出政治精英并没有十分系统和明确的意图；其次，在中国，对社会组织的吸纳控制程度具有很大的差异，不同的领域和地区之间国家的控制能力差别很大，而且这个过程具有很强的选择性和排斥性；再次，法团主义模式暗含着国家社会关系具有某种稳定的制度关系，这不适合解释中国国家社会关系的频繁变动性。[4]

在笔者看来，这三个批评都很值得推敲：政治体系对社会组织吸纳过程的渐进性和不平衡性，根本无法昭示出政治精英的主观意图，反而证明了目前中国确实存在法团化的过程；他们所指的国家—社会关系的频繁变动，主要是以市民社会反抗国家的现象为论据，这一方面没有看到国家对社团组织

---

① 童燕齐：《公民社会与中国政治》，载郑宇硕、罗金义编《政治学新论：西方学理与中华经验》，香港中文大学出版社，1997，第437页。

② Jonathan Unger and Anita Chan, China, Corporatism and the East Asian Model, *The Australian Journal of Chinese Affairs*, No. 33（January 1995），pp. 29 - 53；Anita Chan, Revolution or Corporatism? Workers and Trade Unions in Post-Mao China, *The Australian Journal of Chinese Affairs*, No. 29（January 1993），pp. 31 - 61.

③ Feng Chen, Between the State and Labor：The Conflict of Chinese Trade Unions' Dual Institutional Identity, *The China Quarterly*, No. 176（Dec. 2003），pp. 1006 - 1028.

④ Gordon White, Jude Howell and Xiaoyuan Shang（ed.），*In Search of Civil Society：Market Reform and Social Change in Contemporary China*, New York：Oxford University Press, 1996, pp. 211 - 215.

控制的相对稳定性的一面，另一方面也忽视了近年来国家试图将冲突现象纳入制度化框架的努力，例如许多地方的工会已经开始将农民工维权事务纳入自己的管理范围。2005 年国务院颁布了新修改的《信访条例》，试图对越级上访等行为实施制度化管理，这些都是国家努力将体制外的抗争行为所引发的社会冲突法团化的表现。

（二）对 2004 年来中国社会组织管理研究文献的述评

基于海外学者 30 年来对中国国家—社会关系研究文献的总体把握，我们再进一步清理和分析近年来与中国社会组织管理相关的研究文献。有趣的是，与之前学者们的热烈争论与众说纷纭不同的是，近年来的有关中国社会组织研究的海内外文献似乎表现出了更多的一致性，即更加突出了中国政府与社会组织之间在合作过程、信任建立、相互平衡、友好协商等方面的议题研究。以下，我们可以选择其中具有代表性的重点文献作为分析的切入点来展开。从这些文献的具体特征来看，我们可以大致将其分为以下三类。

第一类文献的特征是学者们都注意到了近年来中国国家—社会关系所出现的合作化新趋势，然而没有对这种新趋势进行概念化提升，同时也没有对这种新趋势提供系统的学理解释。例如，陶庆运用人类学田野观察的研究方法，对案例中长达八年的福街商会自治活动，以及其与福区政府通过在协商民主基础上的谈判对话，实现了国家权力与社会权利基于妥协基础上的共赢的生动历史进行了全面的描绘和分析，他认为即便协商民主的实施存在着诸多困难，但这一故事表明在中国的体制环境下，民间组织与地方政府也可以通过平等基础上的协商与对话，促成互利互惠的和谐社会，从而建构国家与社会良性互动关系所面临的艰难课题。[①]

英国华裔学者陆艺艺（Yiyi Lu，音译）通过自己获得的丰富的一手调研资料，有针对性地反驳了中国非营利组织研究领域的两个传统误解：中国的非营利组织缺乏自主性以及草根非营利组织要强于官办组织。她发现，在很多领域，官办的非营利组织在事实上要享有比大众化的非营利组织更多的自主性。一些相对运作比较成功、自主性较强、具有更强的可持续发展性的非营利机构既包括官办组织，也包括大众化组织。据此，她认为，社会组织能

---

① 陶庆：《地方政府与民间组织"正当妥协"的宪政维度——南方市福街草根商会的"民族志"视角》，《国际政治研究》2006 年第 3 期，第 119~134 页。

否获得一定的自主性，关键问题不在于该组织是不是官办或民间的，而在于其如何通过"一系列在制度、经济和个人因素上复杂互动"，从而与政府建立起某种协商和妥协的机制。她又强调，学术界现有的一些概念类型，如丁学良的"制度的双重性"、欧博文的"嵌入性"等，都不足以解释中国社会组织与政府关系的复杂性，该研究领域正面临着范式和概念重构的问题。①

相形之下，乔纳森·安格（Jonathan Unger）和陈佩华（Anita Chan）则一如既往地强调尽管近年来出现了一些新的发展格局和趋势，但是以法团主义模式解释中国国家—社会关系的效度并没有消失，只不过需要更加进一步研究中国式法团主义模式不同于欧洲和其他发展中国家的特征。他们根据社会组织受到政府控制的不同层面，将中国的法团主义模式区分为高层法团主义（peak corporatism）和地方法团主义（local corporatism），认为前者主要对一些全国性的功能维权组织进行控制，而后者的对象则主要是近年来兴起的一些草根和国际性非营利组织。虽然他们十分坚持中国政府通过这两重模式对不同功能的社会组织仍然实施着主导控制，但是他们也没有否认近年来国家—社会关系出现合作和互动的新状况的意义，特别是在地方法团主义中，一些草根性和国际性的社会组织与地方政府产生了良好的互动和协商，他们也认为这将给未来中国市民社会的出现带来很多积极的因素。② 此外，在一本由一批聚焦于当代中国抗争政治和社会运动研究的西方学者们合著的著作中，他们一方面强调日益众多的群体性抗争事件对推动中国政治和市民社会发展的重要作用，另一方面也认为应当对中国国家—社会关系进行重新思考，例如应当重新认识国家和社会内部的多样性，更多地、深入地研究国家内部和社会内部的多样性问题，以及由此引发的抗争政治中的合作策略与互动模式和传统模式的差异。③

美国学者杰西卡·蒂斯（Jessica C. Teets）通过对社会组织在四川汶川地震灾后救援和重建过程中的作用的深度调研，发现相关的社会组织通过参与救灾过程，在自身能力建设、公开性以及与地方政府的沟通互动方面得到

---

① Yiyi Lu (2007), The Autonomy of Chinese NGOs: A New Perspective, *China: An International Journal* 5, 2 (September, 2007), pp. 173 – 203.

② Jonathan Unger and Anita Chan, "Associations in a Bind: The Rise of Political Corporatism in China", in Jonathan Unger (ed.), *Associations and the Chinese State: Contested Spaces* (Armonk, NY: M. E. Sharpe, 2008), pp. 48 – 68.

③ Peter Gries & Stanley Rosen (2010) (eds.), *Chinese Politics: State, Society and the Market*, London: Routledge.

了很大提升。与此同时，这个过程也暴露出了市民社会组织所存在的一些可能会阻碍其进一步发展的问题，例如地方政府与普通公众对于社会组织的信任缺乏、自身的人力资源和专业技能培训有待加强、组织运作的信息公开化程度应当提高等。但是，她还是强调，救灾服务给予了地方政府和社会组织一次非常难得的学习机会，即如何更好地取长补短，建立互信。①

第二类文献的特征则主要是从社会组织本身发展的视野出发，对社会组织与政府的合作和互动策略进行了深度研究，然而在当代中国的政治环境下，这类文献过度夸大了社会组织的策略作用，忽视了政府组织的主导功能。例如，社会学者高丙中以官方社团管理体制改革背景下的中国民俗学会发展命运为例，展现出该组织如何应用各种方式和渠道跟河北省民俗学会（同类型组织）、河北省某县的龙牌会（基层草根组织）、全国烟花爆竹行业协会（专业行业协会）以及北京民俗博物馆（事业单位）等不同类型的社团组织谋求合作，既实现了自身的全面发展，也对传统的自上而下的政府社团组织管理模式产生了很大影响。作者借用了法国社会学家涂尔干在一百多年前所提出的社会"有机团结"（organic solidarity）的概念来概括中国民俗学会的发展路径，呼吁学界更多地关注中国社会近些年不断发展的社团平等合作，借以理解当下中国社会建立横向联结方式的一种机制及其对于中国公民社会健康发展的积极意义。②

和经纬、黄慧以珠江三角洲地区农民工非政府维权组织为研究对象，揭示出近年来这一新的现象兴起的主要原因在于弥补政府和官方工会组织维权服务的不足，但与此同时，这些维权性质的非政府组织又面临着身份尴尬、资金和人力资源不足等多种困境，而经过·段时期的运作，这些非政府组织也已经总结出了一套和政府处理关系的经验，即不要触及人权、工人运动等敏感话题，而集中于提供法律援助。③

杨国斌（Guobin Yang，音译）以对环保组织的考察为例，总结出了中国非营利环保组织近年来逐步摆脱了单一的与政府对立和互动的关系模式，

① Jessica C. Teets（2009），Post-Earthquake Relief and Reconstruction Efforts: The Emergence of Civil Society in China? *The China Quarterly*, 198, June 2009, pp. 330 – 347.

② 高丙中：《社团合作与中国公民社会的有机团结》，《中国社会科学》2006年第3期，第110~123页。

③ 和经纬、黄慧：《珠江三角洲地区农民工维权非政府组织描述性分析》，《香港社会科学学报》第35期（2008年秋/冬季），第41~71页。

将其功能显现和行为互动扩展到媒体、互联网以及国际非营利组织领域，并利用这些新的领域所带来的发展机会来为强化自身的功能服务。在这个过程中，非营利组织的领导精英发挥了十分关键的作用。他认为，这种互动模式的扩展，可以被视为在政府控制与市场影响的双重作用下，近年来中国非营利组织的一种新的生存和发展策略。[①]

韩籍学者李源晙（Lee Won Jun）认为自 20 世纪 90 年代后，由于中国逐渐摆脱单纯的经济改革而进入了社会改革阶段，中国的 NGO 组织进入了新的发展阶段，但由于不够成熟的市场经济、尚难转轨和创新的政府监管方式、薄弱的公民社会意识等结构因素，中国的 NGO 组织发展仍然须进一步完善，因此必须加强与国际社会的关系，它们的健康发展无疑将与国家形成共生共强的关系，有助于公民意识的培养和民主观念的增强、推行与自身相适应的体制改革、探索适应社会主义市场经济的新型伦理道德体系。[②]

第三类文献则是目前研究中国国家—社会关系最为深入的一类文献，其特征是不仅对近年来中国国家—社会关系发展的新趋势进行了概念化提升，同时也给出了一些较为系统的学理解释。不足之处在于，它们的解释大部分都只是单纯从国家对社会组织的控制意愿差异，或者对国家管理手段的一些创新进行解释，而没能很好地将控制意愿与控制手段两个方面有机系统地结合起来思考。例如，田凯基于社会学理性选择理论视角，借用学者科尔曼的信任理论，深入分析了中国政府与非营利组织之间的信任关系。他认为，由于非营利组织的双重属性，导致政府对于是否应该对非营利组织给予信任存在着矛盾性，因此政府必须通过建立一系列监督机制来约束非营利组织，从而从反向的角度解释了中国非营利组织得以迅速发展的现象。[③] 田凯所强调的政府对社会组织信任的矛盾性，其实主要是解释政府控制意志强弱变化，而这一解释具有相对的稳定性，因此不能用来解释近年来的国家—社会关系变化。

荷兰籍华裔学者何彼得（Peter Ho）以政府主动建立中华环保联合会来与相关的一些草根非政府环保组织合作吸纳为例，认为近年来中国的一些新发

---

① Guobin Yang（2005），Enviromental NGOs and Institutional Dyanmics in China，*The China Quarterly*，181：46 - 66.

② 李源晙：《中国特色的非政府组织：挑战与应对》，《世界经济与政治》2008 年第 9 期，第 74 ~ 80 页。

③ 田凯：《政府与非营利组织的信任关系研究——一个社会学理性选择理论视角的分析》，《学术研究》2005 年第 1 期，第 90 ~ 96 页。

展表明学者应当对"党—政府—社会"之间的关系进行重新界定。退休的政府干部积极推动环保类社会组织的成立，并利用其原有的政治和社会资本来推动环保社会组织的发展壮大，同时这些组织又必须接受这些政府干部同仁的监管，从而保证这些社会组织仍然能够为政府所控制，他把政府这种由原来的小心防范的策略转换为"既用之，又防之"策略的过程界定为一种"嵌入的行动性"（embedded activism）。何彼得又结合环保运动的具体案例，对这种"嵌入的行动性"所产生的制度环境、社会运动人士的应对策略以及该模式对中国第三部门发展的影响进行了全面分析。他强调这种控制策略虽然并没有使得社会组织获得政治参与的制度化途径，但在客观上使得环保社会组织能够主动赢得政府的信任，并为政府的政策制定和执行提供一些具有局部性和建设性的建议，扩大了非政府组织的活动范围和行动能力。[1] 何彼得的观点对解释国家对社会组织的控制手段的更新具有一定的启发性，然而他忽视了控制手段背后的控制意志解释问题，同时也没有给"嵌入的行动性"框架提出一个系统的、可操作化的测量标准体系，导致我们无法用经验事实来对其进行进一步检验。基于她在中国 15 个月的调研经历，杰西卡·蒂斯在另一篇会议论文中提出，虽然当前官方对社会组织的双重管理体制旨在强化国家对社会组织的控制能力，但由于政府内部因部门利益和差异导致的"分散威权主义"（fragmented authoritarianism）特征，部分政府部门也会跟社会组织形成某种合作伙伴关系，从而帮助其实现部门职能和提升地位。如何解释这种现象呢？通过对三组不同社团组织的比较分析，她从结构因素和关系因素两个角度进行了探索分析，前者包括经费来源、雇员情况、法律框架，后者则涵盖了人际关系互信程度、与官僚的讨价还价能力、个体的成本—收益分析等。她认为，正是这两大类因素、六大变量的不同特征决定了所谓的政府部门"婆婆"对社会组织是采用压制、防卫或是支持的策略。[2] 相对于何彼得的研究而言，杰西卡·蒂斯的研究也存在类似的问题，不过具体表现不同：蒂斯把研究重点放在了对国家控制意愿分类和强弱的解释上

---

[1] Peter Ho, Self-Imposed Censorship and De-Politicized Politics in China: Green Activism or a Color Revolution, in *China's Embedded Activism: Opportunities and Constraints of a Social Movement*, Peter Ho and Richard Edmonds, eds., New York: Routledge, 2008: 20 – 43.

[2] Jessica C. Teets, Independence and Mother-in-Laws: the Effect of MoCA Regulations on Civil Society Autonomy in China, *Paper presented for American Political Science Association Meeting 2009*, September 4th, 2009, Toronto, Canada.

面，而忽视了国家控制手段的创新。与何彼得的论文相比，她所提供的学理解释虽然更加具有系统性，但仍然具有单向性，仍需进一步扩展。

文献综述
- 第一类：只描述现实和趋势，没有提供系统学理解释
- 第二类：单纯从社会组织本位出发，忽视了政府的主导功能
- 第三类：所提供的解释将政府的控制意愿与控制手段割裂开来

图 1　研究文献分类及评述结构图

从以上的文献回顾和述评，我们可以发现自 2004 年以来，海内外学者关于中国第一部门与第三部门之间关系的研究焦点已经从原来的国家增强派、国家削弱派、平衡派与冲突派的争论逐步转变为对两者互动与互信过程的深入解析。在他们看来，无论是法团主义框架，还是市民社会反抗国家模式，都只是停留在对国家—社会关系定位和坐标的判断上，不仅存在盲人摸象的问题，而且也显得过于单薄。同时，近年来，政府与非营利组织发生激烈冲突，市民社会组织对政府体系形成激烈反抗的情形并不多见，为此，他们开始将关注焦点转向第一部门与第三部门的合作与协商过程的深入研究，并力图寻找一些解释变量来进行阐释，例如社团间的横向合作、社团组织自身的应对策略、政府系统内部的分散性、危机事件提供的学习机会和空间以及社团精英个人的成功运作等。事实上，这些研究成果都是对近年来中国政府管理社会团体组织策略调整的某种反思，也昭示出学术研究在该研究领域的逐步深化过程。不足的是，这些既有成果要么只描述现实和趋势，没有提供系统学理解释；要么单纯从社会组织本位出发，忽视了政府的主导功能；要么所提供的解释没有将政府的控制意愿与控制手段有机系统地结合起来。同时，既有的这些研究既没有向读者展示出一个相对全面的宏观图示，也缺乏对政府策略调整后的不同模式间的异同比较分析，使得这种学术反思的作用十分有限。

三　研究设计与理论框架

（一）研究设计

基于以上的研究背景和文献综述，本文提出的核心研究问题是：自

2004 年以来，中国的一些地方政府在对非营利组织的管理策略上出现了一些新探索和新变化，那么这些新探索和改革的背景、目的、动力机制是什么？它们对未来中国社会组织管理有何意义？对于第三部门组织的健康、有序发展具有哪些新的价值？"分类控制"和"行政吸纳社会"理论的解释力如何？是否需要用新的理论范式和框架来重新界定当代中国的第一部门与第三部门的关系？这些问题构成了我们此份研究报告的核心关注问题。

为了更加集中地回答以上的研究问题，本文综合运用二手数据和案例资料的研究方法。结合近年来地方政府在对非营利组织管理方面的改革实践，本文以上海、南京、北京和深圳的改革为案例，因为这四个地方的改革和探索可以相对准确地反映出当下中国对非营利组织管理的改革趋势。其中，上海案例改革的最大特征是"政社合作，购买服务"，即政府与社会组织在具体的公共事务管理方面逐步形成有机合作与分工的关系，政府将原来直接提供的公共服务事项，通过直接拨款或公开招标的方式，交给有资质的社会服务机构（包括由事业单位转制而来的社会组织）来完成，最后根据中标者所提供服务的数量和质量，来支付服务费用。自 2005 年以来，许多地方政府开始推行"政社合作，购买服务"改革，在这些政府购买社会组织服务的改革实践中，又以上海的经验最值得分析和总结。上海在这方面的改革对于重构中国政府与社会组织的关系形态具有深远的意义。

其次是南京案例的改革，其突出的改革亮点为社区社会组织备案制。社会组织备案制是政府管理部门在不改变现有的社会组织双重管理体制下，对社区社会组织纳入体制内进行有效管理的一种有益尝试，是政府部门有意识地通过一定程度的政策变通来培育、扶植和规范社区社会组织管理的一次制度改革，对未来中国国家—社会关系的发展具有一定的影响和意义。截至2008 年年底，全国 31 个省级区域，公开公布社区社会组织管理指导方案的有 12 个，通过新闻报道可以推测该地区存在此类文件的有 7 个，黑龙江、江苏、河北、山西、青海、安徽、河南、甘肃、四川、内蒙古、西藏、宁夏、广西等地都先后开始推行这一管理改革，其中又以江苏省南京市的改革最具特色。

第三类改革则是北京市的枢纽型社会组织改革。北京市政府从 2007 年开始推行以人民团体为主体来担负管理社会组织的"枢纽型组织"，改革正式认定北京市总工会、团市委等首批 10 家市级"枢纽型"社会组织，标志着北京市社会组织与原有的行政部门将逐步从"主管主办"关系过渡到

"行业指导"关系，向"小政府，大社会"的建设目标迈出了关键的一步，主要目的在于适当降低社会组织登记的门槛，弱化社会组织寻找主管单位的难度；同时，强化主管单位的工作质量，防止滥竽充数；充分激活人民团体的枢纽组织改革作用，权力由政府向社会实现转移。由于这项改革在内容上属于全国各地方社会组织管理改革之大成，因此具有非常重要的标志性价值。

最后的案例来自深圳的改革，其主题为社会组织登记管理体制改革。从2004年开始，深圳率先通过"三个半步"走的渐进改革方式，对工商经济类、社会福利类、公益慈善类社会组织实行由民政部门直接登记管理的体制，让民政部门兼业务主管单位与登记注册部门于一身，并在2009年与民政部签署了《推进民政事业综合配套改革合作协议》，决心在探索开展异地商会、基金会、跨省区行业协会商会的登记工作方面进行突破。种种迹象表明，深圳案例的改革，代表了目前各方改革力量对传统的双重管理体制的一次最大冲击，也是目前中国关于非营利组织管理体制改革中走得最为前卫的改革，在许多方面具有非常独特的前瞻性价值，因此值得进一步深入研究。

本文预期的贡献并不限于为当代中国国家—社会关系研究领域提供新鲜的案例经验，更重要的是为不断变化发展的中国国家—社会关系提供更加准确和动态的理论解释类型。前面的文献综述曾经提及，无论是"分类控制"模式，还是"行政吸纳社会"的解释，只是为我们理解复杂的当代中国国家—社会关系提供了一个很好的宏观视角和分析框架，对于处于不断变动和发展中的中国国家—社会关系而言，学术研究界还需要提供一些更富有动态性的、更加中观和微观的分析工具，从而更好地使得已有理论框架具有更强的解释力。

（二）研究框架

通过对已有数据资料的深度分析，本文提出的核心理论解释概念为"嵌入性控制"（embedded control）。"嵌入性"（embeddedness）理论是新经济社会学研究中的一个核心理论。诸多政治经济学者对"嵌入性"理论进行了发展。目前"嵌入性"概念深受学者们的关注，越来越多的学者在经济社会学、联盟的网络理论、组织与战略、社会资本、网络与组织、市场渠道、创业、组织适应等领域对"嵌入性"进行了理论与实证的研究，也有部分学者曾经借用这一概念框架来分析当代中国国家—社会关系中的局部现象，然而在笔者看来，该理论的解释力度在国家—社会关系研究领域中还没有得到充分的挖掘。值得注意的是，结合近年来中国国家—社会关系中出现的一系列新变化，笔者认为可以运用该理论的一些观点和思维，来统合近年来中国国家—社会关系中出现的一系列新情况，并给这些新变化提出一个具有解释力的诠释框架。

从"嵌入性"的理论发展来看，卡尔·波兰尼（Karl Polanyi）在《大变革》（The Great Transformation）一书中首次提出"嵌入性"概念，并将此概念用于经济理论分析。[①] 1985 年，马克·格兰诺维特（Mark Granovetter）重新对"嵌入性"进行了阐述，从而把"嵌入性"研究推向了新的阶段，强调社会过程应该被视为人际互动，并在研究组织理论时强调人际互动产生的信任是组织从事交易的基础，也是决定交易成本的重要因素。[②] 在格拉诺维特的关于"嵌入性"研究的基础上，沙龙·祖金（Sharon Zukin）和保罗·多明戈（Paul Dimaggio）对该概念进行了拓展，提出"嵌入性"分为 4 种类型：（1）结构嵌入性；（2）认知嵌入性；（3）文化嵌入性；（4）政治嵌入性。在界定政治嵌入性时，两位学者强调政治嵌入性是指行为主体所处的政治环境、政治体制、权力结构对主体行为形成影响。例如，经济合作与发展组织通过研究发现，政府在公共政策制定与公共信息平台建设上的推动对区域内经济主体经营活动和行为的引导或限制作用非常明显。[③] 吉内特·葛兰博（Gernot Grabher）通过对德国鲁尔地区的钢铁业集群进行研究发现，鲁尔地区的政府及其他组织构成了一个强有力的"政治行政系统"，这种紧密的网络联系赋予了该地区特殊的生产使命和功能定位，阻碍了区域生产系统根据市场时机进行自我更新和业务转型。[④]

从以上的理论回顾可以看出，虽然"嵌入性"理论发轫于经济社会学领域，但是其主要的研究焦点在于分析经济组织运行过程中的经济、政治、文化、社会资本、组织关系等环境因素对组织运行逻辑和发展态势的植入性

① Karl Polanyi（1944），The Great Transformation：The Political and Economic Origins of Our Times，Boston，M. A：Bearcon Press.

② Mark Granovetter，Economic Action and Social Structure：The Problem of Embeddness，American Journal of Sociology，1985，91（3）：481 – 510.

③ S. Zukin，P. Dimaggio （1990），Structures of Capital：The Social Organization of Economy，Cambridge，MA：Cambridge University Press.

④ Gernot Grabher，The Weakness of Strong Ties：The Lock-in of Regional Development in the Ruhr Area//G. Grabher，The Embedded Firms：on Social-economics of Industrial Networks，London：Routledge，1993.

影响，而我们完全可以在不影响其理论观点的前提下，将分析对象从经济型组织扩展到非营利组织，而将其体系中所蕴涵的各种丰富的环境要素聚焦于政治因素，即着重分析作为政治环境因素的国家，如何利用其特定的机制与策略，营造符合国家政治偏好的组织运营环境，从而达到对社会组织的运行过程和逻辑进行"嵌入性"干预和调控的目的，这种干预和调控作用也使得社会组织乐意借助于其所提供的政治机会而对国家职能进行反作用，从而促使国家—社会之间外化为某种合作性关系模式。因此，从国家的视野观察，这种控制的策略类型可以被称为"嵌入性控制"，即基于特定的策略组合对社会组织的运行过程和逻辑进行深度的干预和调控，与此同时，社会组织也愿意主动或被动地接受这种干预和调控，即受嵌行为。因此，"嵌入性控制"概念在内容上是同时包括了"嵌入"和"受嵌"两个过程的（参见图3）。"嵌入性控制"的概念可以用来对近年来中国国家—社会关系的一些变化和发展进行统领性的解释，相对于之前的解释类型而言，该解释概念可以更加准确地概括现阶段中国国家—社会关系的发展。

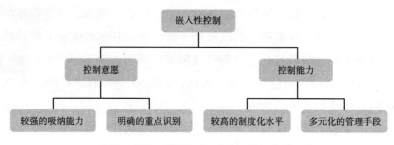

图2 "嵌入性控制"理论概念分析图

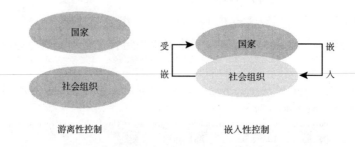

图3 "游离性控制"与"嵌入性控制"关系对比示意图

从逻辑关系层面分析，国家对社会组织的管理和控制必然牵涉两个层面的因素：控制意愿与控制能力，前者是指国家对社会组织管理和控制意念的强弱程度，是国家主观控制意志的程度大小，而后者则是指国家对社会组织管理和控制的具体策略和实际状况，是国家实现控制意志的手段和工具。因此，"嵌入性控制"在以上两个方面都有所体现，即对国家对社会组织的控制意愿与能力的综合概括。

从控制意愿角度分析，近年来中国国家—社会关系向"嵌入性控制"模式发展的趋势主要体现在以下两个维度：第一，国家对社会组织管理的吸纳能力增加，例如北京市推行的枢纽型组织改革、深圳市与民政部合作探索建立社会组织直接向民政部门申请登记等；第二，国家对社会组织管理的重点出现分化，即承接原有的分类控制模式，对不同领域和规模的社会组织进行有区分的管理模式，如在一些新兴的民间组织中大力推行党建工作，而对一些反抗力量较弱的社区服务型社会组织则由原来的登记制变为备案制。而从控制能力角度分析，"嵌入性控制"模式也体现为以下两个维度：第一，国家对社会组织管理的制度化水平提升，表现为开展民间组织的评估及其制度建设工作，对民办非企业在社会服务领域发展的推动，对基金会组织的税收优惠、名称管理、信息公布、年度检查、救灾捐赠等行为的规范，同时以国家的力量推动行业协会民间化；第二，国家对社会组织管理的手段多元化，表现为除了原有的行政手段之外，法律手段和经济手段的使用更为频繁，特别是经济手段，让社会组织在生存发展资源上对国家形成更加依赖的关系，例如上海、南京、湖南等地大力推行的"政社合作、购买服务"，政府通过拨付一定的资源给社会组织，使得社会组织在帮助政府履行社会功能的同时，也增加了其对政府的行为依从性。以上四个维度都是组成"嵌入性控制"模式的重要内容，即较高的制度化水平、较强的合法化吸纳能力、明确的重点识别和区分以及多元化的管理手段。

从特征上看，"嵌入性控制"模式与之前所出现的"游离性控制"模式存在一定的差异，具体也表现在以上四个维度。由于原有控制模式中，国家—社会关系的分离程度相对较高，因此笔者将其称为"游离性控制"模式。在以前的游离性控制模式中，国家对社会组织管理的制度化水平较低，变动性、偶发性、地区性较强，受政治精英的态度影响较大，导致社会组织无法形成较为明确的政策预期；国家对社会组织的合法化吸纳能力不足，表现为大量实际存在的社会组织无法获得合法身份而游离于管理体制之外；国家对社会组织管理的重点识别和区分不够明确，为了尽可能地防范政治风险，经常是"胡子眉毛"一把抓，四面出击；国家对社会组织管理的手段相对单一，主要是依靠行政手段、法律手段和经济手段作用不够明显。

表1 "游离性控制"与"嵌入性控制"模式的对比

	游离性控制	嵌入性控制
合法化吸纳能力	低	高
重点识别和区分	不明确	明确
制度化水平	低	高
管理手段的多元化程度	弱	强

从内容上分析，"嵌入性控制"模式与之前所提出的"分类控制"、"行政吸纳社会"等解释模型并不存在矛盾，"嵌入性控制"模式在内容上涵盖了"分类控制"模式的相关界定，表现为国家对于社会组织管理具有较为明确的重点识别和区分能力，并认为这种分类控制模式在近年来的发展关系中并没有改变，但是"分类控制"模式只是从一个管理重点识别和区分的角度来界定国家—社会关系，而"嵌入性控制"模式则认为近年来中国国家—社会关系的变化还包含了更加丰富的内容，包括制度化水平提升、合法化吸纳能力的提升以及管理手段的多元化等，因此"分类控制"模式只是"嵌入性控制"模式中的一部分。

如何理解近年来中国国家—社会关系中出现的这种"嵌入性控制"模式呢？本文尝试从以下四个角度对"嵌入性控制"模式的形成原因进行解释，即政府的职能转移改革、政府的成本与风险控制、社会结构和需求的多元化、社会组织的自利逻辑。

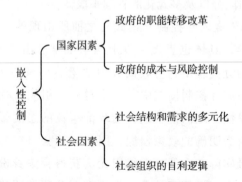

图4 "嵌入性控制"模式的解释框架示意图

由以上分析可知，"嵌入性控制"是贯穿始终的核心概念，其所涵盖的四大要素可以用于对近年来国家管理社会组织的政策变化做尝试性概括，而其所列举的四个解释维度则是对这种社会组织管理体制改革背后动力机制的研究假设。

四 政策梳理

从前文的文献综述部分来看，近年来研究中国第一部门与第三部门关系的文献大都采用的是案例研究法或者分类分析法，对诸多的中国社团组织、民办非企业或者基金会组织中的某一类别或几个类别展开实证研究，其得出的结论虽然都具有一定的说服力，但从研究方法论角度看，都不可避免地带有一定的局限性，本领域中以前所存在的盲人摸象、自说自话的现象在一定程度上仍然存在着。

为了实现以上的研究目的，本部分主要归纳和梳理自 2004 年以来中央和地方政府在社会组织管理领域的法规政策创新，并对这些法规政策创新进行系统梳理，从而试图展现出近年来中国各级政府在社会组织管理领域的新思路与新方法。

伴随着市场经济制度的深化、经济和社会全球一体化速度的加快以及公共服务供给体系的逐步优化，进入 21 世纪以后，中国的民间组织发展获得了历史性机遇，社会对于民间组织的需求更加突出，而各式各样的民间组织也应运而生。为了应对这种新形势下的变化，特别是自 2004 年以来，中国政府在对民间组织的管理职能方面发生了一些新的变化，不论是中央政府，还是地方政府，在激励和培育民间组织发展、规范民间组织发展机制、拓宽民间组织发展空间方面都有新探索。这些制度和政策的新改革和尝试具有重要的积极意义，对未来中国第一部门与第三部门之间的关系发展变化具有新的含义。

（一）中央政府层面的制度创新

自 2004 年以来，中央政府不仅从社会组织的经费来源、资金使用以及评估定级等方面强化了对社会组织的总体控制和管理，同时还根据社会团体、民办非企业组织和基金会组织等不同的发展现状与特征进行分类的管理制度创新。这种有分有合的管理制度创新，可以成为证明近年来中国政府在社会组织管理方面具有"嵌入性控制"特点的有力证据。

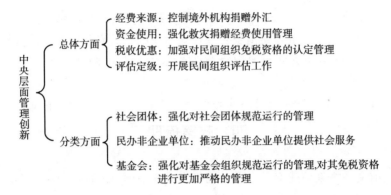

图5 2004年以来中央政府在社会组织管理方面的政策创新示意图

1. 经费来源：对境外机构捐赠外汇严格控制和规范管理

全球金融危机以来，各国政府开始意识到加强对跨国资金流动进行有效监管的重要性。为了防止境外的"热钱"以公益捐赠的名义流入国内从事商业投资活动，2009年12月，国家外汇管理局出台了《关于境内机构捐赠外汇管理有关问题的通知》（汇发［2009］63号），对国内各类机构接受和进行国际捐赠行为进行了专门规定，要求境内机构须开设捐赠外汇账户办理捐赠外汇开支，并向银行提交相关文件后方可办理外汇入账。该通知还具体区分了不同类型社会组织办理外汇入账的具体手续，包括：

①境内企业：要求提供申请书、营业执照复印件、经公证并列明资金用途的捐赠协议、境外非营利性机构在境外依法登记成立的证明文件（附中文译本）；

②县级以上（含）国家机关、根据有关规定不登记和免予社团登记的部分团体，接受境外捐赠，只要求提交申请书办理；

③境外非政府组织境内代表机构：需要提供申请书、境外非政府组织总部与境内受赠方之间的捐赠协议，不要求对捐赠协议进行公证；

④以上机构以外的其他境内机构办理捐赠外汇收支，应向银行提交申请书、有关管理部门颁发的登记证书复印件、列明用途的捐赠协议。

国家外汇管理局的这一规定，无疑标志着中央政府对规范境内机构接受外汇捐赠行为管理的决心，有利于改变我国一些工商登记注册的NGO过度依赖境外捐款的格局，减少这些大规模境外捐赠对国家外汇管理体制可能产生的冲击。从另外的角度看，该规定也有利于提高国内基金会的影响力，增加基金会在公益事业中所起的作用。与此同时，这一规定确实在短时期内增加了工商登记注册的 NGO 吸纳境外捐赠资金的难度，导致一些 NGO 开始寻找官方社团组织并成为其挂靠对象，从而让官方社团代其接受境外资金，或者找相关的公募基金会代收等。因此，政府出台的这一政策，不仅有效地使社会组织接受境外捐赠资金管理更加规范化，同时也有意识地从筹资渠道上引导社会组织逐步弱化其对境外资金捐赠的依赖，增强其与中国政府及国内的基金会组织在筹资来源上的互动联系，从而将政府的管理触角深入到 NGO 的资金来源上，强化了政府对社会组织的管理能力。

2. 资金使用：加强对社会组织在社会突发灾害救灾捐赠方面的管理

自 2008 年以来，中国遭遇了一系列重大的自然灾害和公共卫生突发事件，其中又以汶川地震和玉树地震灾害最为惨烈。在这两次特大自然灾害面前，中国的民间组织都表现出了极大的热情和能量，对受灾地区的救援和重建都发挥了不可忽视的作用。同时，特大自然灾害的发生也为民间组织的功能凸显提供了难得的机遇和舞台，政府部门看到了民间组织的巨大作用及其潜力，意识到了民间组织与政府可能存在竞争与挑战的关系，同时也发现民间组织的发展也存在鱼目混珠的情况。因此，政府借机以规范救灾捐赠行为对社会组织的功能加以限制。

汶川地震后到当年 11 月，全国捐赠的资金为 652.5 亿元，其中政府直接受捐约占 58%，约 379 亿元。中华慈善总会、中国红十字基金会两个系统受捐 35%；其他公募基金会受捐约占 6%。因此，在一些省份，地方性公益组织募集到的捐款中，非定向资金大多转入当地政府的财政专户。与此同时，由于一些地方的慈善组织规模较小，虽然募集到了一定的善款，但不具备使用善款的执行能力，因此政府对慈善组织募集的善款进行统一收缴，例如江西青少年发展基金会等。

如果说汶川地震后政府对民间社会组织的救灾捐款管理仍然带有一定的局部性的话，那么玉树地震后，政府对这一问题的管理方式则显得更加系统化。2010 年 4 月，民政部发布了《关于做好玉树 4·14 地震抗震救灾捐赠工作的通知》，提出"民政部协调两个总会和其他基金会将所募资金统筹用于灾区抗震救灾和恢复重建"，已经暗含了某种对募集资金进行统一管理的意图。7 月，民政部、国家发改委、监察部等五部委又联合发布了《青海玉树地震抗震救灾捐赠资金管理使用实施办法》，提出 13 家全国性公募基金会募集的善款，需要汇缴拨付到青海省政府、青海省红十字会、青海省慈善总会的专用账户中，由青海省方面统筹安排使用，这就意味着在制度上公募基金会对所募集的资金已经没有任何支配的权力，取而代之的是地方政府对所募资金的完全使用权，这似乎标志着政府以后在处理重大自然灾害事件中对民间社会组织捐赠资金管理办法上的逐步制度化。这样的做法确实有利于提高捐款资金的统一规划程度和使用效率，但在客观上却使得民间组织所掌握的资源越来越少，所能发挥的空间也因此而收窄。

3. 对民间组织免税资格进行更加严格的管理

2008 年 1 月 1 日，《中华人民共和国企业所得税法》和《中华人民共和国企业所得税法实施条例》生效。《企业所得税法》第 26 条明确规定，"符合条件的非营利组织的收入"为免税收入；《实施条例》第 85 条规定，"符合条件的非营利组织的收入不包括非营利组织从事营利性活动取得的收入，但是国务院财政、税务部门另有规定的除外"。可以看出，这项法律及其实施条例对非营利组织的免税资格规定仍然比较模糊，在实际执行过程中需要相关的行政部门根据具体情况来相机决定。

为了进一步明确相关的免税资格政策，2009 年 11 月，财政部、国家税务总局相继联合发布了《关于非营利组织免税资格认定管理有关问题的通知》（财税 [2009] 122 号）和《关于非营利组织免税资格认定管理有关问题的通知》（财税 [2009] 123 号），对非营利性组织免税资格认定管理和企业所得税免税收入范围作了进一步的明确规范，规定捐赠收入属于免税之列，但前提是机构需要进行免税资格申报并获批。此外，通知明确规定对基金会的增值收入进行征税，压缩了 2008 年 1 月 1 日开始实行的新的《企业所得税法实施条例》中对非营利机构的营利性收入免税的议价空间，还将政府购买服务取得的收入也排除在免税收入之外。

财政和税务部门的政策意图是明显的，即希望通过更加准确清晰地界定非营利组织所得收入中属于社会公益事业部分和自我增值的部分，避免少部分非营利组织打着社会公益组织的旗号来从事营利活动，同时逃避政府的税收监管，进而为非营利组织的发展创造一个相对公平公正的竞争环境。然而，对于刚刚处于发展起步阶段的中国非公募基金会而言，两项通知所规定的政策却有操之过急、过严的问题，由于非营利组织资产保值增值带来的营利性收入得不到税收优惠，迫使很多非公募基金会不得不开始动用原始资金，这样就造成了非公募基金会资产会越来越萎缩，不利于非公募基金会的发展，也导致一些非公募基金会对这些政策的出台表示出一定的不满情绪。

4. 评估定级：开展民间组织的评估工作

2006 年 10 月，中共十六届六中全会提出要"发挥各类社会组织提供服务、反映诉求、规范行为的作用"以及"引导各类社会组织加强自身建设，提高自律性和诚信度"。为了落实 2007 年 5 月国务院办公厅《关于加快推进行业协会商会改革和发展的若干意见》中关于"加快建立评估机制"、"建立行业协会综合评价体系，定期跟踪评估"的要求，民政部于 2007 年 8 月发布了《关于推进民间组织评估工作的指导意见》，对开展民间组织评估工作的意义、基本要求以及开展方式都做了大致的规定，同时还针对不同性质的民间组织特点，分别制定了行业性、公益性、学术性、联合性、基金会组织的评估指标体系以及民办非企业单位诚信评估指标体系，初步建立了对民间组织开展评估的体制框架。

与此同时，民政部下发了《关于印发〈全国性民间组织评估实施办法〉的通知》，其中具有特点的一些规定包括"全国性民间组织评估不收取评估费用，所需经费由民间组织管理工作专项经费列支"、"民政部设立全国性民间组织评估委员会"、"民间组织评估专家由民间组织登记管理机关、业务主管单位、政府有关部门、民间组织科研机构、会计师事务所、律师事务所和民间组织等有关专家组成"、"评估结果分为 5A～1A 五个等级"等，这些都是政府开展对民间组织进行评估和考核工作的基本制度建设。

5. 进一步推进政府对社会团体的规范化管理

随着市场经济向纵深方向发展，以及中国加入世界贸易组织，中国的行业协会以及各类商会组织发展迅猛，在提供政策咨询、行业自律、维护权益等方面发挥了重要作用，但由于一些相关的法律法规不健全，政策措施不配套，管理体制不完善，行业协会和商会都存在着结构不合理、作用不突出、行为不规范等问题。例如，民政部在 2007 年 1 月颁布了《关于通报福建省商业联合会借评比之名乱收费有关情况的通报》，对行业协会组织乱收费的情况予以警示处理。同时，民政部还颁发了《关于做好社团组织评比达标表彰活动清理工作的通知》，要求对个别地方和部门不切实际、劳民伤财的评比达标的做法进行清理。

在民政部的主导和努力下，国务院办公厅于 2007 年 5 月颁布了《关于加快推进行业协会商会改革和发展的若干意见》，对如何更好地积极拓展行业协会的职能指明了方向，同时要求行业协会严格按照法律法规和章程独立自主地开展活动，切实解决行政化倾向严重等问题，并明确提出"现职公务员不得在行业协会兼任领导职务"、"建立政府购买行业协会服务的制度"。

另外，该意见还对行业协会的监管机制、自身建设以及相关配套政策扶持都做了明确的规定。例如，简化和规范行业协会登记管理的内容和方式，健全行业协会内部的法人治理机构，规范行业协会的收费行为，对行业协会的工作人员的社会保障要落实，制定和完善对行业协会的税收优惠政策等。这些制度出台的作用是双重的，一方面有利于强化国家对行业协会和商会组织的规范管理，另一方面也有利于拓展行业协会和商会组织的发展空间，基本上做到了政府与社会组织的双赢。随后的 11 月，民政部联合国家发改委、监察部、财政部、国家税务总局、国务院纠风办颁布了《关于规范社会团体收费行为有关问题的通知》，有针对性地对社会团体中存在的收费不规范现象进行了专项的跨部门治理。

6. 对民办非企业单位在社会服务领域发展的推动

2002 年 12 月，全国人大常委会通过了《中华人民共和国民办教育促进法》，对推动民间资本力量介入教育发展的情况做出了相关的规范，但受到法律条文所限，一些政策和规范并不明朗。2004 年 2 月，国务院颁布了《民办教育促进法实施条例》，对从事教育领域的民办非企业的相关优惠和扶持政策进行了更为全面和具体的界定，例如"捐资举办的民办学校和出资人不要求取得合理回报的民办学校，依法享受与公办学校同等的税收及其他优惠政策"、"民办学校可以设立基金接受捐赠财产"、"出资人根据民办学校章程的规定要求取得合理回报的，可以在每个会计年度结束时，从民办学校的办学结余中按一定比例取得回报"等，这些都标志着民办非企业在教育服务领域的发展获得了更大的空间。此外，除了教育领域之外，民办非企业单位在包括医疗卫生、养老、社区服务等社会服务在内的领域都获得了一定的发展空间，政府也开始逐步探索和试行向民办非企业组织购买社会服务的做法。

虽然国务院早在 1998 年 10 月就颁布了《民办非企业单位登记管理暂行条例》，规定了对民办非企业组织实施年度检查制度，从而更好地规范政府对民办非企业单位的监督管理，但民办非企业的年检工作一直都缺乏更加具体和细致的规范。基于这种背景，2005 年 6 月，民政部出台了《民办非企业单位年度检查办法》，对民办非企业年检的时间、程序步骤、主要内容、等级评估标准以及相关的奖惩措施予以了较为细致的规定，这也成为政府部门对民办非企业组织实施日常监管的一次重要的体制创新。

此外，随着民办非企业组织的不断发展，个别民非组织出现了一些自律性和诚信度不高的问题，为此民政部又于 2007 年 9 月出台了《关于深入开展民办非企业单位信息公开和承诺服务工作的意见》，对民非组织信息公开与承诺服务的内容做了详细规定，其中信息公开内容包括：民办非企业单位的登记证书、税务登记证书、组织机构代码证书、收费许可证的有关信息，经登记管理机关核准（或备案）的章程（或章程摘要），接受、使用捐赠、资助的有关情况，年度工作报告等；而承诺服务的内容主要包括服务项目、服务方式、服务质量、服务责任和收费标准等，同时阐明了政府对于民非组织开展信息公开和承诺服务工作的激励政策。这些举措表明政府开始有意识地引导民非组织发展走向更加规范的轨道。

7. 规范基金会的管理体制

早在 1988 年，国务院就颁布了我国第一部《基金会管理办法》，1989 年通过的《社会团体登记管理条例》再次确认了基金会作为社会团体的法律性质和法律地位。1999 年以前，我国对基金会的登记管理主要依据上述两项法规，实行业务主管单位、人民银行和民政部门三方负责的管理体制，即业务主管单位同意，人民银行审查批准和民政部门登记注册，实际上是把基金会视为金融机构或准金融机构。这个办法对基金会的组织形式、内部决策程序、财务会计制度、资产使用管理、社会监管机制等许多环节未作规定，其他一些规定内容也都打上了当时经济体制的烙印，不完全符合基金会作为独立法人应当具有的法律地位。

随着改革开放的深入和市场经济体制的逐步完善，《基金会管理办法》已经不适应基金会发展和管理工作的实际需要。与此同时，基金会的管理体制也发生了变化。从 1999 年开始，中国人民银行不再参与对基金会的管理，基金会的登记管理统一归口民政部门。《基金会管理办法》中确定的基金会的管理体制不再适用，民政部门不能依据《基金会管理办法》继续登记注册基金会。基于以上原因，从 2000 年开始，民政部开始对《基金会管理办法》进行全面修订，多次召开座谈会和专题研讨会，经过反复论证，借鉴和吸取其他国家有关基金会管理方面的有益经验，几易其稿。经过一系列的充分准备，《基金会管理条例》终于在 2004 年 6 月正式实施。相形之下，《基金会管理条例》更加明确界定了基金会的概念，将基金会分为公募基金会和非公募基金会，且进一步明确了基金会的公益性质，确立了公开、透明的原则，进一步规范基金会的活动，同时明确了税收优惠原则，加大了税收支持和监管力度。这一里程碑式的条例极大地鼓励了富人参与公益的热情，开辟了公众参与公益的渠道，促进了中国第三部门的整体发展。

为了更好地在《基金会管理条例》的基础上完善具体制度，民政部先后制定和颁布了《基金会名称管理规定》（2004 年 6 月）、《基金会信息公布办法》（2005 年 12 月）、《基金会年度检查办法》（2005 年 12 月）、《救灾捐赠管理办法》（2007 年 10 月）等，对基金会组织的名称设置、信息公开、年度检查、救灾捐赠等方面行为进行规范，为基金会的发展提供了制度化的法律环境。

以上政策均为 2004 年以来中央政府制定和出台的针对民间组织管理的新思路和新政策，从中我们大致可以看出以下具体的特征：第一，中央政府在民间社会组织管理方面的制度化水平明显提高。不论是在对社会团体运行的规范化管理方面，还是在规范基金会管理体制方面，抑或是对民间组织的评估及制度建设方面，我们看到的是一系列正式制度的出台和颁布，并且强调这些管理工作的稳定性和长久性，这与之前热衷于通过专项运动来实现管理目标的弱制度化水平有着明显的差异。第二，中央政府在民间组织管理方面具有明显的分类管理意识，例如对民办非企业在社会服务方面的正面功能予以提倡和扶持，并建立较为宽松的法律环境，而对一些在资金来源上对境外依赖较强的民间组织，政府则通过严格限定免税资格、控制境外捐赠外汇管理等方式来限制其发展空间，可谓是"文武之道，一张一弛"。第三，中央政府管理民间组织的工具出现多样化趋势，我们看到，除了传统的强制性行政管理手段之外，中央政府开始利用发展行业自律与自我评估、外汇政策、税收政策等多种工具，将自己的政治偏好通过多种渠道植入到对社会组织的管理过程中。以上三个特征，虽然挂一漏万，却与本文所提出的"嵌入性控制"的理论模式在本质上是一致的（参见图 6）。

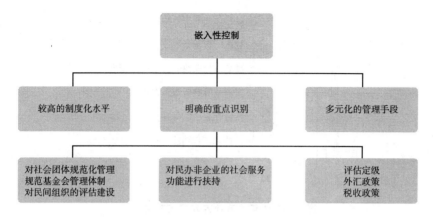

图6　中央政府政策创新与"嵌入性控制"的关系

（二）地方政府层面的制度创新

五年多来，除了中央政府在一些已经比较成熟、政策认识已经趋于一致的领域出台了一些全国性的政策意见之外，一些地方政府也结合本区域内对民间组织管理的特殊情况，制定了一些具有探索性质的管理政策。从中国的"地方政策试验主义"传统来看，地方政府的探索机制往往具有较强的示范和先导作用，对于未来中国国家—社会关系发展具有一些前瞻性的意义。从总体上分析，2004年以来地方政府的探索改革主要集中在以下三大领域：社会组织的登记注册体制（部分组织无主管单位登记改革、社区社会组织备案制、商会组织异地登记）、社会组织的运行过程（政社合作、购买服务；行业协会民间化；推行社会组织党建工作；扶持）以及对社会组织的监管过程（提倡柔性监管）。

1. 对特定领域社会组织试行无业务主管单位登记改革

中国对社会组织管理的特色之一是"双重管理体制"。该体制一直受到社会各界的诟病，这一体制束缚和限制了社会组织的发展，导致许多社会组织不得不因为无法找到业务主管单位而选择工商注册。近些年来，政府逐步意识到传统的双重管理体制不但不利于鼓励社会组织发展，而且也不利于政府对社会组织进行更加精细化的监管，因此也开始考虑对这一制度进行局部的调整和变通。政府在探索改革时需要考虑政治风险和成本。基于此，自2004年以来一些具备条件的地方政府先行试水，这其中又以北京市中关村园区和深圳市的改革最为引人瞩目。

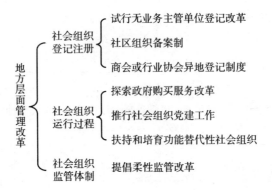

图 7   2004 年以来地方政府在社会组织
管理方面的改革创新示意图

虽然自 2008 年开始，北京市就开始推行以枢纽型组织为特征的社会组织管理体制改革，降低社会组织寻找业务主管单位的门槛，但其最为直接的改革则是开始于 2010 年 5 月。2010 年 5 月 7 日，北京市《中关村国家自主创新示范区条例（草案）》开始公开征求意见，其中非常鲜明地提到"申请在示范区设立有利于自主创新的社会团体、民办非企业单位、非公募基金会，除法律、行政法规、国务院决定规定登记前须经批准的以外，申请人可以直接向市民政部门申请登记"。

与此同时，北京市民政局也开始着手研究制定《中关村社会组织改革创新试点工作意见》。北京市社会团体管理办公室官员对外界表示："中关村一区十园内的企业、单位、个人，今后注册成立社会组织时，将不再需要业务主管单位，直接到民政部门登记就可以。"① 而且，获准登记的民间组织将来可以在全国范围内开展跨省活动，外省市的企业以后可以成为中关村社会组织的会员，通过社会组织的对接来实现交流、联络、沟通。国内的媒体舆论普遍认为，这是继深圳改革之后地方政府在放松双重登记管理体制改革方面的又一探索，而且从条文内容上看，并没有明显限制特定类别的社会组织享受这样的待遇，只是添加了一个象征性的前置排除范围。如果此条款能够通过并实施得力，其改革力度和效果有可能超越深圳的改革。

---

① 《中关村科技园成另类特区   NGO 登记无须主管单位》，参见 http://business.sohu.com/20100524/n272299652. shtml（2010 年 9 月 12 日最后访问）。

2. 社区组织备案制的出现和完善

所谓民间组织备案制，就是要求一些在成员人数、活动场所、业务经费等标准上达不到登记注册标准的组织，在开展业务活动的时候只需向相应的民政部门提供一些基本信息和证明资料即可开始运转的体制。民政部最早提出对民间组织实施备案制是在2005年12月出台的《关于促进慈善类民间组织发展的通知》中，其中提出"在农村乡镇和城市社区中开展这些活动的慈善类民间组织，不具备法人条件的，登记管理机关可予以备案，免收登记费、公告费"，即通过放松准入门槛的方式来推动慈善类民间组织的成立和发展，后来这一模式逐步得以扩展至基层民间组织。2007年民政部在年度《民政工作综述》中提出"做好新修订《社会团体登记管理条例》出台后的贯彻落实工作，制定配套措施，研究基层民间组织备案方法"，随后又决定将江西、北京、深圳、湖北等地列为民间组织备案制改革的试点，其中江西省的重点是对农村民间组织尝试备案制度，北京则着重对社区民间组织引入备案制度，深圳则是成立了市行业协会服务署作为各类经济类行业协会的"娘家"。而湖北省则将包括公益性组织、自我管理型组织、互助型组织、经济型组织和兴趣爱好型组织在内的基层社团组织都纳入了备案制度的管理范围。在这些改革试点中，又以江苏南京市的社区社会组织备案制改革最为全面，其内容包括实行"两级备案、两级管理"的双重管理体制；对社区社会组织实行登记备案制，降低社区社会组织的登记备案的门槛；实行"三简、四免、五宽、六许"制度，放宽对社区社会组织登记的限制；基层政府在资金、设施、购买服务、税收政策以及鼓励规模化发展方面对社区社会组织发展予以鼓励等，这些举措都为降低基层民间组织的准入门槛、刺激民间组织的成立和发展提供了更为广阔的政策空间。

现阶段，民间组织备案制的改革仍然在各地如火如荼地进行，它的改革效果及影响仍然有待进一步观察。民间组织备案制改革的背景和原因是什么？各地在备案制改革内容上有怎样的差异？备案制改革对于不同类型的民间组织的推动力度是否存在区别？备案制改革究竟能够从多大程度上解决民间组织长期存在的合法性地位问题？从实际效果看，备案制改革对于推动各地民间组织的成立和发展起到了哪些作用？对于未来中国第一部门和第三部门之间的关系模式具有怎样的影响和意义？这些问题都有待于学者进一步思考和研究。

3. 开展商会组织异地登记和发展工作的探索

近年来，一些沿海经济发达地区的经济性民间组织发展迅速，对现行管理体制不免产生了一定的冲击作用，而这些冲击又迫使地方政府开始进行新的改革和探索，这其中最典型的莫过于浙江和江苏两省所开展和推动的商会组织异地登记和发展工作。

在浙江，商会组织异地登记改革工作最大的亮点在民营经济高度发达的义乌市。义乌市海内外客商云集，是著名的国际小商品城市，商品集散中心。义乌的商品集散中心地位带动了当地经济的发展，同时也促进了当地异地商会的发展，外地在义乌经商企业纷纷要求成立自己的商会组织。截至2009年，共有24家异地商会在义乌挂牌活动，其中3家经义乌市民政局登记成立，3家经金华市民政局登记成立，其余则经过工商部门登记。[①]

在民营经济同样发达的江苏省，异地商会登记管理工作的改革开始的时间更早，力度更大。自2006年以来，江苏省民政厅陆续授权各市登记管理机关开展异地商会试点登记工作，截至2010年4月底，江苏省各级登记管理机关已经登记注册异地商会62个，其中省级1个，市级47个，县（市、区）级14个，除无锡、淮安和盐城之外，其余各市均已经在江苏省民政厅的授权下开展异地商会登记注册管理工作。[②]

4. 探索政府购买服务改革

随着市场经济的发展和城市化的推进，社会公众对于公共服务的需求日益增加。自2003年以来，在科学发展观的指导以及和谐社会的目标建设下，加之财政实力的明显增强，新一届政府在包括医疗、教育、养老、失业保险、工伤保险、住房等一系列领域推出或加大了供给力度，大大地满足了公民对于基本社会服务的需求。按照新公共管理理论，在社会公共服务的供给过程中，政府并不是唯一的参与主体，政府的职能主要是出资、监管或者掌舵，而具体的服务提供或生产可以利用市场机制由社会组织或企业承担。因此，在一系列惠及民生的社会政策背景下，政府主动寻求与社会组织合作满足社会的公共服务需求，也拓展了社会组织的资源空间。

从当下各地地方政府的改革实践来看，政府购买服务已从经济发达地区

---

① 民政部民间组织管理局调研组：《浙江省社会组织发展考察报告》，《社团管理研究》2009年第2期，第1~5页。

② 孙斌、谢玉和、孙燕：《江苏省异地商会登记管理工作情况调查与思考》，《社团管理研究》2010年第6期，第8~9页。

的大中型城市向内地较发达地区的城市推进，从省、直辖市到街镇各级政府都成为了政府购买服务的实施主体和推动力量；从应用领域来看，主要分布在公共环境服务（如环卫清扫保洁、市政设施养护）、公共卫生服务（如社区公共卫生服务）、社会保障服务（如社区养老服务、就业服务、捐赠服务）、社会事业服务（如文化服务、教育服务、体育服务）、公共交通、社会工作等领域；从发展规模来看，政府购买服务在居家养老服务、社区公共卫生服务等领域得到了迅速的发展，政府购买的投入、项目和受益对象不断增加，正成为政府不断满足社会日益增长的公共服务需求、提高我国公共服务质量与效率的一个重要实践途径。

仅以养老服务为例，上海市政府于 2004 年将居家养老服务补贴经费正式纳入政府财政预算，建立起与社区就业服务相联系、"政府购买服务"的补贴制度；2005 年，上海市政府办公厅又转发了市民政局等六部门《关于全面落实 2005 年市政府养老服务实事项目　进一步推进本市养老服务工作的意见》，修订了居家养老服务的五项主要政策，包括扩大社区助老补贴范围、调整社区助老服务补贴、实行对居家养老补贴对象的分级评估等内容，推动了上海市居家养老服务的新一轮发展。2006 年，上海仅居家养老政府补贴一项就支出 9000 万元。① 而在南京市，鼓楼区采取了政府出资、加大财政投入、购买非营利组织服务的方式，2003 年出资 15 万元，购买了 100 位老人的居家养老服务；2004 年纳入财政预算，出资 35 万元，购买 220 位老人的居家养老服务；2005 年投入 100 万元，通过购买针对性生活照料、上门探访和安康通呼叫三种方式的服务，受益老人达 930 人。② 2006 年，政府购买服务的资金预算增至 120 万元，为 1300 位居家老人提供服务援助。在湖南省长沙市天心区，政府出资为社区一些孤寡老人购买社会服务。辖区内分散供养的"三无"（无劳动能力、无经济来源、无法定赡养人）老人，享受低保且生活特别困难的老人，每月享受政府 100～300 元不等的服务补贴。该项工作在天心区的四个社区进行"居家养老"试点，并通过社区成立的为老服务中心实施。③

---

① 卢汉龙主编《上海社会发展报告 2006～2007》，社会科学文献出版社，2007，第264～265页。
② 南京市鼓楼区人民政府：《依托民间组织发展社会化养老服务》，《社会福利》2006 年第 12 期，第16页。
③ 贺银河：《"居家养老"市场化运作能走多远》，《社区》2007 年第 21 期，第 24 页。

在众多的政府购买社会服务改革中，上海市浦东新区是一个改革的亮点。2007 年，上海浦东新区出台了《关于着力转变政府职能建立新型政社合作关系的指导意见》和《浦东新区关于政府购买公共服务的实施意见（试行）》，在推行政府与社会组织"六分开"的同时，大力推进政府购买服务，通过政府承担、定向委托、合同管理、评估兑现的运作机制，将一大批事务性、服务性工作交由社会组织承担，推动了互动合作新型政社关系。①将原来由政府直接举办的、为社会发展和人民日常生活提供服务的事项交给有资质的社会组织来完成，形成了"政府承担、定项委托、合同管理、评估兑现"的提供公共服务的新机制，突出表现为：一是预算管理，将购买公共服务的费用纳入预算；二是契约式管理，政府和社会组织的责任、义务以及服务要求，全部在合同中体现；三是评估机制，政府委托第三方的专业机构，建立评估的规则，对社会组织做到项目合作前有资质审查，合作过程中有跟踪了解，在合作完成后有社会绩效评估。此外，上海浦东新区还率先探索政府购买服务的政社合作提供公共服务新模式，将涉及政府公共服务、事务性强的部分事项，通过公开招标、项目发包、项目申请、委托管理等方式，由政府购买社会组织的服务，建立起以项目为导向的契约化管理模式。

"政社合作、购买服务"模式的改革，其主要出发点在于分担政府职能，降低政府社会服务成本，同时激活社会组织的服务功能。这样一种新型的关系模式是否意味着中国政府第一部门与第三部门关系的改变？其背后是否有其他深刻的政治社会逻辑？对未来中国的国家—社会关系将会产生怎样的影响？这是值得深入研究的。

5. 在民间组织中推行党建工作

与行业协会组织民间化进程日益加速相映成趣的是，政府对于在民间组织中建立和建设党组织也十分重视。虽然中共中央组织部早在 2000 年 7 月就印发了《关于加强社会团体党的建设工作的意见的通知》，对在社会团体中建立和建设党组织的工作做出了一些规定，但民间组织中的党建工作一直没有得到完全铺开和落实，仅在局部省份和地区开展得比较好。从 2005 年以来，大部分地方政府开始重视和推进这项工作的开展，到 2007 年，全国应当建立党组织的基金会为 350 家，已经设立党组织的有 271 家，比例为

① 上海市社会团体管理局：《上海市社会组织建设与管理工作综述》，载《中国社会组织年鉴 2008》，中国社会出版社，2008，第 206 页。

78.6%；其次是民办非企业组织，比例为 48.3%；社团组织的比例相对最低，为41.8%。整体而言，近年来民间组织的党建覆盖面有了明显的增加，个别省区例如内蒙古，全区 2007 年社会团体的党建工作覆盖率已经达到了89%，基金会覆盖率达88%，民办非企业单位覆盖率则已达到86%，① 距离全覆盖的目标已经为期不远。

各地推行民间组织党建工作的成绩不仅体现在覆盖率上，还体现在不同的特征和模式上。例如，广东省民间组织党建管理体制主要体现为以下四种模式：①组织部门、民政部门、业务主管单位分工负责、共同管理的模式，广东的大多数市、县（区）普遍采取这种管理模式。②惠州模式，建立以各级党委书记和主管单位党委（党组）书记以及党委组织部门、民间组织登记管理机关和业务主管部门党组织"三位一体"的管理架构，其中党委书记和业务主管单位的党委（党组）书记为民间组织党建工作的第一责任人。③东莞模式，采用"条块结合、以块为主、以条为辅"的管理体制，分别包括单位管理模式、属地管理模式、行业管理模式、挂靠管理模式等。④深圳模式，2003 年，深圳市委成立了民营经济工作委员会，作为市委的派出机构，统一领导全市民营经济和民间组织党的工作，全市各个区也成立民营工委，各街道则成立民营经济党委，统一管理本辖区范围内的"两新"组织。②

而在上海，2006 年 4 月，上海市社会工作党委印发了《关于在上海开展行业协会党建试点工作的意见》，指导市政公路工程、市信息服务业、市装饰装修等三家行业协会建立行业协会党委，探索新型的行业制党建工作，三家试点单位构建起了以行业协会党委为纽带的属业管理体系。8 月，上海根据"党建先行、以民管民"的思路，开展民间组织枢纽式党建和管理工作，以建立市工业经济联合会党委、市商业联合会党委为突破口，构建行业合作共治平台。③ 这些都可以视为地方政府探索民间组织党建工作的有益尝试。

---

① 内蒙古自治区民政厅：《内蒙古自治区社会组织建设与管理工作综述》，载《中国社会组织年鉴 2008》，中国社会出版社，2008，第 190 页。

② 方向文：《创新民间组织党建管理体制的探索》，载《中国社会组织年鉴 2008》，中国社会出版社，2008，第 464～465 页。

③ 钮怿：《党委领导、枢纽负责、协会认同、会员参与：上海不断创新行业党建运作模式》，2008 年 12 月 25 日《文汇报》。

6. 支持和培育功能替代性社会组织

为了解决民间组织工作待遇不高、工作稳定性不强、对专业人才吸引力度不够的老大难问题，为提高民间组织的专业化水平创造人才条件，自2008 年起上海市着手在社会组织中建立年金制度。上海市民政局、劳动和社会保障局、社会团体管理局联合发布《关于在本市社会团体、基金会和民办非企业单位中建立年金制度若干问题的通知》（沪民社〔2008〕1号），规定上海市核准登记的民间社会组织都可以自主建立本单位年金制度，年金所需费用由单位和职工共同缴纳，单位可按每年不超过本单位上年度职工工资总额的十二分之一缴纳，职工个人可按不超过本人上年度工资收入的十二分之一缴纳。[①] 在民间社会组织中建立年金制度，在全国尚属首例，对激励人才、稳定队伍、提高工作人员退休后的保障水平都具有积极意义。

为解决公益慈善类、社区维权类组织活动经费不足这一瓶颈问题，深圳市宝安区创新思路，设立扶持公益慈善类、社区维权类社会组织专项资金，出台了《深圳市宝安区公益慈善类、社区维权类社会组织培育专项资金管理暂行办法》，明确了专项资金的依据、来源、使用范围、使用标准、申请程序、资金的监管等事项。公益慈善类、社区维权类社会组织在成立初期可申请1 万~3 万元启动资金，已登记的公益慈善类、社区维权类组织按章程开展活动有较好社会反响的或承接政府购买项目的，可申请2 万~5 万元活动资助；年终工作开展较好的，可申请2 万元资助。据悉，宝安区目前已经有6 家公益慈善类、社区维权类社会组织共获得各类资助28 万元。[②] 地方政府主动对公益慈善类组织，特别是较为敏感的社区维权类组织进行资助，在全国尚不多见。

2010 年初，全国首个新社会组织帮助基金在大连浙江商会成立，目前认款额已经达到1500 多万元。该基金的帮助范围主要是大连市农村专业经济协会、城市社区组织、公益性社会团体和福利性的民办非企业单位，目的是带动农村经济和城市社区的良性运转。[③]

---

① 《上海市在社会组织中建立年金制度》，《社团管理研究》2008 年第3 期，第1 页。
② 潘争艳：《深圳市宝安区社会组织工作亮点纷呈》，《社团管理研究》2008 年第8 期，第42页。
③ 《全国首个新社会组织帮助基金在大连市成立》，《社团管理研究》2010 年第2 期，第64~65 页。

7. 提倡对社会组织实行柔性监管方式

地方政府在对民间组织的行政管理中习惯性地将行政处罚当做主要内容和手段。然而，以查处社会组织违法行为为目的的行政处罚，无论是制度设计，还是具体实施，往往带有"事后惩戒"的特征，而一旦进入执法程序，不可避免地要加大其成本，同时执法过程引发行政诉讼、行政复议的概率也相应增加。因此，一些地方政府部门开始考虑，除了行政处罚这种刚性的形式之外，能否采用一种更为柔性的监管手段，作为补充或替代。

基于这样的背景，山东省青岛市民间组织管理局开始积极探索和运用"行政指导"的新手段来对民间组织进行柔性监管。行政指导，是指行政机关在其职能、职责或管辖范围内，为适应复杂多样的经济和社会管理需要，基于国家的法律精神、原则、规范和政策，适时灵活地采取指导、劝告、建议等方式谋求行政相对人同意或协力，以有效地实现一定的行政目的之行为。行政指导在方式上具有多样性，常见的方式包括引导、劝告、建议、协商、示范、制定政策性导向等。结合行政指导的特征，青岛市民间组织管理局在社会组织监管领域中先后建立起了提示制度、约谈制度、告诫制度等，使得其与原有的行政执法工作"刚柔相济"，取得了一定的效果。[1] 试点工作实施以来，全市共组织行政约谈800多人次，下达行政告诫书485份，整改率在95%以上，对全市50余个社会组织的违纪违规行为实施了行政指导，采取建议、说明、提醒、劝告、提示、警示、约谈、告诫等方式61次。[2] 柔性监管，行政指导，这无疑对未来的中国国家—社会关系具有积极意义。

由此，我们可以看到，自2004年以来，中国的地方政府在各自辖区内推行了一系列对民间组织管理体制的改革。这些改革措施更多的带有地方色彩，而且改革的前瞻性和创新性更强。与中央政府的改革不同的是，地方政府的改革探索大多是着眼于在既有的政策环境下放宽对民间社会组织的限制，这与中央政府的逻辑存在明显差异。然而，从另外的角度分析，这些改革与之前所提及的中央政府改革又存在一些相似之处：第一，地方政府对民间组织管理的吸纳能力得到提高。无论是在民间组织中推行党建工作，还是

---

[1] 张志勤：《行政指导：社会组织管理监督工作手段的新尝试》，《社团管理研究》2008年第9期，第21～23页。

[2] 王永奎：《综合运用十项手段完善行政监管体系——青岛市社会组织管理的举措和创新》，《社团管理研究》2010年第4期，第23～24页。

对能力较弱的社区组织实施备案制，都体现出地方政府逐步将众多社会组织纳入体制内管理的意图，而深圳、北京、广州等地在社会组织登记管理体制方面的有益探索，更是体现出这种主动吸纳管理的努力；第二，地方政府在对民间组织管理方面具有明确的重点识别和区分，这一点最为集中地体现在各地的社会组织登记管理体制改革方面，对功能替代性较强的行业协会、慈善类和公益类组织采取较为灵活开放的态度，而对较为敏感的维权类组织则仍然采取较为谨慎和控制的做法；第三，地方政府在对民间组织管理方面的制度化水平提高，表现为在备案制、购买服务、提倡柔性监管、登记管理体制改革等改革过程中较为健全的制度化建设；第四，地方政府管理民间组织的工具呈现出多样化趋势，例如通过购买服务的方式用经济手段来控制社会组织发展，通过提倡柔性监管的方式来唤醒民间社会组织的自律意识等。综上所述，虽然地方政府的改革在内容上与中央政府有所差异，但其本质特征仍然具有一致性，即本文提出的"嵌入性控制"模式。

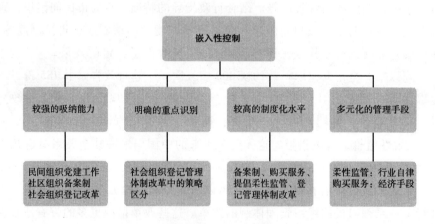

图 8　地方政府改革与"嵌入性控制"模式的关系

五　研究结论

本文发现，自 2004 年以来，无论是在中央政府层面，还是在地方政府层面，政府已经开始对传统的社团组织管理模式在新的形势和条件下能否继续发挥作用进行反思，也试图利用各种可行的形式和途径来探索和尝试新的管理模式（例如放松对慈善团体组织登记注册的限制、减少现有社团组织的政府主管部门的设置、以更大力度推动社团组织的去行政化改革等）。

本文首先对研究问题的基本背景进行了梳理，即近年来中央政府相关部委和地方政府在对社会组织管理政策方面的新举措和新探索。其次从已有的研究文献出发，对三十年来海外学者对与中国国家—社会关系相关的研究文献进行了系统梳理和评述，将其区分为增强国家派、削弱国家派、平衡派以及冲突派四种不同类型的观点，对他们各自的观点和分歧提出了自己的看法。另外，为了更好地把握学界对中国国家—社会关系研究的最新成果，本报告又对近年来的相关研究文献进行了重点评述，发现自 2004 年以来，海内外学者关于中国第一部门与第三部门之间关系的研究焦点已经逐步从原来的平衡派与冲突派的争论转变为对两者互动与互信过程的深入解析，这些研究成果都是对近年来中国政府管理社会团体组织策略调整的某种反思，也昭示出学术研究在该研究领域的逐步深化过程。不足的是，既有的这些研究既没有向读者展示出一个相对全面的宏观图示，也缺乏对政府策略调整后的不同模式间的异同比较分析，使得这种学术反思的作用十分有限。

基于以上的文献综述背景，站在巨人的肩膀上，笔者提出了自己的研究框架和假设。通过对已有政策和改革的有限观察，本文借用经济社会学中的"嵌入性"概念，提出了"嵌入性控制"的分析框架，即作为政治环境因素的国家，如何利用其特定的机制与策略，营造符合国家政治偏好的组织运营环境，从而达到对社会组织的运行过程和逻辑进行植入性干预和调控的目的；这种干预和调控作用也使得社会组织乐意借助于其所提供的政治机会而对国家职能进行反作用，从而促使国家—社会之间外化为某种伙伴性关系模式。因此，从国家的视野观察，这种控制的策略类型可以称为"嵌入性控制"，即基于特定的策略组合对社会组织的运行过程和逻辑进行深度的植入性调控。

除了对"嵌入性控制"模式的内涵进行界定之外，本文还对这一模式的外延特征进行了系统归纳，即表现为国家对社会组织管理的合法化吸纳能力增加、国家对社会组织管理的重点出现分化、国家对社会组织管理的制度化水平提升以及国家对社会组织管理的手段多元化四个方面。此外，本文认为"嵌入性控制"模式的形成原因是，政府层面的职能转移改革、成本与风险控制能力以及社会层面的社会结构和需求多元化、社会组织的自利逻辑。这样一套"两种角度，四种因素"的解释框架能够较好地对"嵌入性控制"模式的出现提出符合经验事实的理论解释。

本文根据理论框架对近年来中国第三部门的发展状况、趋势以及第一部门与第三部门之间关系的互动制度框架进行整体和宏观性的描述。还对中央政府和地方政府在管理社会组织方面的政策创新进行了系统归纳。那么，以上所归纳的中央与地方政府改革是否可以用"嵌入性控制"的模式来进行概括呢？答案是肯定的，笔者将近年来中央与地方政府改革的举措与之前所提出的"嵌入性控制"模式结合起来，发现这些改革的内容及其影响在不同程度上都可以归纳到"嵌入性控制"模式的四个体现特征，由此可以证明"嵌入性控制"模式对解释近年来中国国家—社会关系的发展具有一定的力度，从而得出本文的主要结论。

1. 自 2004 年以来，中国国家—社会关系发生了一些新的变化，这些新的变化不是局部性的、个人化的，而是全局性的、制度性的

例如在社会组织的构成上，近年来各类基金会和慈善会发展迅速；民政部正在积极配合国务院法制办对《社团登记管理条例》进行修改，将吸收一些地方政府有益探索的经验，在登记注册方面尽可能简化手续，在成立初期还要给予必要的扶持和支持，以便给社会慈善组织留有更大的发展空间；北京、上海、深圳、南京等地方政府在社会组织管理体制改革方面纷纷进行了有益的改革尝试。

2. 从理论概念上分析，近年来中国第一部门与第三部门的关系变化可以概括为"嵌入性控制"模式的出现

本文结合二手数据和案例资料得出当前中国国家—社会关系是"嵌入性控制"模式，具体表现为国家对社会组织管理的制度化水平提升、国家对社会组织管理的合法化吸纳能力增加、国家对社会组织管理的重点出现分化以及国家对社会组织管理的手段多元化四个方面。

3. 中国国家—社会关系领域中的"嵌入性控制"模式的出现具有深刻的社会背景和原因

如何理解近年来中国国家—社会关系中出现的这种"嵌入性控制"模式呢？也就是说，如何从理论上来解释"嵌入性控制"这种新的国家—社会关系模式的产生呢？中国国家—社会关系领域中的"嵌入性控制"模式的形成和发展，跟国家和社会因素中不同的背景原因是密不可分的，笔者将其概括为"两种角度，四种原因"，并运用政策梳理的经验资料对这样一套解释假设进行了初步论证，由此得出：从国家层面分析是政府职能转移改革以及政府成熟的风险成本控制能力，推动了"嵌入性控制"模式的产生与发展；而从社会层面分析，社会结构和需求的多元化以及社会组织的自利逻辑，为"嵌入性控制"模式更好地为社会组织所接受提供了良好的土壤，由此才可以对"嵌入性控制"模式的出现和发展进行有效的学理解释。

4. "嵌入性控制"模式仍然在不断的发展完善中，可以在较长一段时间内对中国国家—社会关系进行诠释，但其理论体系仍然有待完善

虽然作为一个学理概念，"嵌入性控制"模式具有相对稳定的特征和内在规定，但由于其还是一个新鲜事物，因此这一模式的具体形式、方式以及运行机制都仍然具有较强的变动性，会随着具体的改革和管理实践而不断地发展完善。例如，虽然我们界定国家对社会组织管理的制度化水平提升是"嵌入性控制"模式的第一个特征，但制度化水平以何种方式体现、制度化的稳固水平如何、制度的实际实施效果如何等都不能一概而论，而是会根据不同地区的改革进展程度而有所差异。此外，虽然"嵌入性控制"模式强调国家对社会组织管理的手段出现多元化，但是除了行政、法律、经济、技术标准等手段之外，是否还会出现新的管理手段？这些管理手段的各自优势如何？在哪些环境因素条件下，国家会侧重使用特定的管理手段？如何实现有效的组合？等等。这些问题都仍然在不断的变化之中，需要未来的研究者进一步深入研究。这些都表明，要用一个非常精确的概念来完全概括当代中国国家—社会关系的发展几乎是不可能的，"嵌入性控制"模式所起到的作用也仅是对当代中国国家—社会关系的最新发展趋势做出方向性的界定，并启示人们将研究视野从简单的国家—社会零和博弈关系转向更加微观、具体和双赢的运作机制上来，但是其一些具体的细节内容尚需更加深入的研究。

企业战略性慈善理论研究

——对波特战略性慈善理论的拓展

许文文　康晓光

一　问题提出

传统意义上的慈善一直被众人认为是慈善主体受内在价值观驱动而进行的济世救人的行为，中国诸子百家、佛教、道教、基督教等典籍中都对此类慈善有所论述。然而，慈善领域的重要主体之一——企业所进行的动机中包含利己因素的慈善行为——工具性慈善丰富了慈善的定义，并已成为慈善的主导因素。

在西方，企业慈善初始阶段表现为企业家的慈善行为，它与传统慈善相同，受纯粹利他主义的驱动。随着工业文明的发展，企业与社会的关系越来越紧密，企业慈善行为的动机和方式也发生着巨大的变化。在企业积聚大量财富资源后，社会公众开始批评资本家的贪婪，工会、政府等利益相关者也要求企业承担社会责任。为了求得生存和发展，企业不得不被动地通过慈善捐赠行为回应社会的各种要求。但慈善行为带来的社会效益和经济效益的冲突，使企业努力寻找慈善和利润的结合点，于是企业开始主动地、理性地进行慈善活动，使得慈善行为在带来社会效益的同时也有助于企业的生存和发展。可见，无论是企业被迫进行的慈善，还是企业经过计划、主动进行的慈善都与传统的利他主义慈善行为不同，慈善已成为企业追逐利润的工具。

改革开放后，中国企业的规模不断壮大，生存环境日趋复杂，面临着来自竞争者的威胁和各种利益相关者的挑战。与西方企业相同，慈善也成为中国企业发展的有力工具。目前，中国的企业慈善如火如荼，形式丰富，表现为向贫困地区或灾区捐款、支持非营利组织发展、举办慈善晚会、出资成立基金会等。其中，大部分慈善行为都蕴涵着企业的深度理性，能够与企业发展战略完美结合。

在此背景下，学术界对企业工具性慈善理论的研究就显得格外重要和紧迫。

企业工具性慈善领域内的理论成果主要来自西方，主要有战略性慈善理论和品牌导向型慈善理论两个流派。战略性慈善理论由管理学大师迈克尔·波特于 2002 年提出；品牌导向型慈善理论指包括公益—品牌战略论、声誉模型、捐赠—招聘模型、风险管理理论、捐赠寻租模型等在内的一组企业慈善理论。在上述理论中，战略性慈善理论影响最为深远，该理论在钻石模型的基础上，为企业工具性慈善研究提供了清晰的分析框架，对指导企业如何理性地进行工具性慈善活动意义重大。此理论提倡企业进行能够同时获得社会效益和企业利益且能够改善竞争环境的慈善行为，并将这种工具性慈善称为战略性慈善，反对企业进行以"提高公司知名度、提升员工士气、促进商业互惠和加强企业与各方关系"为目的的慈善行为，也就是说反对品牌导向型慈善理论所提倡的工具性慈善行为。波特认为品牌导向型慈善行为是杂乱无章的、没有重点的，过于注重企业"曝光度"，不能切实地通过改善企业竞争环境提高企业竞争力，不具备战略性。那么，品牌导向型慈善行为真如波特所言的无战略性吗？波特为什么将此种慈善行为完全排除在战略性慈善之外？如果此种慈善行为同样具有战略性，又该如何完善战略性慈善理论？以上是本文准备回答的问题。

二　两流派理论综述

（一）战略性慈善理论

1. 钻石模型

迈克尔·波特提出的战略性慈善理论在企业慈善理论中的地位举足轻重。此理论是波特将其竞争力理论中用于分析企业外部环境的钻石模型运用于企业慈善行为分析的一大成果。因此，为了更好地理解战略性慈善理论，应先对钻石模型进行介绍。

波特 20 世纪 80 年代起发表了竞争力理论三部曲《竞争战略》、《竞争优势》、《国家竞争优势》，从企业、产业、国家三个层次系统地建构了竞争力理论。钻石模型是在波特探讨国家竞争优势时提出的。

波特认为一个国家能够富强的根本原因是该国在国际市场上的竞争优势。这种优势来源于国家主导产业的竞争优势，主导产业的竞争优势来自于此产业中企业能够提高生产效率的创新机制，企业创新机制则来自于其所处的环境。那么这种环境具体指代什么？波特用"钻石模型"（见图1）回答了此问题。他认为，可以增强本国企业竞争优势的环境因素有四个：（1）生产要素条件。生产要素分为两类：古典经济学理论中的基本生产要素和创造性生产要素。波特认为创造性生产要素对提升本国企业的竞争力更加重要，基本的生产要素问题（劳动力、土地、天然资源、资本等）可以通过贸易或技术创新的方式克服。（2）国内需求条件。国内需求状况对竞争力的影响程度并没有由于全球化竞争的到来而削弱。扩大国内需求有助于形成规模经济，并且国内市场会预告给企业一个明了的客户需求图像，挑剔的客户需求可以迫使企业拼命创新，提升竞争力。（3）相关产业与支援性产业的国际竞争力。主导产业的相关产业和上游产业是否具有国际竞争力，直接关系到主导产业的国际竞争力。（4）企业的战略、结构与竞争程度。波特认为企业所

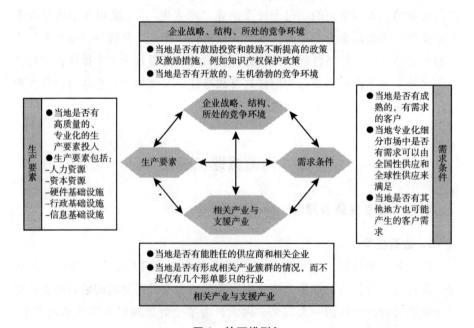

图1 钻石模型*

* Michael E. Porter and Mark R. Kramer, the Competitive Advantage of Corporate Philanthropy, *Harvard Business Review*, Dec. 2002.

处本地环境的竞争状态会影响本国企业的竞争力。上述四种因子分别为钻石模型的四个点，每个点会自我强化也会制约其他点的表现。任何一个点出问题，都会影响整个产业的进步和升级。

2. 战略性慈善理论

2002 年，迈克尔·波特与马克·克雷默在《企业慈善事业的竞争优势》一文中，将钻石模型运用于企业慈善行为分析，提出了战略性慈善理论。

《企业慈善事业的竞争优势》对企业慈善行为的分析从驳斥弗里德曼初始的慈善观点开始。[①] 弗里德曼的观点隐含两个假设：第一，社会目标与经济目标相互分离、相互对立；第二，企业捐赠者为社会福利作出的贡献不会比个人捐赠大。[②] 波特认为企业进行散乱的、没有重点的捐赠的时候，以上两假设是有可能成立的，但企业进行战略性慈善时，不仅可以获得社会利益和经济利益的双赢，而且可以利用企业各种优势和资源更好地进行慈善活动。为获得两种利益的双赢，战略性慈善必须能够同时带来社会效益和经济利益，社会效益体现在社会问题的解决，经济效益体现在企业通过提高竞争力获得利润。竞争力理论认为企业竞争力主要取决于企业竞争环境，改善企业竞争环境是提高企业竞争力的重要途径，并且企业竞争环境是企业与社会的桥梁，在其中可以找到需要解决的社会问题。因此，波特认为企业在进行慈善活动时，应经过系统的思考，利用钻石模型为工具找到企业与社会的最佳结合点，确定慈善活动的领域。文章中并没有对"战略性慈善"作出明确定义，但我们可以由波特对企业慈善行为的分析，总结出战略性慈善的特征：

第一，同时关注社会效益和企业利益。文中提到"真正的战略性捐赠活动同时关注重大的社会目标和经济目标，它瞄准那些与竞争环境相关的领域"。

第二，同时注重社会问题和企业竞争力。在论证最早被称为"战略性慈善活动"的善因营销不是战略性慈善捐赠时，文中说道："善因营销还远远称不上'战略性慈善活动'。它的着重点仍是曝光度，而非社会影响。它所期望的是博得更多的认同而不是公司竞争力的增强。"

第三，经过精心策划。波特反对散乱没有重点的捐赠项目，文中说道："现今大多数企业开展慈善活动的方式印证了弗里德曼的观点。我们看到的

---

① 弗里德曼在以后的文章中提出慈善社会效益与经济利益的二分性可以打破。

② Michael E. Porter and Mark R. Kramer, the Competitive Advantage of Corporate Philanthropy, *Harvard Business Review*, Dec. 2002.

项目大多是散乱没有重点。"因此可以推断出战略性慈善是系统的、有重点的和经过精心策划的。

第四，能够改善竞争环境。为了通过慈善行为提升企业竞争力，获得社会效益和经济利益的双赢，波特认为必须找到企业利益和社会效益共存的区域，而"企业的慈善活动对其竞争环境产生重要影响的区域，正是在这个区域"。文中也明确指出"从真正意义上的战略性角度来思考企业的慈善活动，企业可以利用慈善活动改善自己的竞争环境……能使企业的长远业务前景得到改善"。

从战略性慈善特征可知"能够改善竞争环境"是战略性慈善的必要条件，也是可以帮助企业找到慈善行为着手之处的原则。为帮助企业找到慈善行为的着手之处，波特将钻石模型作为分析工具，帮助企业确定慈善的领域——钻石模型中的竞争环境四因子，并对如何在四个领域内进行慈善进行了具体分析。

企业可以通过慈善对生产要素产生六方面重要影响：一是改善教育水平和培训水平，为企业提供大量高素质劳动力储备；二是改善企业当地居民生活质量，吸引到有能力的移动人口；三是提升所在地研发机构水平；四是提高诸如司法系统等行政管理机构的效率；五是改善基础设施质量；六是在可持续的开发自然资源方面努力。从需求条件的角度看，企业可以通过慈善行为扩大本地的市场规模，改善本地市场质量，提高本地顾客成熟度。从战略与竞争的角度看，企业可以通过慈善行为创建更有效率和公开透明的竞争环境，如26家美国企业和38家其他国家企业共同支持国际透明化组织反对国际商业贿赂，这不仅有利于当地居民，同时为企业提供了进入市场更便捷的途径。从相关和支援性产业的角度看，战略性慈善行为可以促进产业簇群的发展并巩固支持性产业。[①]

波特还指出企业不可能抓住钻石模型的每一个领域全面出击，而应当找出最具战略价值的社会环境领域，挑选出最具共享价值的一项或几项社会行动。[②]

该理论对战略性慈善行为进行了清晰的描述，同时表达了对品牌导向型

① Michael E. Porter and Mark R. Kramer, the Competitive Advantage of Corporate Philanthropy, *Harvard Business Review*, Dec. 2002.
② Michael E. Porter & Mark R. Kramer, Strategy & Society: The Link Between Competitive Advantage and Corporate Social Responsibility, *Harvard Business Review*, Dec. 2006.

慈善理论观点的排斥。文章明确反对企业"通过善因营销或某些大张旗鼓的赞助行为彰显自己的形象和品牌",也不赞成企业进行目的在于"提高公司知名度、提升员工士气、促进商业互惠和加强企业与各方关系"的慈善行为。①

(二)品牌导向型慈善理论

本文将提倡企业通过慈善塑造品牌和声誉,提升员工士气,促进商业互惠,加强企业与各方关系,取得社会利益和企业效益共赢的工具性慈善理论统一归为品牌导向型慈善理论,这一流派理论所提倡的品牌导向型慈善行为正是战略性慈善理论所反对的。

1. 公益—品牌战略论

公益—品牌战略论是品牌导向型慈善理论中的重要代表,由卡罗尔·科恩于2003年提出。卡罗尔·科恩认为在企业慈善领域一直存在两个极端:一端是企业迫于社会舆论的压力不得不实施慈善行为,这种被动的慈善行为显然与企业的经济利益相互排斥,使得企业没有进行慈善活动的长期内在驱动力;一端是战略性慈善理论中提出的战略性慈善,此类慈善为企业设定的慈善活动目标过于宏大,当企业想到慈善活动需要通过改善大的竞争环境从而提升企业竞争力,最终才能为企业增加利润时,可能会使大多数企业产生畏难情绪,对战略性慈善望而却步。出于此种考虑,卡罗尔·科恩提出了介于两者之间的公益—品牌战略论。② 该理论认为企业应当将慈善行为与企业长期品牌战略结合起来,充分利用企业的各种资源,选择与企业长期业务和品牌战略相关的公益项目,然后向全世界宣传自己的目标和贡献,使企业利益和慈善事业相得益彰。这种品牌导向型慈善能够塑造公司形象、增加公司声誉、帮助公司渡过危机、加深雇员忠诚度、吸引潜在雇员、加强与利益相关者的关系、促进产品和服务的销售。

同时,卡罗尔·科恩还提出了实施公益—品牌战略应该遵循的五个原则:挑选与企业业务或品牌战略相关的公益项目;精心挑选慈善机构;公益事业定位不宜过于宽泛,而应比较具体;充分利用企业各种资产,特别是鼓

① Michael E. Porter and Mark R. Kramer, the Competitive Advantage of Corporate Philanthropy, *Harvard Business Review*, Dec. 2002.
② Cone CL, Feldman MA, DaSilva AT, Causes and Effects, *Harvard Business Review*, Jul. 2003.

励企业员工参加慈善活动；要充分利用各种渠道宣传慈善活动。可见公益—品牌战略论不同于该流派中的其他理论，其提倡的慈善行为不仅重视宣传和品牌塑造，还重视慈善行为的精心策划，本文称此理论提倡的慈善为"公益—品牌战略型慈善"，属于品牌导向型慈善。

从以上介绍可以归纳出"公益—品牌战略型慈善"的特征：

第一，同时关注社会利益和经济利益。企业应当将慈善与企业品牌结合起来，使之同时造福社会和企业。

第二，注重通过宣传慈善活动提升企业品牌。公益—品牌战略型慈善会充分利用企业的各种资源，选择与企业长期业务和品牌战略相关的公益项目，然后向全世界宣传自己的目标和贡献，塑造企业品牌，提升企业形象，从而使慈善活动能够达到帮助公司渡过危机、加深雇员忠诚度、加强与利益相关者的关系、促进产品和服务的销售效果。

第三，进行的慈善活动是经过精心策划的。实施公益—品牌战略的原则中有界定慈善活动的领域、认真挑选公益项目、精心选择慈善机构等，由此可以看出，公益—品牌战略型慈善不是"散乱的，没有重点的"。

2. 其他品牌导向型慈善理论

公益—品牌战略型慈善理论提出慈善能够塑造公司形象、增加公司声誉、帮助公司渡过危机、吸引潜在雇员、加强与利益相关者的关系、促进产品和服务的销售。[①] 很多学者在研究企业慈善动机时，也分别从以上角度建立了各种工具性慈善理论，如 Fombrun 和 Shanley 的声誉模型、Turban 和 Greening 的捐赠—招聘模型、Godfrey 的风险管理理论及捐赠寻租模型等。这些理论运用数据、案例等方法论证了慈善可以在解决社会问题的同时为企业带来品牌效益，从而为企业带来利益。它们提倡企业进行品牌导向型慈善。

Fombrun 和 Shanley 的声誉模型[②]。Fombrun 和 Shanley 从 McGuir、Sundgren、Schneeseis 的模型出发，克服原模型中影响声誉因素中未包含企业社会责任[③]的缺点，提出了一个新的声誉模型。新模型中能够影响企业声誉的因素有市场信息、会计信息、公共机构、企业战略和企业社会责任。其

---

① Cone CL, Feldman MA, DaSilva AT, Causes and Effects, *Harvard Business Review*, Jul. 2003.
② Charles Fombrun, Mark Shanley, What's in a Name? Reputation Building and Corporate Strategy, *Academy of Management Journal*, Vol. 1990.
③ 此处的社会责任可以理解为企业慈善。

中社会责任部分的论述为：企业对社会问题的关注程度会影响公众对企业的判断。企业管理者可以通过做慈善、开发绿色产品、创造公平的招聘机会、成立基金会、平等地对待妇女和弱势群体等来增加自己的声誉。声誉模型表明企业前一期的社会责任和本期的社会责任所传递的综合信息会影响当期企业声誉，从而影响企业后期的绩效。

Turban 和 Greening 的捐赠—招聘模型①。企业捐赠能提升企业形象，企业形象又会投射到员工身上，提升员工的忠诚度，从而增大对潜在应聘者的吸引力。同时，企业捐赠向社会传递包含企业价值观在内的多重信号，部分解决了员工与企业的信息不对称问题，能吸引到更多认同企业价值观的职位申请者，这都将增大企业的人才选择权，形成潜在竞争优势，最终提升企业绩效。在现实中，IBM、通用和微软等西方企业在人才招聘广告中都宣传企业的慈善行为，这种实践说明一些企业已将慈善行为作为一种招募工具。Turban 和 Greening 对 633 个组织的实证研究也证明了慈善捐赠确实会增大组织对应聘者的吸引力。美国《可信赖企业》杂志进行了一项针对美国顶级商学院学生的调查，50% 的受访学生表示，即使工资较低，也愿意到负有社会责任的公司工作，43% 的学生不愿意为一家未展现出良好形象的企业工作。②

Godfrey 的风险管理理论③。该理论认为在企业慈善行为的价值观与受捐赠社区的价值观一致且社区对企业的捐赠动机信任时，企业的慈善行为能够产生积极的声誉，从而为企业带来道德资本。而这种道德资本能够维系企业与利益相关者之间的关系，在企业伤害利益相关者时能够发挥伤害保险作用。

捐赠寻租模型。捐赠寻租模型是指企业用慈善捐赠向社会（主要是政府）寻租，以增加收益或降低成本。国外的做法一般是企业通过频繁的（社区）慈善捐赠行为将自己包装为当地的"公益企业"，然后要求政府限制竞争，保持自己的垄断地位，从而获取垄断利润，或直接向政府申请补助、援助和优惠政策来降低成本。④ 国内捐赠寻租的情况更为普遍，很多企

① Daniel B. Turban & Daniel W. Greening, Corporate Social Performance and Organizational Attractiveness to Prospective Employees, *Academy of Management Review*, Jul. 1996.

② Cone CL, Feldman MA, DaSilva AT, Causes and Effects, *Harvard Business Review*, Jul. 2003.

③ Paul C. Godfrey, The Relationship Between Corporate Philanthropy and Shareholder Wealth: A Risk Management Perspective, *Academy of Management Review*, Vol. 2005.

④ 钟宏武：《企业慈善捐赠作用的综合解析》，《中国工业经济》2007 年第 2 期。

业会采用慈善的手段提升在政府眼中的形象，维系与政府的关系，获得一些有利于企业利益的政策。

综上可见，无论是公益—品牌战略论还是该流派中的其余理论都认为品牌导向型慈善能够通过塑造企业品牌形象，从而达到销售更多商品，招聘到更好的员工，增进与政府、供应商等利益相关者的关系，提高雇员忠诚度等目的。根据以上表述可以总结出品牌导向型慈善的特征有：同时关注社会利益和经济利益；注重对慈善活动的宣传，塑造企业品牌形象。

（三）品牌导向型慈善理论评述

1. 公益—品牌战略型慈善理论评述

公益—品牌战略型慈善理论认为企业慈善行为能对企业内部和外部同时产生影响，内部影响体现在企业的慈善行为可以增加员工对企业的忠诚度，提高员工的工作热情；外部影响体现在企业慈善行为可以塑造企业品牌形象，从而使企业能够达到销售更多产品、招聘更好的员工、增进与利益相关者的关系的目的。该理论强调企业进行慈善活动应着眼于企业品牌塑造和慈善活动的设计。另外，该理论认为战略性慈善理论提倡的慈善行为目标过于宏大，企业需要改善大的竞争环境来提升竞争力，过程迂回，着眼于品牌塑造的慈善行为更加直接，也更易被企业接受。由此可以看出公益—品牌战略型慈善理论与战略性慈善理论的观点是相悖的。

此理论的优势是：第一，拥有较强的现实解释力；第二，为企业提供了进行慈善活动的可操作原则，对企业进行慈善有实践指导意义；第三，相较于战略性慈善理论，此理论中品牌导向型慈善的目标更容易被企业接受。当然，该理论也有其局限性：一方面，品牌塑造意识太强，过于注重宣传，容易使公众反感。波特在其文章中说道："品牌导向型慈善目的性太强，且大量的宣传活动容易使公众对企业慈善行为产生厌烦情绪，这样有可能使企业慈善活动不仅不能改善企业形象，反而会有反面的效果。"另一方面，相较于战略性慈善理论，公益—品牌战略型慈善理论的系统性比较弱。

2. 其他品牌导向型慈善理论评述

声誉模型、捐赠—招聘模型、风险管理理论及捐赠寻租模型等理论都提倡企业进行品牌导向型慈善。它们认为企业可以通过慈善活动提升自己的形象，从而使企业在销售商品、招聘员工、降低关系风险的损害、维护与利益相关者的关系等方面获得优势。这些理论揭示了企业进行慈善的各种动机，解释了企业工具性慈善在不同方面的作用，为企业看待慈善活动提供了更加丰富的视角和机制。但由于它们分别只从单一角度研究企业工具性慈善，所以对现实中的企业慈善行为的解释不够全面。并且，这些理论只强调企业应当对慈善活动进行宣传，塑造企业品牌形象，不注重慈善行为的设计和策划。与战略性慈善理论和公益—品牌战略论相比，它们都没有提出分析慈善的体系，也没有给企业提供如何进行慈善的策略性指导，略显单薄。

（四）战略性慈善理论评述

战略性慈善理论之所以有很大的影响力，是因为该理论有以下优点：第一，此理论对企业工具性慈善行为的利己性和利他性提供了统一的分析框架，使慈善的社会效益和经济利益得到融合；第二，企业慈善事业的直接效果是对企业外部各种因素产生影响，而波特找到了企业与社会的最佳结合点——企业外部环境，以此切入的企业慈善行为能够作用到企业竞争力；第三，战略性慈善理论的理论基础是钻石模型，该模型蕴涵的逻辑性和系统性都非常强；第四，战略性慈善理论解决了企业如何通过慈善行为取得经济利益与社会效益的共赢，并就企业如何有效地进行慈善提出了一系列可操作的策略。对于本文来说，最重要的是该理论提供了一个清晰的分析企业如何进行工具性慈善的基本框架，我们可以在此基础上继续前进，不断升级此理论。

但是，战略性慈善理论也有其局限性。

首先，战略性慈善理论为企业设定的慈善活动目标过于宏大。企业的慈善活动需要通过改善大的竞争环境来提升企业竞争力，从而为企业带来经济利益。卡罗尔·科恩认为这种目标过于宏大、长远的慈善行为容易使大部分企业产生畏难情绪。因此，现实中的企业捐赠，仅有少部分属于该理论所推崇的战略性慈善，而很多慈善行为不会按照其所描述的机制给企业带来回报。[①] 本文认为战略性慈善行为对于一些企业来说确实过于迂回、不够直接，但现实中也的确存在大型企业进行战略性慈善。因此本文认为该理论提倡的慈善行为并非一无是处，它毕竟解释了现实中存在的一种高水平的企业工具性慈善。

---

① 钟宏武：《企业慈善捐赠作用的综合解析》，《中国工业经济》2007 年第 2 期。

其次，"搭便车"问题的存在使该理论的适用性大打折扣。钟宏武认为企业在通过慈善活动改善竞争环境时，产业内或区域内的其他企业甚至竞争对手都将毫无代价地从中获益，使得慈善行为的战略性价值因此丧失殆尽。最终可能只有行业内的龙头企业才会去实践此理论，因为大企业从环境改善中获取的收益最大，而中小企业操作这类慈善项目在很大程度上是在"为他人做嫁衣"，明显得不偿失。① 在文章中波特反对"搭便车"会使慈善行为价值不复存在的观点，并给出了五点原因说明尽管存在"搭便车"问题，战略性慈善为企业带来的利益还是巨大的。但是，我们不难发现这五点原因并不能完全让企业忽略战略性慈善的"搭便车"问题而积极进行战略性慈善。本文认为"搭便车"问题会使战略性慈善的效果大打折扣是不容否认的。

最后，战略性慈善理论存在逻辑上自相矛盾的问题。该理论提倡战略性慈善，认为所有的品牌导向型慈善都不是战略性慈善，且不赞成企业进行品牌导向型慈善。但据本文研究发现，并非所有的品牌导向型慈善都不是战略性慈善，具体分析如下。

在对战略性慈善理论进行介绍时，本文归纳了战略性慈善应具备的四点特征：同时关注社会效益和企业利益；同时注重社会问题和企业竞争力；经过精心策划；能够改善竞争环境。在对公益—品牌战略论进行介绍时，本文归纳了公益—品牌战略型慈善应具备的特征：同时关注社会利益和经济利益；进行的慈善活动是经过精心策划的；注重通过宣传慈善活动提升企业形象。可见公益—品牌战略型慈善的前两个特征与战略性慈善是完全对应的。对于战略性慈善其他两个特征，公益—品牌战略型慈善虽然不能完全对应，但也同样是符合的。公益—品牌战略型慈善注重通过慈善活动塑造企业的品牌，提升企业的声誉，也就是说注重改善外界对企业的看法。虽然钻石模型中归纳的竞争环境因子不包括"外界对企业的看法"，但"外界对企业的看法"来源于企业外部且对企业竞争力有很大影响，属于企业竞争环境②。因此，公益—品牌战略型慈善同样"瞄准与竞争环境相关的领域"。因此它具备"同时注重对社会的影响和企业竞争力的提高"特征。经以上分析，可以得出结论，公益—品牌战略型慈善属于战略

① 钟宏武：《企业慈善捐赠作用的综合解析》，《中国工业经济》2007 年第 2 期。
② "外界对企业的看法"属于企业竞争环境因子，在文章第三部分有具体论述。

性慈善。

至此，本文已经回答了文章一开始提出的第一个问题：品牌导向型慈善一定不是战略性慈善吗？由于公益—品牌战略型慈善是品牌导向型慈善的一部分，且属于战略性慈善，因此品牌导向型慈善并不像波特所说的那样一定不是战略性慈善。既然如此，波特为何将它排除在外呢？此问题之所以会产生，主要原因是波特对企业竞争环境的理解囿于钻石模型，并将钻石模型直接运用于对企业慈善行为的分析。但钻石模型是对企业竞争环境的高度抽象，不可能涵盖所有的竞争环境因子，如"外界对企业的看法"就不在其中，因此品牌导向型慈善由于不能改善钻石模型中的四种环境因子而被波特排除在战略性慈善之外。

（五）两流派理论对比

从对战略性慈善理论和品牌导向型慈善理论的介绍和评述可以看出，两流派理论的观点是相互排斥的。波特的战略性慈善理论具体定义为改善钻石模型中竞争环境因子的慈善行为，反对品牌导向型慈善，认为品牌导向型慈善只重视"曝光度"，不注重企业竞争力的增强，不能改善竞争环境，不属于战略性慈善。品牌导向型慈善理论认为企业应当能够在品牌形象上找到慈善在社会效益和企业利益之间的共赢点，支持企业通过宣传慈善行为，塑造企业品牌形象，从而提升企业竞争力，并且认为战略性慈善捐赠目标过于宏大、过程过于迂回，容易使企业产生畏难情绪。

表 1　两种慈善行为的对比

战略性慈善行为特征		波特的战略性慈善	品牌导向型慈善	
			公益—品牌战略型慈善	其他品牌导向型慈善
同时关注社会效益和经济效益		符　合	符　合	符　合
同时关注社会问题和企业竞争力		符　合	符　合	符　合
系统的，有重点		符　合	符　合	不一定符合
改善企业竞争环境	改善钻石模型中竞争环境因子	改善企业战略、结构与所处环境的竞争状态　符　合	不赞成	不符合
		改善生产要素　符　合		
		改善需求条件　符　合		
		改善相关产业与支援产业　符　合		
	通过宣传改善外界对企业的看法	不赞成	符　合	符　合

　　尽管观点互相排斥，但两流派理论所提倡的慈善行为具有共同特征，特别是战略性慈善和公益—品牌战略型慈善，两种慈善行为都属于战略性慈善的范畴，只是改善的竞争环境因子不同。

　　根据以上分析，我们可以作出以下总结。战略性慈善理论有强大的理论背景，良好的研究角度，理论体系结构完整，系统性强，在这一方面具有绝对优势。但是由于波特对钻石模型的"拿来主义"的应用，致使战略性慈善理论存在逻辑上的问题。品牌导向型慈善理论以公益—品牌战略论为代表，囊括了其他理论，研究角度没有战略性慈善理论明晰，理论体系的结构性与战略性慈善理论也存在一定差距，但是该理论不存在逻辑上的问题，且对现实的解释力很强。总之，两流派理论各有所长，在企业工具性慈善理论领域都有重大意义。

表 2　两个理论流派的对比

对比维度	战略性慈善理论	品牌导向型慈善理论	
		公益—品牌战略论	其他理论
研究对象	战略性慈善	战略性慈善	工具性慈善
研究角度	外部（环境导向）	外部与内部	角度单一
理论体系的结构性	强	较强	弱
理论逻辑的自洽性	弱	强	强
实践中的可操作性	强	强	弱
现实解释力	较强	强	弱

三　新战略性慈善理论构建

　　战略性慈善理论将钻石模型运用于分析企业慈善，提供了一个良好的视角和完整的分析框架，本文试图沿用战略性慈善理论的分析框架，借鉴品牌导向型慈善理论的思想，完善战略性慈善理论。根据上文的分析，我们找到了改善战略性慈善理论的切入点——拓展钻石模型。我们可以通过将"外界对企业的看法"加入钻石模型中，将公益—品牌战略型慈善吸纳到战略性慈善中，解决战略性慈善理论逻辑上自相矛盾的问题。

（一）钻石模型的拓展

　　企业或某一产业不可能脱离其所处环境而存在，以波特为代表的环境导向学派更是强调环境中各因素对企业、某一产业或一个国家竞争力的影响。在研究国家竞争优势时，波特提出了经典的钻石模型，此模型无疑是对纷繁的竞争环境的成功抽象。钻石模型由于操作性极强而被广泛运用，几乎成为所有产业和地域竞争力分析的工具。钻石模型的简约必然会带来不全面性，且当前完善钻石模型的研究并不鲜见。例如，鲁格曼和克鲁兹在分析加拿大的国家竞争优势时提出的双钻石模型；卡特赖特在研究新西兰竞争力过程中提出的多因素钻石模型；邓宁在研究全球经济发展过程中提出的国际化钻石模型；乔东逊在研究韩国的经济发展时提出的九要素模型；穆恩、鲁格曼和沃伯克在研究新加坡、韩国时提出的一般化的双重钻石模型。[1] 国内学者在对钻石模型进行应用时也对钻石模型进行了改进，在此不再赘述。

由现有文献可知，对钻石模型的补充工作大多集中在探讨国家竞争优势的宏观层面或者对特定产业进行分析时加入特定因素，缺少将钻石模型运用于企业层面的竞争力分析时的补充和完善。由于本文准备在企业层面使用钻石模型，因此决定在企业竞争力层面拓展钻石模型。

本文决定在钻石模型中加入"外部对企业的看法"因子，新模型如图2所示。之所以将"外部对企业的看法"加入到模型中，是因为其既能够影响企业竞争力又属于企业外部竞争环境。"外部对企业的看法"能够影响企业竞争力已经是一种类似于常识的论断，本文不再讨论，下面就"外部对企业的看法"属于企业外部竞争环境进行论证。根据企业竞争力理论的资源基础论学派的观点，企业竞争力来源于其所拥有的资源。企业的资源可以分为两种：有形资产（财务资产、实物资源）、无形资产（技术资源、商誉、人力资源、组织资源），其中"外部对企业的看法"属于能够为企业带来竞争力的无形资产。[2] 但本文认为"外部对企业的看法"与企业的有形资产、其他无形资产和组织能力的性质是不同的，以上这些资源主要取决于企业自身，但"外部对企业的看法"虽然与企业自身有关，但其来源于企业外部，且更依赖于企业外部各主体的主观意愿，企业只能通过行动去影响但不能决定外部对它的看法。因此本文认为"外部对企业的看法"是构成企业竞争环境的重要因素。当然，此种环境因素与钻石模型中的四因子有所不

---

① 陈卫平、朱述斌：《国外竞争力理论的新发展——迈克尔·波特"钻石模型"的缺陷与改进》，《国际经贸探索》2002年第3期。
② 胡大力：《企业竞争力：决定因素及其形成机理分析》，经济管理出版社，2004，第95~97页。

同，其他四种因子是独立于企业而存在的，而"外部对企业的看法"和企业还有关联，但这并不影响把它作为环境因子之一的正确性。

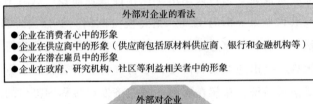

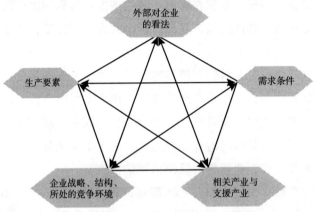

图 2　新钻石模型

　　新模型中生产要素，相关产业与支援产业，需求条件和企业战略、结构与所处的竞争环境四个因素与原钻石模型相同，所以在此不再解释，下面我们来具体阐述新加入的因子"外部对企业的看法"如何影响企业竞争力。

　　"外部对企业的看法"所包含的内容有：企业在消费者心中的形象；企业在供应商中的形象（供应商包括原材料供应商、银行和金融机构等）；企业在潜在雇员中的形象；企业在政府、研究机构、社区等利益相关者中的形象。

　　品牌、商标、企业声誉都是企业通过持续的努力在公众心目中树立起来的，都会表现出社会对企业的认同，是企业竞争优势的重要来源。消费者对企业品牌的认同能够增加企业产品和服务的销量，甚至能够帮企业维系一个忠诚的客户群体。例如，可口可乐和百事可乐依靠消费者对其品牌的认同成为软饮料行业的巨头。商誉良好、形象健康的企业不仅其产品和服务容易被消费者接受，在同样的质量下卖出好价格，而且在获得产业链上游资源、融资、借贷、招聘到好员工方面都会得到方便和优惠。例如，全球 500 强企业在寻找供应商、融资和招聘员工方面相较于其他企业优势非常明显。

　　企业的生存离不开外界环境，因此与外部的关系就显得异常重要。与政府、相关研究机构、社区等建立良好的关系，可以帮助企业顺利地获取资源、销售产品、提高企业适应环境的能力。与政府维持良好关系可以帮助企业树立在政府心目中的良好形象，方便企业获取有利于自己的政策法规资源；与研究机构的合作能够让企业掌握新技术发展的动向，促进企业技术创新；企业与所处社区的关系对于企业的生存来说异常重要，社区对企业是否认同决定了企业是否能够快速融入环境。

（二）　新战略性慈善理论

　　战略性慈善理论的一大贡献是将钻石模型运用于企业慈善的分析，为分析企业慈善提供了一个可操作的基本框架，如图 3 所示。

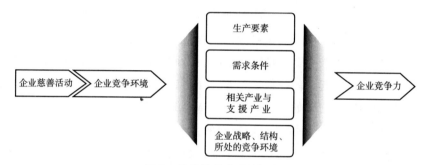

图 3　战略性慈善理论框架

　　本文借鉴波特的思路，在拓展的新钻石模型的基础上构建新战略性慈善理论分析框架，见图 4。

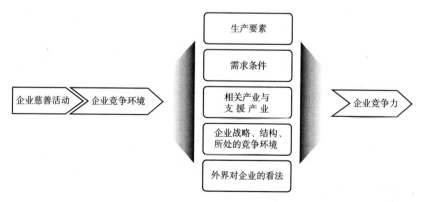

图 4　新战略性慈善理论框架

新的理论框架相较于原框架增加了慈善通过改善"外部对企业的看法"从而提高企业竞争力的部分，那么企业如何通过慈善活动改善"外部对企业的看法"呢？

企业慈善行为可以为企业带来良好的声誉，提升企业品牌形象，从而使其产品和服务的销售情况良好。Fombrun 和 Shanley 通过建立数学模型，运用《财富》杂志对 292 家企业的调查数据证明了企业前期及当期的慈善行为能够影响当期的声誉。ConAgra 食品公司深谙企业慈善能够提升企业品牌形象之道，它在每年圣诞节的促销活动中向消费者宣传每购买一磅的奶酪就会向"Feeding Children Better"项目捐赠一美分。在三年的时间里，这个项目为该公司带来了 210000 美元的利润。[①] 雅芳公司开展乳腺癌防治运动，向得不到医疗保障的女性宣传乳腺癌知识、提供医疗救助，来塑造自己的品牌形象，增加品牌知名度，从而促进其商品的销售。

企业慈善行为可以塑造企业形象，为企业吸引高素质的潜在雇员。企业的潜在雇员会最先被企业的良好形象吸引，而这种形象大多是由企业承担社会责任的行为建立起来的。很多企业已经认识到了这一点，并将企业慈善行为作为招聘的工具，例如 IBM、General Motor 和微软公司会向潜在的雇员发放它们的慈善行为宣传册，宣传它们的慈善行为。Turban 和 Greening 利用从 KLD 企业简介[②]中抽出的 633 个企业的数据，采用数学建模的方法证明了企业慈善行为可以为企业吸引潜在雇员。

除此之外，当企业的慈善行为符合其利益相关者的价值取向时，会帮助企业积累一定的道德资本，这种道德资本会减轻企业伤害利益相关者时的后果，促进企业和利益相关者关系建立。[③] 这种与政府、研究机构、社区等的良好关系可以帮助企业顺利地获取资源、销售产品、提高企业适应环境的能力。

新战略性慈善理论通过拓展钻石模型，对原战略性慈善理论和公益—品牌战略型慈善理论进行了整合，扩大了战略性慈善的定义。新战略性慈善理论所提倡的战略性慈善与波特的战略性慈善及企业品牌导向型慈善的异同如表 3 所示。

---

① Charles Fombrun & Mark Shanley, What's in a Name? Reputation Building and Corporate Strategy, *Academy of Management Review*, Vol. 33, No. 2 (Jun., 1990), pp. 233 – 258.

② KLD：Kinder, Lydenberg, Domini & Co. Company Profiles, 一个用于 CPS 利益的研究的数据库。

③ Paul C. Godfrey, The Relationship Between Corporate Philanthropy and Shareholder Wealth：A Risk Management Perspective, *Academy of Management Review*, Vol. 2005.

表3 三种慈善行为对比

战略性慈善特征			波特提倡的战略性慈善	公益—品牌战略型慈善	新理论提倡的战略性慈善
同时关注社会效益和经济效益			符　合	符　合	符　合
同时关注企业竞争力和社会问题			符　合	符　合	符　合
系统的，有重点			符　合	符　合	符　合
改善企业竞争环境	改善钻石模型中竞争环境因子	改善企业战略、结构与所处环境的竞争状态	符　合	不赞成	符　合
		改善生产要素	符　合		符　合
		改善需求条件	符　合		符　合
		改善相关产业与支援产业	符　合		符　合
	改善外界对企业的看法		不赞成	符　合	符　合

（三）新战略性慈善理论的优势

新战略性慈善理论通过拓展钻石模型，丰富了竞争环境因子，将品牌导向型慈善中的"公益—品牌战略型慈善"吸纳到战略性慈善理论中，从而解决了原理论逻辑上的错误，完善了原理论。相较于原理论，新战略性慈善理论的优势体现在：一、新理论拓展了战略性慈善范围，解决了"搭便车"的问题，逻辑自洽性增强；二、新理论吸收了公益—品牌战略型慈善，在原理论中增加了慈善可以通过改善"外部对企业的看法"竞争环境因子提高企业竞争力的机制，现实解释力得到增强。

四　小结

本文将企业工具性慈善理论归纳为两流派：战略性慈善理论和品牌导向型慈善理论。战略性慈善理论从企业与社会的结合点——竞争环境切入，运用钻石模型为企业慈善研究提供了完整的分析框架。该理论认为企业应当进行战略性慈善，反对以塑造企业品牌、改善企业声誉、加强企业与利益相关者之间关系为着眼点的慈善行为。然而品牌导向型慈善理论认为改善企业竞争环境，从而提升企业竞争力的慈善行为目标过于宏大，过程过于迂回，容易使企业产生畏难情绪。该理论认为企业应当进行品牌导向型的慈善行为。研究发现，战略性慈善理论存在逻辑上自相矛盾的问题，因为该理论赞成战略性慈善但反对品牌导向型慈善。事实上，品牌导向型慈善也可以是战略性慈善，只不过改善的竞争环境因子不同，品牌导向型慈善是通过改善"外部对企业的看法"提升企业竞争力的。产生这种问题的根源在于钻石模型对企业竞争环境归纳的局限性。因此本文对钻石模型进行扩展，将"外部对企业的看法"这个环境因子加入钻石模型中，从而扩大了"战略性慈善捐赠"的范围，吸收了"公益—品牌战略型慈善"理论，构建了新战略性慈善理论。

从研究对象、研究角度、现实解释力、实践中的可操作性、理论体系的结构性、理论逻辑的自洽性六个维度，我们对新战略性慈善理论、战略性慈善理论及品牌导向型慈善理论进行比较，以显示新理论的优势和有待完善之处。

表4　三种理论对比

	战略性慈善理论	品牌导向型慈善理论		新战略性慈善理论
		公益—品牌战略论	其他理论	
研究对象	战略性慈善	战略性慈善	工具性慈善	战略性慈善
研究角度	外部（环境导向）	外部与内部	角度单一	外部（环境导向）
理论体系的结构性	强	较强	弱	强
理论逻辑的自洽性	弱	强	强	强
实践中的可操作性	强	强	弱	强
现实解释力	较强	强	弱	强

如表4所示，新理论保留了原战略性慈善理论在研究对象和研究角度上的优势。战略性慈善是工具性慈善的一部分，是一种理性的、战略性的工具性慈善。企业以利益最大化为最终目标，理性是其进行一切活动的原则，因此战略性慈善是企业慈善的发展趋势，目前普遍存在的散乱的、没有重点的工具性慈善终将被战略性慈善取代。企业慈善行为直接效果作用于企业外部，因此波特选择环境导向的研究视角非常准确。但不能忽略的是慈善确实也会对企业内部产生影响，例如品牌导向型慈善理论中提到的慈善行为可以影响员工的忠诚度和荣誉感，这些会直接影响到企业的竞争力。新的理论在波特的框架下不能将慈善对企业内部的影响也考虑进去，还有待进一步完善。

国际社会对中国第三部门发展的影响：世界社会的视角

赵秀梅

一 绪论

（一）前言

改革开放以来，中国经历了一个民间组织繁荣发展的过程。不仅新型的民间组织不断出现和发展，那些"文革"中销声匿迹的传统民间组织也随着改革开放复苏并快速发展。这些民间组织的快速发展引发了中国社会结构的深刻变化，出现了政府、企业之外的第三部门。据民政部民间组织局的最新统计，截止到 2009 年年底，在民政部门注册的各类民间组织总量达到了大约 41.37 万个，其中社会团体约 22.97 万个，民办非企业单位约 18.24 万个，基金会 1597 个。此外还有大量的没有登记注册的民间组织。①

很多学者敏锐地观察到，导致中国第三部门出现和急速发展的社会政治背景是不同于西方社会的。在西方社会，第三部门是市场失灵和政府失灵的产物，而中国的第三部门首先是经济改革的产物，是国家主动开放社会领域

---

① 对于大量的没有在民政部门注册的草根民间组织的数量，没有也不可能有一个准确的统计数据，因此出现了很多的估计数据。因为使用标准的不同，估计出来的数量差别很大。比如，民政部民间组织管理局估计，未注册的社会团体数量为 40000 个，未注册的民办非企业单位数量为 250000 个。俞可平（2006）估计，学生团体、社区文娱团体、业主委员会、网上社团等草根组织数量为 758700 个。赵树凯（2007）估计，仅仅活跃在乡村的基层民间组织数量就已达 300 万个。其他的估计还有李（2008），《中国发展简报》（2008），王绍光和何建宇（2006），《中国青年报》（2006）等。

的结果。① 改革开放后，中国出现了自由流动的资源，产生了可以自由活动的社会政治空间②，同时政治环境的放松③以及知识分子地位的提升④，社会问题的加剧和尖锐化⑤等，都是引发和促进中国第三部门组织快速发展的内因和根本性因素。

在强调内因的同时，也可以发现国际社会这个外因对中国第三部门发展的巨大影响。改革开放 30 多年来，国际社会对中国本土第三部门的发展产生了极为深远的影响。在中国第三部门的发展初期，国际社会提供了直接的示范作用。改革开放初期，出于推动改革以及对外交流的需要，政府推动、发展了大量的半官半民的民间组织。到了 20 世纪 90 年代中期，随着第四届世界妇女大会在北京的召开，西方意义上的 NGO 开始传入中国并得到了迅速发展。中国很多的 NGO 都是在国际社会的直接影响下产生的。

国际社会为中国第三部门组织以及活动者提供了很多在国内环境中得不到的物质资源，比如国际社会为中国第二部门组织提供的资金、项目援助，能力培训，资助中国的大学、研究机构等学术部门从事与第三部门相关的研究、学术交流等。

同时，国际社会也给中国第三部门提供了很多非物质性的资源和支持。比如，公众参与、环境保护等国际社会认可的价值观念为国内 NGO 的活动提供了合法性基础；一些 NGO 的活动因为受到国际社会的关注而扩大了其

---

① 比较经典的研究有：康晓光：《转型期的中国社团》，《中国社会科学季刊（香港）》1999 年第 8 期，第 1 ~ 14 页。White, Gordon, Prospects for Civil Society in China: A Case Study of Xiaoshan City, *The Australian Journal of Chinese Affaires* 29 (1993): 63 – 87. White, Gordon, Jude Howell and Shang Xiaoyuan, *In Search of Civil Society in China* (Oxford: Clarendon Press, 1996). Nevitt, Christopher Earle, Private Business Associations in China: Evidence of Civil Society or Local State Power? *The China Journal*. no. 36 (1996): 25 – 43. Frolic, B. Michael, "State-led Civil Society." *Civil Society in China*, eds. Brook and Frolic (M. E. Sharpe, 1997), pp. 46 – 67.

② 孙立平：《动员与参与——第三部门捐助机制个案研究》，浙江人民出版社，1999。

③ 参见：Zhang, Yuguo, *Civil Society in Post-Mao China*, Master Thesis of Simon Fraser University, Canada, 1994. Sidel, Mark, Dissident and liberal legal scholars and organizations in Beijing and the Chinese state in the 1980s, *Urban Spaces in Contemporary China*, eds. Davis et al. (Woodrow Wilson Center Press and Cambridge University Press, 1995), pp. 326 – 346. He, Baogang, *The Democratic Implications of Civil Society in China* (Macmillan Press Ltd, 1997).

④ Zhao, Xiumei, From Adapting to Political Constraints to Influencing Government Policy: a Study of the Strategies of Chinese NGOs in NGO-State Interaction, *The Nonprofit Review*, vol. 5: no. 1 (2005): 57 – 66.

⑤ Ho, Peter and Richard Louis Edmonds (eds.), *China's Embedded Activism*, *Opportunities and constraints of a social movement*, (Routledge, 2008).

在国内的政治影响，增大了在国内的活动空间；当一些 NGO 的领导人受到访华的外国国家元首接见之后，这些组织在当地的政治影响和活动空间也随之增大。

同时，国际社会也在改变和影响着中国政府对待第三部门的政策和行为。比如，通过资助中国的政府官员到国外参观、学习第三部门的管理制度、法律、法规，让国内的官员了解到国际社会中通行的政府与第三部门的关系模式；利用国际媒体的宣传、报道等方式来把国内的事情展示到国际社会舞台上，从而来改善国内政府对待第三部门的态度和行为，等等。另外，很多国际性的 NGO 还直接到中国从事项目活动。它们有的与中国政府合作，有的与第三部门组织合作，在诸如扶贫、环保、艾滋病防治等领域，甚至村民自治这样的基层政治过程中，以自己独特的方式影响着中国政府的行为，甚至政策。

所有这些都影响了中国第三部门的活动和存在方式，也影响了国家对待第三部门的态度和行为，以及中国第三部门与国家的互动过程和方式。可以说，国际社会对于中国第三部门的发展产生了深刻的影响，而且随着全球化的加速进行，这些影响还将持续下去。如果说，在 20 世纪 90 年代之前，中国第三部门的发展动力主要来自于国内改革的话，那么 90 年代后期以来，国际社会对中国第三部门发展的影响则越来越明显。

另外，中国第三部门也在对国际社会施加反影响力，而不仅仅是复制国际社会的模式。在对中国第三部门发展施加影响的过程中，国际组织也深受来自中国国内制度环境、文化、传统习俗的反影响，它们在中国的运作模式已经不同于它们原本的运作模式，或者是在世界其他区域的运作模式，它们在中国的运作模式中不可避免地添加了"中国特色"。

最近几年，一些中国的 NGO 开始越来越多地参与跨国市民社会活动，或者尝试将自己在国内形成的一些模式和规则推广到其他国家或区域，参与世界文化的形成和创造。

可以说，国际社会和中国第三部门之间的关系不是单方向的，而是相互影响的，是一个有国内外政治、社会、文化等多方因素参与的复杂互动过程。

（二）相关研究

近几年，有关国际社会和中国第三部门发展的研究日渐增多。这些研究大致可以分为以下两大类：针对在华国际非政府组织的研究；针对国际社会对中国第三部门的影响的研究。

1. 关于在华国际非政府组织的研究

（1）从总体上介绍、分析在华国际非政府组织的基本情况。

最早对国外在华非政府组织进行系统调查、统计的是《中国发展简报》。2005 年《中国发展简报》出版了《200 国际 NGO 在中国》，介绍了 200 余家国际非政府组织在中国的项目活动情况。在此基础上，一些学者分析了在华非政府组织的类型、活动领域、活动方式、面临的问题等基本情况。比如，高扬（2005）的"国际 NGO：不同的起源、变化着的性质和全球化趋势"，唐士其等（2008）合著的《INGO 在中国》；欧阳斌的"国际 NGO 在华生态"，云南省 2006 年度哲学社会科学规划课题"国际非政府组织在云南的运作模式研究"的阶段性成果"国际非政府组织在云南发展状况研究"，唐元恺（2005）的"国际非政府组织日益在中国扮演重要角色"，以及邱伟、刘力（2005）的"透视日益走进中国的国际非政府组织"等。这些研究基本上是描述性的研究，为我们进一步的研究提供了非常丰富的信息资料。

（2）对在华国际非政府组织的个案分析。

Flower and Leonard 以国际小母牛组织在四川的活动为例分析了中国的制度环境、传统、地方文化对于国际组织在中国的活动的影响，强调了国际组织的地方化问题。① 徐传凯通过对第一家在民政部门登记的国际非政府组织——国际狮子会的调查研究，认为进入中国的国际非政府组织与政府的关系具有法团主义特征，政府通过特批允许少数国际非政府组织登记注册，但同时又对其运作进行了严格控制。②

还有一些个案侧重于对国际非政府组织在中国社会转型中的作用和功能，特别是对地方治理的影响的分析。Shelley（2000）和谭青山（2008）分别对美国的三个基金会如何进入中国，以及如何影响中国基层政治改革和治理进行了很好的剖析。③ 朱建刚（2007）则以珠三角区域为例，分析了国

---

① Flower, John & Leonard, Pamel, Community Values and State Civil Society in the Sichuan Countryside, *Civil Society*, *Challenging Western Models*, eds. Hann, Chris and Dunn Elizabeth (London and New York: Routledge, 1996), pp. 199 – 221.

② 徐传凯：《从法团主义视角看在华的国际非政府组织——以国际狮子会为例》，《学会》2008 年第 4 期。

③ Shelley, Becky, Political Globalization and the Politics of International Non- governmental Organizations:The Case of Village Democracy in China, *Australian Journal of Political Scientce*, Vol. 35（2000）：225 – 238. 谭青山：《在深化村民自治进程中健全村委会选举制度》，《华中师范大学学报（人文社会科学版）》2008 年第 6 期。

际非政府组织对地方治理的影响，特别是对推动地方观念变化方面的影响进行了很好分析。[1]

2. 国际社会对中国第三部门的影响

关于国际社会对中国第三部门影响的研究还不是很多。马秋莎以全球化为视角分析了全球市民社会给中国第三部门发展带来的资金、项目、技术，以及中国政府对待 NGO 政策的一些变化，认为中国市民社会是全球市民社会的一部分。同时，她也分析了国内草根组织对国际援助的依赖，认为中国本土第三部门组织与国际 NGO 之间存在不平衡关系，担心这种状况将对中国社团的长远发展产生负面影响。[2] 笔者曾经对北京申办奥运会中政府与环保 NGO 的合作进行了分析，认为合作的发生是因为政府期望利用 NGO 来提高自己在国际社会的合法性，是一种 NGO wash 的行为，但是这种合作在一定程度上又给国内的 NGO 提供了活动空间。[3]

可见，对国际社会和中国第三部门之间关系的研究已经开始，但是关注点大多是国际在华非政府组织，是关于它们在华的一些活动的描述性分析。数量很少的分析国际社会对中国第三部门影响的研究也主要是分析全球化对中国市民社会的影响，而中国国内因素对国际社会各方面的影响和作用分析不多。可以说，关于国际社会和中国第三部门关系的综合性研究，特别是国际社会与国内各因素之间的互动过程分析非常缺乏。

而且，在研究国际社会对中国第三部门影响的时候，基本上分析的是国际社会提供的各种资金支持。固然，国际社会投入到中国的数目可观的各种项目资金直接推动了中国第三部门发展。但是，与这种物质性资源并列的国际社会的规范、标准、价值观念等文化资源对中国第三部门的影响却基本上被忽视了。其实，某种程度上，在全球化日益加速的背景下，国际社会的规范、标准、价值观念等对中国第三部门的发展具有更重要的意义，它们可以为中国的第三部门组织创造国际政治机会，提高它们在国内的合法性，扩展它们在国内的政治空间。

---

① 朱健刚：《国际 NGO 与中国地方治理创新——以珠三角为例》，《开放时代》2007 年第 5 期。

② 马秋莎：《全球化、国际非政府组织与中国民间组织的发展》，《开放时代》2006 年第 2 期。

③ Zhao, Xiumei, From Indifference to Cooperation: A Study of the Relationship between the Government and NGOs in China's Green Olympic Bid Campaign, The Nonprofit Review, No. 2 (2002): 73 – 82.

另外，现有的研究中，描述性研究比较多，理论性分析比较少。特别是对于国际社会如何影响中国第三部门发展，以及市民社会的全球化与地方化方面的理论分析还很少。

（三）分析框架

本研究旨在分析国际社会对中国第三部门发展的影响，着重探讨在全球化进程日益加剧，中国日益开放的背景下，国际因素，尤其是国际社会的诸如规范、标准等文化性因素对于中国第三部门的发展产生了什么样的影响，影响到什么程度，以及这些影响是通过什么样的方式和过程产生的。

尽管研究重点是国际性因素对中国第三部门发展的影响，但是单纯地考虑国际因素和第三部门之间的相互作用和影响是不够的。我们必须认识到第三部门活动的政治社会场域首先是在国内，因此也必须要考虑与第三部门关系密切，或者在第三部门发展中有重要作用和影响的国内因素。

由于目前中国的"强国家—弱社会"的国家与社会关系，国家对于第三部门的法律、法规，政府部门对于第三部门组织的态度，国家对外开放程度等都对第三部门的发展有着极为重要的影响。相对于外部的因素，国家对于第三部门的生存和发展的影响可能更具决定性。因此，这里我们将作为第一部门的国家也纳入分析框架之内。

图 1 是本研究的一个总体性分析框架，它涉及三对关系：国家与第三部门之间的关系，国际社会与国家之间的关系，国际社会与国内第三部门之间的关系。其中，国家与第三部门的关系是核心，因为国际社会无论与谁发生互动，最终影响的都是国家与第三部门的互动过程和变化方向。

国家和第三部门之间的互动是多元的，影响国家和第三部门互动过程的制度性和非制度性因素也很多。比如，国家开放的政治参与渠道的多寡，第三部门组织所从事的活动的政治敏感性，第三部门组织领导人的政治社会身份，第三部门组织的法律地位等都会直接影响国家和第三部门组织在互动中的效果，甚至影响着国家和第三部门组织的互动能否发生。关于国家与第三部门组织互动的分析很多，但是这些分析中涉及的国际性因素影响的不是很多，除了个别的研究涉及资金、项目援助等物质性支持。其实，国际性因素在国家和第三部门的互动过程中起着不可忽视的作用，比如，国际环境保护运动为国内的环境 NGO 提供了合法性的基础，从而有利于它们批评国家的环保政策，进行倡导活动，以及发起反对修建大坝的运动。另外，亲 NGO

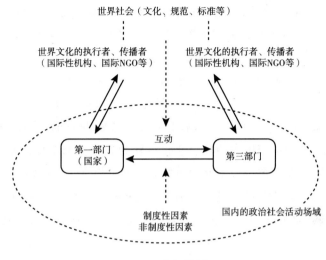

图 1 分析框架

的世界文化一方面限制了国家对 NGO 的政策和行为中那些不利于 NGO 发展的部分，同时也奖励国家支持第三部门的行为。

在这个分析框架下，本研究要讨论的是，国际性因素，主要是国际社会的规范、标准等文化性因素在国家和第三部门互动过程中的作用，对于互动双方行为的影响，以及这些影响又如何进一步影响第三部门的生存环境和发展过程。同时，本研究还要考察国际性组织和机构与国家、第三部门的互动，进而来讨论互动双方是如何相互影响的。

需要注意的是，在分析中，我们必须认识到国际性因素的影响力的局限性，不可以过度强调国际性因素的影响。尤其是在分析国家行为的时候，国际性因素对于国家没有绝对的影响力，国家可以有选择性地接受国际性因素的影响，也可以拒绝来自国际社会的影响（比如压力），同时，它还可以反过来影响国际机构和组织在中国国内的活动。在分析中，我们还必须充分认识到中国目前"强国家—弱社会"的国家—社会关系这一大背景，国际社会的影响是在这一背景下发挥作用的，离开了这个背景，所有的分析都可能会有失偏颇。

（四）研究理论

从上面的分析框架可以看到，海外力量对于国内第三部门的发展的影响这一问题超出了单纯的国内的政治社会活动的范围，对这一问题的研究分析，需要一个能够涵盖国际性因素（包括国际性组织、国际社会的文化等）、国家以及第三部门组织的理论分析模式。本研究尝试利用"世界社会"（World Society）理论模式来探讨这一问题。

世界社会（World Society）理论，或世界政体（World Polity）理论，是由著名的制度学大师 Meyer 首先提出的。作为一个新兴理论，"世界社会"不同于强调经济军事力量的"世界体系"（World System）理论、"新现实主义"（Neo-realism）理论以及"现代化理论"（Modernization Theory），它试图将超越单一国家的跨国界的社会变化解释为二战后的全球性制度的形成、国际组织的产生和发展以及不断加强的共同的世界文化的产物。它强调文化因素的作用，认为文化是在世界范围基础上被持续性组织起来的，民族国家（Nation State）是文化性构建的，而不仅仅是基于当地的环境和历史构建起来的。①

作为新制度学的"世界社会理论"认为，社会角色的行为和身份认知是在其所在外部环境的作用下形成的。在"世界社会"的研究视角中，社会角色一方面是寻求利益的理性社会角色，同时也是由外部的环境提供的文化规范和脚本的执行者。本研究在透过"世界社会"的理论视角来分析国际社会与中国国家和第三部门的关系时，将国家和第三部门组织视为超越国家的"世界社会"内的角色，它们的行为受到了其所处的外部环境，也就是世界文化所提供的国际规范、标准、解决社会问题的具体模式和脚本的影响。

在世界社会中，国际组织被视为世界文化的传播者和执行者。然而，国际性组织并不是独立的高于国家或者国内第三部门的角色，它们和国家以及第三部门组织之间，不单纯是合作或者对抗的关系，它们之间既有冲突也有妥协。

在探讨国际性因素对于第一部门——国家的影响时，本文尝试利用"国家社会化"（state socialization）来分析第一部门是如何适应世界文化（国际性规范，标准），以及国家和作为世界文化的传播者和执行者的国际组织之间是如何进行互动的。国家社会化的过程就是国家与国际社会互动，进而导致国家认可、接受国际社会期望的思维方式和行动方式的过程。这一分析模式较多地被应用到了国际政治关系的研究中。本研究尝试利用这一模

---

① Meyer, John, John Boli, George Thomas, and Francisco Ramirez, World Society and the Nation-State, *American Journal of Sociology*, 103 (1997): 144 - 181.

式来分析世界文化影响国家，进而影响国家对于第三部门的政策策略，尤其是考察国际规范标准是如何渗透、影响政府政策行为这一过程的。

（五）研究内容

本研究是一个关于国际社会与中国第三部门关系的研究，主要集中在国际因素，特别是国际社会的文化性因素为国内第三部门提供的机会和空间方面。需要说明的是，本文所谓的第三部门包括官办、半官办、民办等各色各样的民间组织。在文中，民间组织、社团、NGO 这些词语一般是可以互换使用的，但是在强调"类西方 NGO"的自治性和独立性的时候，文中会特别使用"草根 NGO"这一称谓。本文主要研究内容包括：

1. 国际社会影响中国第三部门产生、发展的一个静态结构分析

这是一个基于田野调查的描述性和总体性分析。影响国内第三部门产生和发展的国际因素有多种，本研究只是对国际组织进行了一个静态结构分析，包括组织类型、活动领域、提供资助的资金数量、资助方式，进入中国的时间、方式，在中国的合作对象，以及受到影响的中国第三部门组织的类型等，也包括第三部门中哪些组织在哪些方面受到了国际社会的哪些影响，影响到什么程度。

2. 国际社会的规范、标准、价值观念等文化因素对中国第三部门的影响分析

国际社会对国内第三部门的影响有两个途径：直接影响和间接影响。间接影响是通过对国家产生影响，进而影响第三部门生存和发展的制度环境；直接影响则是直接作用于第三部门的影响。

（1）对国家的影响。

国际社会通过影响国家的政策和行为来改善第三部门组织的生存和发展空间，这其实是一个国家社会化过程。国际社会的规范、标准可能会限制国内政府对第三部门的不利行为，同时也可能会鼓励政府采取有利于第三部门的行为。作为国际社会的一个越来越发挥重要作用的成员，中国的一些国家行为必然要受到国际规范的支配和影响，而非仅仅是一时的国家的利益或者经济利益的考虑。本研究着重分析国家社会化过程中的国际性文化、规范的影响，以及这些规范、标准、价值观和治理方式被引入中国，被适用和修正的过程。

这部分将从国家社会化的理论视角对国家的行为进行分析。国家社会化过程也就是在全球化的背景下国家行为的塑造过程。当一个国家感觉有必要被承认为国际社会的一员时，它就进入了一个要求其认可一系列的国际规定、条约、观念，履行国际期望的社会化过程，它也会理性而负责任地主动去适应全球性的文化原则。[1]

（2）国际社会对中国第三部门的直接影响。

首先，国际社会的规范、标准为中国第三部门发展创造了哪些制度性空间？其次，中国国内的第三部门组织是如何利用国际社会的规范、标准和价值观念等文化因素来与国内的政府互动？它们采用了什么样的具体策略来尝试重构它们与国家的关系，进而实现自身的组织目标？国际组织的发展为第三部门组织的成长提供了两个重要条件：其一是资金和其他形式的资助（比如，物资和技术援助）；其二是介入决策机构和决策日程的政治渠道。由于20世纪80年代以来政治、政治结构、世界事务管理机制及西方民主价值的全球化，新的亲第三部门的国际规范（pro-NGO international norms）形成了一种自上而下的压力促使各国政府在国际和国内政治中支持和纳入第三部门，因而给了第三部门合法性和政治空间。[2] 在这一部分，本研究将通过案例分析国际社会对中国国内第三部门的观念、运作模式方面的示教，能力建设方面的培养，第三部门组织对于国家的策略行为，以及如何构建自身合法性等方面的影响。

（3）一个关于世界社会和中国第三部门的讨论。

中国社会并不仅仅只是被动地接受国际社会的影响，它也在主动地对国际社会施加反影响。比如，作为国际规范、标准的推广者和促进者的跨国性组织、国际性非政府组织在中国开展项目活动时，受到了来自中国的政治环境、地方传统、文化习俗的巨大影响，从而使得它们的活动带有明显的"中国特色"，也就是所谓的国际组织的"地方化"问题。

同时，最近中国的第三部门出现了一些新现象。一些环保NGO开始参与到国际性的环境保护运动之中，比如一些倡导性组织参与了世界性的反建

[1] Finnemore, Martha and Kathryn Sikkink, International Norm Dynamics and Political Change, *International Organization*, Vol. 52, No. 4 (1998): 887-917.
Reimann, Kim DoHyang, Riding the International Wave: Sustainable Development, Advocacy NGOs and Official Development Assistance (ODA) Policy in Japan in the 1990s, *the 42nd International Studies Association Annual Convention*, Chicago, February 20-24, 2001.

[2] Keck, Margaret E. and Kathryn Sikkink, *Activists Beyond Borders* (Ithaca and London: Cornell University Press, 1998).

坝运动，一些项目运作型的 NGO 开始进入其他发展中国家，与当地的政府和 NGO 合作，将自己在国内获得的经验在当地推广和实施。这实际上涉及了世界社会文化的全球化与地方化问题，涉及了中国公民社会与全球公民社会的关系，是一个非常值得深入探讨的学术问题。本报告将在最后进行一个简单的前瞻性的讨论。

（六）研究方法以及研究数据

本研究共调研了 26 个组织，包括：1）8 个国际组织，包括 3 个多边机构，两个双边机构，3 个国际非政府组织。2）13 个国内第三部门组织，包括 3 个官办社团，10 个草根 NGO；其中扶贫领域 3 个组织，环保领域 4 个，艾滋病防治领域 3 个，其他领域 3 个。3）民政、司法、卫生、环保部门的 5 个政府机构。关于国际组织的基本情况，考虑到研究问题的敏感度以及难度，本研究没有进行问卷调查，而是在搜集大量信息的基础上，对一些案例进行重点访谈。访谈的问题集中在了解国际组织、机构、个人通过什么样的方式对哪些领域的第三部门组织提供了什么样的资助，并对组织产生了什么样的影响等。访谈对象包括：a）资助中国第三部门组织的国际机构的工作人员。b）受资助的第三部门组织的领导人、工作人员。c）相关的政府机构的官员。d）在中国开展活动的国际 NGO 的工作人员。

本研究主要分析国际社会的标准、规范、价值观念等文化因素对中国第三部门产生的影响，所以在初步调研的基础上，主要选择了如下几个领域的案例进行了深入的调研。

1. 环境领域

众所周知，环境保护已经成为一个全球性的普适价值观，近几年已经到了拥有全球话语霸权的程度。在环境保护这一国际标准下，很多国家在很多方面会做出让步，这给第三部门的发展创造了机会和空间。本研究以环境领域的几个 NGO 为例来分析国际社会如何为中国第三部门提供了合法性基础、政治机会和空间；国际社会流行的环保 NGO 的工作模式、运作理念如何影响中国环保 NGO 运作；中国环保 NGO 如何利用国际社会因素，比如国际媒体宣传、国际组织和名人支持等，来改善和扩张其国内生存环境和空间。

2. 扶贫领域

扶贫一直是国际性政府组织、非政府组织热衷的活动领域，也是中国政府一直在大力投入的领域。选择这样一个领域，可以观察到在中国政府与国际社会目标一致的基础上，国际性运作方式，比如参与式扶贫、小额信贷，如何被引入中国，并被改造为适合中国国情的中国特色的项目运作模式，从而得以在中国得到发展和推广。在分析国际性运作方式被引入、推广的过程中，我们可以观察到国际社会如何为中国第三部门创造了空间和机会。

3. 艾滋病防治领域

艾滋病防治领域也是一个国际性政府组织和非政府组织投入很大的领域，也是中国政府目前非常关注和重视的一个领域。但是与扶贫不同的是，这是一个中国政府一开始并不愿意公开的领域，也可以说这一领域的工作，国际社会和中国政府的目标并非完全一致，这也是本案例的价值所在。我们考察在这样一个双方目标并不完全一致的领域中，中国政府如何转变态度，以及国际社会如何转变策略，最终实现二者合作的目的。

以上三个领域的案例具体背景不同，但是具有共同点，即可以观察到国际组织、国外政府、国内政府、官员、不同行政机构、国内 NGO、官方社团组织、活动家、普通民众等多个因素参与的互动过程，这是一个复杂纠结的多方互动网络。同时，也可以观察到中国独特的政治、文化环境的影响和作用。

（七）本文结构

第一部分是绪论，主要是研究背景介绍，既有研究文献的回顾，也有研究问题以及主要研究内容的简单介绍。

第二部分是关于国际性组织和机构的一个概述性分析，主要讨论国际性组织和机构对于中国第三部门的资金和项目支持。本报告将给中国第三部门提供支持和援助的国际性组织和机构分为了多边机构、双边机构、非政府组织和商业组织这样四个大的类别，而后分类对这些组织进入中国的背景、在中国开展活动的领域和活动方式、活动影响等进行了简要的描述分析。对于不同的类别，报告给出了比较有代表性的例子进行了进一步的介绍。

第三部分对于国际社会对第一部门的影响进行了分析。本部分主要是以案例为主来分析国际社会的影响。基于实际案例，本部分通过国家社会化的分析方法，对国际社会的标准、规则等因素影响国家的过程进行了分析。最后，本部分讨论了国际社会影响的局限性。

第四部分尝试分析国际社会因素，特别是亲 NGO 的世界文化，以及作为世界文化传播者和执行者的国际组织直接带给国内第三部门组织的影响，主要包括国际社会的观念、运作模式的示教、能力建设和培养以及国内第三部门如何利用国际社会来提高自身合法性和扩大活动空间。在本部分的最后，讨论了过度依赖国际社会带给中国第三部门的限制和不利影响。

第五部分是对于本报告内容的一个结论和对于国际组织的本土化以及国内组织的国际化问题的一个简单讨论。

二　国际性组织和机构

改革开放以来，大量的国际性组织和机构进入中国，提供各种形式的援助，对中国的经济发展和社会进步产生了很重要的影响。比如，1990 年代，中国每年从国际社会得到大约 60 亿美元的援助，其中 40 亿美元来自发展银行（例如世界银行和亚洲开发银行），15 亿美元来自双边援助，8000 万美元来自联合国机构，6000 万美元来自国际非政府组织。[①] 改革开放后，国家为了加强对外交流，促进合作项目，还主动建立了一些专门的机构来管理、协调国际组织和国内政府部门之间的关系，比如中国国际交流中心（以下简称国际交流中心）。国际交流中心成立于 1983 年，是商务部直属的事业单位，以开展双边经济技术交流与国际发展合作为主要职能。国际交流中心是国内最早引进国际非政府组织及国际官方援助资金进行扶贫开发的机构，它与国家发展计划委员会、国家经济贸易委员会、农业部、科技部、水利部和国家环保总局等 30 多个部委（局）及省、自治区、直辖市各级政府建立了广泛的联系，与国际劳工组织、联合国环境署、联合国粮农组织、世界卫生组织和联合国教科文组织等 150 多个联合国机构和国际民间机构有着密切的合作关系。截止到 2006 年年底，国际交流中心组织实施了 8 亿美元的国际合作方案，在全国范围内共开展了 800 多个项目，这些合作项目涉及我国经济和社会发展的各个领域，如工业、农业、能源、交通、环境保护、金融、税务、教育、卫生、社会福利、经济体制改革、南南合作等。这些项目的实施，为我国许多领域培养了大批人才，加

---

① 马秋莎：《全球化、国际非政府组织与中国民间组织的发展》，《开放时代》2006 年第 2 期。

强了机构能力建设，引进了新思想、新方法、新技术、新手段，产生了可观的经济效益和社会效益。[①]

改革开放初期，国际项目和国际援助主要是流向国家政府部门，这是因为当时中国刚刚从传统的极权主义体制（totalism）中走出来，经济上虽然正在从计划经济体制向市场经济体制摸索，非国家的经济组织也开始逐渐出现和快速发展，但是在社会领域中，非国家组织还不多见。随着改革开放的逐步深入，1990 年代中后期西方意义上的 NGO 开始在中国出现，作为一个部门的第三部门也开始逐渐形成并快速发展。同时，全球社团革命的兴起，也使得非政府组织的地位和功能日益凸显，它们在全球治理中的作用也越来越受到重视。在这样的背景下，国际社会对中国第三部门的兴趣也越来越浓厚，针对第三部门的项目和资助开始日益增多。

本部分主要讨论国际性组织和机构对于中国第三部门的资金和项目支持，侧重在物质性支持方面，对于非物质性的支持和影响，将在后面讨论。按照行为主体的不同，本文将给中国第三部门提供支持和援助的国际性组织和机构分成了多边机构、双边机构、非政府组织和商业组织这样四个大的类别，而后分别对这些组织进入中国的背景，在中国开展活动的领域、方式和影响等进行了简要的描述性分析。对于不同的类别，本文还给出了比较有代表性的例子进行进一步的介绍。

（一）多边机构

本文所指的"多边机构"是指国家间的国际组织，比如联合国系统的各类组织，世界银行、亚洲开发银行等国际开发援助银行。国家间国际组织的运作主要是根据国家间达成的一致（特别是依凭政府间合作意愿）或某种程度上的强制性，通过常设机构，按照一定的程序，在不侵害国家主权的前提下，来完成其职责范围之内的工作。

多边机构是最早进入中国的一类国际组织。1979 年，联合国机构就开始进入中国。从最早的联合国开发计划署、联合国人口基金会和联合国儿童基金会等机构开始，30 年来联合国驻华机构已经增至 21 家。[②] 多边机构一般是和中国政府部门合作，而且一般有政府部门作为它们的"对口单位"，

---

① 根据访谈（2010 年 5 月、6 月）和该组织的公开资料整理而成。
② 张哲：《"中国的朋友"不离不弃：联合国机构的在华旅途》，2009 年 9 月 2 日《南方周末》。

从事的是规模比较大的或者关系国计民生的国家重大项目。但是，从 1990 年代后期开始，多边机构开始关注中国第三部门的发展，在多个领域、不同层次上与中国第三部门的不同组织进行合作，对中国的第三部门给予了越来越多的资助和支持。

本文以较有代表性的多边机构——世界银行为例来介绍一下多边机构对于中国第三部门的资助情况。世界银行是世界银行集团（World Bank Group，WBG）的简称。它是联合国的专门机构之一，目前拥有 186 个成员国。世界银行最初的使命是帮助在第二次世界大战中被破坏的国家的重建。今天它的任务则是资助国家克服穷困，联合向发展中国家提供低息贷款、无息信贷和赠款，它在减轻贫困和提高生活水平中发挥着独特的作用。1980 年世界银行开始与中国合作，截止到 2008 年 6 月 30 日，世界银行对中国的贷款总承诺额累计近 437 亿美元，共支持了 296 个发展项目。[①]

财政部是世界银行集团在中国开展业务活动的主要对口部门。1995 年世界银行开始关注第三部门组织，并把第三部门组织，特别是草根 NGO 作为一个合作伙伴，或者资助对象来考虑，并且开展了一系列的针对第三部门组织的项目支持活动。下面就对世界银行在中国的一些较有代表性的活动和项目进行简单的介绍。[②]

1. 和政府部门合作传播有关第三部门的国际经验

10 余年来，世界银行一直与民政部开展合作，帮助促进第三部门组织发展。2001 年，世界银行帮助民政部研究、考察国外第三部门组织的相关法律和政府与第三部门组织的关系，推动信息分享与交流对话，为第三部门组织提供能力培训。2004 年，世界银行资助了一项《非营利组织税法研究》，该研究分析了中国现有税法和税收政策，介绍了国际先进经验和做法，对中国税制改革培育中国第三部门组织发展提出了具体建议。世界银行还资助翻译了大量的国外第三部门组织的相关法律，在世界银行网站上公开供参考。最近，世界银行组织、资助了一项研究：《向公民社会组织采购社会服务的国际经验》，全面介绍了政府出资利用社会组织提供社会和人道服务的国际经验，也包括一些中国国内的研究。这是一项国际合作，外方的研

---

① 张哲：《"中国的朋友"不离不弃：联合国机构的在华旅途》，2009 年 9 月 2 日《南方周末》。

② 根据调研（2010 年 3 月和 2010 年 4 月）、世界银行提供的资料和世界银行的公开资料整理而成。

究者包括中国第三部门研究者熟悉的约翰·霍普金斯大学的莱斯特·萨拉蒙教授，中方研究者包括北京大学、中山大学的一些学者等。[①]

2. 资助第三部门组织的项目

世界银行也直接给第三部门组织提供少量的资金资助。世界银行的公民社会基金每年提供 6~10 笔小额赠款，以资助第三部门组织的项目。[②] 世界银行与民政部、国务院扶贫办共同主办并获得基金会、企业、国际机构多方资助的"中国发展市场"在 2006 年和 2008 年共举办了两届，分别资助了 30 个和 50 个针对第三部门组织的项目，这些项目是从数百个全国各地第三部门组织提交的项目建议中精选出来的。[③] 这一项目不仅为中国的第三部门发展提供了资金支持，更重要的是为中国的公益项目招标起了示范作用。[④]

3. 聆听第三部门组织的意见

世界银行在编制国别援助战略、行业研究和世界银行贷款项目时，还特别注意征询第三部门组织的意见。例如，世界银行邀请中国第三部门组织的代表参与了《2006~2010 年中国国别伙伴战略》的讨论，该战略 2006 年 5 月获世界银行执董会批准。世界银行的意见征询活动往往邀请政府部门、学术研究机构、其他援助机构、企业界、第三部门组织等多方参与。世界银行也鼓励中国第三部门组织参与区域或全球层面的第三部门组织交流对话，并为之提供了很多的便利。

4. 邀请第三部门组织参与世行项目

世界银行在中国的一些贷款项目有第三部门组织参与，比如聘请第三部门组织参与防控艾滋病的信息传播和宣传教育活动；重庆城市环境项目邀请

---

① 目前有中英文两个研究成果。中文的是：王浦劬、〔美〕莱斯特·M. 萨拉蒙等著《政府向社会组织购买公共服务研究》，北京大学出版社，2010。

英文的为：Leon E. Irish, Lester M. Salamon and Karla Simon, *Social Service Outsourcing to CSOs: Lessons from Abroad*, World Bank, June 2009.

② 世界银行的公民社会基金曾经使用"小额赠款计划"的名称。

③ 详见：http://www.developmentmarketplace.org.cn。

④ 一个参与过该项目招标，但是失败的 NGO 领导人说："这次虽然我们失败了，但是我们学会了如何申请国际项目的方法，知道了如何写申请书，如何了解国际组织的标准和喜好。"（访谈，2010 年 3 月）另一个参与过招标，并且成功的 NGO 领导人则说："整个项目简直就是一个培训，它在一步步引导你怎么做。比如刚开始写项目申请书，我们是改了一遍又一遍。项目书通过后，如何管理资金，每一步如何使用，一直到后来项目结束，都有专家在监督、评估我们，是清华大学的教授，他还会对我们的项目完成情况进行详细评估，分析。"（访谈，2010 年 3 月）

第三部门组织代表参与监督安全保障政策的落实；世界银行贷款支持的灌溉项目在全国各地建立了大量农民用水者协会；世界银行与政府合作于 2006 年启动的首个社区主导发展项目，也是利用第三部门组织来提供培训辅导的。

5. 寻求与第三部门组织的合作

世界银行还积极寻求与中国第三部门组织开展合作。例如，在 2009 年，世界银行与全国青联共同主办了青年就业与创业论坛，世界银行与青少年发展基金会联合开展了希望工程激励行动①，世界银行在中国发展市场中获得了诸多中外第三部门组织的支持和捐助。

（二）双边机构

发达国家政府一般有对发展中国家进行援助的项目，称为双边援助，是一种官方发展援助（Official Development Aid），也就是我们常说的 ODA。从事双边援助的机构就是双边机构。在 1980 年代初期，我国先后与澳大利亚、加拿大、德国、比利时等国签订双边发展合作总协定或议定书，并与欧盟和日本在双边混委会或年度会议的机制下确立了援助合作关系。我国还与荷兰、挪威、新西兰签署了无偿援助的双边框架协议，并与瑞典、芬兰、卢森堡等国有不定期的发展合作关系。

双边机构一般是专门成立的用于双边援助的机构，一般是政府机构，或者与政府关系密切的机构。双边机构一般从事国家级的大型项目，合作对象是受援国的相关政府部门，比如外经贸部、科技部、财政部等。双边援助提供了大量的资金支持。2002 ~ 2003 年度，英国国际发展署面向中国的拨款总额就超过了 3800 万英镑；同年，加拿大发展署在中国的援助金额也达到 6000 万加元。

随着全球社团革命的兴起，在 1990 年代末，特别是 2000 年后，中国的非政府组织迅速发展，一个可以与企业和政府并列的第三部门也开始在中国萌芽并发展。在这样的背景下，与多边机构一样，双边机构开始关注中国第三部门的发展，并开展了一些直接面向第三部门，特别是草根 NGO 的项目和资助。这里以日本 JICA 和英国的文化委员会的活动为例作简单的介绍。②

---

① 详细请参见网站：http：//www. jilixingdong. cn/。
② 有关 JICA 的内容是根据访谈（2009 年 12 月和 2010 年 3 月）和 JICA 提供的资料整理而成。有关英国的文化委员会的内容是根据该委员会的公开资料整理而成。

JICA（Japan International Cooperation Agency）的全称是"日本国际协力机构"。它成立于 2003 年 10 月 1 日，其前身是"日本国际协力事业团"。日本国际协力事业团成立于 1974 年 8 月 1 日，是直属日本外务省（外交部）的政府机构，其宗旨为"携手共创美好明天"，它以培养人才、无偿协助发展中国家开发经济及提高社会福利为目的实施国际合作。JICA 中国事务所成立于 1982 年，是 JICA 在世界 101 个国家设置的事务所中较大的一个，以培养人才和支援中国的国家开发建设事业为中心。目前，在中国实施的合作领域包括环境保护、节能、防治传染病、支援改革开放、加强政府治理能力、增进相互理解等。

JICA 以前主要关注发展中国家的政府及政府机构的技术能力的提高，最近几年开始逐渐将与合作对象国的老百姓的生活改善息息相关的项目开发作为它的重要课题。要完成这些课题需要与具有丰富经验的组织，比如 NGO、地方自治体、大学、公益法人等团体联手，共同开展项目。2003 年开始在中国实施的基层友好合作项目就是这样的一个项目，它既是日本 ODA 项目的一部分，也是 NGO 可以参与的项目。该项目的目的是充分利用日本国内各界的知识、见解及日本各地在发展中积累的各种经验、技术，以满足中国的多样化需求。目前已经有一些中国的草根 NGO 接受该项目的资助，与日本的 NGO 从事合作项目活动。比如，为视力障碍者提供服务的北京红丹丹服务中心正在基层友好项目的资金支持下，与日本的一家同样为视力障碍者服务的 NPO，一家点子图书馆开展项目合作。

英国文化委员会（The British Council）成立于 1934 年，总部设在英国，是英国负责其海外文化关系的主要机构。它的工作目标是增进全世界对英国及英语更为广泛的了解，并鼓励英国与其他国家之间的文化、教育及科技合作。现在它在全球 109 个国家共设有 227 个办公室。

长期以来，为推动中英两国之间的文化、教育和技术合作，英国文化委员会做了大量工作。1979 年以后，英国文化委员会被指定为与中国发展文化关系的英国官方代表。在中国，英国文化委员会挂靠在英国大使馆下面，设有北京、上海、广州、重庆及香港办公室。北京办公室现有员工 90 余人。对于中国的第三部门，它主要开展了如下的一些项目：

1）建立中国非政府组织名录。它曾经资助《中国发展简报》对中国第三部门进行调研，并出版一本包括 250 个中国非政府组织的名录（中英文）。该项目的目的是帮助中国非政府组织和国际机构、国际非政府组织以及企业捐赠者建立广泛的联系。

2）NGO 能力建设项目。为了通过提高中国第三部门组织的能力和持续性来促进中国第三部门组织的更多自治，英国文化委员会和某信息咨询中心合作实施了针对非政府组织的培训项目，培训内容包括决策与领导力、筹款方略、学习型的组织、过渡时期的管理、游说和倡导、志愿者管理等。

除了专门负责官方援助的双边机构外，近年来各国的驻华使馆也有一些专门支持中国草根 NGO 的小型项目。比如，开始于 2001 年底的欧盟小型人权项目基金，它是在中国与欧盟从 1995 年开始的人权对话基础上，经外交部同意后启动的。它每年投入的资金有 84 万欧元，约合 620 万元人民币。再比如，英国大使馆文化交流处的小额赠款项目在 1999 年就开始面对非政府组织。2000 年一共资助了 12 个项目，资助金额为 100 万元人民币左右。再比如，日本大使馆的利民工程援助，从 1991 年开始，到 2001 年 3 月已实施了 411 个项目，金额累计约为 2 亿元人民币。目前刚启动的一个项目是在丽江附近的贫困县文海建设生态旅游示范区，援助的金额为 34393 美元，一共有三个团体接受捐赠，其中的两个是草根 NGO 组织。表 1 是一个中国非政府组织可以申请的外国驻华使馆资助的小型项目列表。

表 1　中国非政府组织可以申请的国际小型资助项目

国家/机构名称	资　　金	每年资助数量	资　助　领　域
澳大利亚小型活动项目	每年对每个项目的最大投入是 10 万澳元（约 5.1 万元人民币）	不定，根据每年的预算而定	资金直接提供给穷困和不发达地区。鼓励自主的可持续发展
加拿大国际开发署加拿大基金	每个项目一般 10 万元人民币，最低为 3 万元，最高是 26 万元。	每年资助 50～60 个项目，全年的总额为 80 万加元（约 420 万元人民币）	在中国的西部 6 省和自治区开展扶贫项目，如农业技术和职业培训。强调社会性别平等，这一主旨贯穿每一个项目
加拿大国际开发署公民社会项目	每个项目最高不超过 10 万元人民币	1999～2000 年度共资助了 17 个项目	主要帮助中国的非政府组织更有效地活动，不仅包括对项目的支持，还有对组织自身发展的支持

续表

国家/机构名称	资　　　　金	每年资助数量	资　助　领　域
英国大使馆文化交流处	对每个项目的投入视具体情况而定,一般在 10 万～15 万元人民币	每年资助 12～15 个项目	促进妇女发展,贫困儿童的发展,农村地区的健康问题,以扶贫为目的的环境发展等
瑞典公民社会项目	最高 10 万元人民币	根据受到的申请情况而定	主要强调劳动权利、法律、公民、教育和其他社会和环境问题,特别强调社会性别问题和弱势人群的权利
欧盟小型人权项目	每个项目的资助额为 3.6 万～72 万元人民币	2002 年是项目的第一年,共有 620 多万元人民币预算	所有在人权领域内的项目都会考虑,同时有所侧重
JICA 基层友好合作项目	有三种形式:(1)地方建议型(也就是日方派遣专家到中国地方,或者中国的地方组织送人员到日方进修的形式),项目的最长实施期为三年。每年不超过 450 万日元(约合 30 万元人民币)(2)基层合作支援型(帮助在日本国内活动的小型 NGO 开展国际活动),项目的最长实施期为三年。三年总计不超过 1000 万日元(约 70 万元人民币)(3)基层伙伴型(帮助那些在发展中国家有合作经验的 NGO 推广它们的经验和技术),项目的最长实施期为三年。三年总计不超过 5000 万日元(约合 350 万元人民币)		(1)侧重于中日地方政府之间的合作,而(2)、(3)则侧重于中日 NGO 之间的合作
日本大使馆利民工程项目	每个项目的最高限额为 1000 万日元(约合 70 万元人民币)	1990 年开始在中国实施,迄今在中国贫困地区共实施了 1033 个项目,主要涉及初等教育、医疗保健、民生环境等领域,实施项目总金额约合人民币 5.3 亿元	项目是针对那些使当地基层社会直接受益的小规模项目进行的无偿资金援助。"申请单位"包括:地方政府(县级以上的更佳)、在中国注册的 NGO、医疗机构、教育机构等

出处:根据 (1) 纪江纬 (2002);和 (2) 笔者访谈整理而成。

其实，多边机构和双边机构在中国开展活动一般是通过中国政府的有关部门而进行的，有专门的政府部门作为它们的"对口单位"。通过这些对口单位，或者其他的政府机构，它们实施在中国的项目活动。双边机构和多边机构的很多项目也会承包给国际性的大型非政府组织，由它们来负责具体的运作。这种方式通常需要具备国际非政府组织的专业知识，而且这种专业性的国际非政府组织一般是通过公开的项目竞标方式选中的。在这种方式下，国家行政体系自上而下的支持依然是不可缺少的。

相对而言，直接针对小型草根 NGO 的项目比较少。比如，世界银行、亚洲开发银行，它们的资金是不允许直接资助非政府组织的，而是必须要通过作为主管部门的中国财政部。双边援助项目的大部分则是由外经贸部国际司管理。一些官方援助机构的对口单位，比如科技部、商务部、财政部等都设有专门的与国际组织合作的机构。但是，1990 年代中后期以来，多边、双边项目中，针对国内草根 NGO 的项目越来越多了，这也是不可否认的事实。

（三）国际非政府组织

1. 基本概况

许多国际多边和双边援助是通过境外公益性民间组织在华的活动得以实施的，世界银行就"强烈建议各国政府在准备国家环境计划和拟定降低贫穷的方案时，能有民间组织的参与"①。

从对中国第三部门的影响而言，国际非政府组织是很特殊的一类国际组织。首先，作为全球市民社会的主体，它们的行为、观念对中国第三部门的影响是巨大而直接的。其次，与其他国际组织相比，国际非政府组织与国内第三部门的互动是最频繁，最直接的。所以，本报告对此详细介绍。

1995 年之前，在 NGO 这个概念还没有传入中国之前，虽然有一些国际非政府组织在中国开展经济救助等活动，但是它们却不是以非政府组织的名义进入中国的。② 1995 年中国举办了第四届世界妇女大会之后，不仅是国内的第三部门组织发展很快，也开始出现了国际非政府组织大量进入中国的现象。特别是在中国加入世界贸易组织后，国际非政府组织进入中国的数量激增。国际组织在环保、人道救援、扶贫、发展援助、健康、教育、家庭等领

---

① 世界银行：《非政府组织法的立法原则》，2000。
② 袁丁：《分类与想象：对云南 NGO 共同体的研究》，云南大学硕士论文，2009。

域开展了很多的项目，对中国的经济和社会发展产生了很大的影响。它们和中国 NGO 的互动对推动中国市民社会的发展有很大帮助。

目前对于在华开展活动的国际性非政府组织的数量还没有准确统计，一个主要的原因是大多数国际非政府组织没有统一的登记管理。根据《中国发展简报》的估计，在中国开展活动的诸如 WWF、地球之友、救助儿童会、乐施会、狮子会等规模较大的国际 NGO，以及福特基金会、亚洲基金会、洛克菲勒基金会等大型国际基金会的数量大概是 490 个。[1] 根据《国际非政府组织在云南发展状况研究》课题组（2004）的研究，在云南省，1986~2004 年，就有 60~70 家国际非政府组织开展项目，活动地域几乎覆盖全省，项目资金总额达 3 亿元人民币。而根据云南省国际民间组织促进会的统计，至 2008 年 6 月，在该省开展活动的国际 NGO 有 218 家，其中已签订谅解备忘录在册的国际组织有 21 家。

以上数据主要基于一些名录性的数据，所以相对来说比较保守。此外，很多学者还做出了大胆的估计。比如，清华大学 NGO 研究所的所长王名教授估计，在中国开展活动的国际非政府组织的数量有 3000 到 6000 个，其中包括 2000 个基金会、1000 个项目实施团体、2500 个商会、1000 个宗教信仰组织。[2] 清华大学 NGO 研究所刘求实教授的调查分析是，目前国际非政府组织的总体规模近万家。[3]

除了数量，国际非政府组织对中国投入的资金数量也没有确切的统计，普遍认为数量很大。赵黎青的研究显示，近几年来，国际非政府组织每年投入到中国来的资金在 1 亿至 2 亿美元之间。[4] 据 1999 年《中国发展简报》出版的《在中国的国际非政府组织名录》的统计，当时中国每年至少会从国际非政府组织和基金会得到 1 亿美金的资金，基本与英国海外发展署、国际劳工组织、联合国粮农组织、联合国艾滋病规划署、联合国开发计划署、联合国教科文组织、联合国儿童基金会、联合国人口基金会、联合国粮食计划署、世界卫生组织等机构在中国年度预算的总和相当。[5] 而刘求实的研究

① Yin, Deyong, China's Attitude towards foreign NGOs, *Washington University Global Studies Law Review*, Vol. 8: 521.

② 程芬:《走近国际 NGO: 数千家机构正悄然进入中国》, 2005 年 11 月 5 日《公益时报》。

③ 刘求实:《中国艾滋病防治领域 NGO 调研报告》, 清华大学 NGO 研究所, 2006。

④ 赵黎青:《联合国对非政府组织的界定》,《学会》2009 年第 3 期。

⑤ 蔡菱平、李磊:《国际发展援助与中国非政府组织发展》,《中国发展简报》2003 年冬季刊。

（2006）估计，国际非政府组织每年动员的资金规模约达 20 亿元人民币，其资金规模估计至少占到中国第三部门总资金量的三分之一。

虽然无法提供一个总体的统计数据，但是可以分析一些大型国际非政府组织在中国的投入，以管中窥豹。比如，福特基金会自 1988 年在北京设立办事处到 2005 年底累计资助总额约 15 亿元。近年来它每年用于中国大陆地区的资金预算额达 1.2 亿元，每年批准 200~300 个项目，这些资金资助了中国环境保护、公共卫生、社会治理、人权保障、民主建设诸领域的研究和项目开展。1982 年开始在华开展项目的世界宣明会主要在慈善救助、救灾减灾、扶贫开发、助学救困等领域开展项目。近年来，该组织每年用于中国大陆地区的项目超过 1 亿元，到 2005 年底累计支出约 7.2 亿元。美国家庭健康国际在大陆开展活动以技术路线为主，目前每年在大陆花费的资金也达 2000 万元人民币左右。表 2 是在中国投入资金较多的国际非政府组织的年度预算，由此也可以从侧面了解国际 NGO 对华项目资助的规模。

表 2　十大国际非政府组织的在华预算

福特基金会	每年用于中国的资金预算在 8000 万元人民币以上
香港乐施会	每年用于中国大陆的资金在 300 万美元以上
英国救助儿童会	每年在中国的预算为 1200 多万元人民币
绿色和平组织	每年在中国（包括香港特区）的预算在 500 万元人民币左右
国际爱护动物基金会	每年在中国的预算为 800 多万元人民币
喜玛拉雅基金会	每年在华预算大约为 1000 万元人民币
英国海外志愿服务社	每年在中国的经费预算为 3000 多万元人民币
无国界卫生组织	在华年度预算为 700000 欧元
日本笹川和平财团	每年用于对华事业的预算约为 1 亿日元
美国微笑列车基金会	1999 年初资助 6700 万元人民币

出处：根据《十大在华国际 NGO》（邓国胜，2005）编写。

国际非政府组织在中国开展活动，一般都是通过中方合作伙伴进行的。合作方式多种多样，从单纯对中方机构的研究、会议和项目提供资助，到参与中方机构的一些项目的设计、策划并提供资助，再到实施国际非政府组织自己既定的一些项目，合作的程度也有所不同。

国际非政府组织的合作伙伴，目前已伸展到中国社会的各个领域，从共产党的各个机构到政府各个部门，从人大、政协等国家机构到工、青、妇等各人民团体，从高校、社科院等国家事业单位到民办科研教育的非企业单位，从政府部门主办的社会团体到起自民间的所谓草根组织。目前，中国各种类型的组织机构几乎都同外国非政府组织有着某种形式和某种程度的联系。[①]

另外，国际非政府组织的活动遍及产业经济、扶贫开发、公共卫生保健、生态环境保护、慈善救助、救灾减灾、妇女儿童等弱势群体的权益保护、文化教育、农村和城市社区建设、政治外交等社会生活的各个方面。[②]

由此可见，无论在数量上还是资金规模上，国际非政府组织都是一个不可忽视的影响中国第三部门发展的重要因素。

2. 关于国际非政府组织的分类

从组织目标和属性来看，国际非政府组织可以分为公益性组织和互益性组织。前者包括各种慈善组织以及基金会，后者则指国际性商会和行业协会。若从组织特征来看，公益性组织至少还可以分为资金支持型和项目运作型两种。[③]

资金支持型国际非政府组织基本上不直接实施具体的项目，而主要是提供资金和支持项目。这类组织资金运作规模很大。比如，盖茨基金会拥有的资产高达 290 亿美元。迄今为止，盖茨基金会捐出去的善款总额已经高达108 亿美元。就它在公共卫生领域的捐献来说，就足以与世界卫生组织相提并论，全球卫生领域的捐款，有一半是来自于盖茨基金会，它挽救了至少67 万人的生命。

运作型国际非政府组织是以项目运作为主，比如救助儿童会、绿色和平、美国家庭健康国际。这些组织的资金一般来源于基金会或者其他资助者。

混合型组织是指那些既运作项目，也为其他非政府组织提供资金的组织，比如乐施会、宣明会。这类组织它们有项目，但是同时也提供资助。此类机构很重要的特点是它们建立了全国性的结构网络。混合型组织进入中国某一领域工作主要是依靠政府部门的支持和推荐。相关的政府部门对它们进入中国开展项目起了非常大的推动作用。这些项目机构和资助机构的主要合作者应该还是相关的中央政府部门以及地方政府。很多政府部门在与这些国际非政府组织合作方面非常积极。[④]

---

① 赵黎青：《如何看待在中国的外国非政府组织》，《学习时报》2006 年第 11 期。

② 关于国际性 NGO 的活动领域可进一步参考《中国发展简报》的网站：http://www.chinadevelopmentbrief.org.cn/ml/index.jsp。

③ 刘求实：《中国艾滋病防治领域 NGO 调研报告》，清华大学 NGO 研究所，2006。

④ 刘求实：《中国艾滋病防治领域 NGO 调研报告》，清华大学 NGO 研究所，2006。

国际非政府组织进入中国的方式有多种。比较早进入中国的国际非政府组织大多是随着国际项目进入的。上文已经提到，多边机构、双边机构在开展活动的时候，往往会将项目中的一些技术性内容承包给专业性的国际非政府组织，从而给国际非政府组织进入中国创造了机会。比如，美国家庭健康国际（FHI）就是如此，2000年，FHI获得了总额为2000万英镑的英国国际发展署支持的中国艾滋病防治与关怀项目。该组织承担的任务是建立项目的技术支持中心。后来，因为中国的需求很大，该组织获得了中英政策支持项目的资助，得以继续在中国开展活动。同时，随着美国发展署在中国边境开展了广西、云南、湄公河流域的项目，FHI也作为美国开发署的执行方参与到了该项目中。

3. 一个案例——福特基金会

在中国，国际性基金会是一类很特殊的国际非政府组织。目前在中国，关于第三部门组织的法律条例有三部：社会团体登记管理条例（1998）、民办非企业单位登记管理暂行条例（1998）以及基金会登记管理条例（2004）。对于一般的国际非政府组织来说，在中国注册很难，因为没有相关的法律，但是基金会比较特殊。根据民间组织管理局的统计，在2007年底，至少有11家海外基金会的在华办事处在民政部登记注册了，包括6家美国基金会（比尔及梅琳达·盖茨基金会、克林顿基金会、希望基金会等），三家香港基金会（中华爱心基金会、李嘉诚基金会等），以及两家瑞士基金会（世界经济论坛和WWF）。[①]

福特基金会是最早进入中国的国际非政府组织。它于1980年进入中国，1988年在北京设立办事处，是在中国创立办事处的第一个国际非政府组织。30年来，福特基金会在教育改革、环境发展、治理、公共政策、国际关系、法律、公民社会等领域提供了大量资助。从1979年到1988年，福特基金会为开展与中国有关的活动所捐赠的款项金额达到1800万美元，到2005年止，资助金额达到了约2亿美元。2005年以后，资助项目数额和金额均有所下降，但是基本保持在了每年资助金额在8000万元人民币以上，资助的项目129个左右。[②]

---

① Yin, Deyong, China's Attitude towards foreign NGOs, *Washington University Global Studies Law Review*, Vol. 8：521.

② 访谈，2010年5月。

图 2 显示了福特基金会从 2006 年到 2010 年在中国项目资助资金的变化情况。可以看出，福特基金会对于第三部门相关的学术研究的资助（比如，大学、研究所的有关第三部门的项目资助）占有很大的比例。[①] 从总的趋势来看，对于政府有关组织的资助在减少，尽管变化的趋势不是很显著，而对于 NGO 的直接资助，从比例看有增加的趋势。图 3 显示了福特基金会从 2006 年到 2010 年在中国资助项目的数量变化情况。可以看到，基金会资助政府组织和学术机构的项目数量有所减少，而资助 NGO 的项目数量有所增加。图 4 显示了福特基金会从 2006 年到 2010 年在中国的总资助额的变化趋势。[②]

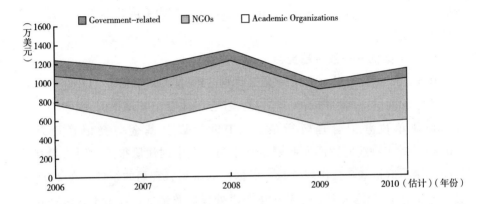

图 2　福特基金会在中国项目资助资金的变化

数据来源：根据福特基金会（www.fordfoundation.com）的网上数据库数据作成。

因为福特基金会的资助金额一般较大，因此它一般倾向于资助规模比较大的第三部门组织，较少资助小的草根组织，但是这不是说福特基金会不资助草根组织。事实上，中国很多的草根 NGO 受过福特基金会的资助，甚至这些资助贯穿了组织从注册到发展的过程。此外，福特基金会还资助草根 NGO 能力建设项目，比如温洛克能力建设项目和 NPI 能力建设项目。

4. 国际非政府组织运作的几个特征

（1）与多边、双边机构相似，大多数的国际非政府组织进入中国之初，

---

① 在本报告的分类中，把对于政策研究的资助，比如对于农民工政策的研究、有关立法的研究、有关扶贫的研究资助都统计到了学术研究 Academic 一类中，但是这对于总的结论影响不大。

② 该数据是根据福特基金会的网上数据库的资料统计而成，存在福特基金会的网上数据库的资料并不完整的可能性。

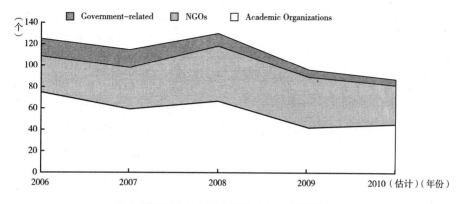

图3 福特基金会在中国资助项目数量的变化

数据来源：根据福特基金会（www. fordfoundation. com）的网上数据库数据作成。

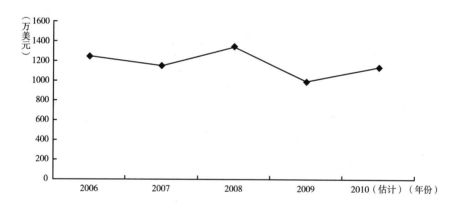

图4 福特基金会在中国总的资助金额的变化

数据来源：根据福特基金会（www. fordfoundation. com）的网上数据库数据作成。

特别是在2000年之前，它们在中国的活动很多都是通过政府部门，或者政府支持的官方社团来实施。比如，福特基金会的挂靠单位是中国社会科学院，宣明会的合作单位是民政部和国家扶贫办，而国际小母牛与地方政府合作实施项目。这些组织在中国的资助对象也以官方机构或者官办社团为主，这是由中国的政治、制度环境以及社会结构所决定的。中国第三部门起步较晚，在国际组织随着改革开放大量进入中国的时候，却没有相应数量的、专业性强的纯民间NGO存在。同时，中国的政治、社会环境决定了国际组织与官方机构或者官办社团运作项目时能够得到政府体系自上而下的支持，有利于项目运作的成功。

但是毕竟不同于官方色彩浓厚的多边机构和双边机构，国际非政府组织更加倾向于推动和发展中国的第三部门，对第三部门进行项目资助，培养第三部门能力建设等。很多人都在说，中国的草根 NGO 是喝"洋奶"长大的，这个"洋奶"有相当部分来源于国际非政府组织，而非多边、双边机构。

（2）从总体上来看，国际非政府组织中，除了工商领域的境外商会和行业协会以及宗教组织之外，目前，大多数组织开展活动的区域主要集中在中西部贫困落后的农村地区以及公共卫生、农民工等问题较为突出的城市。通过设在北京等大城市的总部或办事处，这些组织在中国境内形成一个反应迅速、信息通畅的网络。它们通过引进和注入大量境外资源，开展包括小额信贷在内的各类发展项目，引导农民参与，推动社区发展，改变当地的自然和人文生态环境，对于改善贫困农民特别是老弱病残妇幼等弱势群体的生活状况发挥了积极的作用。同时，它们在合作中有效带动了本土 NGO 的发展。此外，这些组织与基层政府之间逐渐建立了互信与合作关系，在合作中推动了地方政府的观念变革和创新。

（3）国际非政府组织除了给中国大陆带来了巨额资金之外，最为重要的是带来了新的管理理念和项目运作方式。比如扶贫领域的小额信贷，环保领域的公众参与，艾滋病防治领域的多部门合作机制，社区治理方面的参与式发展、赋权，法律援助领域里各高校中的法律诊所与政府的法律援助中心等项目实施模式。

（四）国际性商业组织

改革开放后最先大量进入中国的国际组织应该属于商业性国际组织，因为中国最先开放的是经济领域，迄今为止开放程度最大的也是经济领域。出于提高社会知名度、企业社会责任或者其他一些商业目的，很多跨国企业一般都有用于慈善、环保、扶贫等公益方面的专项基金。2008 年，可口可乐公司、耐克公司资助了艾滋病防治的 11 个项目。[①] 在环保领域，福特汽车举办的"福特汽车环保奖"是世界上规模最大的环保奖评比活动之一，授奖活动遍及 50 多个国家和地区。"福特汽车环保奖"的前身是 1983 年在英国首次发起的"亨利·福特环保奖"，宗旨是鼓励各阶层人士积极参与有助于保护本地环境和自然资源的活动。在过去的 20 年中，遍及全球五大洲 60 个国家和地区

---

① 中国性病预防中心和中国全国艾滋病资源网：《中国艾滋病社会组织名录》（内部资料），2010。

的数万个团体和个人加入到此项活动中。2000 年，"福特汽车环保奖"首次进入中国，每年颁发奖金 100 万元人民币。2003 年中国突发 SARS 疫情，福特中国专门划出 50 万元设立"福特百年特别奖——野生动物保护"奖项，对为野生动物保护工作作出突出贡献的个人或团体进行嘉奖和资助，唤醒社会各界对野生动物保护的意识。在过去十年中，"福特汽车环保奖"总计授予奖金 930 万元人民币（140 万美元），共有 196 个中国大陆的优秀环保团体或个人获得了奖金资助或提名鼓励，它还为超过 320 家民间环保组织提供了能力建设培训。①

再比如，宝洁公司的企业公民活动领域是教育事业。据统计，宝洁 1996～1998 年向希望工程累计捐款 1200 万元，在全国 27 个省、自治区兴建了 76 所希望小学。1997 年还向春蕾计划捐款 50 万元，支持女童教育，帮助她们重返课堂。到 2003 年止，宝洁公司已经在全国范围内捐款建立了 100 所希望小学。2003 年又向希望工程捐款 400 万元人民币。② 宝洁每年都有一定的预算用在慈善事业方面。

除了固定领域的公益项目外，很多跨国公司也资助第三部门的活动和项目。同多边机构和双边机构的情况类似，国际商业组织的大型的项目资助往往是针对官办社团或者基金会的，针对草根 NGO 的也有，但是总体数额很少。以中国扶贫基金会为例，中国扶贫基金会的网站上显示了先正达公司、微软（中国）有限公司、上凌（北京）生物技术有限公司、中扶利民公司、壳牌（中国）有限公司等多家知名国际企业全部是它的经常性合作伙伴。仅仅汶川地震的灾后重建工作这个项目，中国扶贫基金会就得到了壳牌（中国）有限公司的捐赠 8973273 元人民币，用于四川灾区重建小额信贷项目贷款本金和农民培训；法国达能集团提供的 10 年期 2000 万元人民币无息贷款，支持"5·12 汶川地震"灾后重建和中国农村扶贫开发工作；耐克（中国）有限公司捐赠的 400 万元人民币，用于四川灾区小额信贷项目和农民培训等。

虽然很多国际商业组织的公益活动不一定是专门针对第三部门的，而且这些资助的大头是流向政府或者官办组织的，但是它们倡导的公益理念、NGO 参与解决社会问题的模式对第三部门发展来说是有积极推动作用的。比如福特汽车环保奖，它对中国环境 NGO 以及环境保护实践者和推动者的奖励，对环境领域民间组织的发展起到了很好的推动作用。

---

① 详细情况请参考：http://www.fordcegc.com.cn。
② 钱霄峰：《企业：在营利和公益间平衡》，《中国发展简报》2003 年秋季刊。

（五）国际社会共同关心的领域：艾滋病防治

艾滋病防治是一个深受国际社会关注及影响的领域，在这一领域有多个国际组织在开展活动，包括联合国组织等国际多边组织、双边机构、国际非政府组织。据统计，在艾滋病防治领域，NGO 活动经费的主要渠道是境外（包括港澳台）NGO 或国际组织（占 56.06%）。[①] 本节以艾滋病领域为例，讨论一下国际社会对于第三部门的资金资助情况，以起到管中窥豹的作用。

早在 1996 年 1 月 1 日，由联合国儿童基金会、联合国开发计划署、联合国人口基金会、联合国教科文组织、世界卫生组织和世界银行 6 个联合国机构就发起、成立了联合国艾滋病规划署，并于当年 6 月在北京设立了办事处。2000 年，中英艾滋病防治项目开始运作。2003 年，资助金额高达 9000万美元的全球基金艾滋病防治项目开始在中国实施[②]，并一直持续到现在。这是一个有大量国际组织参与的国家级国际项目，包括多个联合国机构、双边机构、国际非政府组织以及一些大型商业组织。[③] 2006 年盖茨基金会开始进入中国艾滋病防治领域。此外，还有很多其他国际组织也投入了大量的资源在这个领域。比如在 2008 年，有 40 多个国际组织和机构资助了中国艾滋病防治领域的第三部门组织。2008～2009 年度，艾滋病防治领域中有 293个中国第三部门组织、664 个项目得到了国际社会的资助。[④]

图 5 显示了 2008～2009 年度国际社会资助的中国第三部门组织的工作人员数量。可以发现，绝大多数组织的工作人员少于五六人，属于规模较小的组织。图 6 显示了 2008～2009 年度国际社会资助的中国第三部门组织的成立时间。可以发现，绝大多数的组织成立于 2002 年后，也就是国际资金开始大量进入到中国的艾滋病防治领域之后。图 7 显示了国际组织资助的组织数量和项目数量。

---

① 刘求实：《中国艾滋病防治领域 NGO 调研报告》，清华大学 NGO 研究所，2006。
② 全球基金是联合国支持下成立的 "全球防治艾滋病和疟疾基金" 的简称。它是目前中国艾滋病防治领域中最大的项目资金提供者。
③ 联合国组织包括国际劳工组织、联合国艾滋病规划署、联合国禁毒署、联合国开发计划署、联合国教科文组织、联合国人口基金会、联合国儿童基金会、世界卫生组织、世界银行、世界粮食规划署 10 家。双边机构包括 6 个成员：英国国际发展署、欧盟、日本政府、卢森堡政府、美国政府、意大利政府。国际非政府组织包括 4 个成员单位：达米恩基金会、无国界卫生组织、英国儿童救助会、国际红十字会。商业性组织包括 5 名成员：默沙东公司（中国）、葛兰素—史克公司、百时美—施贵宝、东北制药集团、上海迪塞诺生物公司。
④ 项目官员访谈，2010 年 4 月。

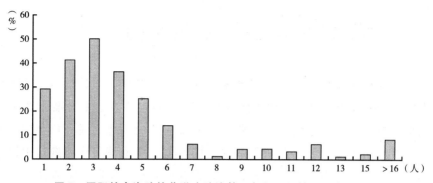

图 5　国际社会资助的艾滋病防治第三部门组织的工作人员数量

数据来源：根据《中国艾滋病社会组织名录》（2009～2010）处理得到。

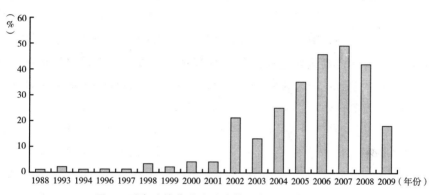

图 6　受资助的艾滋病防治第三部门的成立时间

数据来源：根据《中国艾滋病社会组织名录》（2009～2010）处理得到。

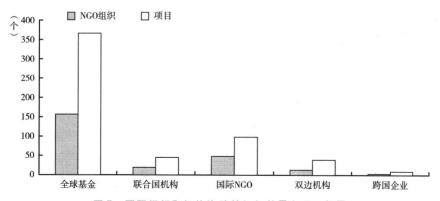

图 7　国际组织和机构资助的组织数量和项目数量

注：因为全球基金的资助规模较大，因此将它和其他联合国机构分开进行了统计。

数据来源：根据《中国艾滋病社会组织名录》（2009～2010）处理得到。

三 世界文化对国家的影响

除了看得见的资金、技术援助等"硬件支持"外，国际社会对中国第三部门的影响，更重要的是体现在一些"软件支持"方面，比如通过影响人的行为、观念，组织的运作模式等来给第三部门创造空间和机会。本报告尝试用世界社会理论来分析国际社会的价值、规范等文化因素对中国第三部门的影响。由第一部分的分析框架图我们知道，国际社会有两个影响主体：国家和第三部门组织。通过与这两个主体的互动，国际社会既可以直接影响第三部门组织的发展，也可以通过国家间接影响到第三部门发展的空间和机会。

本部分主要分析国际社会对国家的影响。国际社会的规范、标准等产生影响的过程其实也是国家适应国际社会规范、标准的一个国家社会化的过程。本部分主要以三个领域的活动为案例来分析国际社会的影响，包括通过何种方式以及如何产生影响。这三个活动领域分别是艾滋病防治领域、扶贫领域和环境保护领域。选择这三个领域的原因是因为它们是目前中国第三部门活动中最为活跃的三个活动领域，而且受到的国际影响也较为明显。

可以发现，在一个"亲NGO的世界文化"背景下，国家主动或者被动地通过社会化过程来适应世界文化，这在客观上对国内第三部门组织的发展产生了积极的影响。但是，同时也可以看到由于中国目前的国家—社会结构，国际社会因素的影响也存在很大的局限性。

（一）亲 NGO 的世界文化

世界社会（World Society）理论，或世界政体（World Polity）理论，是由著名的制度学大师 Meyer 首先提出的。他认为存在一个由"一系列的规则，或者称为框架或者模式构成的体系（System）"①。这个体系的主体是那些"被围绕在它们周围的框架所构建和激励的实体"②，比如社团组织、国际性政府组织、非政府组织以及国家等。

---

① Meyer, John W., The World Polity and the Authority of the Nation-State, *Studies of the Modern World-System*, ed. Bergesen (New York: Academic Press, 1980), pp. 111 – 112.

② Boli, John and George M. Thomas, World Culture in the World Polity, *American Sociological Review*, Vol. 62, No. 2. (1997), pp. 172.

不同于由主权国家构成的国际社会，其重点是在主权国家及其政治安全层面方面，世界社会的重点是全球社会认同，解决的是全球性均衡持续发展，全球性市场、生态、灾害、地区冲突等全球性问题，① 强调的是世界规范标准和文化的影响，而非权力的影响。②

世界社会理论认为有一个世界文化存在并发挥作用，并以此来解释各国政府之间的趋同性现象。它认为，在 19 世纪中叶，就已经出现了世界范围的制度化的、文化的规范，包含着影响国家、组织和个人的具有普遍性的模型，世界社会体系中的参与者都共享相同的文化。1945 年之后，由于大量的国际组织的活动，世界文化进一步得到了扩张。③ 1980 年代，随着战后新的全球性管理机构，例如联合国、世界银行、跨国组织和国际非政府组织的建立和迅速扩展，国家间界限逐渐模糊，各种国际性政府组织、非政府组织在国际事务中发挥的作用越来越重要。

因为国际组织在国际社会中角色和功能的凸现，它们所创造和传播的文化也更加明晰和强化。正如 Boli 和 Thomas（1997：187）所言，建立在诸如普世主义、个人主义、志愿主义、平等参与、世界公民权等世界文化的原则之上的国际组织，同时也是全球性原则的传播者、代表者、执行者以及细化者。④ 在参与全球治理的过程中，它们会把国际性规范、标准传播出去，并且还会把在世界各国形成的经验提炼成新的全球治理新模式。比如，世界银行的经济治理模式，UNESCO 的教育模式，大赦国际的人权政策，绿色和平、UNEP 关于如何保护环境的规范等，都是目前世界社会治理的重要模式。

在所有的国际组织中，尤其需要提及的是近 20 余年来非政府组织在国际舞台的作用。与其他国际组织在全球治理中的作用一样，国际非政府组织也是近年来全球治理的一个重要主体。而且，1980 年代以来在世界各地发生了"全球社团革命"。国内非政府组织在各国的政治、社会生活中扮演的

---

① 刘鸣：《国际体系与世界社会、国际秩序及世界秩序诸概念的比较》，《社会科学》2004 年第 2 期。

② Meyer, John, John Boli, George Thomas, and Francisco Ramirez, World Society and the Nation-State, *American Journal of Sociology*, 103 (1997)：144 – 181.

③ Meyer, John W., The World Polity and the Authority of the Nation-State, *Studies of the Modern World-System*, ed. Bergesen (New York：Academic Press, 1980), pp. 109 – 137.

④ Boli, John and George M. Thomas, World Culture in the World Polity, *American Sociological Review*, Vol. 62, No. 2. (1997), pp. 171 – 190.

角色也越来越重要，成为与政府、企业并列的第三部门。不仅在传统西方民主体制国家，NGO 越来越广泛地参与到国家治理的方方面面，在非西方民主国家，NGO 进入公共领域参与公共事务、提供社会服务的案例也越来越多，政府与 NGO 的关系正在全球范围内发生着巨大变化。因此，1997 年联合国秘书长安南在向第 52 届联合国大会提交的工作报告中，把非政府组织的作用列为影响当今和未来全球发展的第五大因素。在这个意义上可以说，1980 年代以来一种新的"亲 NGO"的世界文化已经形成。

那么，这种亲 NGO 的世界文化能为中国的第三部门创造什么机会和空间呢？如何创造？对于国家而言，国际社会能够提供的、有吸引力的资源主要是：1）资金、技术；2）国际经验；3）合法性；4）新的外交空间；5）展示自己大国形象的新舞台。对于这些资源，或者说希望从国际社会得到的东西，国家采取什么方式来获得呢？笔者认为，无外乎：1）国际合作项目；2）加入国际组织；3）主动向国际社会展示自己是遵守国际规范和标准的，是国际社会的一个合法成员，甚至展示自己可以承担解决国际问题的重任。

无论哪种形式，国家主动或者被动遵守国际社会的规则，去适应国际社会的要求，甚至表达对国际社会规范和标准的遵守和执行，这都是一种社会化过程。本文用"国家社会化"这一分析方法来探讨国际社会是如何对国家产生影响并导致国家行为变化的。换句话说，从国家社会化的视角来分析国家适应国际规范、标准的过程和方式。所谓社会化是社会行为的模塑过程。通过这一过程，人们形成了为其生存环境所认可的社会行为模式，对生存其间的社会文化环境中的各种简单或复杂的刺激能够给予合适、稳定的反应。[1] 而国家社会化，用 Finnemore 和 Sikkink（1998）的话说，就是指通过物质惩罚和类似于国家之间的伙伴压力的综合作用，使国际体系中的新规范让国家接受的一种机制。[2]

国家社会化机制的形式有两种。一种是以霸权国为教化者，次要国家为社会化对象；另一种是以国际制度为教化者或场所，参加国家为社会化对象。[3] 在中国国家社会化的过程中，上述两种机制均发生作用。但是，本报

---

① 钟龙彪：《国家社会化：国际关系的一项研究议程》，《欧洲研究》2009 年第 2 期。

② Finnemore, Martha and Kathryn Sikkink, International Norm Dynamics and Political Change, *International Organization*, Vol. 52, No. 4（1998）：887–917.

③ 钟龙彪：《国家社会化：国际关系的一项研究议程》，《欧洲研究》2009 年第 2 期。

告所叙述的社会化倾向于第二种含义的国家社会化，也就是把国际制度视为社会化的教化者。

国际制度是通过国际组织来传播和执行的。与国际组织签订协议，进行国际合作，或者主动向国际社会展现自己对国际规范和标准的遵守，都是国家社会化的方式。因为在这些过程中，国家必须遵守国际社会的规定和规则，按照国际规范行事，甚至主动表达自己符合国际规范和标准。同样，加入国际组织也是国家社会化的一个重要方式。改革开放以来，中国加入了很多国际组织，而且加入速度越来越快。在 1960 年代，中国实质上没有有意地参与政府间国际组织，而到 1990 年代中国已经成为大部分政府间国际组织的成员国。事实上，中国参与的政府间国际组织的绝对数目是美国参与数的 80%。[①] 迄今，中国已参加了 100 多个政府间国际组织，签署了近 300 个多边国际条约。[②]

下面是一些国家社会化的分类案例介绍。

（二）几个案例

第一类：参与国际性项目合作，获取资金、技术支持

案例一：江西村级扶贫项目

亚洲开发银行（以下简称为亚行）资助的江西村级扶贫项目是政府扶贫资源首次向非政府组织开放的试点项目，也是被学术界反复研究、媒体多次宣传的政府购买 NGO 服务的典范案例。

亚行是亚太地区区域性政府间国际机构，成立于 1966 年，总部设在菲律宾首都马尼拉。培养非政府组织的能力建设，推动非政府组织与政府的合作一直是亚行的宗旨和活动目标。在亚行的推动下，2001 年中国政府把非政府组织参与提供扶贫服务和开展扶贫活动作为中国扶贫战略的一个核心内容。2001 年出台的《中国农村扶贫开发纲要 2001～2010 年》（国发 2010 号）提出了"要积极创造条件，引导非政府组织参与和执行政府扶贫开发项目"的目标。经国务院扶贫办、财政部、亚行、江西省扶贫办和中国扶贫基金会共同协商，决定在江西省开展有关"非政府组织和政府合作开展

---

① 江忆恩（Iain Johston）：《美国学者关于中国与国际组织关系研究概述》，福特基金会资助课题工作论文。
② 魏明杰：《中国与国际条约 60 年》，《国际观察》2010 年第 1 期。

村级扶贫规划试点的技术援助项目"。该项目的主要目标是通过非政府组织参与实施政府资助的村级扶贫规划项目，创建和示范非政府组织参与政府扶贫项目的机制和模式，并为政府有关部门提供政策建议。

按照项目设计，亚行通过英国政府设立的扶贫合作基金提供了 100 万美元用于支持非政府组织村级扶贫规划试点项目的设计和示范推广。此外，亚行通过公开招标聘请了一家国际咨询公司 IDSS 对整个项目进行独立的外部监测和评价。国务院扶贫办和江西省扶贫办将提供 1100 万元人民币财政扶贫资金，委托中国扶贫基金会组织招标选择一些非政府组织在江西省的 22 个重点贫困村实施村级扶贫规划项目，同时负责协调工作。新加坡金鹰国际集团提供了 66 万元人民币，用于支持非政府组织的能力建设。

而作为项目实施的主体，江西省扶贫办与中国扶贫基金会签订协议，由中国扶贫基金会负责项目试点部分的具体实施，包括负责非政府组织的公开竞标活动以及扶贫工作中对这些非政府组织的管理和协调。具体说来，中国扶贫基金会负责公开招标事宜，招募非政府组织到江西的 22 个试点村展开村级扶贫工作，并在评选专家组（由中国扶贫基金会组织和领导）的支持和建议下，向江西省扶贫办提供 NGO 的具体名单，由江西省扶贫办最终选择 NGO 具体实施扶贫工作。在项目实施阶段，这些 NGO 的管理和协调工作也由中国扶贫基金会负责。此外，中国扶贫基金会也提供了一部分项目资金。

扶贫工作一直是中国政府的重要工作，但是传统的方式是由政府把扶贫资源发放到相应的政府部门，以及政府支持的官办社团，比如中国扶贫基金会及其全国各地的分支机构，由这些部门直接运作项目。而亚行提供的扶贫框架则是由 NGO 利用政府部门提供的资源来进行具体的项目运作。在接受亚行的这一扶贫模式的过程中，国家为 NGO 进入政府扶贫项目创造了空间和机会。

案例二：全球基金艾滋病防治中国项目

作为一个备受国际社会舆论关注的焦点问题，艾滋病在短短 20 年的时间里，由单纯的医学生物学问题，演变为公共卫生问题，再随之上升为社会和发展问题。现在，它甚至又一跃而起，和恐怖主义并列成为联合国政治日程中重点关注的全球性国家安全问题。① 作为一个全球性问题，艾滋病防治

---

① 付涛：《鸡尾酒疗法——中国多部门合作中的 NGO 成分》，《中国发展简报》2005 年冬季刊。

是包括联合国机构、双边机构、国际非政府组织、基金会在内的国际组织投入巨大资金下大力解决的问题。

在中国，艾滋病防治是受到国际社会影响最明显的领域之一。首先，它不是一个因为国内表现严重而问题化的领域，而是因为它是一个国际性大问题，之后演化为国内大问题。在访谈中，很多专家、学者和实践工作者都谈到，在中国最严重的传染病并不是艾滋病，而是结核和肝炎，但是在艾滋病防治领域，政府投入的人力、资金之大，规格之高，参与 NGO 数量之多，是其他传染病领域望尘莫及的，这本身就可以解释为受到了国际社会影响的结果。[①] 其次，艾滋病防治领域的参与者，艾滋病防治项目运作的方式、方法都有很深的国际社会的烙印。

目前在中国，艾滋病防治领域最大的国际资金支援项目是全球基金资助的"中国全球基金艾滋病防治项目"。全球基金的全称为"全球抗艾滋病、结核和疟疾基金"（简称全球基金，GFATM），是在联合国前秘书长安南的倡议下于 2002 年上半年成立的一个多个国家资金支持的国际组织。自成立以来，全球基金就成为抗击艾滋病、肺结核和疟疾项目的主要资金来源，其在 140 个国家实施了 572 个项目，审批资金总额达到 156 亿美元。全球 1/4 的艾滋病项目、2/3 的结核病项目和 3/4 的疟疾项目的国际资金由全球基金提供。

全球基金明确要求在项目申请初期，申请国必须建立包括 NGO 在内的多部门合作机制。所谓的多部门合作是指，包括政府部门、学术教育机构、人民团体、社会团体、以社区为基础的草根 NGO、国际非政府组织、私有/公有企业，甚至艾滋病、结核病、疟疾患者或感染者代表，国际多边组织和国际双边组织在内的广泛参与机制。[②]

全球基金项目从一开始招标，中国就开始申请了。为了促进全球艾滋病、结核和疟疾基金的项目申请工作，国家还在 2002 年初成立了中国艾滋病防治国家协调委员会，并在国务院防治艾滋病性病协调会议的基础上成立了中国全球基金项目国家协调委员会（中国 CCM），建立了多部门合作机制。在多部门合作中，卫生部是主要的政府部门，其他参与的政府部

---

① 很多艾滋病领域的专家都表达过这样的观点，包括第一次中英艾滋病项目的中方负责专家、国际非政府组织的工作人员、国内 NGO 负责人、项目官员等。访谈，2010 年 4 月、5 月。

② 详细内容请参见中国全球基金项目国家协调委员会的网页：http://www.chinaccm.org.cn/zh/home.html。

门有外交部、国家发展计划委员会、教育部、公安部、民政部、司法部、财政部、商务部、国家人口和计划生育委员会、国家广播电影电视总局、国家食品药品监督管理局、国家中医药管理局。政府部门在这一项目中的作用是：

（1）在项目执行的过程中，保证政治承诺和适当的政策环境。

（2）为有效地实施全球基金项目，加强和改善其督导机制。

（3）加强能力建设并将项目和国家级项目相结合，保证可持续发展。[①]

第一轮申请的时候，联合国主题小组、国际双边组织、政府部门和非政府部门共 39 个成员组成了 CCM。在第二轮全球基金申请中，为了加强多部门的参与，中国 CCM 成员中又增加了一些新成员，包括学术机构、制药公司代表。为了第二轮申请，卫生部疾病控制中心 2002 年 12 月初召开了申请全球基金 7 省项目协调机制促进会。在会上，卫生部国际合作司副司长任明辉特别强调了多部门合作对中国应对艾滋病问题的意义。这个会议参加者包括：1）联合国多边机构，如联合国开发计划署、世界卫生组织以及各省的疾控防疫部门；2）国际非政府组织，如英国救助儿童会、无国界医生组织、玛丽斯特普国际组织；3）一些项目省的教育、民政部门和学术机构，计生委、红十字会、妇联代表等；4）甚至默沙东、葛兰素史克、东北制药等 5 家国家协调委员会的药厂成员也赫然在目。这些代表之所以能够跨越国界，跨越习以为常的传统部门和行业的藩篱走到一起，是因为全球基金为他们搭建了一个共同的框架。[②]

但是，第二轮申请还是失败了。后来，在第二轮申请的基础上，又作了一些更加符合全球基金要求的框架调整，比如在国家协调委员会（简称中国 CCM）中，又加入了新的成员：两名艾滋病感染者，提出了第三轮申请，并成功获得了第三轮项目资助。[③]

另外，全球基金项目还有一些 NGO 经费的使用说明。全球基金项目第三轮规定，17% 的项目基金要给 NGO 使用；全球基金项目第六轮后规定变更为，33% 的项目基金交给 NGO 直接使用。同时，中央政府、地方政府也都承诺给予 NGO 相应的配套资金支持。但是，由于各地经济实力不同，配

---

① 访谈，2010 年 4 月、5 月。

② 付涛：《鸡尾酒疗法——中国多部门合作中的 NGO 成分》，《中国发展简报》2005 年冬季刊。

③ 全球基金艾滋病防治中国项目官员访谈，2010 年 3 月。

套资金金额以及落实可能会有一些问题。中央政府的配套资金，叫做社会动员基金，是给 NGO 的专项基金，但是基本上给的是中华防疫和中国性病艾滋病防治协会这样的官方 NGO。总的来说，对于非政府组织的项目资金支持是逐年递增的。[①] 这些对第三部门的发展有极大的促进作用。

案例三：盖茨基金会在中国的艾滋病防治项目

作为一个私人基金会资助的项目，盖茨基金会在中国的艾滋病防治项目设计大大不同于全球基金项目。全球基金项目是中国国家出面组织申请的项目，是多部门参与的国家项目。虽然其中也有很多 NGO，但是它们之间不是平等的合作关系。而盖茨基金会的项目设计是，项目由三个独立的机构来共同合作实施。三个独立机构分别是：两个 NGO（中华医学防疫医学会和中国性病艾滋病防治协会），一个政府官方机构（中国疾病预防控制中心），一个项目评估机构（清华大学的多个研究机构组成的一个合作组织）。

这种设计首先确保了 NGO 在资金上的独立性。一个 NGO 的项目官员告诉笔者，盖茨基金会项目的一个重要特点是资金独立。基金会在其他国家开展项目的时候，要求必须有 NGO 的参与，但是中国国情决定了草根 NGO 不可能参与这样高级的大型项目，所以官办社团组织中华医学防疫医学会和中国性病艾滋病防治协会作为非政府组织申请了盖茨基金会项目。在盖茨基金会的艾滋病防治项目中，代表国家的参与者——中国疾病预防控制中心得到项目资金 2000 万元，而中华防疫医学会和中国性病艾滋病防治协会各 1000 万元，剩下的学术评估机构大约也是 1000 万元。这三个参与者是作为三个独立的主体分别与盖茨基金会在其西雅图的总部签约的，彼此的项目资金也完全独立，不受其他组织的控制。该项目的主管称这种方式为经费上赋权。[②]

盖茨基金会的项目管理方式也不同于以往的艾滋病防治领域中国际项目的经费使用方式。比如，全球基金和中英项目等其他的一些大型的国际项目的资金一般是拨到国家政府部门，之后再由政府部门拨给非政府组织，这样一方面往往是官办社团组织获得资助的可能性更多。另外由于需要向政府申请资金，在一定程度上对于草根 NGO 的活动的独立性可能会产生限制。而盖茨项目的资金独立给参与组织带来更大的空间和权利。

---

① 访谈，2010 年 3 月。

② 访谈，2010 年 5 月。

　　盖茨基金会项目设计了一个很好的多方平等参与框架，确保了政府、NGO和其他部门一起进行平等合作。合作主体之间完全独立，特别是财务上是独立的，这样就避免了政府支配和管制NGO的可能性，为NGO的独立自治提供了保证。中国性病艾滋病防治协会和防疫医学会都是官方性很强的社会团体，它们和卫生部、中国疾病预防控制中心的关系本来就很密切，但是盖茨基金会通过设计这样的一个合作框架，就可以改变这种官办社团对政府的依附性。据说政府部门对盖茨基金会项目的资金分配方案非常不满意（40%给政府、40%给NGO、20%给学术机构），因为其他的资助方都是把项目经费拨给政府部门，再由政府部门拨给社团和相关的学术机构。[1] 但是，既然签署了这样的项目合约，在项目执行过程中，政府就必须执行合约，这就必然会为第三部门组织创造机会和空间。

　　上述三个案例显示的是，在获得国际社会的项目资助的同时，无论愿意与否，国家必须遵守国际社会划定的规则和标准；因为这些要求或规定是国际项目合作得以实现的前提。这些跟随着项目而进入中国的国际社会的规范和标准、运作模式、项目框架等都会为国内的第三部门组织创造很多从其他途径获得不了的机会和空间。

第二类：学习国际社会经验，利用国际模式解决国内社会问题

案例四：国际组织的教化作用：救助儿童会的瑞江中心案例

　　学习国际社会的经验，解决国内问题也是国家社会化的一种常用方式。

　　"瑞丽艾滋病预防和关怀综合项目"就是这样一个国内地方政府学习国际社会运作经验而解决自己面临的社会问题的案例。这是在联合国艾滋病规划署等组织的资金支持下，由救助儿童会与当地政府合作，致力于降低艾滋病和其他性传播疾病带来的威胁，使得包括缅人社区在内的当地群众得到更多的支持和关爱的一个项目。

　　第一步：国际社会示范。2000年，为了更好地在瑞丽开展对缅甸流动人口的跨境研究工作，救助儿童会和瑞丽市政府共同设立了瑞丽市妇女儿童发展中心（简称瑞丽中心）。同年，救助儿童会设计了艾滋病项目。瑞丽中心成立之初就将当地的性工作者锁定为最主要的工作对象之一。当时，政府在这一方面的工作基本上处于空白状态，这恰恰成为瑞丽中心的工作重点。这一时期的合作基础更多地依赖政府引进资金的计划，救助儿童会和瑞丽中

---

① 访谈，2010年5月。

心处于主动与政府合作的位置，而政府提供的是比较单纯的行政支持，是一个国际示范的初级阶段。

第二步：地方政府认可国际经验。通过几年来对性工作者的培训、出诊和医疗服务，瑞丽中心在当地赢得了广泛的认可和尊重。政府的态度也从单纯提供行政支持转到积极主动寻找机会与瑞丽中心合作。2003年，瑞丽市妇联准备在农村妇女干部中开展预防艾滋病的培训，在缺乏技术力量的情况下，瑞丽中心出现在瑞丽妇联的名单上。瑞丽中心的工作人员出色地完成了这项工作。共青团瑞丽市委也主动与瑞丽中心接触，并联合开展了"思想教育"活动。在这些合作活动中，瑞丽中心通过妇联和共青团完整、庞大的网络使更多的群众获得了预防艾滋病的知识；同时，也扩大了中心在当地的影响，进一步展示了国际社会的经验可取。

第三步：与中央政府目标一致的国内大背景下，开始学习、利用国际经验。2004年是全国艾滋病预防工作的转折点。中央政府更加重视艾滋病防治工作，德宏州也出台了具有划时代意义的防艾政策。有了中央和地方政策的支持，瑞丽市政府更加积极主动地投入到与艾滋病相关的工作中。在瑞丽市政府的工作计划会上，瑞丽市副市长专门提到瑞丽中心已经成为瑞丽防艾工作的信息资源中心，并希望中心能与政府并肩作战。与此同时，救助儿童会针对农村儿童和青少年的工作正好与政府工作组的工作重点契合，在政府的邀请下，中心作为技术力量再次参与到政府的工作中。

第四步：接受并推广国际社会的模式。在救助儿童会和政府的支持下，瑞丽中心于2004年登记注册，成为一个享受国家法律保护的正式民间组织。当地政府也希望通过瑞丽中心和救助儿童会在国内外的声望和关系，争取到更多的资金，进一步发展各项事业。①

上面的案例告诉我们，如果让国家看到国际社会的运作模式可以成为一种很好的解决当地社会问题的工具的时候，国家也会主动地去学习、采纳和接受国际社会的模式。很明显，这个案例中政府的动机首先是经济利益的驱动，而后看到了明显的政治、社会效益后，政府开始积极介入，利用组织的技术力量和社会影响来为政府治理服务。这是一个国际社会示教，国内地方政府学习的互动过程。国际社会为地方政府示范了一种新的有效的社会治理

---

① 资料来源：1）救助儿童会项目官员访谈，2010年4月；2）救助儿童会内部资料，"双赢的合作"，《英国救助儿童会中国项目简报》2005年第2期。

模式，并且由于这一模式的成功导致了政府对第三部门组织的支持，会对第三部门组织的进一步发展有促进作用。

第三类：加入国际组织，作为国际社会的一员，遵守和维护国际规范和标准

案例五：中国加入 WTO 与国内行业协会的发展①

世界贸易组织（WTO）是由各国政府自愿加入的全球性贸易组织，它要求各成员国政府的相关政策法规符合 WTO 原则、规范，并处理和协调由于成员国政府行为不当而造成的贸易纠纷。我国于 2001 年 12 月 11 日正式加入 WTO。加入 WTO 后，政府必须遵循 WTO 的相关法律框架，在 WTO 所规定的范围内活动和履行自己的职责，要退出对市场和企业的直接管理，让企业按照市场规则来进行决策和经营，这样在经济社会的功能和管理方面就会留下一个"真空地带"，填补这一"真空地带"的就是各种非政府组织如行业协会，而 WTO 的规则就是要发挥这些非政府组织的积极作用。②

WTO 规则是一个亲 NGO 的规则。非政府组织可以参加 WTO 部长会议的前期会议，WTO 秘书处也经常向 NGO 通报大会工作会议的情况，并且通过举办研讨会等形式，增进与民间社团的联系。在 WTO 规则下，行业协会不仅可以承担许多国际贸易活动中不宜或难以由政府和企业直接承担的事务，而且在国家间的贸易争端和纠纷中，可以发挥一种缓冲功能，帮助企业和政府利用 WTO 规则和争端解决机制，维护企业和国家的利益。发生在 2002~2003 年的温州打火机反倾销案就是这样一个案例。

温州被誉为中国民营经济之都，是很多小商品的生产地，拥有大量的民营中小企业。当时，温州拥有打火机企业 500 多家，年产金属外壳打火机 6 亿多只，销量占国内市场份额的 95% 以上、世界市场份额的 80% 以上。打火机行业协会就是在这样的背景下成立的。

2001 年 9 月，欧盟根据欧洲一些打火机制造商的要求，制定了抵制中国打火机的贸易技术壁垒"CR"法案，对进口价两欧元以下的打火机进行技术上的限制，要求此类产品必须安装儿童不能开启的装置。对此，温州打火机协会于 2002 年 3 月 21 日组成交涉团前往欧洲进行交涉。但是，同年 6 月 28 日，欧盟还是宣布了对产自中国的打火机进行反倾销立案。

---

① 案例来源：《打火机打赢洋官司的启示》，2003 年 8 月 14 日《济宁日报》。
② 宋玉华、胡培战：《直面非关税壁垒扩大中国出口》，中国社会科学出版社，2004。

对此，温州打火机协会紧急召开了理事会，邀请了知名涉外法律专家来温州举行专题分析会，最后决定由 16 家打火机企业分别打两场"洋官司"，1 家打火机企业以争取市场经济地位诉讼，15 家打火机企业联合进行产业无损害抗辩。在多方努力下，2003 年 7 月 15 日，温州打火机企业最终打赢了官司。

对于这样一次"洋官司"，民政部门的官员说，温州打火机反倾销的胜诉，是中国行业协会组织中小企业积极应诉的第一例，充分体现了加入WTO 后，行业协会可以做政府做不了的事情。[①] 通过这样一次反诉讼，不仅当事的行业协会学会了在世贸组织法律框架下，运用法律的武器来解决贸易争端，对行业协会自身的成长有巨大作用，而且对其他行业协会也有着不可低估的激励作用。

目前，鉴于行业的功效，很多地方政府已经出台了多个政策、法规来促进当地行业协会的发展。根据中国行业协会商会网统计，到 2006 年 7 月 18日，已经颁发有关行业协会、商会的地方性法规、地方性规章的省、自治区、直辖市和较大市有 22 个，制定了有关行业协会商会规范性文件的地（市）级政府和人大有 7 个，由政府部门制定有关行业协会商会配套政策、政府转发的地区有 15 个，在其他规范性文件中涉及行业协会商会作用的地方性文件有 14个。[②] 无疑，这些政策法规必然会极大促进行业协会的发展。

第四类：主动向国际社会展示自己，争取合法性

案例六：绿色申奥

一个现代民族国家会采取符合"全球性的文化原则"的行为，并以此表达自己是一个理性的和负责任的世界共同体成员。最典型的例子就是，民族国家承担环境保护责任的这一原则的全球性制度化。[③] 中国为了申办 2008 年夏季奥运会而开展的"绿色申奥运动"就是这样一个例子。它是一个国家适应国际规范、标准，从而为国内 NGO 创造了活动空间和机会的典型案例。

我们知道，在中国的草根 NGO 中，环保 NGO 是很特殊的一个群体。它们数量多，海内外影响力大，也非常活跃。但是，由于中国严格的法律规

---

① 访谈，2004 年 8 月。

② 详细资料请参见《我国行业协会发展》，http：//wenku. baidu. com/view/bdb82875a417866fb84a8e90. html。

③ Frank, D. J., 2000, Environmentalism as a Global Institution, *American Sociological Review*, 65：122 - 127.

定，这些组织和中国其他的草根 NGO 一样，基本上是以商业注册或者其他非民政注册的方式存在的。虽然国家有关部门也会提到环保 NGO 的功能和作用，但是相对而言，国家和它们的关系较为松散。政府的这种态度和策略为草根 NGO 的生存、发展提供了一种可能的生存空间，但是二者之间缺少互动。正如一个民间组织的领导人所言，在加入绿色申奥运动之前，政府基本上不理睬他们，彼此各做各的事情。①

北京在申办 2008 年奥运会（绿色申奥）期间，政府主动改变了以往对草根 NGO 忽视的态度，转而主动寻求与它们的沟通，并将其纳入到政府的绿色申奥活动体系中。同时媒体也开始大量强调、宣传政府和民间组织合作的重要性，营造了一种政府与民间团体公平、密切、对等合作的气氛。

在申奥期间，由中国民间组织促进会（一家官方性很强的支持型民间组织）牵头和组织了一次有 1000 个国内民间组织签名的公开信，支持北京申办奥运会。这件事情，得到了政府的肯定和媒体的大力报道。

2000 年 12 月北京 2008 年奥申委代表团前往瑞士洛桑作申办城市的陈述，作为民间申奥大使，环保 NGO——"地球村"的负责人廖晓义随团同往国际奥委会总部。这也是第一次非政府组织的领导人同中国政府官员一同出现在国际场合。

2000 年 8 月 24 日，北京绿色申奥委员会、北京市环保局与 24 家民间组织共同签署了《绿色奥运行动计划》，其中既包括半官办的环保社团，也包括"自然之友"、"地球村"这样的草根环保 NGO。在此之前，北京市奥申委还聘请了"自然之友"的负责人梁从诫、"地球村"的负责人廖晓义以及北京环保基金会的负责人江小坷为绿色申奥顾问。为了确保《绿色奥运行动计划》的实施，政府还首次建立了由政府部门、企事业单位、环保团体与民间组织、市民个人参与的绿色奥运行动计划联席会议制度。环保 NGO "自然之友"和"地球村"都是这个联席会议的主要成员。新华社评论它是"第一次形成了政府、企事业单位和公众三方面的互动机制"。这是政府和草根 NGO 之间出现的第一次制度化的合作形式。

与前三类案例不同的是，绿色申奥运动展示的是国家对国际社会的规范和标准的利用。绿色申奥中，政府对具有国际声誉的中国草根 NGO 示好，

---

① 环保 NGO 领导人访谈，2001 年 12 月。

为它们提供了新的参与渠道，甚至主动改善与它们的关系。一方面，这些具有国际声誉的草根 NGO 在国际社会就是中国 NGO 的代名词，中国政府对这些组织的友善和宽容就等于是对中国 NGO 的友善和宽容。这是符合亲 NGO 的国际规范的，可以为中国政府赢取合法性，提高国际形象和地位。另一方面，绿色申奥运动中，NGO 也用多种形式（比如公开信、参与绿色申奥活动）来支持、参与政府发起的申奥运动。而且 NGO 对申奥的参与和支持还通过媒体，甚至 NGO 自身传达到了国际社会，这也是非常符合国际惯例的。从国际惯例来说，奥林匹克运动会这样大型的国际盛事必须有 NGO 的支持和参与。可以说，绿色申奥中，国家为了向国际社会展示自己对国际文化的遵守和适用，改善了与 NGO 的关系，给 NGO 创造了新的参与渠道和方式。

（三）国家社会化过程分析

在世界文化理论看来，因为世界文化是高度理性化和普遍化的，所以国家是一个理性行为主体，它是根据正式规则被组织起来的，也是根据规则运作的。① 国家的社会化行为就是一个国家的理性行为。下面从三个方面对国家社会化作一个分析。

1. 国家社会化的作用机制

根据钟龙彪（2009）的概括，国际制度实现社会教化的作用机制有如下三种。②

（1）"战略计算"（Strategic Calculation）。在这个机制中，社会化对象秉持工具理性，它们仔细计算，谋求利益最大化，使其行为适应国际社会赞成的规范和规则。开始可能是工具理性行为，但由于种种认知和制度锁闭效应，也许会发生内化和偏好变化，导致持久遵守规范。这一机制要发生作用，就必须设定政治条件，具体地说，就是政府间强化，即国际制度给目标国提供积极的刺激，如援助和成员身份，前提条件是必须接受和遵守制度规范。

（2）角色扮演（Role Playing）。这一机制的理论来源是组织理论和认知

① Meyer, John, John Boli, George Thomas, and Francisco Ramirez, World Society and the Nation-State, *American Journal of Sociology* 103（1997）：153.

② 钟龙彪：《国家社会化：国际关系的一项研究议程》，《欧洲研究》2009 年第 2 期。

心理学、社会心理学，认为行为体的理性是有限的，不可能同时注意到所有事物和仔细计算行动选择的成本和收益。组织和团体环境可简化其选择困难，途径是角色扮演。在角色扮演开始后，就由结果性逻辑转向适当性逻辑，其适应性行为就是非算计的。行为体接受某个角色，是因为在那个特定环境中它是适当的。这一机制发生作用的条件是：行为体与所处环境的接触是长久、持续、高强度的。那些具有在地区或国际政策制定环境中有广泛专业经验的行为主体更可能内化超国家角色认知。反之，则难以内化新角色认知。

（3）规范沟通（Normative Suasion）。这一机制的理论来源是哈贝马斯的沟通行动理论和社会心理学，认为有沟通的理性社会中行为主体不会计算成本收益，不会从环境中寻求暗示信息。他们进行谈判，互相说服，其利益和偏好可再定义。这一机制发生作用的条件是：社会化的目标处于一个新的不确定环境中，因此可促使其分析新环境；社会化的目标没有与教化者信息不一致的根深蒂固的信念；教化者是社会化目标从属于或欲从属于的团体内的权威成员；教化者不摆出教师爷的架子，而是进行认真、慎重的讨论。互动发生在较少政治性的较封闭的"暗箱"环境中。

毫无疑问，上面所有例子都显示了国家的"战略计算"。比如，或者为了得到项目资助，或者为了发展经济，或者为了解决社会问题，或者为了提升国际合法性，国家都或主动或被动地去遵守、适应国际规范和标准，实现国家社会化。角色扮演、规范沟通的机制在艾滋病领域则不是很明显，而在行业协会和绿色申奥的例子中则有一些体现。

在 WTO 和行业协会案例中，中国加入 WTO 之后，政府必须遵循 WTO 的相关法律框架，在 WTO 所规定的范围内活动和履行自己的职责。简单说就是，经济领域放手给企业自己来管理，社会领域放手给行业协会来管理。国家在经过理性计算之后加入了 WTO，也就需要承担因此带来的责任，履行 WTO 的规则。政府改变了以前的市场直接管理者的角色，出台多个政策、法规推动行业协会的发展。甚至，在发生国际贸易纠纷的时候，遵从国际惯例主动利用行业协会来解决问题。这一过程中，政府角色发生了变化。

云南的瑞丽项目也是一个反映政府角色扮演的案例。在感受到国际经验带来的政治、社会益处后，经过理性计算，地方政府从一个名义上的项目合作者变成了多个类似项目的推动者和主导者。这不仅是一个角色扮演的过程，甚至某种程度上，这种国际规范正在内化政府的行为。

绿色申奥运动是一个国家主动利用国际规范和标准的案例。不同于其他案例的是，在绿色申奥中，国家明确知道国际规范的作用和意义，而其他案例中国家或者知道或者不知道。绿色申奥中引入 NGO 参与，特别是让 NGO 加入绿色申奥联席会议制度，随申奥委员会一起到国际奥委会总部作陈述等，这些行为带着明显的"NGO Wash"的烙印，是国家为了赢得奥运会主办权的一个理性选择后的行为。而申奥成功之后的奥运会期间，组委会启用大量的志愿者参与奥运期间的多种服务活动，申奥期间开始的"26 度空调节能活动"也得以一直延续下来，甚至奥运会结束之后，国家在多个领域采用 NGO 参与的联席会议制度、听证会等模式，则是将"角色扮演"的社会化过程从申奥舞台向后进行了延续，国家将一些国际模式内化为自己的行动，这体现了国家社会化过程的从模仿到内在化的层次上的变化过程。

2. 国家社会化的主动程度

上面是从国际制度实现社会教化的不同作用机制来分析的，下面从国家的主动性来作另一个侧面的分析。就国家的主动性而言，可以把国家社会化分成主动适应和被动适应两种方式。主动的方式，就是国家主动接受国际规范、标准的约束，或者说主动去适应国际文化。原因可能是认同目前的国际规范，也可能是出于提升自己的国际合法性的目的，或者也可能是为了在国际舞台上发挥更大作用。近年来，随着中国经济大国地位的确立，在政治、社会、文化等其他领域，中国也正在努力扮演一个负责任的大国角色，或者说树立一个与政治经济大国形象相符的国家形象。这在很大程度上促进了中国融入国际社会的步伐，同时也加快了中国引入国际规范标准的进程。

被动的方式，就是国家迫于经济、政治，或者其他方面的压力，而不得不接受国际规范和标准的要求，按照国际常规行事。改革开放以来，作为一个发展中国家，中国多次接受来自国际社会的多种经济援助。这些援助中，无论多边还是双边，还是其他非政府机构的援助，一般都会有一定的条件和约束，比如在项目实施中纳入 NGO 作为参与者等。为了达成援助的实施，受援国需要接受援助者提出的要求，政府会在可能的范围内，调整自己的政策行为来满足援助者的条件以获得援助。另外，国际社会舆论的压力也可能会影响到国内的政策。比如由于国际舆论的广泛的关注，可能会导致国家放松对某些 NGO 的控制和某些针对 NGO 的过度严格的管理措施等。

其实，从上面的案例分析中可以看出，任何一个案例很难说是纯粹的主动社会化，或者被动社会化，只能说主动社会化的程度深一点，被动社会化的程度浅一点，或者相反。比如，第一类的三个国际项目案例中，被动的因素似乎多一些，因为政府要争取项目援助，而瑞丽项目、WTO 与行业协会、绿色申奥则表现出国家的主动性强一些。

无论主动还是被动，国家适应亲 NGO 的国际文化的结果都会在客观上为第三部门创造一定的空间和政治机会，使得它们获取本来无法得到的发展机会和扩大本来受到限制的空间，甚至可能进入原来被国家控制的、原来进入不了的领域，比如参与国际机构支援的项目，与政府机构、官办社团一起在原本受到限制的领域开展活动。

3. 国家的社会化过程

在全球基金项目和盖茨基金会项目中，能够在一定程度上看到国家的被动适应的过程。在申请全球基金项目的过程中，第一轮、第二轮申请都失败了。虽然具体的原因不是很明确，项目评审技术小组给出的意见也比较模糊，但是中国政府的改进很明显，艾滋病规划署用积极的眼光来看待政府的变化，而且认为中国的多部门协调进步明显。[①] 正是由于政府的不断改进，第三轮的申请得以成功。而在盖茨基金会项目中，政府也表现出在努力适应项目要求，在资金分配、责任分担等方面都体现了很高的协调性，尽管一些政府官员认为失去了在项目中的主导地位。[②]

在全球基金的项目中，可以发现 NGO 的参与程度是随着项目的进行而不断加深的。一位长期参与艾滋病防治的国家项目主管（她也是一个官方 NGO 的核心成员）说，NGO 的参与也在逐步变化。申请全球基金项目第三轮的时候，NGO 只是作为代表出席旁听会议，是一种被参与；当申请全球基金项目第六轮的时候，NGO 开始与其他官方机构共同起草项目申请书。[③]这正是国家社会化的具体体现。

（四）国际社会影响的局限性

随着中国日益融入国际社会，以及全球化进程的日益加深，中国的政治经济同国际社会的联系进一步广泛。国家主动地或者被动地去适应国际规范标准，而导致自身行为的变化，进而在客观上对中国第三部门所处的制度环

---

① 付涛：《鸡尾酒疗法——中国多部门合作中的 NGO 成分》，《中国发展简报》2005 年冬季刊。
② 项目官员访谈，2010 年 4 月。
③ 项目官员访谈，2010 年 3 月。

境带来了一些变化。

首先是观念上的转变。无论政府官员、学者、媒体从业人员，还是一般民众，都经历了对NGO从无到有的了解。很多政府官员通过国际项目有了和非政府组织合作的机会，看到了非政府组织是解决社会问题的一个有力的社会力量，从而对NGO的态度有了很大转变，有的甚至和NGO建立了良好关系。比如一位在英国救助儿童会工作了多年的项目官员谈道："在救助儿童会工作了十几年，感觉最大的变化就是对NGO的观念变化。在1990年代末，与政府进行项目合作的时候，大多数的政府官员对于NGO是什么不是很了解，而且对于国外非政府组织、民间组织也抱有相当的戒心。而现在合作的官员中没有不知道NGO的，有的甚至对于NGO、公众参与等具有很丰富的知识。对于非政府组织的态度也非常友好，大多都非常支持NGO的工作。"① 再比如，一位在一个国际性项目中与NGO有过合作关系的卫生部门的政府官员说："政府需要认识到民间组织的能力，民间组织可以做很多政府没有能力做的事情，政府需要懂得利用社会组织。"②

对第三部门的相关政策也发生了一定的变化。虽然大的法律环境没有发生根本性变化，但是在政府部门法规、地方法规等方面的变化则很大。比如环境领域的听证会，社区治理和艾滋病防治领域的公众参与，广州、深圳对行业协会的支持政策等。正如上文已经提到的，目前至少已经有22个省、自治区、直辖市颁布了多个有关行业协会、商会的地方性法规、地方性规章。当然，我们不能将这些变化都归结到国际社会的影响上，但是至少由此可以看到国际社会的一些通用的规范、标准、概念已经深入到了中国，并且在政策、法规的层次上得到了一定的体现。我们可以认为，通过各种方式、途径，国际社会的文化、观念对中国政府形成了一定的影响，并且这些影响已经体现在政府的行为上。

尽管可以发现一些国际社会产生积极影响的案例，但是，也必须看到国际影响的局限性。首先，尽管政府和NGO实际上在各个层次多个领域都存在广泛深入的合作，但是国家对于NGO的严格的法律制度框架并没有发生根本的变化。比如由于严格的登记注册规定，多数草根NGO无法能够在民政部门注册。2010年以前，如果它们不从事政治敏感性活动的话，在政府

① 访谈，2010年4月。
② 访谈，2009年12月。

的默许的态度下，在接受国际援助的时候，一般也没有什么问题，因为国际社会和国内的政府机构都了解目前中国 NGO 的法律框架状况。但是，2010年 3 月 1 日正式生效的，由国家外汇管理局颁发的"关于境内机构捐赠外汇管理有关问题的通知"（汇发［2009］63 号）却将这些商业注册的 NGO 推向了一个关乎生死存亡的境地。通知对国内各类机构接受和进行国际捐赠行为进行了专门规定，这个规定让商业注册的 NGO 很难再像以前那样比较容易地获得国外的捐款了。①

国际 NGO 也同样面临无法注册的困境，2004 年颁布的《基金会管理条例》给国际性基金会提供了一个注册管理的法律框架②，但是对于其他类型的 NGO 则没有相关的法律规定。刘求实的研究发现，多数境外 NGO 往往以签署合作协议或备忘录的形式开展活动，少数组织选择以企业的形式到工商部门注册登记。由于没有相关立法，近万家境外在华 NGO 无法进行合法的登记注册。③

2010 年以前，商业注册的国际非政府组织中有相当部分获得了中国政府给予的免税权。比如，2004 年国家税务局给北京市地税局下发文件（国税函［2004］777 号），同意免除包括福特基金会、英国救助儿童会等 33 家国际非政府组织在北京的常驻代表机构（商业注册）企业所得税和营业税。④ 在此之前，对于国际非政府组织还有其他的一些优惠政策，比如，2002 年 5 月，国家税务总局给北京市地方税务局发出了关于福特基金会北京办事处常驻人员及其家属免征个人所得税的通知（国税函［2002］402号），通知规定"对福特基金会北京办事处常驻工作人员及其家属来源于基

---

① 文件规定，境内机构须开设捐赠外汇账户办理捐赠外汇开支，并向银行提交相关文件后方可办理外汇入账。不同类型的机构，办理手续的要求不同。其中对境内企业的要求最严，企业需要提交的资料为：申请书、营业执照复印件、经公证并列明资金用途的捐赠协议、境外非营利性机构在境外依法登记成立的证明文件。而对县级以上（含）国家机关、根据有关规定不登记和免予社团登记的部分团体，接受境外捐赠，则只要求提交申请书办理。对此，《境外资金断裂草根 NGO 再临"粮荒"》（徐辉：2010 年 3 月 16 日《公益时报》）以及《外管局新规可能对国内 NGO 形成困扰》（付涛，《中国发展简报》，2010 年 3 月）有较为详细的报道分析。
② 到 2007 年底，已经至少有 11 家海外基金会的在华办事处在民政部登记注册了，包括 6 家美国基金会（如比尔及梅琳达·盖茨基金会、克林顿基金会、希望基金会等），3 家香港基金会（如中华爱心基金会、李嘉诚基金会等），以及两家瑞士基金会（世界经济论坛和WWF）。
③ 刘求实：《中国艾滋病防治领域 NGO 调研报告》，清华大学 NGO 研究所，2006。
④ 福特基金会访谈，2010 年 4 月。

金会的收入，在我国免予征收个人所得税"。这种对常驻人员及其家属个人所得税的优惠并非只限于福特基金会。在 2000 年以中英项目中标专家身份进入中国的美国家庭健康国际（FHI）也一直享受这种免税优惠，因为卫生部为其开具了非营利证明，所以他们除了上交个人所得税之外，不需要再交其他税。① 然而，这些优惠政策在 2010 年发生了变化，FHI 北京办事处代表告诉笔者，今年他们已经接到文件，从 2010 年 3 月开始，所有国外在中国的办事处都要交税。福特基金会也证实了这个信息。②

在"颜色革命"后，国家对 NGO 的管理越来越严格。于是，就出现了这样的情况：一方面，对国家有利的，或者有需要的领域，国家开放的程度比较大，国际组织、国家政府部门、第三部门组织三者合作实施项目的情况也并不少见。另一方面，对国家认为需要管制的领域，国家采取了相对严格的政策。这些没有被开放的领域，国际社会的影响也很微弱。尽管在某些场合，国际舆论会产生一定的压力，但是国家并没有明显地妥协于国际因素的影响。相反，可能在某些时候，由于国际因素的影响，国家的管理方式从简单生硬转向更加柔软、策略化。

而随着国际组织对中国国情的了解，很多组织会主动采取"自我审查"的策略，即在向中国政府申请项目之前就已经根据政府的政策避开了可能引起政治或其他麻烦的项目。③

从国家对于第三部门的政策和态度上，可以认为国家适应亲 NGO 的国际标准、规则的社会化过程，更多的是"战略计算（Strategic Calculation）"，是国家工具理性的仔细计算，通过使其行为适应国际社会赞成的规范和规则，进而谋求利益最大化。然而，我们也可以预测尽管目前可能是理性计算的结果，但行为的长期化和范围广度的增加，也许会发生内化和偏好变化，导致持久遵守规范。也就是说，经过长时间的与国际社会的冲突、对抗和妥协，可能发生内在的变化，进而引起内部规范变化，并产生有利于第三部门的政策变化。

同时，由于目前中国依然是"强国家—弱社会"的国家—社会关系结构，国家的行政体系网络有着很强的资源动员能力和政策执行能力。政府的

---

① FHI 官员访谈，2010 年 4 月。
② 访谈，2010 年 4 月。
③ 马秋莎：《全球化、国际非政府组织与中国民间组织的发展》，《开放时代》2006 年第 2 期。

合作或配合程度往往决定一个大型项目的成功或者失败。英国救助儿童会的一位项目官员和一个"艾滋病健康医生"的项目官员都表达了这样的观点，同样的项目在某一个地区很成功，但是在另外的一个地区效果就很差，原因在于不同地方的政府支持的程度不同，而非其他。①

国际组织对于政府也并不是一味地强求，而是为了能够实现自己的组织目标，在一定的程度上、在允许的范围内妥协。更多的国际组织更倾向于和比较大的官方组织进行合作。比如，一位项目主管说，他们更多的愿意通过政府来实施项目，因为在中国，政府的网络强大，需要利用这些网络。②

另外，一些国际组织在中国活动，也会因中国的环境而改变自己固有的一些工作方式，比如绿色和平。绿色和平一向给人"惹是生非"的感觉。2002年，也就是在香港注册5年以后，绿色和平才第一次获准在中国内地开展保护动物的倡导活动。这5年间，绿色和平花了很多精力与政府沟通，改变它一贯的"反政府"的形象。③ 之后，在中国内地的活动，绿色和平也很谨慎，一些过激的组织策略会主动放弃。

总而言之，在作为第一部门的国家和作为国际文化的传播者和执行者的国际组织和机构之间不是单纯的冲突和制约的关系，它们之间也可以看到很多的妥协和让步。

四 国际社会与国内第三部门组织

世界文化不仅影响国家的行为，而且也会影响包括第三部门组织在内的国内政治社会场域的其他角色的行为。本文在第三部分分析了国际社会对国家的影响，以及由于国家行为变化导致的对第三部门所处的制度环境的影响。本部分尝试分析国际社会因素，特别是亲NGO的世界文化，以及作为世界文化传播者和执行者的国际组织直接带给国内第三部门组织的影响。

世界文化不仅仅提供了规范和标准，而且提供了解决问题的脚本（Scripts）。世界社会的规范和标准为国家社会化提供了准绳，世界社会的脚本直接给国内第三部门的发展提供了具体的可借鉴的范例。一方面，通过参

---

① 访谈，2010年3月，2010年4月。
② 访谈，2010年3月。
③ 访谈，2004年4月。

与国际组织主导或者参与的项目，或者看到国际社会中第三部门的功能和运作方式，国内第三部门组织主动思考和学习用什么方式、怎样去做自己的事情。同时，国际组织也尝试通过各种方式来提高中国第三部门组织的能力，提高它们的专业技能和组织运营能力。另外，案例也显示，在与国家的互动中，国内第三部门组织也积极尝试利用国际社会的影响来获取更好的筹码，提高与国家讨价还价的能力，进而更快更好地实现自己的组织目标。但是，国际社会对第三部门的影响并非全部是积极的、正面的，过度地依赖国际社会也给中国第三部门的发展带来一定不利影响。

（一）国际社会的示范作用

1. NGO 的产生

随着改革开放，与第三部门有关的一些概念，比如 NGO、NPO、公民社会、第三部门、公众参与等开始进入中国并得到迅速传播。同时，随着全球社团革命的兴起，非政府组织在解决社会问题、参与社会治理方面的能力和表现也逐渐被国人所了解，并得到了广泛的认同。这些都成为中国第三部门组织产生，特别是那些草根 NGO 产生和发展的社会文化基础。其实，我们可以毫不夸张地认为 1990 年代中后期成立的草根 NGO 是国际社会示教的结果。

大量 NGO 都是在国际社会的直接影响下成立和发展起来的。比如，有的领导人曾经在国外 NGO 工作过；有的在国际非政府组织工作过；有的是因为发起人在国外学习、参加会议的过程中接触到有关知识、信息，之后回国创办的 NGO；有的是受到国际非政府组织活动的影响或者鼓励而成立的。下面是一些具体的案例。[①]

成立于 1985 年的广州慧灵是中国第一家专门接收弱智儿童、少年的民办学校，也是中国民间在社会领域第一次较大规模地引进外资（公益捐助）和相关技术，为社会提供福利的机构。它的诞生与国际机构的帮助是分不开的。1985 年，慧灵的创办人孟维娜女士先后两次到香港，与有关人士交流创办为残疾人服务机构的想法，并选择了香港明爱（Caritas-Hong Kong）为合作伙伴。在明爱的资金以及专业性技术的帮助下，慧灵诞生了。

中国最早的环境保护 NGO——"自然之友"的发起人是在国外学习、

---

① 这些案例是根据访谈和组织公开的资料编写的。

参加会议的过程中接触到有关 NGO 的知识和信息后，回国创办的该组织。环境保护 NGO——"绿家园"的成立源于两位发起人在美国某基金会的一段为期三个月的学习经历。在美国学习期间，她们学习了一些 NGO 的基本知识和运作模式，并参观了美国好几家 NGO，萌发了回国后创办环保 NGO 的想法。之后也是在该基金会的支持下，她们发起成立了"绿家园志愿者"。

1996 年成立的北京大学妇女法律援助中心是国内最早一批成立的 NGO 之一，也是业内非常有名的一个组织。该组织的成立源于 1995 年的世界妇女大会。该组织的发起人、负责人参加了世妇会，在"非政府组织论坛"上与一些国外的 NGO 及相关组织一起共事，了解到了一些国外 NGO 在妇女法律援助领域中的功能和影响。会议之后，在福特基金会的支持下创办了该组织。而且，之后相当长的一段时间，福特基金会、亚洲基金会等国际基金会一直是该组织主要的资金支持者。

环境保护 NGO——"地球村"的两个最初的发起人都有国外生活背景。一个发起人曾经在美国生活过一段时间，另一个发起人在德国留学并拿到博士学位。两位发起人均是在国外学习、生活期间了解了一些 NGO 的运作知识，也都是在参加了世妇会之后，决定创办一个环境保护组织。

一些 NGO 的领导人曾经在国际非政府组织的驻华办事处工作，学习到了 NGO 的知识和经验。比如环保组织"绿色高原"和"山水家园"的创始人都在环保国际非政府组织 WWF 工作过很长一段时间。

这些受到国际社会影响而建立起的 NGO 又作为一个世界文化的传播源，进一步促进了这些国际性理念在国内的推广和传播，比如 Ru 发现，在其调研的全部 67 个草根环境 NGO 中有 17 个组织的发起人曾经是"自然之友"的工作人员，或者核心会员。[①] 而另一个同负盛名的环保 NGO——"地球村"的工作人员变动也很大，很多人离开后也成立了新的组织，影响比较大的有宋庆华创建的"社区参与"、孙君创建的"绿十字"等。

也有很多的 NGO 是由在华国际项目和国际组织的活动催生而成。在实施项目的过程中，一些国际组织会有意推动建立草根 NGO。比如，CHAIN 的建立。CHAIN 是目前艾滋病防治领域中规模最大的一个非政府、非营利

---

① Ru, J., & Ortolano, L., 2009, Develoment of Citizen-organized environmental NGOs in China, *Voluntas*, 20：141 - 168.

的信息共享组织，也就是网上图书馆。它是由国际非政府组织 FHI 推动成立的。作为中英艾滋病防治项目的参与者，FHI 在实施项目的过程中感觉到一方面相关的信息奇缺，一方面又存在着信息资源重复浪费的现象，感觉有必要和该领域中的其他组织一起分享彼此的研究信息、经验和成果，避免重复作业。于是在 FHI 的推动下，一个全国艾滋病信息资源网络"中国红丝带网"（China HIV/AIDS Information Network）成立了。其目的是广泛收集信息，并把信息整理发布到网上，方便相关组织、人员共享。CHAIN 刚开始三年的资金来自 FHI，现在资金上已经完全独立于 FHI，并且已经在民政局注册，挂靠在一个区的健康服务中心下面，目前有 8 个工作人员。艾滋病防治领域的主要信息基本上都可以在 CHAIN 上查到，而且全球基金项目、盖茨基金项目、中英项目等该领域中的重要项目内容、进展等相关信息都可以在这个网站共享，很多组织利用这个网络做一些调研，收集信息的活动。

除了国际组织直接支持、帮助 NGO 成立之外，一些国际性大项目在实施的过程中会产生一些 NGO。需要说明的是，这些 NGO 的出现不是项目目标，而只是一种附属产物，比如世界银行贷款支持的灌溉项目在全国各地建立了很多的"农民用水者协会"，以作为项目结束之后的项目成果的管理者。"农民用水者协会"是由用水农民自己组织起来的一种民间组织，是国际社会参与式灌溉管理（Participatory Irrigation Management）的一种最主要、最常见的管理模式。截止到 2009 年底，全国共成立的"农民用水者协会"达到 4 万多家。[①]

还有一些国际项目把推进 NGO 的建设作为完成项目目标的手段和方式，从而推动了大量的草根 NGO 产生。这方面最典型的例子就是艾滋病防治领域。比如，目前该领域中规模最大的国际资金支持的国家级项目——全球基金中国艾滋病防治项目。全球基金第三轮项目中规定有 17% 的项目资金要用于 NGO，从第六轮项目开始用于 NGO 的资金增加到了 33%，这些资金都被用于培育和发展当地社区的草根 NGO。另外，比如开始于 2000 年的中英艾滋病防治项目也将大量的资金用于培育 NGO 发展上。[②] 这两个项目派生出的草根 NGO 有一些共同特征，就是一般是由感染者自己组织起来的、小型的、社区规模的草根 NGO。这两个项目都认为，艾滋病防治不仅仅是一

---

① 世界银行项目官员访谈，2010 年 3 月。
② 全球基金项目官员访谈，2010 年 3 月。

个医疗问题，更是一个社会问题，解决这个问题的关键是社区的参与，特别是那些感染者以及感染者周围人群的参与。所以，推进这些社区草根 NGO 的发展是项目运作的一环，这也是全社会参与的国际认知模式的一种体现。

还有一些国际项目的目的在于培育和发展草根 NGO。比如，世界银行与中国青少年基金会合作开展"希望工程激励行动"项目，其目的就是推动大学生社团的发展。[①]

案例还显示，国家成立的一些国际项目的管理机构演变成了 NGO。比如，四川仪陇乡村发展协会就是这样的一个典型的例子。1990 年代中期，联合国开发计划署在四川开展"参与式的农村扶贫与妇女参与的农村可持续发展"项目。仪陇县政府为了项目的实施，设立了仪陇县项目办公室，并注册了仪陇县乡村发展协会。协会 1995 年开始运行，旨在通过接受联合国和国际组织、基金会捐款，支持农村发展。2000 年底，协会完成 UNDP 的第一期项目后，通过 UNDP 终期评审，被国外、国内专家誉为中国小额信贷项目的成功典范。四川仪陇乡村协会的成功在于它逐渐由一个政府成立的接受国际资金的机构演变成了一个成功 NGO。该组织对 NGO 认同的意识很强，经常以草根 NGO 的名义参加活动和申请项目。2009 年该协会获得李连杰壹基金 100 万元的典范工程资助金和《2009 中国慈善导航行动》"最具公信力示范项目"奖。

2. 运作方式的示范

向中国输入国际社会流行的治理模式，也是国际组织传播世界文化的一个重要方式。国际组织在开展活动的时候会把一些运作的具体的实施模式示范给中国的第三部门组织。根据云南国际非政府组织课题组的研究（2004），在西南从事活动的非政府组织，它们在当地开展项目的方式一般不仅仅是提供资金，而是通过项目，将国际社会的一些运作模式介绍到中国，也就是说国际非政府组织运作的是自己设计的项目，而不是给别人的项目提供资金，所以除了资金支持以外，国际非政府组织在技术、专家、管理经验以及监控评估方面都承担了更多的责任。

在社区开展、普及环境教育也是中国 NGO 引进的国际社会的运作模式。虽然中国 1972 年就参加了联合国环境发展会议，但是直到 1990 年代末，中国还比较缺乏环境科普教育。中小学一般没有相关的课程，而相关的环境科

---

① 世界银行项目官员访谈，2010 年 3 月。

普宣传也比较流于形式，而且内容空泛，效果不是很好。而在西方国家的很多地方，环境教育直接进入社区，面对普通民众。在学习国外经验的基础上，特别是观察了德国环境教育流动教学车之后，"自然之友"于 2000 年开始以环境教育流动教学车的形式分别在城市和乡村中小学开展参与式环境教育，并从 2000 年开始派遣志愿者赴各地希望小学开展环境教育，同时开发编写适合儿童的环境教育读本，还对乡村教师进行环境教育技能培训。

扶贫领域的小额信贷（microcredit）是国际社会流行的一个扶贫模式，以国际流行的观点定义是指向低收入群体和微型企业提供额度较小的信贷服务。1993 年，中国社会科学院农村发展研究所首先将孟加拉"乡村银行（GB）"小额信贷模式引入了中国。[①] 在一次国际会议上，一直从事农村扶贫工作的社科院研究员杜晓山了解到孟加拉的小额信贷项目后，觉得是一个很好的可以解决贫困农民贷款难问题的方法，就想在中国做一个试验。当时的资金来源有两个，一个是福特基金会，一个是孟加拉的 GRAMEEN TRUST基金会。后者也是一个全球性的基金会，主要是向全球范围推广孟加拉GRAMEEN BANK 模式的项目，并提供贷款。在孟加拉 GRAMEEN TRUST 接受了近两周的培训学习后，杜回国成立了"扶贫经济合作社"，开始推广孟加拉的小额信贷模式。到目前为止，"扶贫经济合作社"已经先后在 6 个县开展了小额信贷项目。

经过 10 多年的发展，中国目前最主要的小额信贷机构包括商务部交流中心管理的由 UNDP 资助的组织、社科院的扶贫社、中国扶贫基金会的小额信贷和四川省乡村发展协会，总数量大概有 300 家。[②] 比较大的机构和项目的覆盖面达到 5000 户左右的农户，小的不到 1000 户。[③] 目前，除了国内非政府组织、多边机构、双边机构外，国际非政府组织等也在小额信贷领域开展了很多项目，取得了很大成绩。比如，到 1998 年底，仅联合国系统的组织在华援助的小额信贷项目资金就达到 300 万美元，涉及 43 个贫困县。又比如，1995 年 5 月进入中国的国际计划，2002 年 2 月开始在陕西省佳县进

---

① 1981 年，联合国国际农业发展基金（IFAD）在内蒙古开展的"北方草原与畜牧发展项目"中就包含了小额信贷方面的内容，此后联合国妇女发展基金会、人口基金会等在中国的扶贫或农村发展项目中有的就包含信贷内容。然而，在 1993 年以前，中国的小额信贷项目基本上都只是国际援华扶贫项目的一个组成部分或者一种特殊的资金使用方式。

② 杜晓山认为，这些机构中能够正常运作的也就 100 家左右（访谈，2010 年 3 月）。

③ 徐忠、袁国良：《中国非政府组织小额信贷的实践与评价》，《上海金融》2007 年第 3 期。

行小额信贷试点项目，2005～2006 年在 5 个项目县建立了 5 个小额信贷协会。

中国政府也以多种方式推广小额信贷这种扶贫方式。2000 年，农信社根据央行信贷扶持"三农"的要求，开始以农信社存款和央行再贷款为资金来源，在地方政府的配合下开展了农户小额信用贷款和联保贷款。截至 2006 年 12 月末，农村合作金融机构农户贷款余额 9197 亿元。农户贷款中无需抵押担保的农户小额信用贷款余额 1710 亿元；农户联保贷款余额 1001 亿元，是小额信贷的主体。

（二）推进第三部门的能力建设

1. 信息的推广和交流

推动信息分享与交流对话，将国际社会的经验传入到中国来。近 10 余年来，世界银行一直与民政部开展合作，帮助促进第三部门组织的发展。2004 年世界银行组织和资助了一项《非营利组织税法研究》的项目，分析了中国现有税法和税收政策，介绍了国际先进经验和做法，对中国税制改革培育社会组织发展提出了具体建议。2009 年，世界银行组织和资助了一项《向公民社会组织采购社会服务的国际经验》的研究，全面介绍了政府出资利用社会组织提供社会和人道服务的国际经验。此外，世界银行还翻译了大量国外的社会组织相关法律，放在世行网站上供参考。[①]

资助官员、学者、NGO 的工作人员到国外学习、参观第三部门相关知识和机构，是国外组织资助的一项重要内容。JICA 从 2004 年开始，多次资助民政部、财政部、各省民政厅的 NGO 主管官员，以及学术机构的研究者到日本参加为期一周的 NPO 法律知识研讨会，同时参观日本的一些相关的政府机构和民间机构，并与日本官员、学者、NPO 工作人员进行交流。而资助 NGO 工作人员到国外的大学进修，以及到国外的 NGO 组织进行参观学习的案例也非常多。

推动信息交流与分享的另一种方式是资助有关第三部门的书籍等的出版。福特基金会资助出版了《NPO 能力建设与国际经验》的书籍，喜马拉雅基金会资助清华大学的 NGO 研究所翻译出版了最早的一批关于 NPO 的学术书籍。在中国 NGO 领域非常有名的《中国发展简报》自从 1990 年代在

---

① 世界银行项目官员访谈，2010 年 3 月。

中国创办以来，一直是在国际社会的资助下，从事有关 NGO 的研究和信息推广工作的，比如出版关于在华的国际 NGO 组织的名录以及中国 NGO 的名录等资料。这些都极大地促进了国际社会和中国第三部门的交流。

2. 对于中国第三部门的研究的资助

几乎所有从事资助的国际组织，特别是那些大型基金会，都有专门用于资助国际学术会议、学术研究的项目内容。受助者包括国家的相关管理部门（比如民政部、财政部）、大型官方社会团体（比如中国扶贫基金会、中国民间组织促进会）以及学术研究机构的第三部门研究部门。比如在第二部分介绍过的，福特基金会的资助中有相当大的部分是用在了第三部门的学术研究方面。近年来，对于学术研究的资助资金和项目数目都一直占所有资金和项目数的一半左右，详见图 2、图 3。

学术研究方面，特别需要提一下的是艾滋病防治领域。国际社会普遍认为，艾滋病不仅仅是一个医学问题，一个卫生问题，也是涉及性别、贫困、社区发展，甚至地方风俗等多方面的一个复杂社会问题，需要社会各界的多方关注，也需要学术界的共同研究。开始于 2000 年的中英艾滋病防治项目第一次专门把学术研究作为一个项目内容进行资助，招募国内外知名学者，引进国外艾滋病防治领域中的研究方法，来分析我国艾滋病防治领域的种种现象和问题。直接后果是，催生了我国艾滋病社会学的发展，也催生了我国学术界对艾滋病防治领域 NGO 的关注。在这个项目的资助下，出现了清华大学艾滋病政策研究中心，其中对于 NGO 参与的研究是很重要的一块内容。全球基金艾滋病项目中，2008 年用于民间的资助为 1300 万元左右，其中 175 万元是用于学术研究的。开始于 2007 年的中盖艾滋病项目资助的三方参与者中，有一方是承担学术研究和评估功能的学术机构。这是由清华大学的几个文科学院、研究所共同组成的学术联合体，其中 NGO 研究所承担了 NGO 与艾滋病防治方面的研究和评估工作。①

国内关于第三部门研究或会议基本上是国际社会资助。以学术机构的第三部门研究机构为例，这些机构基本上都以举办国际会议为其成立的标志仪式。清华大学 NGO 研究所如此，北京大学公民社会研究中心如此，2007 年成立的中国人民大学非营利研究所也是如此。所有这些机构的成立暨国际会议都由国际机构资助。

---

① 中英项目官员、全球基金艾滋病项目官员、中盖基金项目官员访谈，2010 年 4 月。

3. 能力建设项目

加强第三部门组织的能力建设也是国际非政府组织在中国实施的活动的重点。据胡敏对 34 家在华开展活动的国际机构的分析，能力建设是国际非政府组织涉及的第三大领域，23.5% 的组织涉足从事中国 NGO 能力建设项目。[①] 福特基金会中国办事处前首席代表华安德认为，福特基金会资助的项目与许多国际性资助机构，例如澳大利亚援助局、英国援助署相比，最大的不同在于这些机构比较关注于硬件投资，世界银行、亚洲开发银行所提供的贷款也主要用于硬件投资，而福特基金会更为关注软件投资，注重政策、知识、组织结构、能力建设，资助一些与培训、组织结构强化有关的研究型项目，致力于帮助解决问题。[②]

能力建设的内涵很丰富。国际非政府组织用于 NGO 能力建设的资金被大量投入到 NGO 领导人才以及 NGO 专业领域的人才培养中。比如福特基金会的国际奖学金项目、温洛克农村发展中心的妇女能力建设和农村发展项目，都直接培养了大批 NGO 人才。

培养中国第三部门组织的项目运作能力，组织自身的运作、管理能力等也是国际组织开展的促进中国第三部门能力建设的项目内容。调研发现，很多国际组织参照国际社会通用的能力建设模式，对中国的 NGO 进行多种多样的能力建设培训。典型的案例是福特基金会支持的从 2002 年到 2005 年实施的为期三年的温洛克民间组织能力开放项目。[③] 温洛克项目在组织发展和战略规划、治理和领导能力、人力资源管理、财务管理等四个重点领域，对福特基金会资助的来自北京、武汉、西安、贵阳、昆明、深圳等地的 18 个民间组织，聘请经验丰富的专家根据每一个组织的具体情况，采用集体培训、单独辅导、非营利组织领导人的个别辅导和具体管理问题的咨询等多种形式来为这些民间组织提供专业服务。项目的有形成果的享受不限于接受直接服务的 18 家民间组织，该项目为中国的非营利组织编纂了一系列的资料。这些资料在 2005 年编辑为《温洛克非营利组织管理参考资料系列》，其"旨在为有中国特色的政策法规和社

---

① 胡敏：《境外公益性民间组织在华发展状况调研报告》，清华大学公共管理硕士学位论文，2004，第 60 页。

② 过勇：《福特基金会中国办事处》，http：//www.help-poverty.org.cn/helpweb2/ngoyj/ngoyj21.htm。

③ 该案例根据网上资料编写。

会环境下运作的非营利组织，在加强组织管理、提高组织效能和透明度方面提供参考"①。

（三） 第三部门组织的合法性

在本文中，NGO 的合法性是指作为一个组织，由于其行为符合法律、道义或者权威、制度看门人所制定的标准，而被人们、组织和政府部门所接受和认可而能够运作的状态。如果某事物具有合法性，那么就说明该事物被认可和接受，它必然符合某些特定的规则。法律仅仅是其中一个特殊的规则。对于一个组织而言，合乎法律（legality）只是其基本合法性（legitimacy）的一个部分。合法性的基础可以是法律秩序，可以是一些其他的社会规范、价值或信仰。合法性还可以进一步区分为实质合法性（substantive legitimacy）和形式合法性（formal legitimacy）。

中国 NGO 存在合法性缺陷问题。由于严格的注册管理规定，多数的NGO 无法在民政部门注册而获得法人地位，它们或者是以商业注册的形式存在，或者是以社团的分支机构的形式存在，或者是机关、事业单位的内部团体，或者干脆以非注册的非正式团体的形式存在。但是，无论以什么形式存在，它们的法律身份与它们的实际活动之间存在不一致。也就是说，因为中国的草根 NGO 大多无法获得国家认可的民间组织的法人地位，而存在形式合法性不足的问题。

NGO 往往通过与国家权威符号发生联系而获得一定程度上的形式合法性。这是因为目前在中国，国家权威在社会生活的方方面面还有着不可抗拒的巨大影响，相对于国家权威的承认和认可，社会的承认和认可被降低到了一个次要的层次上。② 因此，对中国的民间组织而言，赋予其合法性的主体不仅仅是社会和道义，更重要的是国家。它们往往通过寻求一定程度的国家权威支持和认可，来弥补自身法律程序的缺失所造成的合法性不足。比如NGO 领导人和政府官员一起出席某一活动，聘请政府官员做组织的顾问等，

---

① 该书共有 8 个分册，分别是：（1）中国非营利组织参与式组织自我评估；（2）国际标准的非营利组织理事会：供中国非营利组织参考的框架；（3）中国非营利组织人力资源管理指南；（4）中国非营利组织志愿者管理指南；（5）中国非营利组织财务管理指南；（6）国际非营利组织筹资策略：供中国非营利组织参考的框架；（7）中国非营利组织战略规划指南；（8）非营利组织管理文章、书目和网站——精选和评注。

② 高丙中：《社会团体的合法性问题》，《中国社会科学》2000 年第 2 期。

都可以在某种程度上弥补 NGO 的形式合法性。

很多国际组织资助的大型国家项目都设计了让 NGO 与国家部门共同参与的框架，比如江西村级扶贫项目、全球基金艾滋病防治项目等。参与这些项目的草根 NGO 和政府机构一起实施项目，或者从国家的项目实施机构得到资助都可以使 NGO 获得一种"它们得到了国家的认可"的印象，从而获得一定程度的形式合法性。

然而，在目前的政治、制度环境下，草根 NGO 获得形式合法性相当困难。所以，NGO 往往通过提高实质合法性来进一步弥补自身合法性的不足。实质合法性是指一种建立在社会规范、价值、信仰基础上的承认和认可，这种承认和认可是不会被轻易改变的。国际社会因素可以通过多种方式帮助中国的草根 NGO 提高实质合法性。

首先，亲 NGO 的世界文化提供的规范、标准、行为准则等可以为国内的 NGO 提供合法性基础。比如，世界环境运动就直接给国内的环保 NGO 提供了合法性基础。再比如公众参与解决社会问题这一国际范围内被广泛认可的准则，本身就给国内的 NGO 活动提供了合法性。

国际社会的关注、媒体报道都可以帮助提高 NGO 在国内的知名度，提升它们的合法性。中国很多的 NGO 曾经在国际上获奖，比如"自然之友"领导人获得日本朝日新闻的亚洲环境奖和"雷蒙·麦格赛赛奖"，"地球村"的领导人获得苏菲奖，并得到了国际社会的广泛报道。国际奖项、国际社会的知名度都会增大国内媒体对这些组织报道的广度和深度，提高它们在国内的声誉。再比如，美国前总统克林顿访华时对中国 NGO 领导人的会见，克林顿时代的国务卿对 NGO 的访问，都会提升这些 NGO 的知名度和合法性。

在某些情况下，参与联合国机构、国际发展援助银行以及一些大型的国际组织资助的项目也可以提升这些组织的合法性。重庆的一个小的草根环保 NGO 因为参与了世界银行的一个参与监督安全保障政策方面的项目，而在当地小有名气，不仅老百姓对它刮目相看，它还可以比较容易申请到政府的项目，当地的企业和基金会也愿意资助它，原因是"它既然已经获得了世界银行的资助了，那说明这个组织肯定错不了，否则世行也不会给它资助"。[①] 在这里，受到世界银行的项目资助，成为组织是否有能力和值得信任的一个判断标准。

---

① 世界银行项目官员访谈，2010 年 5 月。

（四）第三部门组织与政府的关系

按照国际社会公认的标准，所谓第三部门组织最重要的特性是其相对于政府的独立性，强调作为一个独立实体的社会代表者的第三部门组织的功能和作用，而中国的第三部门组织中大量的、占主导地位的是那些官方支持或者建立的组织，所以中国民间组织具有典型的"官民二重性"。所以，在中国开展项目活动时，很多国际组织都很注意强调社会组织的独立性和自治性，而避免它们成为政府命令的执行者。

对于官办 NGO，增强它们相对于政府的独立性和自治性，是国际组织提高其能力建设的一种重要方式。上文介绍过的盖茨基金会艾滋病项目的设计就是出于这样一种考虑。按照项目设计框架，NGO 从签订项目书，接受项目资金，执行项目计划到接受项目监督等所有程序都确保了其独立实体的地位。

同时，在确保 NGO 独立性的同时，基金会设置的这种框架培养了三者之间的合作。比如，扶持基层组织，发现和动员艾滋病感染者是协会（NGO）的事情，但是这种人如果接受检测的话，必须在疾病防控中心（政府部门）进行，这样就相当于把一个项目的不同程序交给了不同的执行者来实施，但是这些执行者之间必须合作好、协调好，才能取得整个项目的成果。一位官办 NGO 的项目官员说，财务上的独立保证这种合作是平等合作，将来即使国际项目撤出后也会影响、改变与政府的关系，对 NGO 的影响是巨大的。①

如果说对于官方 NGO 而言，国际资助者偏好通过项目框架来确保其独立性和自治性的话，那么对于草根 NGO 而言，国际资助者更加看重的也许是草根 NGO 与政府的合作。官方 NGO 与政府具有组织结构、资金、人员的关联，二者之间的关系是扯不断的，而草根 NGO 和政府之间没有任何组织结构、人员、资金上的关联，二者之间关系极为松散。所以，对前者重点是独立，后者重点是合作。福特基金会的资助策略可以说明这个问题。

福特基金会的首席代表费约翰说，在审批项目时，福特基金会特别看重参与方中是否有政府部门。费约翰说："福特从事的不是'Blue Sky

① 访谈，2010 年 4 月。

Research'，而是实际的项目运作。我们的目的就是对每一类问题都能有多种角度的考虑。其实我们比较喜欢各个领域、各个项目应该是进行三角性的资助，比如说大学研究者与民间组织合作，而且跟地方政府合作，如果三个主要的组织一起合作，那么按照我们的经验，特别是在中国的经验，'三角模式'是比较有效的。这里说的政府部门不一定是中央政府，也可能是地方政府，或者政府机构，比如说民政部、地方的民政厅或民政局等，如果这些政府部门能够与民间组织合作，那么民间组织会发展非常快，因此我们比较希望它们一起合作，这样我们所资助的项目效果肯定会更好。"①

费约翰特别赞赏的两个资助例子是 NPI 的孵化器项目，已经从最初的接受福特基金会资助走向了来自于政府、资助机构、NPO 业界、媒体和各方专家的关注和肯定的全国示范性的创新模式。2008 年，上海慈善大会将"公益组织孵化器"项目评选为"最佳项目创新奖"。民政部对这一模式给予了高度评价，多次强调要在上海乃至全国更大范围内对孵化器模式进行推广。费约翰赞赏的另一个例子是协作者南京的项目，他认为这个项目好在它得到了区政府、街道、居委会等不同层次和不同政府部门的支持。费约翰说，只有这样的活动才能够获得真正的成功。

（五）NGO 的策略

除了国际社会的客观影响外，国内 NGO 也会主动利用国际社会的影响来增加它们的合法性，争取更多的活动空间和机会。在一个全球化加速进行的背景下，越来越多的地方组织通过加入跨国性的组织网络以及它们的联盟，来获得这些组织的支持，以达到动员国际组织的能量来对国内政府施加政治压力，从而获得自己的活动空间的目的。比如地方人权组织通过动员有能力的世界组织来给国内政府施加政治压力的方式就是这样的例子。由于中国独特的政治制度环境，利用国际影响给政府施加压力的例子不容易发现，但是利用国际影响来扩大 NGO 自身影响，提高自身合法性，从而提高活动的成功率，这种例子还是能够找到的。

这方面的例子不是很明显，但是也有一些苗头。比较明显的是环境领域的 NGO。1990 年代末环保 NGO 发起了保护藏羚羊运动。因为导致藏羚羊大

---

① 访谈，2010 年 4 月。

量被盗杀的一个重要原因是国际市场，特别是欧洲市场上对于藏羚羊皮毛的大量需求。所以，"自然之友"当时的会长梁从诚先生在会见正在中国访问的英国首相布莱尔时，向他提交了一份要求英国制止其国内非法藏羚羊绒贸易的公开信，要求他支持中国对藏羚羊的保护活动。次日，布莱尔即回信表示同情和支持。这一事件得到了国内外媒体的广泛报道，使保护藏羚羊运动在国内进一步受到关注。

另一个很典型的例子是，发生在 2003 年左右的中国环境 NGO 反对西南怒江建坝的运动。从 2003 年开始，中国的环境 NGO 成功地进行了一系列颇有影响力的反对建坝的倡议活动，其中最著名的是怒江事件，被称为 NGO 首次成功地影响了政府决策的倡导活动。怒江事件中，导致 NGO 成功的因素很多，比如，与国家环保总局之间的联合，NGO 之间的联合等。除此外，尝试利用了国际社会的影响也是一个很明显的因素。

因为参与反对怒江建坝的中国环保 NGO 都是国内最有影响的一批 NGO，也是国际交流活动比较多的一些组织，除了在国内发动一切因素来影响政府之外，这些组织的领导人还利用他们参加国际会议、国际交流的机会来游说国际组织，以此达到影响国内政府决策的目的。2003 年 11 月底在泰国举行的世界河流与人民反坝会议上，参会的"绿家园"、"自然之友"、"绿岛"、"云南大众流域"等中国环保 NGO 为宣传保护怒江，在众多场合奔走游说，最终获得了 60 多个国家的 NGO 以大会的名义联合为保护怒江签名，此联合签名最后递交给了联合国教科文组织，联合国教科文组织为此专门回信，称其"关注怒江"。这一系列的活动引起了国际舆论的广泛关注和报道，这又反过来被国内媒体进一步报道，使这一事件在国内进一步升温。

然而，必须认识到，这些都发生在国家允许的领域和范围内，主要是政治不敏感的领域。这也就是我们看到的国际社会的影响的局限性的问题。在一个"强国家—弱社会"关系结构中，起主导和决定性作用的还是国家。虽然国家之间的伙伴压力，以及国际体系中的新规范有让国家社会化的动力，但是这些都不必然地导致国家一定会在某些问题上采取国际社会期望的形式。一个国际政治、经济地位正在日益上升的后全权主义国家，会根据自己的需要，理性地计算和选择它面对国际规范、标准的行为，尽管它越来越倾向于去适应国际规范和标准。在这样的情况下，国际社会的规范、价值、标准等文化因素的影响就受到限制了。

（六）过度依赖国际社会带来的限制

由于中国的 NGO 目前很难从国内得到资金的支持，国际社会的资金援助成为了国内很多 NGO 主要的甚至唯一的收入来源。当国际资金支持出现问题的时候，国内的 NGO 就会受到沉重的负面影响。比如，在 2008 年的金融危机之后，来自国际社会的资金援助相对减少，很多依赖国际社会资金运作的 NGO 就感到了明显的压力。比如艾滋病防治领域的著名 NGO 在 2008 年金融危机后也受到了很大影响。据说，原来的善款规模达到 500 万元/年左右，金融危机后资金来源减了一半以上，组织的一些活动受到了严重影响。[①]

再比如为智障人士提供服务的 NGO 组织"慧灵"。它一直依靠国际资金的支持，年度运作资金基本上在 100 万元左右。2008 年之后，资金援助明显减少，组织的正常运作受到了很大影响。"慧灵"尽管将员工的工资维持在最低水平，但是仍然不能及时发放，高薪的专业人士更是无法聘请。"慧灵"的领导人说，她希望以后能够把资金构成调整为 30% 服务费，30% 政府补贴，30% 的国际社会资助，再加其他的一些国内资助。但是，该领导人同时也认为，这是她的一个计划，就目前的实际状况而言，从政府拿到资助比较困难，国内的援助也比较少，实现起来很难。[②]

资金上过度依赖国际社会对 NGO 组织有两个不利的影响。一个影响是，资金来源单一导致组织的运作受到限制。比如，一个挂靠在某大学的从事法律援助的 NGO 多年来一直依赖国际社会的资助，尤其是常年从一些中国政府比较警惕的国际基金会得到资金支持。政府有关部门多次找组织领导人谈话，了解资金援助情况。但是，由于很难得到其他的资助，该组织不得不在受到压力的情况下，一直依赖那些国外资金。[③] 最终，这个 NGO 被其挂靠的大学解除了挂靠关系。还有一些著名的 NGO 接受一些比较受到争议的国际组织的资助，究其原因可能与资金来源比较少有关。

另一个影响是，过度依赖国际社会，在一定程度上影响了 NGO 的独立性。为了生存，获取经费成为中国 NGO 的首要任务。在很难从国内得到资

---

① 访谈，2010 年 4 月。
② 访谈，2010 年 4 月。
③ 访谈，2005 年 8 月。

金援助的情况下，争取国际组织的援助成为很多 NGO 的唯一选择。这就造成了一些 NGO 偏离了组织目标，其活动往往很大程度上是向国际援助者表现。马秋莎认为，正是由于资金上依赖国际社会，所以造成了近年来在国际上最流行的一些项目也是中国 NGO 最热衷的事情。从理论上讲，本来应该是国际组织按照中国的需要来协助本土组织行动，但在实践上由于本土组织得不到多样化的资助来源，反而不得不围着国际组织转。这严重地影响了国内 NGO 的独立性。[①]

五　结论和讨论

（一）国际社会是影响国内第三部门产生和发展的一个重要因素

中国第三部门的产生和发展的根本动力来自于中国改革开放所引起的国内政治、社会结构的根本性变化。改革开放导致了自由的政治社会空间和自由流动的资源，这些为中国第三部门快速发展提供了根本的基础。国际社会对于中国第三部门的发展提供了必不可少的推动力，不仅为中国的第三部门组织（尤其是 1990 年代后期产生和发展起来的类西方 NGO）的发展提供了示范作用，而且还提供了在国内环境中无法得到的资金支持。同时，对于具体的运作模式，国际社会也为国内第三部门组织提供了很多范本和模板。另外，更为重要的是，国际社会的规范、标准给中国的第三部门组织提供了合法性基础和政治机会。

国际社会影响着国家对待第三部门的政策、态度等。国家主动地或者被动地接受和适应了亲 NGO 的国际规范和标准，这在一定程度上也改变了第三部门所处的制度环境，并进而促进了 NGO 的发展。

而且，可以预测，随着政治、经济、文化各方面全球化的日益深入，中国国际地位的急速提高，以及中国日益迫切融入国际社会并在其中扮演负责任的大国角色，世界社会的规范、标准等文化性因素对于中国政府的影响也会越来越深刻，尤其是在诸如环境保护、贫困等全球性问题上和政治不敏感的发展领域，中国政府会倾向于重视国际合作，并且扮演相应的大国角色。这些领域的中国第三部门组织会受到更多的来自国际社会的正面影响。

[①]　马秋莎：《全球化、国际非政府组织与中国民间组织的发展》，《开放时代》2006 年第 2 期。

但是也需要看到，国际社会是在与中国政府的互动中，是在中国具体的制度环境下对第三部门产生影响的。所以，不能夸大国际社会的影响，其影响在很大程度上会受到国内政治、社会环境的限制。

在与国际社会互动中，中国国家的主动性和选择性很强。较多的案例显示，当国际机构组织以及国际资助项目的实施目标和国家的利益和治理目标相一致的情况下，国家就更倾向于主动适应和接受国际规范和标准。比如，在扶贫领域向 NGO 开放国家项目，在艾滋病防治领域采取国际社会的运作模式，发展草根组织，并让它们参与艾滋病防治项目，甚至在环保领域中，还允许 NGO 的一些倡导活动等。这些在客观上对第三部门发展起到了一定的促进作用。

但是，当国际规范标准和国家利益产生冲突的时候，国家并不会轻易妥协于国际压力。最为明显的例子就是现行的民间组织的登记管理规定。很多年以来，现行的登记管理规定一直备受国内外的广泛批评，认为它严重阻滞了中国第三部门的发展。但是，国家始终没有放开对于民间组织登记管理的严格控制，最近的一些案例显示，国家对于商业注册的草根 NGO 的管理更加严格了。

（二）国际 NGO 的地方化——中国 NGO 的国际化

本报告分析了国际社会对中国第三部门的多方面的影响，但是我们也需要注意到中国社会并不仅仅只是被动地受国际社会影响，它也在主动地对国际社会施加反影响。比如，作为国际规范标准的传播者和促进者的国际性组织在中国开展项目活动时，会受到来自中国的政治环境、地方传统、文化习俗的巨大影响，从而使得它们的活动带有明显的"中国特色"，这也就是国际组织的"地方化"问题。比如，中英项目组在四川凉州彝族中开展艾滋病防治工作时，摒弃了在其他地区开展活动时常用的罚款方法，而借用当地的宗教力量和"家支"系统来处理违反规定者，因为当地的文化习俗是有烟要大家吸，有酒大家喝，由此带来共用针头问题。

作为制度学派的一个新理论，世界社会理论强调了全球化导致的世界性的组织行为趋同现象，因为世界社会的参与者需要遵守相同的文化制约，遵从相同的规范和标准，而"地方化"显示的则是一个相反的过程，强调趋异、多元化，因为各地的文化、传统是多样的、不同的。从国际社会与中国第三部门之间的互动中，我们也可以观察这样一个反映两种相反逻辑方向的互动过程。

在考察国际社会对中国第三部门影响的同时，有案例也显示一些国内的环保 NGO 开始参与到国际性的环境保护运动之中，比如一些倡导性组织参与了世界性的反对建坝运动，一些项目运作型的 NGO 开始进入老挝、柬埔寨等发展中国家，与当地的政府、NGO 合作，将自己在国内获得的经验在当地推广和实施。这实际上涉及了中国公民社会与全球公民社会的关系，涉及了中国公民社会在全球公民社会中的位置，以及世界文化的构建过程。

当代民族国家的很多特征来自于通过全球文化和社团化过程所建构和普及的世界性模式。[①] 全球性社团革命、全球市民社会的形成就是一个全球性的社团化过程，是否可以说中国市民社会的形成就是这样一个全球性社团化过程的一部分？中国的市民社会是否能够推动这一过程？或者说对这一过程的进一步发展是否能够有自己的独特贡献？这些都还有待我们进一步考察。

（三）中国市民社会在全球市民社会中的位置

Meyer（1980）用"世界社会"这个词来描述世界体系的非国家特征，并因此提供了一种新的、区别于既有的分析全球化的世界体系方法（World Systems Analysis）的市民社会路径（Civil Society Approach）。[②]

从前面的论述中可以看到，产生于 1990 年代中后期的中国草根 NGO 深受国际社会的影响，甚至它们中的很多组织本身就是国际社会影响的直接结果，或者完全依靠国际社会的支持在生存和发展。那么能否说，中国市民社会是全球社会的一部分，或者说，中国市民社会是受全球社会影响而产生和发展的呢？

这里需要讨论关于市民社会，或者第三部门的含义。如果我们对市民社会的定义是包括所有非国家、非企业的组织在内的话，也就是说是广义上的第三部门的话，那么答案显然是否定的。在中国，如果非国家、非企业的组织构成了一个广义的第三部门的话，那么这个部门是很大的，包括的组织种类也是多种多样的。别的不说，仅仅从国家对民间组织的定义来看，中国的第三部门包括社团、民办非企业单位和基金会三种组织。但是，在这些组织

① Meyer, John, John Boli, George Thomas, and Francisco Ramirez, World Society and the Nation-State, *American Journal of Sociology*, 103 (1997): 144 – 145.

② Meyer, John W., The World Polity and the Authority of the Nation-State, *Studies of the Modern World-System*, ed. Bergesen (New York: Academic Press, 1980), pp. 109 – 137.

中，与真正西方意义上所谓的 NGO 相对应的组织则非常少。因为中国关于民间组织的相关法律给所有民间组织的成立设立了一个很高的门槛：双重管理体制。也就是一个民间组织要想通过民政注册，获得民政系统授予的相应的民间组织法人身份，就必须要有一个政府部门同意作业务主管单位，只有获得了业务主管单位的同意，民间组织才可能在民政系统登记注册。从这个意义上讲，在中国民政系统注册的 40 多万个民间组织中，真正独立的、自治的，通过社会力量自下而上发起和运作的社会组织寥寥无几。这些注册的组织，有很多是国家出于改革或其他的目的而由原来的国家单位改制而成的，或者国家直接或者间接支持建立的，这也就是为什么很多学者称中国的民间组织是"半官半民"的，或者说中国的民间组织具有"官民二重性"的原因。对这些组织而言，国际因素在它们的产生和发展中也许会起一定的作用，但并非决定性因素。所以，从这个意义上讲，中国第三部门并非国际社会影响的结果。

同时，中国市民社会不是全球市民社会在中国的复制，它的运作具有很典型、很明显、很强烈的中国特色。中国市民社会组织中，或者说第三部门组织中，类西方的 NGO 只是其中极小的一个部分。即使可以说，这部分组织是西方 NGO 的复制，那么在第三部门组织中，它们无论在组织规模、数量、会员数、影响等方面可以说都还很小。

那么，中国是否存在，以及会发展一个不同于世界主流的市民社会模式呢？如果能够的话，它和世界市民社会之间是一种什么关系？这些都需要进一步的讨论。

当代中国大陆慈善文化研究

王瑾　康晓光

一　导论

（一）问题提出

人是有思想的动物，人的行为受到思想的影响，慈善行为也是如此；而且慈善行为更多地与个人的价值观、道德观以及社会舆论联系在一起，所以更多地受到个人思想和社会文化的影响。可以说，文化塑造我们的慈善行为。

中国是世界上最早提倡与发展慈善事业的国家，慈善文化源远流长。儒家文化作为影响了中国两千年的主流文化，也深刻地影响着中国慈善事业的发展。改革开放以来，中国大陆发生了深刻的社会转型。现代慈善组织在有限开放的政治和法律环境下，逐渐发展壮大。在改革开放过程中，西方社会的主流文化和价值观被大量地介绍、引进，影响着中国现代慈善事业的发展。一些国际慈善组织把它们的公益理念和成熟的管理制度引入中国，并培育了一大批本土慈善组织，这些慈善组织，成为了中国现代慈善组织中的重要力量。

特别是2008年"5·12"汶川大地震中出现的中国公众自发组成的声势浩大的救灾济困活动，被认为是"西风东渐"的一次"全面胜利"。例如，加拿大《环球邮报》记者 Geoffrey York 从四川绵阳发出题为《中国首次出现广泛的公民社会》的报道，该报援引分析家的说法，认为"在这个民间慈善或社区行动传统不很彰显的国家，地震催生了一种值得注意的现象：声势浩荡的'草根'志愿者运动。这可能是历史性时刻，中国第一次出现了广泛的公民社会"①。

上述说法，会给人一种印象：我们的现代慈善事业是在改革开放过程中从现代西方社会引进的，而慈善事业的文化基础则来源于西方以"市民社会"理念为核心的主流文化和价值观。那么，支撑当代中国大陆慈善事业的文化基础到底是什么？西方的舶来文化占了多大成分，而中国的传统文化占了多大成分？至今还没有一个严谨的社会科学研究给出结论。

要回答这个问题，我们首先要在经验研究的基础之上，梳理出目前中国大陆现存的慈善文化类型。然后把不同类型的慈善文化放在一起进行客观比较，找出能够显示差异的敏感指标，从而揭示出各种慈善文化的存在状况——哪种文化为主，哪种文化为辅，哪种文化步入上升趋势，哪种文化处于下降状态。

认清现实，才能探索未来，我们才能一方面借鉴外部世界的慈善理念，另一方面开发本土慈善文化资源，按照"古为今用，洋为中用"的原则，重建我们今天的慈善文化，支持我们现代慈善事业健康发展。本项研究只走完了"万里长征"的第一步，也即建立了一套描述框架，梳理出目前中国大陆存在的慈善文化类型，并总结了不同慈善文化类型的异同。

（二）研究思路

1. 观念特征群及其定义

我们借助"观念特征群"概念，揭示目前中国第三部门慈善文化的类型，研究各类慈善文化的内涵，确认它们的异同。

"特征群"指一组同时出现的、同时发展的特征。而且，"特征群"往往具有一定的普遍性，在一定的范围内存在；同时也具有一定的稳定性，短期内不会改变，甚至可以长期存在。如现代社会中常见的城市化、工业化、大众传媒、科层制政府、法律体系、核心家庭，在 19 世纪之前的任何一个国家里都看不到。它们构成了"现代社会"的"特征群"。②

本尼迪克特认为，一个文化正如一个人一样，多少是一种思想与行为都

---

① 《外媒报道汶川地震：中国出现广泛公民社会》，网址为：http：//www.jihe.org.cn/show.asp？ArticleID=3291。

② 王乐理：《政治文化导论》，五南图书出版股份有限公司（台北），2002，第245页。

一致的类型或整体。英克尔斯运用这一概念研究"个人现代性"。英格哈特则通过跨国比较研究发现，可以在每个社会里发现一种相互关联的、广泛的态度特征群，它们显示出实质性的、持久的跨文化差异。具体来说，每个国家民众的生活满足感、政治满足感、人际信任感、对现存社会秩序的承诺往往是共存的。它们构成一种针对所在社会的积极的态度或文化特征群，而且这种文化特征群与民主制度的延续紧密相连。①

"价值观丛"描述了同样的现象。"价值观并不是独立存在的个体；一些价值观结合在一起形成了一个更大的整体。比如，在围绕着成功的价值观丛中，我们发现努力工作、教育、效率、物质享受和个人主义是结合在一起的。"②

维尔达夫斯基也认为："文化理论的一个基本命题是'不可能定理'：只采用有限的几种文化，就可以区分大部分人类关系；或者说，尽管我们能够想象出无数种潜在的文化，但是仅仅有相对少的几种表现在人类活动中，其他都很罕见。秩序之所以可能，就在于仅仅有几种共同价值和相应的社会关系的纽带是切实可行的，在社会上是有生命力的。"③

2. 描述框架

要想梳理出目前中国大陆存在的慈善文化观念特征群，首先需要建立一整套用于刻画观念特征群的指标体系。

众所周知，广义的"文化"涵盖了人类生活的全部，而狭义的"文化"仅仅涵盖人类生活的精神层面，尤其是价值观和行为规范。马克斯·韦伯将文化视为关于某个社会的意义、价值、规范、观念与符号的总体。魏思纳认为："文化其实涵容了共有的价值和信仰、一些日常生活惯例所组成的活动以及那些带有情感交流意义的互动经验。"④ 亨廷顿则提出了一个更加纯粹的主观的文化定义："文化，指的是价值观、态度、信仰、倾向以及整个社会普遍的观念。"⑤

因此，我们在建立一套关于文化观念特征群的描述框架时，可以将文化

---

① 王乐理：《政治文化导论》，五南图书出版股份有限公司（台北），2002，第 277 页。
② 詹姆斯·汉斯林：《社会学入门》，林聚仁等译，北京大学出版社，2007，第 52 页。
③ 王乐理：《政治文化导论》，五南图书出版股份有限公司（台北），2002，第 287 页。
④ 魏思纳：《撒哈拉沙漠以南非洲的文化、童年与进步》，载哈瑞森、亨廷顿编《为什么文化很重要》，联经出版事业股份有限公司，2005，第 184 页。
⑤ 亨廷顿：《序：文化有重要意义》，载哈瑞森、亨廷顿编《为什么文化很重要》，联经出版事业股份有限公司，2005，第 iii 页。

拆解为"价值观"和"行动模式"两个部分。

其中,"价值观"是文化的核心部分,相当于文化的灵魂。作为文化系统一个子部分的慈善文化不是空中楼阁,它嵌入在不同社会的整体文化之中。人们关于最高价值的信仰、关于理想社会的信念、关于社会结构的看法、关于道德的评价等"终极价值观"都会影响和制约"慈善理念"。由此,我们可以将"价值观"进一步分解为"终极价值观"和"慈善理念"两个部分。

而"行动模式"则与"工具箱"意义上的文化紧密相连。不同的文化会形塑不同的"文化工具箱"。"文化工具箱"指的则是那些经由所处文化形塑而来的各式有形及无形的成套工具。在日常生活中,人们利用这些文化工具箱,来解决问题及达成目的;但反过来说,这些文化工具箱也会限制和影响人们所思所为。文化工具箱是以多重成套的方式共存。亦即,在解决某一问题时,我们脑中同时可能存有多个甚至相互冲突的文化工具箱,人们利用这些共存的多重文化工具箱,选择出适当的问题解决工具。

慈善文化三个部分之间的逻辑关系是——"终极价值观"支配"慈善理念","慈善理念"支配"行动模式"(见图1)。

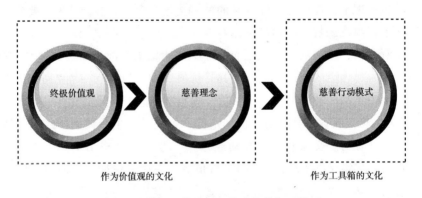

图1　慈善文化描述框架构成及其相互关系

通过文献阅读和典型案例调查,我们识别出与慈善联系较为密切的"终极价值观"的刻画指标,这组指标主要包括:本体论、基本信念、最高价值、理想社会、对人际关系的看法、对社会的看法、对国家的看法以及对道德的看法。刻画"慈善理念"的指标包括:对人性的看法、对善的定义、达到善的途径、对行善的看法。而描述"行动模式"的指标则包括:行善主体、行善对象、帮助内容及行善方式。

本项研究依据上述描述框架梳理出目前中国大陆存在的两种慈善文化观念特征群。

（三）研究方法

1. 工作流程

本项研究的工作流程为：①围绕研究问题进行相关文献阅读；②建立描述框架，并在研究过程中不断完善该描述框架；③针对描述框架所列指标的要求，设计覆盖所需信息的调查方案；④按照调查方案，实施田野调查，获取完成研究所需经验资料；⑤运用描述框架，分析第一手经验资料和第二手文献资料，梳理出目前中国大陆存在的两种慈善文化观念特征群，在此基础上，进行对比分析，找出一致和差异（见图2）。

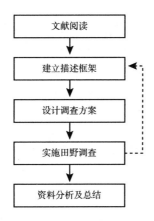

图2　研究工作流程图

2. 经验资料的获取

本项研究的经验资料获取主要通过第二手文献资料的搜集和典型案例调查两个途径。

在典型案例调查中，本项研究选取"救助儿童会（中国项目）"和"儿童乐益会"作为国际慈善组织的代表；选取"中国扶贫基金会"作为本土官办慈善组织的代表；选取"多背一公斤"作为本土草根慈善组织的代表；选取"四川江油马记酒店老板马远学"作为本土慈善行动个人的代表。

通过和慈善组织的创始人或负责人、机构普通工作人员和志愿者面对面的深度访谈获得相关信息。

二 目前中国大陆存在的两种慈善文化观念特征群

（一）本土现代慈善文化特征群描述

1. 本土现代慈善文化的终极价值观

中国是"家庭本位"、"社会本位"的社会，在这个社会中的个体生活在一系列相互依存的基本社会关系之中。"此种种关系，即是种种伦理"，"伦者，伦偶，正指人们彼此之相与。相与之间，关系遂生。"[①] 伦理始于家庭，而不止于家庭，"家人父子，是其天然基本关系；故伦理首重家庭"，"随一个人年龄和生活之展开，而渐有其四面八方若近若远不尽的关系。是关系，皆是伦理"。[②] 人生无不在行动，凡是行动则会涉及另一主体，于是中国文化强调人与人之间适当关系的实现，强调在两两相对的社会角色中每个社会角色的义务，"每一个人对于其四面八方的伦理关系，各负有其相当义务；同时，其四面八方与他有伦理关系之人，亦对他负有义务"，[③] 比如，为人父母者，要慈；为人子女者，要孝。通过此种伦理关系网络，"全社会之人，不期而辗转互相连锁起来，无形中成为一种组织"。[④]

在中国人看来，社会固然是个体的集合，但社会内的个体之间却不是完全独立的。社会借助人伦关系把个体组合成一个紧密的有层次的结构。费孝通先生在《乡土中国》一书中，将这种结构描绘成"波纹宗亲网"和"差序格局"的"礼俗社会"。费先生指出："我们的格局不是一捆一捆扎清楚的柴，而是好像把一块石头丢在水面上所发生的一圈圈推出去的波纹，每个人都是他社会影响所推出去的圈子的中心，被圈子的波纹所推及的就发生联系，每个人在某一时间和某一地点所动用的圈子是不一定相同的。"[⑤] "差序格局"概念基本上可以概括中国传统社会中的社会结构特点和人际关系特点。它表明，传统中国社会的人际关系是以己为中心、逐渐向外推移的，表明了自己和他人关系的亲疏远近；每个个体都有一个无形的关系网，使他与

---

① 梁漱溟：《中国文化要义》，上海世纪出版集团，2005，第72页。
② 梁漱溟：《中国文化要义》，上海世纪出版集团，2005，第72页。
③ 梁漱溟：《中国文化要义》，上海世纪出版集团，2005，第73页。
④ 梁漱溟：《中国文化要义》，上海世纪出版集团，2005，第73页。
⑤ 费孝通：《乡土中国》，人民出版社，2008，第28页。

社会中的其他人，都有着不同程度的关联。

因此，在这样的社会结构中，个体的行为必须依据在这个关系网络中，自己对他人所背负的责任及义务来行事。"各人尽自己义务为先；权利则待对方赋予，莫自己主张。这是中国伦理社会所准据之理念。而就在彼此各尽其义务时，彼此权利自在其中；并没有漏掉，亦没有迟延。事实不改，而精神却变了。"① 如果社会中每个个体都能履行他的社会责任及义务，那么每个个体的权利就都能够得到保障，整个社会也可以运作自如，向前发展。

在这样的构想中，社会中的个体应持有这样的信念——"社会"的幸福是"个体"幸福的先决条件。个体的利益只有在整个社会利益得到保障之后，才能成为事实。要达到此目的，个体就要通过自我修养的途径，逐渐放弃对个人利害的考虑，并培养出保障社会利益的意愿。因此，道德不是个体的私事，而是有较为确定的伦理规范的，比如，孔子曾提出了"君君，臣臣，父父，子子"和仁义礼智信等伦理道德观念，孟子进而提出"父子有亲，君臣有义，夫妇有别，长幼有序，朋友有信"的"五伦"道德规范。这些规范社会中的任何人都要遵守，从而使得社会利益得以优先实现。

上述这些就是本土现代慈善文化建立的终极价值观基础。

2. 本土现代慈善文化的慈善理念

（1）对人性的看法

以儒家文化为代表的中国本土文化历来认为"人性向善"，具有为善的潜能。孟子曰："恻隐之心，仁之端也；羞恶之心，义之端也；辞让之心，礼之端也；是非之心，智之端也。"② 此"四端"即"仁、义、礼、智"四种"善"的萌芽状态，是人"不学而能"、"不虑而知"的"良能"、"良知"。孟子强调，"仁义礼智根于心"③，"非由外铄我也，我固有之也"④。

儒家并不主张"人性本善"，只是说人性中有"善端"。孟子曰："人之所以异于禽兽者几希。"⑤ 可见，他认为人和禽兽的差别是很小的。人性中包含兽性，人之为人不在于人也有兽性，而在于人超越了兽性，不但有兽性还有人性，即所谓"四端"。

---

① 梁漱溟：《中国文化要义》，上海世纪出版集团，2005，第83页。
② 《孟子·公孙丑上》。
③ 《孟子·尽心上》。
④ 《孟子·告子上》。
⑤ 《孟子·离娄下》。

儒家也没有说人必然为善，人性向善并不保证人一定行善，只能保证人在行善时快乐，在行恶时不安。孟子曰："人性之善也，犹水之就下也。人无有不善，水无有不下。"① 孟子又曰："人皆有不忍人之心。……所以谓人皆有不忍人之心者，今人乍见孺子将入于井，皆有怵惕恻隐之心——非所以内交于孺子之父母也，非所以要誉于乡党朋友也，非恶其声而然也。由是观之，无恻隐之心，非人也。"② 这些都是人性固有的"善端"使然。因此，儒家不遗余力地倡导"教化"、"礼治"、"道德齐礼"、"德主刑辅"，使人性中为善的潜能存而养之，扩而充之。

相信"向善"是人性的内在本质，相信"人"在"行善"、"为善"上具有能动性和可完美性是现代本土慈善事业重要的人性论基础。目前中国社会本土慈善组织的很多做法都是在这一理念的前提下设计和展开的。其中比较突出的做法，如公募基金会针对普通大众的筹款策略。

"希望工程"在选择宣传内容时，解海龙的希望工程纪实照片就是很好的例子。他把贫困，把破烂不堪的校舍和桌椅板凳，把孩子失学的痛苦、复学的快乐、求知的渴望、读书的勤奋、与命运抗争的不屈不挠的精神……用最便捷的最有效的信息传递形式传达给每一个公众，震撼着每一个面对它的心灵，使人们无法无动于衷。生动感人的故事也是希望工程宣传时的重要内容。希望工程推出了许多家境贫寒、渴望读书，但却因贫困而被迫失学的孩子的故事，如陕西的卿远香、湖北的江峰、甘肃的马阿西叶。这些故事，把贫困的深重、求学的渴望、失学的痛苦和复学的快乐都直接、生动、具体地展现在人们面前，期望掀起人们内心深处的情感波澜。

中国扶贫基金会副秘书长李利在介绍目前中国扶贫基金会的筹款策略时，也强调"利用感人的故事打动人的善心、爱心和同情心是基金会重要的筹款策略"。在中国扶贫基金会的网站上，一些援助型项目，比如"母婴平安120行动"，特别开辟了"项目区故事"专栏，来报道与项目有关的各类感人故事。在网站上新闻中心的板块里也有"感人故事"的专栏。③

（2）对"善"的定义

首先，中国本土文化中"公域"和"私域"不仅仅是一个空间性的概

---

① 《孟子·告子上》。
② 《孟子·公孙丑上》。
③ 王瑾：《中国扶贫基金会案例调查报告》，2010年7月。

念，而且是一个道德性的概念。

中国本土社会明显地推崇"公"的理想。"中国的道德体系向来重视'公'的理想，'公'的价值，也正因为对'公'的肯定，所以特别强调'私'的负面性。在道德语言上，公与私在中国是被视为对立的东西。公与私在用法上往往是对举的。'公'通常是正面的，好的；'私'则常常是负面的，坏的。"①

因此，作为在"公域"中存在的本土"公益"活动或者"慈善"活动，常常带有强烈的道德色彩。比如，公益活动和公益行为经常被称作"善行"、"义举"、"善事"、"好事"，而开展公益活动的人则被称作"好人"、"善人"，做"善事"做多了的人则被授予"首善"、"道德标兵"、"道德楷模"的称号。

生命之念——凶奴此里的故事

再有半年凶奴此里就满5岁了，凶奴此里的妈妈培布卓玛在当地人的记忆中是一个温柔美丽的女孩。人们都说小凶奴此里的一双大眼睛就是从妈妈培布卓玛那里"接"过来的，但凶奴此里永远也不会知道妈妈长什么样子，他的妈妈死于产后大出血，按照当地风俗，家里人将他妈妈所有的物件包括照片全部烧掉了。培布卓玛生小凶奴此里的时间是2003年11月27日，那年培布卓玛才20岁。

凶奴此里同奶奶一起生活在世外桃源般的各沙坝村，门前有条清澈的小河流过，房前屋后有桃花梨花映衬。母亲的坟头就在他家的田地边，那是小凶奴此里的禁区，或许出于对凶奴此里非理性的保护，奶奶从不让他靠近坟头玩耍。奶奶非常疼爱凶奴此里，从小是奶奶用羊奶将小凶奴此里一点点养大，现在不管是下地干活，还是在家做家务，凶奴此里总是缠在奶奶身边。

霞若乡卫生院的产科医生罗丽虹，至今依然清晰地记得2003年11月27日发生的事情。接到培布卓玛在家生产遇到险情是下午4点左右，当时罗丽虹立即叫上司机带上医疗用品往培布卓玛家赶。培布卓玛家所在的各沙坝村离乡卫生院并不远，在简易公路上开车7公里

---

① 金耀基：《中国人的"公"、"私"观念》，乔健、潘乃谷主编《中国人的观念与行为》，天津人民出版社，1995，第42页。

左右，然后步行 2 公里就到。罗丽虹回忆说，到达培布卓玛家时已经是下午 5 点左右，当时培布卓玛在一间小屋中，她妈妈陪着。小屋边上的堂屋里有 5~6 个喇嘛在念经，家中的其他人正在招待念经的喇嘛。小屋的地上已经完全被鲜血覆盖，医生都找不到下脚的地方，培布卓玛还在流血。医生站在血泊中对培布卓玛实施抢救，但已经来不及了。从医生进屋到培布卓玛没有心跳整个过程只有 3 分钟，在 3 分钟里医生为培布卓玛打了一针强心针。罗丽虹说，来晚了啊！要是早到十分钟也许还有救啊！罗丽虹还记得，她进屋时培布卓玛还有意识，对她轻声说了一句"姐，你来了"，然后眼泪从眼角流出。罗丽虹说她永远也忘不了这情景。

来源：中国扶贫基金会网站，母婴平安 120 行动，项目区故事

本土慈善组织在设计项目时，更多地从"构建社会和谐"、"促进国家整体利益"的角度来思考推广慈善事业的意义。例如，中国扶贫基金会副会长陈开枝在谈到"母婴平安 120"项目的意义时，除了"关爱生命，生命价值最高"外，"项目的更重要意义是促进我国公共医疗卫生事业的发展"。通过"母婴平安 120"项目，一方面可以提高整个国家的人口素质，另一方面可以改变公共医疗事业城乡发展失衡的状态，消除不利于社会安定团结的因素，促进社会和谐。此外，还可以改变中国的国家形象，提升中国在国际上的发言权。"现在，教育、卫生医疗、住房问题已经成为社会不公平的焦点。……如果城市人口各方面都享有保障，而农村人口连基本保障都没有，他心理能平衡吗？一部分人心里不舒畅，社会就不会和谐。……我们的项目可以慢慢发展到引入城市志愿者到农村服务，促进政府政策变化，改变农村医疗卫生落后状况，为实现真正的社会和谐，提高全社会人口的素质而贡献力量。……项目不断扩大覆盖面，可以大大改善国家形象，改变世界对我们的看法，同时也会增强我国在国际上的发言权。我们的工作对国家，对人民，都非常有意义。因此，我们要更加执著，更加彻底地贯彻我们的宗旨。"①

个人在捐赠或提供帮助时，也将微观层面的个体捐赠行为与宏观层面的国家利益相联系。比如，陈光标在谈及推广慈善的意义时说："推广慈善这个事业可以让一个家庭和谐，让一个国家和谐。国家和谐大家都有凝聚力，

① 陈开枝：《在母婴平安 120 项目 2005 年工作总结交流会上的讲话》，2005 年 10 月 25 日。

同时大家团结了，经济也就发达了，经济就强大了。经济强大了，国防建设也就更加强大了。国防强大了，一个国家在世界上才有真正的地位，不受国外侵犯。"[1] 1997 年，康晓光对希望工程捐款人进行的全国性抽样调查表明，在捐款动机上，希望工程捐款人首先考虑的是国家的利益（43.0%），其次是贫困儿童的利益（29.5%），再次是中介机构的管理水平（10.5%），最后才是自己的利益（4.5%）。康晓光发现，对于捐款人来说，爱国主义高于人道主义，国家利益高于个人利益。[2]

其次，中国本土文化坚持"善"的观念的绝对性，认为存在着不以个人喜好和意志转移的道德律。这种道德律是什么？就是"天道"。

中国本土文化构建的人间秩序是以自然界的"公"为准则的。孔子的"三无私"说，即"天无私覆，地无私载，日月无私照"[3]，以"天地无私"来表达"公"的境界。人类之公内在于天道之内，人类社会是天道的一部分。

天道本身就含"善"的意义，追求"公"就能实现社会理想，天下太平。《礼记·礼运》第一次对儒家的这一社会理想作了完整、生动的描述："大道之行也，天下为公，选贤与能，讲信修睦。故人不独亲其亲，不独子其子。使老有所终，壮有所用，幼有所长，矜寡孤独废疾者，皆有所养，男有分，女有归。货恶其弃于地也，不必藏于己；力恶其不出于身也，不必为己。是故谋闭而不兴，盗窃乱贼而不行，故外户而不闭。是谓大同。"[4]

人和自然在本质上是相通的，故一切人事均应顺乎自然规律，达到人与自然和谐。《中庸》说："唯天下至诚，为能尽其性，能尽其性，则能尽人之性；能尽人之性，则能尽物之性；能尽物之性，则可以赞天地之化育。"认为人只要发扬"诚"的德性，效法天之公，即可与天一致，最终达到"天人合一"、"天人合德"。由此，行善获得了神圣的意义，是奉天命行善，是"替天行道"。

什么是中国本土文化信奉的"善"？具体而言，就是孔子提出的"仁

---

[1] 全国政协委员杨澜、江苏黄埔再生资源利用有限公司董事长陈光标谈慈善公益事业，网址为：http://www.people.com.cn/GB/32306/143124/147550/11132858.html。

[2] 康晓光：《创造希望——中国青少年发展基金会研究》，漓江出版社、广西师范大学出版社，1997，405 页。

[3] 《礼记·孔子闲居》。

[4] 《礼记·礼运大同篇》。

爱"原则——"仁者爱人"。可以说，孔子把"爱人"确立为人的最高境界。孟子曰："仁之实，事亲是也；义之实，从兄是也。智之实，知斯二者弗去是也。礼之实，节文斯二者是也。乐之实，乐斯二者，乐则生矣。生则恶可已也。"[1] 仁义是内容，智和礼是调节仁义的形式。在孟子看来，安乐的生活，根据在拥有和实践仁义，所谓"智"，无非是知晓仁义；所谓"礼"，无非是滋润、调节仁义，仁、义、礼、智构成"乐则生"的实质。要达到这样的"乐则生"，孟子设计了通道，即归乎在"集义所生"，这是人性之美、人生之美走向成熟的必经途径。

最后，灵魂不死、报应是一切宗教劝人向善的共有机制。佛教、基督教、伊斯兰教都是如此。而"中国却以非宗教的周孔教化作中心"[2]，"未知生，焉知死"[3]，儒家只论人生不问鬼神之事，只谈有限人生不议灵魂不灭。那么是什么为本土慈善文化的善行提供激励机制呢？

那就是历史基于"社会利益"或者说"集体利益"上的对个体在有生之年功过是非的论断。余英时在《中国古代死后世界观的演变》中谈到"个别成员的不朽必须靠部族的集体不朽来保证"，即"个体借助集体达到不朽"。个体如何通过集体达到不朽？首先，个体要繁衍后代，否则集体也无法不朽。这一条适用于所有中国人。因此，中国人喜欢崇拜祖先，讲求慎终追远的意义。其次，个体要做出有利于集体的事情，而且这种事情的效用要长期延续。没有永生的生命，但是有永恒的事业。在这个意义上，中国人追求事业的永恒。儒家的"三不朽"——立德、立功、立言，讲的就是这个道理。接下来还需要有一个记录系统把个人的功绩保留下来，供集体学习、纪念。历史使永恒成为可能。在中国人眼中，历史的审判就是末日审判，青史留名、流芳百世就是进天堂，遗臭万年就是下地狱。

（3）达到"善"的途径

就个人而言，达到前文所述的"善"的途径主要是"推己及人"和"择善固执"。

第一，爱由亲始，推己及人。儒家实施"仁"的方法是"推己及人"，具体而言是"忠恕之道"。"忠"即"己欲立而立人，己欲达而达人"；"恕"即

---

① 《孟子·离娄上》。

② 梁漱溟：《中国文化要义》，上海世纪出版集团，2005，第46页。

③ 《论语·先进》。

"己所不欲，勿施于人"。通过"推己及人"，达到"老吾老以及人之老，幼吾幼以及人之幼"，最终达到"四海之内皆兄弟"的"大同"境界。

这也是中国普通大众在行善时的思考逻辑。四川江油马记酒店老板马远学是这样阐述自己的行善理由的："自己现在有了（富裕了），要想到曾经没有（贫穷）的日子。除了珍惜自己现在（富裕生活）外，还要想到那些没有（贫穷）的人遭受的苦难日子。因此，我要帮助他们脱离苦难，也过上幸福生活。"在谈到为什么要敬老时，除了认同"尊敬老人"是中华民族的传统美德外，马远学信奉的理念是"每个人都有老的一天，当自己老了肯定不希望没人管、没人尊敬，也肯定希望别人善待自己。因此，我们要善待老人"。①

需要强调的是，在推己及人的过程中，中国本土文化并不限于对身边的亲属和朋友的关怀和互助，而是强调人与人之间的关怀和互助并不止于此，应该进一步包容社会的全体成员。中国本土文化不是个人本位的，而是伦理本位的。中国本土文化不承认无差别的人人平等，而是讲究"亲疏有别"，即费孝通所谓的"差序格局"。出于对天然的人际伦理关系的尊重，中华文化承认父母子女之间、兄弟姐妹之间、朋友故交之间与一般的社会成员之间相比，要更加亲近，因而彼此要承担更多的互助责任。

因此，按照由近及远的顺序来承担互助责任，是本土文化的重要特征，也是目前一部分参与慈善活动的行动者所认同的理念。

积极参加中国扶贫基金会"扶贫月捐计划"的志愿者胡明老人强调，在呼吁社会大众献爱心时首先要呼吁人们从孝敬父母做起。"孝道，绝不是为了培养孩子对家庭的自私。而是从每一个人都能做到的身边事开始，从自己做起，由近及远，由易及难，使我们的爱心和责任感日益扩大，最终努力修养到大公无私之境界。"②

在问及行善的责任顺序时，"多背一公斤"的负责人余志海也认同每个人应该由近及远地行善。他说："我是认同一个普通人应该先对自己负责，最低程度能养活自己，再对家人尽责任，再对周围的人尽责任，再对偏远地区一个小学校的学生尽责任。一个人能力越大责任越大。因为这样做，成本是低的，一下去对偏远地区的孩子尽责任，成本是非常高的。你为什么不

---

① 王瑾：《四川江油马记酒店老板马远学案例调查报告》，2010 年 8 月。
② 王瑾：《中国扶贫基金会案例调查报告》，2010 年 7 月。

先对自己身边的人尽责任，让当地人对他自己身边的人尽责任呢？如果每个人真正地都对自己身边的人尽责任，把身边的人服务好，这个世界也就太平了。我一点都不认同丛飞①的做法，一下子捐300万元，自己的女儿上幼儿园都没有学费，把自己的身体也累垮了，家庭也破裂了，最后病死了。我认为这个典型是很变态的，如果每个人都很健康地活着，这个世界才是健康的，而不需要很疯狂的所谓的伟人。"②

第二，择善固执。《中庸》对于中国人的人生正途作了明确的解释："诚之者，人之道也。诚者，不勉而中，不思而得，从容中道，圣人也。诚之者，择善而固执之者也。"因此，"择善而固执"是正确安排人生的具体做法。

"择善"固然重要，但"择善"之后，要"固执"，要终身行之，不倦不悔，也就是要有"恒心"。孔孟向来重视行善的恒心。孟子曰："有为者辟若掘井，掘井九轫而不及泉，犹为弃井也。"③"五谷者，种之美者也。苟为不熟，不如荑稗。夫仁亦在乎熟之而已矣。"④ 也就是说，人生行善必须有恒，如此坚持下去才能符合向善人性的自发要求。

中国扶贫基金会的"扶贫月捐计划"反映了这样的理念："在自己的一生中要月月行善。每个月至少要捐10元钱，涓涓细流、流水不腐、户枢不蠹。如果这个月捐了，下个月又不捐了，这样偶然的、临时性的行为不会对我们的内心、对我们的生活方式、对我们的人生有太大的改变。如果我们一生中月月捐款、月月行善，人生就会很不一样。"⑤

就政府而言，儒家提出了政府的爱民责任。孔子讲"仁"，孟子讲"仁政"。所谓仁政也就是仁者行政。孔子指出，仁者行政的特征是"泛爱众"⑥，"博施于民而能济众"⑦，"老者安之，朋友信之，少者怀之"⑧，等等。孟子把孔子的思想发展为完整的仁政学说，其核心可以概括为民本主

---

① 丛飞原名张崇，生于辽宁省盘锦市大洼县庄台镇的农村，自小努力向上。收入并不丰厚，但进行长达11年的慈善资助。他资助了183名贫困儿童，累计捐款捐物300多万元，被评为100位新中国成立以来感动中国人物之一。

② 王瑾、陈莉：《多背一公斤案例调查报告》，2010年6月。

③ 《孟子·尽心上》。

④ 《孟子·告子上》。

⑤ 王瑾：《中国扶贫基金会案例调查报告》，2010年7月。

⑥ 《论语·学而》。

⑦ 《论语·雍也》。

⑧ 《论语·公冶长》。

义。孟子曰："民为贵，社稷次之，君为轻。"① 仁政学说的核心是为政者主观上要"贵民"。它要求为政者"为民父母"、"保民而王"②。而轻民、贱民、残民则无仁政可言，孟子斥之为"率兽而食人"③。孟子要求为政者"以不忍人之心，行不忍人之政"④，并断言只要这样"治天下可运于掌上"⑤。儒家的这些政治主张在今天被称为"父爱主义政府观"。

孔子论为政之道，就是要君民一起走上仁义的道路。政府的存在就是为了谋求全体人民的福祉，使得人人向善的本性可以充分实现。对社会成员实施道德教化、促其向善是政府义不容辞的责任。2002 年起由中央电视台举办的"感动中国年度人物"评选，2006 年掀起的以"八荣八耻"为主要内容的社会主义荣辱观的学习热潮，2008 年由中共中央、国务院在人民大会堂举行的"全国抗震救灾总结表彰大会"等一系列活动都反映了政府在社会上扬善止恶、弘扬正气的努力。

（4）对行善的看法

第一，基于"报"的观念的善行。

"报"是中国传统文化中有意义的价值观念，在传统乃至现代的中国人社会生活中有着多方面的影响。

在中国传统文化中，善恶报应作为一种必然的伦理律令被反复申述，如"积功累仁，祚流百世"、"施恩布德，世代荣昌"等。道教在"积善余庆，积不善余殃"的善恶报应论和天人感应思想的基础上发展出"承负说"。它认为，人们做善事或恶事都会受到报应，并且受报应的承担者如果不是做这善事或恶事的此生本人，那么其子孙也必然要受到报应。而佛教也提出了"因缘业报说"。佛教认为，"业有三报：一现报，现做善恶，现受苦乐；二生报，今生作业来生受果；三后报，今生受业，过百千生方受业"。这种业报轮回之说，给人这样的伦理启示——干坏事作恶之人，终有报应；真正行善积德之人，终得福报。可以说，道教和佛教的善恶观深深地影响了中国民众的善恶选择和善恶行为，并衍变为根深蒂固的慈善传统。

在现代社会中，阐述"报"的逻辑、解释"报"的运作机制发生了变

---

① 《孟子·尽心下》。
② 《孟子·梁惠王上》。
③ 《孟子·梁惠王上》。
④ 《孟子·公孙丑上》。
⑤ 《孟子·公孙丑上》。

化。上述这些具有较强的迷信色彩的善恶报应论已经弱化，并且由具有较为特定的对象的"施"和"报"观念转化为诸如"社会"之类的泛化对象。例如，四川江油马记酒店老板马远学这样解释"回报"：财富来源于社会，因而要回报社会，而善行是回报社会的一种具体体现。"一是，党和国家的富裕政策，让自己有机会先富起来，因此要回报党和国家。现在国家这么大、人口这么多，政府一时管不了那么多人，也管不了那么细，所以要通过自己的行动帮助政府排忧解难。二是，富了不仅仅是自己辛苦经营的结果，更多是大家帮忙。都是大家光顾饭馆、捧场，自己才能发财。因此，要回报社会。"①

但总体看来，根植于"报"的观念基础上的行善不是一种天然的义务，而是额外的付出。正因为是额外的付出，所以才需要得到额外的报答：如受助者的感恩戴德，社会舆论以及政府的褒奖，本人来世的福报，甚至是子孙后代的幸福安康。

在这种观念的影响下，无论对于施助者还是受助者，都强调一种明确的施恩和报答的观念，和西方现代慈善理念相比较，还是有比较明确的区别的。

在中国传统慈善文化中，一般来说，"报"具有较为明确的指向性，会有一个比较明确而固定下来的反应对象，作为一种事前的社会投资或事后的社会奖惩。中国希望工程1+1结对资助案例背后正是这样一种"回报"的观念在发生作用：资助者和受助学生建立结对卡，双方通信地址、姓名等都是非常清楚的，并且基金会鼓励受助者要给资助者写感谢信。

而在现代意义下，受助者在接受帮助后，"报答"的对象由直接报答具体的救助者本身，转化为泛化地"回报社会"、"报效祖国"。例如，中国扶贫基金会实施的新长城特困大学生自强项目，除了帮助特困大学生完成学业和培养特困大学生完善健全的人格素质外，还有一项重要的目标就是"致力于引导大学生在成长成才的同时回报社会，实现项目'传递社会关爱，锻造自强之才'的宗旨"②。

尽管如此，"报答"意识仍有较强的生命力和社会基础，这样一个意识与"报恩"、与"感恩戴德"，甚至要求"滴水之恩当涌泉相报"这样一些观念联系在一起；违背这些原则的人被大家斥为"没有良心"，要受到自己

① 王瑾：《四川江油马记酒店老板马远学案例调查报告》，2010年8月。
② 王瑾：《中国扶贫基金会案例调查报告》，2010年7月。

良心和社会舆论的谴责。

第二，基于道德实践的善行。

首先，基于道德实践的善行是个人自我道德成长、人格完善、人生意义实现的内在需要，是"知行合一"的集中体现。

儒家经典描绘的君子的人生之路是对"基于道德实践的善行"最精彩的概括和总结。《礼记·大学》开宗明义："大学之道，在明明德，在亲民，在止于至善。……古之欲明明德于天下者，先治其国；欲治其国者，先齐其家；欲齐其家者，先修其身；欲修其身者，先正其心；欲正其心者，先诚其意；欲成其意者，先致其知；致知在格物。物格而后知至，知至而后意诚，意诚而后心正，心正而后身修，身修而后家齐，家齐而后国治，国治而后天下平。"《大学》把儒家所推崇的理想的人生模式总结为"三纲八目"。所谓"三纲领"为"明明德"、"亲民"、"止于至善"。所谓"八条目"为"格物、致知、诚意、正心、修身、齐家、治国、平天下"。"格物"、"致知"、"诚意"、"正心"是"修身"的方法，而"修身"不是最终的目的，"修身"是为了"齐家"、"治国"、"平天下"。这就是儒家"内圣外王"的人生理想和发展路线。故荀子曰："始乎为士，终乎为圣人。"[1] 通过个人的道德修养，从修身，经过齐家，到治国平天下。当个人的胸襟变得越来越博大时，个人与国家甚至天下之间就没有什么分别，一个"小我"就变成了"大我"。

这样，基于道德实践的善行不是"额外的付出"，而是个人生命成长的"内在要求"，是"成贤"、"成圣"的必要条件，是君子、贤人、圣人的"天命"。在这里，行善的受益者不是别人，而是行善者自己。中国扶贫基金会的使命中提出的"修炼自身、成就他人"正体现了这样的理念。"我们基金会倡导做人首先要自爱，但自爱不是自利，不是天天从外面拿很多东西给自己，自爱最生动的体现刚好是付出。表面看来，形式上好像是帮助别人，其实是在内心浇灌我们自己这颗爱的种子，让它在我们内心生根发芽。……我们是从修炼自身的角度来做这些事情，造成的客观结果是帮助、成就了受助对象。"[2]

其次，行善要以个体自觉及其向善意愿为前提，内心感受是善行的基础。因此，中国本土文化强调行善要配合内心的真诚感受和纯洁动机，否则

---

① 《荀子·劝学》。

② 王瑾：《中国扶贫基金会案例调查报告》，2010 年 7 月。

就会沦为"乡愿，德之贼也"①。比如，马远学认为做善事是个人自愿的行为，因此动机要纯正，"人做任何一件事都为自己，做好事也是如此。表面上看，做好事是帮助别人，其实是在帮助你自己。既然是自找的，是做给自己的，就不要想太多之外的事情，要一心一意想怎么样能帮到别人，怎么样能把好事做好"。② 在评价其他人的善行时，本土文化也会更多地去看行善者的内在动机，从动机去判断行为。例如，公众对"陈光标式慈善"的质疑③，主要是从其动机的角度讨论他的行善行为是"真慈善还是假慈善"，是否把属于其他捐款人的成绩归为己有，是不是"作秀"，甚至讨论他的"第一桶金"是不是不义之财等等。

3. 本土现代慈善文化的行动模式

（1）行善主体

首先，在中国本土文化中，从古至今，政府都被认为是兴办慈善事业最大的责任主体。这与儒家的入世精神、民本思想和仁政理念密不可分。上述理念促使中国历史上历朝各代的统治者都将对社会弱势群体的救助看做是爱民的表现，是行仁政，是尽其应尽的道德责任。各地官员只要当地有灾发生，就要向朝廷奏报。朝廷会采取措施，实施救助，往往是减免钱粮赋税，或颁拨国库银两。官员隐匿不报是要受处罚的。如果灾情屡发，皇帝还要下诏罪己。

其次，"士"这一阶层也被赋予了较多的行善责任。"士"既指有官位的人，也指没有做官但有声望的读书人，也即"儒生"。"修身、齐家、治国、平天下"是儒家"内圣外王"的人生理想和发展路线。如前所述，行善是自我道德成长、人格完善、人生意义实现的具体实践，因此行善是"士"义不容辞的使命。

最后，富裕阶层也被认为有行善的义务。通常，中国人会把财富、权

---

① 《论语·阳货篇》。

② 王瑾：《四川江油马记酒店老板马远学案例调查报告》，2010年8月。

③ 参见网易报道《中国首善之迷》："1月22日，陈光标站在一大堆'钱山'后面笑逐颜开，为他牵头的慈善捐款作秀。陈光标号称中国'首善'，但围绕着他是真慈善还是假慈善，捐款金额是否有水分，捐款的资金来自哪里，用到何处，外界有种种疑问。他巨额的捐款，资金从哪里来？为什么捐给不同地方的款项，收款人签名笔迹是一样的？为什么集体捐款的照片里面，为其他民营企业举牌的是他的员工？为什么他捐建的防灾减灾培训中心，现在是自己公司在办公？他是捐款的慈善家，同时又是接受捐款的江苏省红十字会副会长。"http://news.163.com/special/review/chenguangbiao100202.html。

力、地位这类东西作为工具价值，即这些只是一种手段，是为更高的目标价值服务的。比如，中国人一般认为获得官职后，就应该去为百姓谋福利；发财后，就应该"富而好礼"、"仗义疏财"，而不能"为富不仁"。"立德、立功、立言"中，道德是高于立功和立言的中心价值，《左传·襄公二十四年》中写道："太上有立德，其次有立功，其次有立言。"

（2）行善对象

如前所述，中国是一个伦理社会，伦理始于家庭而不止家庭。本土文化承认亲疏有别、爱有差等，强调关系近的人彼此要承担更多的互助责任。

这点落实到行善对象的选择上，体现为"亲疏原则"，也即由家推及族乃至于他人的观念。就家庭内部而言，有"共财之义"——夫妇、父子情如一体，财产是不分的。在家族内部，有"通财之义"，亲戚邻里之间经济上彼此顾恤、相互负责，遇到贫困的同族之人，施财相助亦是一种义务。比如，义庄、义仓、学田等都是将自家的财物捐出作为宗族共有的财产，主要目的是周济贫穷的族人，作为救济孤寡贫乏之用。在传统社会的末期，不但范围仅及同族的义庄、义仓等多有设置，而且范围不限于同族的善行也渐渐普及。

"亲疏原则"之外，本土慈善文化依据"需求原则"选择受助者。那些不能够依靠自身和家庭力量的特殊群体成为首要的关注对象，这些特殊群体包括鳏寡孤独废疾。《礼记》对其作如下解释："少而无父者谓之孤，老而无子者谓之独，老而无妻者谓之鳏，老而无夫者谓之寡。此四者，天下之穷民而无告者也"。无告就是指无依无靠、无劳动能力、无生活来源。本土慈善文化的理想之一就是使得"矜寡孤独废疾者，皆有所养"。

在选择受助者时，"道德原则"也会发挥作用。一般来说，人们只愿意去帮助那些值得他们帮助的人。对于那些达不到人们心目中道德标准的人，比如赌徒、游手好闲者等，则认为他们没有资格得到帮助。例如，中国扶贫基金会于 2010 年 5 月 4 日启动的"曹德旺曹晖 2 亿元扶贫善款资助项目"①为扶贫救困项目，因此，"选择行善对象"是项目的核心，即"资助款发给谁"，"资助款不发给谁"是项目设计中的关键因素。为了有效实现瞄准，中国扶贫基金会建立了"15 条排除标准"，依此标准排除掉不符合资助标准

---

① 该项目向云南、贵州、广西、四川、重庆五省（市、区）的 17 个项目县受灾贫困农户每户发放 2000 元善款。项目资助方是曹德旺曹晖先生，项目执行机构是中国扶贫基金会，项目直接合作伙伴是各省（市、区）扶贫办，项目受益对象是受灾贫困农户。

的人。这 15 条排除标准中不包含与道德有关的标准。由于各个项目县为项目的具体执行者，中国扶贫基金会允许各项目县依据中国扶贫基金会的"15 条排除标准"进行一定程度的调整。广西隆林各族自治县为 17 个项目县之一，该县采取的排除标准中增加了"因懒惰致贫的农户不予资助的"的排除说明。该标准属于道德范畴，而非衡量贫困的标准。它不仅得到了中国扶贫基金会的允许，而且在当地也被认为是合理的。评估者通过抽样分析发现，受访的受资助户（n = 114）中 100% 认为采用这一标准是合理的，受访的未受资助户（n = 33）中 75.8% 认为采用这一标准是合理的。此外，资助方也不反对扶贫基金会同意隆林采用这一标准。由此可见，在此扶贫救困项目中，道德原则被作为公益项目的一个考虑要素。①

此外，本土慈善文化在选择行善对象时，对老人和儿童尤为关注。对年长的老者格外关照，是中国绵长久远的孝道文化的体现。"百善孝为先"，自古以来，人们把父母抚育子女，子女孝敬父母，看成是做人的基本道德。孔子曰："孝，德之本也。"只有孝敬父母的人，才是一个有责任心的、高尚的人。对于普通百姓来说，"子孝则家齐"，尊长、敬长也是促进家庭和睦、社会和谐的重要手段。而对慈幼事业的重视，既有原始朴素的对儿童的特别体恤和关爱，又有受中国传统文化中家族观念中"视子嗣为自己生命延续"的影响。

（3）帮助内容

本土慈善文化在帮助受助者时，主要是由己出发，秉持"爱人"原则，依据"忠恕"之道来选择帮助内容。

这一点在个人行善者身上体现得比较明显。例如，每次得知有需要帮助的困难户，四川江油马记酒店老板马远学就会带上一些公司的管理人员，一起去这些困难户家实地考察，看看怎么样能够更好地帮助他们——家里缺什么东西，每月需要给多少生活补助，需不需要资助孩子上学，怎样从根本上改善一些生活困难的状况，等等。在谈及自己怎么帮助困难群体时，马远学强调"换位思维"。他说："人都需要换位思考。面对敬老院的老人时，要想到自己也会老，老了也需要儿女关心。敬老院的老人没有儿女，更应该去看望他们。……自己老了那一天，也想能够吃得顺口，穿得暖，经常有人来

---

① 案例素材来自中国人民大学非营利组织研究所、公域合力管理咨询（北京）有限责任公司共同执行的《曹德旺曹晖 2 亿元扶贫善款资助项目评估报告》，2010 年 12 月。

看望，陪着聊聊天。"这种换位思维就是"己欲立而立人，己欲达而达人"、"己所不欲，勿施于人"的一种具体体现。①

帮助内容首先是一些具体的资源，比如，钱、食物、住房等。其次，是能够帮助受助者持续获得这些资源的一些技能，比如某项工作技能或者得到某项工作所需的技巧等。此外，还会帮助受助者树立责任感，不仅仅让受助者知道他们要对自己的生活负责，要积极努力、乐观向上，而且让受助者知道他们对整个社会也负有责任，在他们自身摆脱糟糕的境遇后，要积极帮助其他处于困境的人们。

（4）行善方式

①养体。

"养体"是重要的行善方式之一，"养体"即满足身体的需要。中国本土慈善文化之所以重视"养体"，与"富而好礼"②、"盖富贵者易为善"③、"安民，富而教之"④ 这样一系列的观念相连。

孔子认为治国的步骤是"庶之、富之、教之"。就是说，必须使人的形体生命不匮乏，再专务于道德修为。否则为了生存竞争，人的向善本性极易受到压抑、扭曲。孟子也谈到生存与道德提升的先后顺序不可颠倒。孟子说："是故明君制民之产，必使仰足以事父母，俯足以畜妻子，乐岁终身饱，凶年免于死亡；然后驱而之善，故民之从之也轻。"⑤

"养体"包括两个层面，首先就是提供单纯的物质救济。传统民间慈善的行动模式主要集中在这一层面，包括养老、育婴、恤嫠、义学、义冢、施衣、施医、施棺、施粥、栖流。在现代社会中，提供物质援助也是一种重要的方式。

从 2008 年开始，把现金直接送到被救助者手中的方式，成为了企业家陈光标做慈善的风格和标志。2010 年 1 月，陈光标用价值 4316 万元的现金和支票堆砌成一堵墙，所有款项装入 8 万个红包，在春节前送到新疆、西藏、云南、贵州等地区的特困户手中。⑥ 2010 年 5 月，曹德旺曹晖父子向西南五省

---

① 王瑾：《四川江油马记酒店老板马远学案例调查报告》，2010 年 8 月。
② 《论语·学而》。
③ 《后汉书·冯衍传》。
④ 《汉书·食货志》。
⑤ 《孟子·梁惠王上》。
⑥ 《中国首善陈光标募款济困，4300 万现金堆成山》，2010 年 1 月 24 日《重庆晨报》，网址为 http://cqcbepaper. cqnews. net/cqcb/html/2010 - 01/24/content_ 1051361. htm。

区市旱区贫农捐款 2 亿元，用于支持云南、贵州、广西、四川、重庆受灾贫困村农户的生产生活恢复。其中 18430 万元用于资助云南、贵州、广西、重庆、四川共 17 个县的受灾农户，每户 2000 元，共资助 92150 户灾民。① 每年春节，四川江油马记酒店老板马远学都要把他家乡的父老乡亲请到酒店一起过团圆年，给他们发纪念品。同时对特别困难的人家、五保户及高龄老人，他还要给予资助；每年六一儿童节，他都要到市聋哑学校去慰问学生们或请他们来酒店为他们过儿童节，给他们发书包、发文具，还为学校捐钱捐物；每年重阳节和春节，他更是不忘到敬老院为老人们送上礼物和关心。"5·12"汶川地震发生后，马远学第一时间冒着余震不断的危险，利用酒店后面的停车场搭起土灶，架起铁锅，办起了不要钱的简易食堂，免费为志愿者、解放军预备役官兵做菜送饭，一直坚持到 8 月份抗震救灾取得阶段性胜利。与此同时，马远学将采购回来的蔬菜无偿分发给附近受灾群众，并在酒店大门口竖起了"免费就餐处"，方便过往群众就餐。②

除了提供物质援助外，"养体"还包括培养受助者持续获得维持生存所需的相关技能。例如，戊戌维新运动期间民间慈善家经元善就把善堂均改为工艺院，在育婴堂、恤嫠院内"各设小工艺所，稗孤儿长成，可谋生成家，婿妇得资，可赡育后嗣"。③ 经元善特别强调，在当时的条件下设立工艺院课工教艺是惠广泽远的最大善举，"工艺院教成一艺，则一身一家永可温饱，况更可以技教人，功德尤无限量"。④ 现代社会中，技能培训也是很多本土慈善组织经常采用的方式。比如，中国扶贫基金会请专家到贫困地区推广科学技术带动农民致富，中国光彩事业促进会组织贫困地区干部分批到经济发达地区参观学习，中国儿童少年基金会的"春蕾计划"在农村大龄女童中开展实用技术培训，等等。

②养志。

虽然本土慈善文化重视"养体"，强调对受助者的物质救济，但并不至于此，"养体"之后还有"养志"。

具体来说，"养志"包括两个方面，一是帮助受助者树立自强不息的奋

---

① 《曹德旺"2 亿办"挑战透明化制度化执行力》，网址为 http://gongyi.qq.com/a/20100803/000010.htm。
② 王瑾：《四川江油马记酒店老板马远学案例调查报告》，2010 年 8 月。
③ 转引自朱英《戊戌时期民间趁善公益事业的发展》，《江汉论坛》1999 年第 11 期，第 66 页。
④ 转引自朱英《戊戌时期民间趁善公益事业的发展》，《江汉论坛》1999 年第 11 期，第 66 页。

斗精神；二是对受助者进行道德上的感化，在其心中播种善念，引发善行。"养志"的这两个方面较好地体现在中国扶贫基金会实施的项目之中。

首先，帮助贫困群体树立自尊、自信、自强的"三自"精神是基金会的扶贫目标之一。基金会所从事的扶贫工作不是单纯救济贫困群体，而是努力提供各种条件，增强贫困群体的实力，提高其素质，发掘其潜能，使贫困群体依靠自身的力量稳定地摆脱贫困。在基金会的项目设计中，总是力图体现这一宗旨，例如"贫困农户自立工程"、"新长城——特困大学生自强项目"等。用基金会自己的话说，就是"不仅追求向贫困人口这一弱势群体提供帮助、传递爱心，更重要的是帮助他们建立独立的'三自'人格，从而走向完全自立"。①

其次，中国扶贫基金会也希望在实施项目救助的过程中，道德感化受助对象。基金会强调："不是简单地暂时地给到他（指受助对象）什么样的帮助，而是让他在受益之余、感动之余，能够有一颗'爱'的种子埋下来，能够生根发芽，未来他也能成为爱的传递者。"同时，中国扶贫基金会也期望其内部员工和志愿者能够发生身份上的转变，把他们发展成为"播种善音的欢乐使者"，将善念进行传播，形成"星星之火可以燎原"的局面。②

③对受助者的关怀与关爱。

中国社会从伦理情谊出发，人情为重，财物为轻。"吾人亲切相关之情，发乎天伦骨肉，以至于一切相与之人。随其相与之深浅久暂，而莫不自然有情分。因情而有义。"③ 因此，在本土慈善文化中，行善不仅仅是给予受助者帮助，还要在此基础之上给予他们关怀与关爱。

例如，中国扶贫基金会就把自己定位为传递爱心的慈善组织——"以过硬的项目设计和管理能力去感动、说服捐赠人，通过良好的管理来体现自身价值，最大限度地将捐赠人的爱心直接传递到弱势群体中去"。中国扶贫基金会会徽的含义（见图3）也体现了这样的理念。该徽标的明喻是"一双援助之手，献上一颗爱心"，隐喻是一个强者群体（绿色长飘带）对一个弱势群体（红色短飘带）的真诚帮助，通过中国扶贫基金会（手）的传递，构筑成彩色的爱心和善心，构筑成社会的文明与和谐。④

---

① 王瑾：《中国扶贫基金会案例调查报告》，2010 年 7 月。
② 王瑾：《中国扶贫基金会案例调查报告》，2010 年 7 月。
③ 梁漱溟：《中国文化要义》，上海世纪出版集团，2005，第 72 页。
④ 王瑾：《中国扶贫基金会案例调查报告》，2010 年 7 月。

中国扶贫基金会

CHINA FOUNDATION
FOR POVERTY ALLEVIATION

图 3　中国扶贫基金会会徽

　　在项目设计中，基金会也注意落实"传递关爱"的理念。比如，在 2007 年高考前，新长城特困大学生自强项目和电影频道光影星播客温暖基金联合发起了"新长城优秀特困高考生探访活动"，为贫困考生送去一份关爱。用基金会的话说，"这不仅仅只是几百元生活费，更多的是希望传达一种勇气与信心，帮助他们更加勇敢地面对高考。告诉他们生活尽管不幸，青春也被贫困蒙上阴影，但是他们是幸运的，因为少年时的磨难是人生最宝贵的一笔财富；也告诉他们在自强的道路上，他们并不孤单，社会上有很多好心人在一直关注、关心和关爱他们，新长城将竭尽努力，把更多的社会关爱带到贫困考生身边"。①

　　个人行善的过程，也不仅仅是简单地提供物质帮助，而是善行与情感的相互配合。就拿四川江油马记酒店老板马远学春节请家乡老人来酒店吃团圆

---

　　①　王瑾：《中国扶贫基金会案例调查报告》，2010 年 7 月。

饭来说，种种细节都体现了对老人的关爱：为了不让年关繁忙的生意影响到这顿团圆饭，马远学特意挑选了腊月二十三这个日子。为了烘托气氛，马远学让员工把酒店布置得张灯结彩、喜气洋洋，并在大门口和一楼餐厅挂上温馨的标语——"父老乡亲们：马记酒店给您拜年了"，"饮水思源，致富不忘家乡人"。为了适宜老年人胃口和保健，做出口味醇香、酥软易消化的宴席，马远学带领员工提前一周采购荤素原料，并亲自带头下厨，精心配菜、烹饪。老年人腿脚不好，马远学特意安排服务员在门口等待，一一搀扶老人入座。为了让老人玩得舒心，服务员提前摆上茶水、水果、瓜子，让老人们落座后，边品香茶、吃水果、嗑瓜子，边摆龙门阵。当老人们吃喝得开开心心的时候，马远学会带领老母亲和夫人挨桌敬酒、劝菜，并且他还悄悄地将红包塞给其中部分年龄最长或者家庭较为贫困的老人。①

（二）西方现代慈善文化观念特征群描述

1. 西方现代慈善文化的终极价值观

与中国"家庭本位"、"社会本位"不同，西方的社会结构是"团体格局"。费孝通将其形象地比喻为"一捆一捆扎清楚的柴"。他说："西洋的社会有些像我们在田里捆柴，几根稻草束成一把，几把束成一扎，几扎束成一捆，几捆束成一挑。每一根柴在整个挑里都属于一定的捆、扎、把。每一根柴也可以找到同把、同扎、同捆的柴，分扎得清楚不会乱的。在社会，这些单位就是团体。"② 在"团体格局"背后，关于人与人之间关系的看法都是"原子式的个人"，也即无差别的个体间的相互独立。"从笛卡尔、莱布尼茨，到法国启蒙运动，一代一代哲学家从这个原子式个体出发，运用逻辑演绎的方式构造一切社会共同体形态。古典及中世纪哲学则认为，家庭、职业团体、城邦等自小到大的社会共同体形态，都是人为了实现其目的而自然地生成的，使人趋向于圆满。到启蒙哲学那里，这些东西都成为个体意志的产物，甚至家庭也是个体通过契约的方式，为了实现自己的动物欲望而构造出来的。"③

支撑西方现代社会公益事业的主要是"个人本位"观念，在此基础上

---

① 王瑾：《四川江油马记酒店老板马远学案例调查报告》，2010 年 8 月。

② 费孝通：《乡土中国》，人民出版社，2008，第 26～27 页。

③ 秋风：《道德重建、社会建设与个体尊严》，2007 年 1 月 18 日《南方周末》。

的"个人主义"是以美国为代表的西方现代慈善文化的理论出发点。"个人主义"的最典型的阐释者是霍布斯。他认为，个人先于社会而存在，个人是本源，社会、国家是个人为了保障自己的某种权利或利益而组成的，除了个人的目的，社会或国家没有任何其他目的。作为社会的"共同体"完全是虚构的概念，"共同体的利益"只是该共同体的成员的利益之总和。在"个人主义"的视角下，每个人都是自足的实体，社会只是个人的集合体。个体具有最高价值，是目的本身，社会只是个人目的的手段，而不是相反。

在这种原子式的社会结构格局里，产生了与中国本土文化截然不同的道德观念。

首先，作为约束人们日常行为的道德伦理也具有"个人主义"的倾向——它否认道德的绝对性，强调道德在本质上是个人的。人类个体是最基本的道德单位，人类个体在道德上是平等的。在这里，"善"和"恶"完全是个人的主观评价。一个行为如果只关乎个人，那么，个人就是该行为道德与否的评判者，他无须诉诸任何高尚的伦理原则，只要判定该行为是否增加自己的快乐，就可评价该行为的道德性。依据此种观念，每个人便成了其自身利益的最佳判断者，并且每个人知道如何促进这些利益。因此，赋予每个人以选择其自身目标和实现这些目标的手段的最大自由和责任，并采取相应的行动，便可最佳地实现每个人的利益。

其次，其建立的道德体系主要是"权利"概念。权利是指"个人宣称对其对象所拥有的按照自己的意愿来处置的地位或能力"。费孝通在《乡土中国》一书中分析了此种社会结构格局与权利概念的关联。他说："团体格局的道德体系中于是发生了权利的观念。人对人得互相尊重权利，团体对个人也必须保障这些个人的权利，防止团体代理人滥用权力，于是发生了宪法。"①

与"权利"概念相连的"人权"则成为西方现代慈善事业的基石，也是揭示其与本土慈善文化分别的重要指标。人权（human rights）是指"人，因其为人而应享有的权利"。联合国把人权的基本内容划分为两大类权利，第一类权利叫做公民权利和政治权利，比如生命权、不受酷刑权、不受奴役权、人格尊严权、自由权、参政权等。第二类权利称为经济、社会和文化权利，比如工作权、合理的劳动报酬权、适当生活水准权、教育权等一

---

① 费孝通：《乡土中国》，人民出版社，2008，第38页。

系列权利。

西方文化宣称，作为"类存在"的人，仅仅因为他（或她）属于人类的一员，而不因其社会身份、家庭出身、才智水平、职位高低、民族种属等就能享有的权利，这些权利是伴随着人的属性而产生的，是不可剥夺、不可转让的。因而，人权也被西方社会称为"基本人权"或"自然权利"。

如何实现这样一些权利呢？首先，政府或者社会有责任给每个人提供保障；其次，所有公民共同努力，每个人依法纳税，还要按照良知的指引捐赠、做志愿工作等。通过这样一些行为保障社会中每个人基本权利的实现，这就是公民义务。上述这些就是西方现代慈善理念建立的终极价值观基础。

2. 西方现代慈善文化的慈善理念

（1）对人性的看法

基督教圣经和基督教神学中关于人性的观点普遍地为西方人所接受，这种观点即明确的"人性本恶"的观念。

基督教教义认为上帝造人之初，人性本来是"善"的。但是，当人类的始祖亚当和夏娃因偷吃禁果而被驱逐出伊甸园之后，人类就有与生俱来的"原罪"。在"罪感文化"的背景下，每个基督徒都有着沉重的负罪感，倾向于以信仰上帝和禁欲主义来保持崇高的道德境界。

为了救赎罪恶，人首先需要相信上帝和其派来的救世主耶稣，"因信称义"① 之道，是基督徒生活的起步。"悔改赎罪"是第二步，基督徒顺从上帝的一切安排悔改重生，死后灵魂就能升入天堂，否则在世界末日审判时，会被投入地狱。"在这种说教的关照下，基督徒失去了自我救赎的能力，把救赎的希望寄托在上帝的恩典上"，"基督教把以'博爱'为名的慈善看做人类进行自我圣化并接近上帝的方法和途径"，"人要在灵性上净洁自己，才配得上做上帝耶稣的子民"。② 由此，慈善成为"赎罪"的形式之一。

"人性恶"的观念和在此基础上生发出的"罪感文化"为西方现代慈善事业奠定了坚实的基础。"富人总免不了有一种'负罪感'，这是一切慈善事业的动力之一。赛奇夫人、卡耐基、洛克菲勒等都是虔诚的基督徒。"③

---

① "因信称义"这句话出于《新约·罗马书》（3：20~26）。
② 卢德之：《资本精神》，中国社会科学出版社，2007。
③ 资中筠：《散财之道：美国现代公益基金会述评》，上海人民出版社，2003，第382页。

（2）对"善"的定义

首先，个人主义的伦理观消解了"善"的道德绝对性，使其具有多元主义的特征。自由主义强调个人自决原则——个人的生活只有在他们是自我决定的即自由选择的意义上才是有价值的。由于个人有选择自己生活方式的自由，他们有可能做出不同的选择，因此，存在善的观念的多样性。在这个意义上，自由主义是反至善主义（anti-perfectionist）的，它主张：虽然美好生活的理想本身就是有价值的，然而促进和实现美好生活的理想却不是社会和政府的分内之事。反至善主义坚持"消极自由"的观念，在公私之间划出了严格界限，追求善的理想属于私人事务。

在这样的理念的影响下，施助者以及在慈善领域中工作的人的行为都不应被赋予道德上的崇高性。例如，救助儿童会（中国项目）政策与研究经理南方就是从社会分工和职业选择来解读自己工作的性质。"我发现中国人会觉得做慈善是一件特别崇高、特别无私，特别有爱心的事情。但是这种思想至少在我们国际 NGO 里，在我周围的同事看来，倒不是这样认为的。从我个人角度来讲，我觉得这（指从事慈善事业）是不同的社会分工。因为慈善这件事情本身不完全是一个道德方面的问题。可能从慈善机构本身的理念来说，是本着人道主义精神的，或者还有一些机构具有某种宗教背景，但是从从事工作的人来讲，在国际 NGO 里工作更多被认为是一种不同的职业选择。你不是因为某一个特别崇高和神圣的理想来做的，而是作为一个具有职业素养的人做一个专业性的工作。"①

其次，西方慈善文化中，善的最高境界就是实现"人人平等"。自由主义追求"平等"与"行善"的关联逻辑是，如果能够实现人人平等，那么就能公平分配资源，这样就能够使得所有人都有追求其自身善的观念的公平机会。

平等观首先来自"上帝面前人人平等"的宗教观念，人既然都为造物主所创，虽然在现实生活中的境遇不可能平等，但从"人"的本质上来说，并没有高低贵贱之分。自由主义者继承了这一思想，在总体上坚信人与人在人格上是平等的。最终，平等观念演变成为"法律面前人人平等"，并被确立为资产阶级法制中的一项重要原则，用宪法的形式确定下来。

"法律面前人人平等"，其基本精神就是禁止基于种族、肤色、性别、

① 王瑾：《救助儿童会（中国项目）案例调查报告》，2010 年 7 月。

语言、宗教、政治信仰或其他见解、国籍或社会出身、财产、出生或其他身份等原因享有特权或遭到歧视，禁止将这些因素作为区别对待的分类标准。具体地说，"法律面前人人平等"的含义包括三个方面：①任何公民，不分民族、种族、性别、职业、家庭出身、宗教信仰、教育程度、财产状况、居住期限，都一律平等地享有宪法和法律规定的权利，也都平等地履行宪法和法律所规定的义务；②公民的合法权益都一律平等地受到保护，对违法行为一律依法予以追究，绝不允许任何违法犯罪分子逍遥法外；③在法律面前，不允许任何公民享有法律以外的特权，任何人不得强迫任何公民承担法律以外的义务，不得使公民受到法律以外的惩罚。这三个方面合起来，是对"法律面前人人平等"原则的完整理解。

再次，那么是什么为西方现代慈善文化下的善行提供激励机制呢？

上帝的诫命曾经为行善提供神圣性，并且这种宗教的影响在现代社会仍发挥着潜移默化的作用。《圣经》包含大量"赏善罚恶"的内容，而作为神的上帝则具有超自然的"赏善罚恶"的力量。例如，在《圣经·新约》的《马太福音》中，耶稣登山训众说："为善的人有福了，因为天国是他们的。"《圣经》中有"十一奉献"的明确规定[①]，即从个人年收入中拿出十分之一来献祭给上帝或救助穷人。

现代社会中，"天赋人权"的理念以及依据此种观念制定的各种法律、公约等为西方现代慈善事业提供其行动合法性来源。所谓"天赋人权"，实际上就是人在自然状态下就已经享有的权利，所以也有人直接把它称作自然权利。相比人在进入文明社会以后用法律固定下来的权利，它不受人间任何意志或权力的干涉，只以自然法作为它的根本准则。自然法认为，人类原来处在一种自然状态。人在自然状态下是自然平等的，任何人都不是天生的统治者，而是天生自由来统治自己，在自治方面人人享有平等权利，他们宣称人世间存在着一种先于政府、高于政府的天赋权利，这些天赋权利是一切权利的真正基础，也是慈善事业的行动合法性的重要来源。

（3）达到"善"的途径

就个人而言，要想达到"善"，首先，每个人应当在机会均等的情况

---

① 如《旧约·创世记》（14：20）："至高的神把敌人交在你手里，是应当称颂的。亚伯兰就把所得的拿出十分之一来，给麦基洗德。"《旧约·利未记》（27：30）："地上所有的，无论是地上的种子，是树上的果子，十分之一是耶和华的，是归给耶和华为圣的。"

下，充分保护自我权利，并通过自由竞争和自我奋斗来实现自我发展。

新教伦理为这种自利式的自我发展和自我实现进行了辩护，出自《圣经·马太福音》的"马太效应"寓言要揭示的道理就是，每个人需要尽自己的最大努力赚钱，因为这是向上帝证明自己的能力，所赚得的钱都是归给上帝的荣耀。

世俗化带来的宗教式微后，建立在"理性经济人"假设上的西方经济学理论进一步为其提供辩护。经济学理论指出，在一个自由选择的体制中，社会中的所有个体在不断追求自身利益最大化的过程中，可以使整个社会的经济资源得到最合理的配置。市场机制实际上是一只"看不见的手"，推动着人们往往从自利的动机出发，在各种买卖关系中，在各种竞争与合作关系中，实现互利的经济效果。交易会使交易的双方都能得到好处。也就是说，在现代工商社会中，在一个完全竞争的市场中，利用市场机制，遵循自由竞争的法则，个人使自身幸福最大化的行为可自然地导致资源的最佳配置，从而使得社会的总体功利也最大化。

其次，作为独立、平等的个体，每个人在保护自己权利的同时，应当尽与权利相称的义务。

权利总是与义务相对应的。一定的权利总需要一定的义务来予以满足，否则，权利就无法被真正享有。义务的实现，是权利能被享有的根本保证。法律通过对于义务实现的特别强调与重视，强化法律权利实现的客观条件，对于人权也是这样。

与人权相对应的义务能否实现，直接影响着人权能否实现。一定人权的实现必须以相应义务的履行作为条件。如果有的公民疏于履行义务，相应的公民人权就无法实现。由于种种原因，公民义务总难为人们所自觉履行，公民人权的享有也随之受阻。为了保障公民人权的实现，许多法律直接规定了与公民人权相应的许多义务，就是为公民人权服务的。

就政府而言，自由主义限制政府追求任何"善"的观念和道德理想，否认政府有追求价值目标的权利，要求政府在各种各样的"善"的观念之间保持中立性。具体地说，政府应该使其行为既不促进也不阻碍人们依据其"善"的观念追求自己美好生活的机会。

在保持中立性的基础上，政府的首要职能就是要保证社会中每一个个体应有的权利不受他人的侵害。当人权受到来自外界的侵害时，政府必须进行及时、有效的制止，并使人权恢复到原有状态；如果政府滥用权力，人民则有责任和权利推翻它。美国《独立宣言》提出的五条基本原则论述了这些对政府的功能定位。《独立宣言》指出：人人生而平等；造物主赋予他们若干不可让渡的权利，这些权利包括生命权、自由权和追求幸福的权利；为保障这些权利，人们建立政府，政府的政党权力来自被治者的同意；当任何形式的政府破坏了这些目的，人民就有权、有责任改变它或将它推翻，以便按照以上原则重新构建政府。

受这种文化的影响，人们不愿通过纳税而将自己的财富交由政府来行善，他们更愿亲自或由自己信得过的社会精英建立慈善组织来管理和分配自己的财富，这样更能使他们的财富发挥效用，也更公平。卡内基曾说："这种方式建立在最强烈的个人主义制度之上，……在这种方式下，我们会拥有一个理想的国度，聚集在少数人手中的剩余财富会因妥善用于公益事业而成为实质上的多数人的财产。而且，通过少数人之手，这些财富更有可能成为改善我们人类状况的有效力量。"①

（4）对行善的看法

可以将西方现代慈善文化对于行善的看法概括为"基于权利行使和义务履行的善行"。

西方公民社会是依据契约精神组建的社会。作为公民要签两个契约，一个是作为自然人的契约，它保障人生来平等，以示对单一自然人的绝对尊重；另一个是作为社会人的契约，它强调个体之间及个体与群体之间在权利与义务上的均衡，以公共义务交换个人权利，以对公共空间的承诺交换私生活的承诺。所以，公民的实际内容就是处在双重契约中的人。对应于双重契约，公民社会突出两个平等，在神（或者是自然法）面前人人平等，在权利和义务的均衡关系上人人平等。

例如，救助儿童会（中国项目）宣称自己是"以权利为本"的组织。该机构的宗旨是"为实现儿童权利而奋斗，并以及时而持久地改变全世界儿童生活状况为己任"。围绕这一宗旨，救助儿童会（中国项目）将其使命表述为"要确保每个孩子享有健康、食物、教育的权利，保护他们免遭一切形式的虐待、忽视、剥削和暴力。救助儿童会要使儿童的声音能被听到，让孩子们参与解决他们自己面临的问题"。②

---

① 安德鲁·卡内基：《财富的福音》，京华出版社，2006，第 12 页。
② 王瑾：《救助儿童会（中国项目）案例调查报告》，2010 年 7 月。

从其成立至今，救助儿童会一直致力于维护和实现联合国《儿童权利公约》。救助儿童会的创建人埃格兰泰恩·杰布在1919年建立这个组织的原因，正是由于她被当时东欧儿童的悲惨状况震惊了。作为第一次世界大战的结果，英国政府当时对东欧国家实行经济封锁，那个地区的儿童因饥饿而死亡，于是她建立了这个机构。她特意为儿童撰写了《儿童权利宪章》，因为她坚信，无论国家、民族或宗教，所有儿童都应享有适当生活条件的基本权利。后来《宪章》中的一些条款被国际联盟采用，并最终使联合国《儿童权利公约》在1989年出台。①

目前，救助儿童会围绕"儿童权利"这一理念来展开其所有的工作——定位目标群体、确定救助内容、确定项目运作的方式、选择合作伙伴。"我们认为自己的组织在全球都算得上维护儿童权利的先锋，我们的所有工作都基于此"。"儿童权利"既是救助儿童会（中国项目）为之奋斗的目标，也是其工作的指导原则。"以儿童权利为宗旨和指导方针是在全球做工作的指导基础，当然为整个权利的意识和权利的理念也是贯穿于我们所有工作的。……我们的宗旨，我们的目标都说得非常清楚，要为儿童权利找到一个持续的根本的解决方案"。"我们所有的工作都是为了让儿童更好地享受他们的权利，能在这个社会上创造一个更好的理解儿童权利、尊重儿童权利的这样一个社会，然后通过这样一个和谐社会的构建，让儿童能够更好地享有权利"。②

"儿童权利"是在"人权"这一概念基础上阐发的。"如果从权利角度来讲每一个人平等地享有人权，儿童是人，儿童也平等地享有人权，这是不容置疑的。人权是指人因其为人而应享有的权利。我们坚信，每个人都应该受到合乎人权的对待，儿童也一样……人权是人生而享有、与生俱来、不可剥夺的。"③ 对于救助儿童会（中国项目）来说，所有儿童都是特定权利的享有者，而义务承担者有义务去实现儿童的这些权利。那么谁有这些义务呢？儿童、成年人、教师、家长、政府等所有人都对生活中接触到的儿童负有义务，去实现他们获得基本所需、获得保护、获得参与社会生活的权利。

---

① 王瑾：《救助儿童会（中国项目）案例调查报告》，2010年7月。
② 王瑾：《救助儿童会（中国项目）案例调查报告》，2010年7月。
③ 王瑾：《救助儿童会（中国项目）案例调查报告》，2010年7月。

在"基于权利行使和义务履行的善行"这样一种观念支配下，一个人得到救济是不需要感恩戴德的，因为这是作为一个公民的权利；一个人帮助别人的时候也没有权利要求对方的回报，因为这是尽公民的义务和责任。"我特别受不了让小孩唱《感恩的心》，凭什么让人家（指接受帮助的儿童）感恩，这就是社会资源的再分配，感恩不感恩是人家（指接受帮助的儿童）自己的事情。"①

3. 西方现代慈善文化的行动模式

（1）行善主体

按照权利的定义，一定的权利必须与一定的义务相对应，一定公民人权的实现必须以相应公民义务的履行作为条件。如果有的公民疏于履行义务，相应的公民人权就无法实现。西方现代慈善文化是在"权利"概念的基础上理解和确定相关责任主体，并阐释其行善理由的。例如，救助儿童会（中国项目）认为，"讲到权利，必然就有责任，这才是对应的概念。如果只谈权利不谈责任的话是瞎扯的。所以有了儿童权利，就要去跟真正能够让儿童更好享受权利的机构去合作。这样才能体现儿童的权利，这是对应的。"②

首先，作为弱势群体本身在其享有权利的同时，也要尽到自己的责任，比如说，弱势群体要尊重自己的权利，要对自己的行为负责。

其次，存在着与弱势群体有关的一系列义务承担者，这些义务承担者有义务去帮助弱势群体更好地实现其应有的权利。"对我们来说，联合国《儿童权利公约》和儿童权利的含义是，所有儿童都是特定权利的亨有者。我们所指的'义务承担者'有义务去实现儿童的这些权利。那么谁有这些义务呢？儿童、成年人、教师、家长、政府等等所有人。我们大家都对生活中接触到的儿童负有义务，去实现他们获得基本所需、获得保护、获得参与社会生活的权利。"③ 在这一系列的义务承担者中，最重要的就是儿童的父母或监护人，他们有很多责任去帮助儿童更好地履行自己的权利。其次是儿童所在的社区，社区包括儿童所在的学校、学校的老师、所居住的小区、邻居以及社区干部……这些人都是对儿童的各项权利有直接关系的人，只有让这些义务承担者承担起责任，才能够创造一个环境让孩子更好地拥有权利。接下来就是政

---

① 王瑾：《救助儿童会（中国项目）案例调查报告》，2010 年 7 月。
② 王瑾：《救助儿童会（中国项目）案例调查报告》，2010 年 7 月。
③ 王瑾：《救助儿童会（中国项目）案例调查报告》，2010 年 7 月。

府（包括地方政府和中央政府），政府这一层更多的是立法和制定政策并且监督法律和政策的有效实施，因为权利是需要国家用法律手段去保护的。

同样，儿童乐益会也是根据目标群体的义务承担者来确定相关责任人或合作机构。"每一个领域都不一样，每个特殊的儿童群体面临的义务承担者都不一样，所以我们是根据不同儿童群体设计内容和工作体系。比如，流动儿童的义务承担者是其所在的家庭、学校和社区，还有非营利组织，孤儿的义务承担者是社区加上儿童福利系统。如果有明晰的政府责任人的话，那么政府就会成为我们重要的合作对象，主要由它来提供资源支持。比如我们在农村开展的儿童返校项目，政府需要把当地的救济体系建立起来，让我们的项目能持续做下去。"[①]

（2）行善对象

西方现代慈善理念中的"权利观"和"平等观"落实到行善对象的选择上，集中体现为"权利原则"——任何人都平等享有基本权利，因此任何人都应受到公平合理的对待，既不享有任何特权，也不履行任何不公平的义务，并且权利与义务相一致。

根据权利原则，在现实操作过程中，西方慈善组织主要按照权利缺失的状况来确立其行善对象。比如，救助儿童会（中国项目）根据儿童权利缺失的状况识别目前最需要救助的儿童。"在中国的每一个儿童都是需要救助儿童会关照和为之权利奋斗的对象。但在中国会有一些类别的儿童，他们比起其他儿童群体来说更加弱势，我们就把现有的资金、技术着重倾斜在这个儿童群体上。"[②]对中国社会儿童权利状况的评估和研究是救助儿童会政策与研究部的一项重点工作，政策与研究部定期会做儿童权利的形势分析。在选择具体的弱势群体时，救助儿童会也紧密围绕权利展开，先找到儿童权利缺失的方面，然后再锁定权利缺失的群体。具体来讲，救助儿童会在项目开展前，会针对准备进入的地区进行儿童群体权利的形势分析，通过形势分析找到缺失最明显或者受到影响的儿童权利都有哪些，然后提出相应的解决对策。在这样的分析下，找到具体的受益人群。"我们不是为了某个群体而选择群体，我们有我们的一套工作理念。我们在做了儿童群体的形势分析后发现在目前这个地区，儿童群体什么样的权利是很突出的问题，应该去怎么

---

① 陈莉：《儿童乐益会案例调查报告》，2010 年 8 月。

② 王瑾：《救助儿童会（中国项目）案例调查报告》，2010 年 7 月。

做。在这样的分析下再去看具体的受益群体是谁，怎么样触及这个群体，谁是这个群体背后所谓的相关责任方，再去设计一起去做什么样的事情去改变他们权利缺失的状况。"①

中英甘肃基础教育项目在瞄准受益地区和受益人群时，也很好地体现了"权利原则"。比如在学校布点中，把贫困边远地区排在了最前面。"以往国内扶贫项目资金流向只在体制内分配，越是靠近权力中心的学校争取资源的能力越强，造成项目资金在使用分配上，倾向于规模办学、集中办学，导致中心学校资源过度集中，边远地方的教学点却日渐薄弱，不能满足这些地区教育的实际需要。中英项目完全改变了这种做法。以土建工程的建设与管理为例，按照危房率、未入学率、在校学生数、少数民族居住区等因素确定学校布点，优先选择边远困难的最需要帮助的教学点和村校。"② 在助学金的发放中，中英甘肃基础教育项目规定助学对象必须是贫困家庭的儿童。在这些儿童中，项目组要求学校按照女童、少数民族、父母残疾的儿童、单亲、未入学、孤儿六个因素，采取打分的办法，并通过召开村民大会进行确认；同时，根据各学区的贫困人口数、少数民族人口数、在校学生数和入学率等因素确定各学区助学资金的额度；在各项目县资助的学生中，女童所占比例不低于70%，少数民族儿童不低于60%；还用一定比例的助学金资助未入学的儿童，帮助他们重返校园。③

（3）帮助内容

西方现代慈善文化主要根据权利这一概念，结合具体情境，按照弱势群体最大利益的原则来确定其帮助内容。

首先，权利具有不可分割性。所谓的不可分割就是不能单独去谈弱势群体的某一项权利，而把这项权利和其他权利分开。弱势群体的一切权利，不论是其生存权、发展权、受保护权还是参与权都是互相依存的，只有同时联系在一起才可能充分实现弱势群体的权利。其次，权利具有不可比较性，也即所有的权利都是一样的。因此，在救助儿童会（中国项目）看来，不能对儿童的基本权利内容进行排序，不能首先关注儿童的生存权和受教育权，然后再关注其受保护权和参与权。"因为这四种权利本身是不能有先后顺序

① 王瑾：《救助儿童会（中国项目）案例调查报告》，2010 年 7 月。
② 巴建坤、白天佑、雷专平等：《中英甘肃基础教育项目综述》，2005，第 4 页。
③ 巴建坤、白天佑、雷专平等：《中英甘肃基础教育项目综述》，2005，第 7 页。

或者所谓的优先。只能说在当时的情况下，依据机构能力能做到什么就做了什么，并不是说因为它是优先的所以就这么做了。"[1]

那么救助儿童会（中国项目）如何选择其帮助内容呢？主要依据在具体的情境下，充分考虑儿童的最大利益，即儿童利益最大化的原则。"不能泛泛地说儿童的最大利益是吃饭，而不是受教育，这个肯定是不对的。首先得有一个特殊情境，比如说地震了，最大利益可能是先让他（指受到地震影响的儿童）活命，而不是先让他上学，这个是每个人可以理解的。首先要有具体的情境，接下来要有比较。在具体事例里，可能有好几种不同情况的时候，讨论哪一种是儿童的最大利益。"[2]

（4）行善方式

①与义务承担者共同工作，致力于建立长效的综合解决机制。

"识别与弱势群体有关的义务承担者，然后与他们一同工作，提高义务承担者保护弱势群体权利的意识，建立可持续的综合解决机制"是西方慈善文化影响下的最重要的行善方式之一。

比如，救助儿童会（中国项目）更多地把自己定位为一个权利意识的倡导者和权利理念的传播者，而不是援助服务的直接提供者。根据权利的概念，救助儿童会（中国项目）识别出一系列对保障儿童权利有关的义务承担者——政府、学校、社区、家长等，然后开展针对这些义务承担者的一系列培训，提高他们的责任意识和能力，建立与这些义务承担者共同工作的平台。例如，救助儿童会（中国项目）在预防和打击跨境儿童拐卖项目中，首先会注重和政府的合作。他们特别关注公安部颁布的《中国反对拐卖妇女儿童行动计划（2008～2012 年）》，期望能与有关部门共同探索，推动建立集预防、打击、救助和社会融为一体的"反拐"工作长效机制。其次，救助儿童会（中国项目）会将一系列的义务承担者都纳入他们的"反拐"项目工作网络之中。他们搭建了区级或乡镇一级的"反拐"项目工作网络，在当地儿童中培养了一批儿童权利骨干，并为项目单位的工作人员、家长、老师和志愿者等人群开展了有关儿童权利和《国家反拐行动计划》的培训。此外，他们还积极促进学校家长自发成立了社区家长学校，作为协调社区邻里关系、发现家庭问题、宣传家庭教育及保护儿童理念的一个重要平台。

---

[1]　王瑾：《救助儿童会（中国项目）案例调查报告》，2010 年 7 月。
[2]　王瑾：《救助儿童会（中国项目）案例调查报告》，2010 年 7 月。

②赋权。

赋权（empowerment）是指"使个人获得某种权利或将某种权力授予个人，使其能够思考、行为、采取措施，控制并能够做出决定的过程"。赋权是一种受助者参与的过程，是将决策的责任和资源控制权授予或转移到那些即将受益的人的手中。从广义上来说，赋权是选择和行动自由的扩展。它意味着增加对影响生活的资源和决策的权力和支配能力。当人们真正进行选择时，他们就能增加对其生活的支配能力。

赋权是救助儿童会（中国项目）在帮助弱势儿童时采用的另一项重要方式。"针对儿童和跟儿童有关的成年人的权利意识的培训，是我们所有工作基本上都会有的。比如说让儿童认识到自己的权利，让儿童知道怎么样去保护自己的权利，让跟儿童有关的成年人知道儿童权利是什么，知道自己有责任和义务保护儿童的权利，这项工作是非常基础的。"①

在西方现代慈善文化理念中，赋权的方法是将弱势群体作为工作的主体，将对决策及资源的支配权转移给他们。"以儿童为中心"是救助儿童会（中国项目）的工作基本原则，"我们的工作原则就是让儿童参与到救助儿童会的各项项目活动中来，与儿童相互学习、共同计划和作出决策"。②

要实现"将对决策及资源的支配权转移给弱势群体"这个目标，西方慈善组织会开展如下工作：

第一，及时地采取通俗易懂的形式从不同途径让弱势群体获取信息，使他们能够把握机会，行使其应该享有的权利。比如救助儿童会（中国项目）在实施预防儿童被拐卖的儿童保护项目时，会对拐卖高风险的儿童进行培训。培训的目的就是让他们掌握足够的知识和能力来进行自我保护。再比如，救助儿童会（中国项目）会采用通俗易懂、寓教于乐的形式——"模拟法庭"来开展《未成年人保护法》儿童普及活动；采用漫画书的形式、从儿童视角编写《未成年人保护法》的普及读物《陶德历险记》③。"目前，我国对《未成年人保护法》的解读大部分是从成人的视角出发，缺乏从儿童视角的理

---

① 王瑾：《救助儿童会（中国项目）案例调查报告》，2010 年 7 月。
② 王瑾：《救助儿童会（中国项目）案例调查报告》，2010 年 7 月。
③ 该漫画书讲述了一个离家出走的 14 岁初中男生"陶德"的梦境历险。通过历险，读者将与主人公一起学会用法律来应对生活中的烦恼和危险，以及保护自己的权利。该书由中国青少年犯罪研究会与救助儿童会共同编写，目标读者是 10 岁至 15 岁年龄段即小学高年级至初中的少年儿童。

解。《陶德历险记》从创意到制作的灵感，源于儿童经历，并通过卡通漫画这种易懂喜读的方式表现出来，是从儿童参与的视角学习《未成年人保护法》的积极探索。"[1]

第二，相信弱势群体在救助项目以及实施手段上有一定的选择权，不能单单要求他们必须接受外界提供的技术设施和服务。例如，救助儿童会（中国项目）相信，征求儿童自己的意见是绝对重要的，要让儿童在决策中有声音的表达。他们会在识别需求、设计解决方案等环节上倾听儿童的声音。"我们会让艾滋孤儿或病毒感染的儿童去做一些有关他们的生活状况的研究，问他们的伙伴，他们需要什么。他们父母双亡，生活在极度贫困的社区，一般机构会把他们带走，将他们安置在城市中的福利院，把所有的艾滋孤儿安置到一起。但事实上，他们并不需要这样的生活。他们想要留在自己的社区中，留在他们熟悉的环境中。但是成年人来了，并认为他们的做法是为了这些孩子们好。其实他们并不了解，儿童自己的需要与成年人的想法存在着很大的差别。"[2]

第三，促进弱势群体及公民社会的能力建设，依靠自治与互助能力的提高来改善弱势群体的状况，解决其面临的问题。

a. 相信弱势群体组织起来也可以有效地解决一些问题，因此充分关注和培养弱势群体的自我合作、自我组织和自我管理的能力。比如，救助儿童会（中国项目）在全国很多省市建立社区儿童活动中心，为那些在社区中的流动儿童、触法儿童、有被拐卖风险的儿童、受艾滋病影响的儿童、贫困儿童以及流浪儿童等提供一个安全的游戏场所，也为这些来自不同背景的儿童提供了一个自我管理、平等参与、消除歧视的平台。大部分儿童活动中心都建立了儿童管理小组，由儿童自己制定中心的管理规则，管理中心物品的使用，发起和组织活动。此外，救助儿童会（中国项目）帮助安徽残障青年组织"春芽残疾人互助协会"正式注册为独立的本土民间机构，为残障儿童和青年提供服务，并准备把这种模式推广到其他省区市。

b. 加强公民社会能力建设，共同维护弱势群体的权益。比如，救助儿童会（中国项目）在云南和新疆，帮助成立了社区教育委员会。通过参与、

---

① 王瑾：《救助儿童会（中国项目）案例调查报告》，2010 年 7 月。
② 王瑾：《救助儿童会（中国项目）案例调查报告》，2010 年 7 月。

支持学校的教学活动，与学校共同开发校外辅导教材及参加学校管理等工作，社区教育委员会在社区与学校之间起到桥梁作用。在云南西双版纳，救助儿童会（中国项目）帮助成立乡一级的儿童保护委员会，并由来自政府部门的代表在委员会中协助工作，指导儿童和青年怎样避开在流动过程中可能面临的风险及其他不安全因素。儿童乐益会（中国办公室）也比较注重中国公民社会的培育，重视和本地非政府组织的合作。"其他国家的儿童乐益会机构可能会直接执行，但我们不是全部直接参与，是执行加上和本地NGO 合作。'把公民社会做强，让中国本土机构发展'，这是我们一直秉承的理念。我们和国内草根合作，不是简单提供资金，不是光负责做培训，而是一起来做项目，我们把技术和项目管理体系都给他们（指本地 NGO），我们和他们一起成长。"①

③授能。

西方慈善组织很少对弱势群体提供直接的资金或实物援助，而是建立各种长效造血机制。"授能"主要包括三个层面：

第一，对弱势群体提供直接的能力培训。比如，救助儿童会（中国项目）针对少数民族地区的儿童开展了一系列的职业教育培训。通过培训职业学校的老师和学生，让学生掌握一技之长，更好地在社会上立足。培训内容有工艺、缝纫、纺织、机修、养猪、种蘑菇、茶艺等。

第二，对一系列义务承担者的能力培训，让他们获得知识、掌握技能、提升能力，从而更好地为实现弱势群体权利服务。救助儿童会（中国项目）几乎所有的项目都涉及这一环节。比如，"'每一个'婴幼儿生命关爱行动"会对乡、村一级医生和卫生工作者进行业务培训，帮助他们提高母婴护理方面的诊断和治疗水平，让当地的儿童和儿童的家庭直接受益。在学校开展的健康教育活动中，为小学教师提供健康教育培训，并培养可以继续培训其他教师的骨干教师。在促进流动儿童健康项目"春芽健康促进行动"中，为保健老师组织基础技能和知识培训，涵盖儿童免疫、传染病和常见病防治、建立健康档案、意外伤害与安全紧急避险、儿童心理健康等多个方面。

第三，帮助社区、学校实现可持续发展的能力。比如，在帮助农村少数民族地区的贫困家庭筹集教育费用时，救助儿童会（中国项目）不是直接

---

① 陈莉：《儿童乐益会案例调查报告》，2010 年 8 月。

提供资金援助，而是为学校提供启动资金，帮助学校实施创收计划。创收的资金为可能辍学的学生提供奖学金，还可为贫困学生提供其他必需品、购买更好的食物或维修校舍。"我们并不是希望一个一个去帮助每一个孩子，而是希望实现一种整体性的解决方案。如果把这些钱给了一个孩子，可能今年这个孩子上了学，明年再有一个孩子的时候就没有钱了。但是如果这个学校开始尝试'勤工俭学'的话，可能这个学校能辐射到的贫困孩子都有机会到学校上学。这是创收计划背后的理念。如果'授之以渔'，让这个社区、这个学校能够有可持续发展的能力，然后能够帮助这些孩子来上学，岂不是更好。"①

④注重弱势群体广泛深入的参与。

"注重弱势群体广泛深入的参与"是西方现代慈善事业中重要的行善方式，同样也是与中国本土慈善文化差异最大的一项。拿儿童的参与权来说，"对于中国人，儿童的参与权大概是最难接受的。因为中国传统上并不把儿童看做是一个有思想的完整的个人，不会去征求儿童的意见。在决定一个和儿童有关的事情，或制定与儿童有关的政策时，没有人会费力去征求儿童有什么意见"。②

首先，按照权利概念，参与权是慈善组织在其所有工作中应积极维护的弱势群体的基本权利。因此，"促进弱势群体的参与"作为一项工作目标被确立下来。在救助儿童会（中国项目）的所有工作中，"只要跟儿童具体接触时，都会尊重儿童的声音，给儿童参与的机会，给儿童提供足够多的信息支持他们做出更好的选择，这些都是我们所有工作的基础"。③

依据《联合国儿童权利公约》，救助儿童会（中国项目）认为："儿童是救助儿童会各项工作的积极参与者和合作伙伴，儿童作为独立的个体，在有关他们生活的决策和事务上有权表达自己的观点、得到咨询和参与决策和行动。救助儿童会充分相信儿童有足够的能力清楚地表达自己的观点，并为成年人提供咨询，有能力参与制定那些影响到儿童生活的决策过程。"④ 因此，救助儿童会强调开展项目时要倾听儿童的要求和希望，而不是由成年人按照他们的理解来决定做什么和怎么做。救助儿童会为自己设定的宗旨是

① 王瑾：《救助儿童会（中国项目）案例调查报告》，2010 年 7 月。
② 王瑾：《救助儿童会（中国项目）案例调查报告》，2010 年 7 月。
③ 王瑾：《救助儿童会（中国项目）案例调查报告》，2010 年 7 月。
④ 王瑾：《救助儿童会（中国项目）案例调查报告》，2010 年 7 月。

"与儿童一起工作"而不是"为儿童工作"。"以儿童为中心"是救助儿童会工作的基本原则,儿童参与到救助儿童会的各项项目活动中来,救助儿童会与儿童相互学习、共同计划和做出决策。

要实现维护弱势群体参与权这个目标,西方慈善组织主要开展如下工作:

a. 采用各种方式来提高弱势群体自身的参与意识。比如,2007年7月,救助儿童会(中国项目)在香港举行了旨在强调儿童参与权、以"建立儿童美丽新世界"为主题的两岸四地儿童论坛。来自大陆的部分省市、中国香港、中国澳门和中国台湾的60名儿童分享了他们对儿童权利和自己的生活现状的看法,并对目前的儿童相关政策提出建议和意见。论坛最大的特点是尊重儿童的参与权。在儿童参与理念的指导下,儿童成为论坛所有环节的主角。不仅"建立儿童美丽新世界"是儿童自己决定的主题,而且在准备论坛讨论内容时,主办方也让儿童自己决定想要分享的内容,并鼓励他们到社区中收集身边小伙伴的意见和建议。

b. 积极促进义务承担者提高促进弱势群体参与的意识。比如,在与儿童有关的教育领域中,救助儿童会(中国项目)提出"儿童是学习的中心"这样的理念。为了改善教育质量,保证孩子身心愉快地接受教育并掌握生活所必需的技能,救助儿童会开展了以"学习者为中心"参与式教学的开发与培训。培训面向教师介绍"以学习者为中心"的教学方法,通过培训来提高教师运用这一方法的技巧和能力。在培训中每一项培训的内容环节都紧扣"以学习者为中心",让每位学习者都参与到学习中来,运用小组合作、问题设置、学习游戏和学习活动、课堂管理等教学手段,使学习者在轻松愉快的活动中学习,从而达到教学的目的。同时培养学生思考和解决问题的能力,激发学生的学习兴趣。也让教师明白创设多样化的课堂教学的场景和学习活动,才能满足学生学习的需要。义务承担者广泛深入的参与也是中英甘肃基础教育项目实施过程中一个非常突出的特点。社区村民、教师要参与学校发展计划的制订,从而参与学校的管理;参与式教学方式的推广要求在课堂上不只是教师一个人讲,更要学生积极参与;整个项目实施的年度计划都要由各项目县的人员参与制订;培训教材的编写、儿童补充读物的开发都是在专家指导下,由当地中小学教师、教师培训机构的人员参与开发的;甚至学校图书的配备也是采取招投标的形式,很多家出版社的书放在一起展示,首先由各项目县选派教师代表进行第一步的筛选。

其次,弱势群体的参与也是西方慈善组织在开展工作时的一项重要的工作机制。例如，救助儿童会（中国项目）积极邀请儿童参与其各项工作的计划、实施、评估以及支持儿童政策的开发过程。

救助儿童会（中国项目）在全国建立了"儿童友好参与体系"，为儿童创造一个畅所欲言的平台，使来自不同生活背景的儿童有机会一起讨论与他们自己息息相关的各项政策，同时促使成年人在制定儿童相关政策时能充分考虑到儿童的心声。救助儿童会（中国项目）期望通过一系列儿童友好机制，促进更多的弱势儿童能够参与到儿童权利状况的评估和报告过程中。这些机制也将有助于中国执行联合国儿童权利委员会的建议以及实现《中国儿童发展规划纲要》的目标。

a. 建立弱势群体参与的友好体系，为弱势群体创造一个畅所欲言的平台，使来自不同生活背景的弱势群体有机会一起讨论与他们自己息息相关的各项政策，同时促使立法者在制定相关政策和各项决策时能充分考虑到弱势群体的意见。例如，救助儿童会（中国项目）在云南、安徽、西藏和新疆等地成立了"儿童顾问小组"。在华中（合肥）、西南（昆明）、西北（乌鲁木齐）及西藏等项目所在地，就儿童的生活现状、最关心的话题、面临的问题以及对如何建立"儿童友好社会"的建议等内容，支持社区里的儿童开展了"以儿童为主导"的调研活动。在为期两个月的儿童调研结束后，儿童一起讨论和汇总了当地儿童关心的话题和对建立"儿童友好社会"的建议，各地儿童推出了他们信任的代表，作为救助儿童会各项目的顾问，提供直接源于儿童的生活经验的对项目的建议和咨询。各项目的儿童顾问小组推举3名儿童组成救助儿童会顾问组，每年定期召开会议，分享信息，汇总建议。

b. 力求在项目开展的各个环节上，从项目开始前的权利形势分析、需求分析、项目计划到项目实施过程中的监测和项目结束后的评估，充分倾听弱势群体的声音。救助儿童会（中国项目）认为从儿童权利的形势分析开始，就应该有儿童的声音在里面。救助儿童会（中国项目）的每个项目都有自己的儿童管理小组，儿童会在成人的帮助下开展有关的调研或分析。"我们的调研不仅仅是机构的同事做的，也不仅仅是请外部的专家、老师做的，还有在我们充分支持和培训基础上儿童做的调研。所以报告是很有特色的。……很多东西不是只有大人做了才算数，儿童也会做相应的调研，最后成人和儿童信息互相印证，会反映出来一些最需要工作的点。"[1] 在项目实施的过程中，

---

[1] 王瑾：《救助儿童会（中国项目）案例调查报告》，2010年7月。

救助儿童会（中国项目）也积极邀请儿童参加项目评估。比如，来自安徽项目点的孩子应全国妇女儿童工作委员会的邀请，参加了《中国儿童发展纲要（2001~2010）》的中期评估和审定工作，反映和体现儿童作为受益者的感受和想法。此外，救助儿童会（中国项目）每年都会定期组织儿童跟成人之间的对话会，让儿童有机会能够当面向那些真正制定和执行与儿童有关的法律和政策的人提出他们自己的想法和建议，也让成人能够了解到儿童在想什么，儿童对这些法律和政策有什么样的看法和感受，以此更好地促进成人的工作。

三　结论

（一）慈善文化的历史演变及现阶段格局

中国是世界上最早提倡与发展慈善事业的国家，慈善文化源远流长。早在西周时期就设立了专门官职来施予惠政，救济贫困之民。儒家文化作为影响中国两千年的主流文化，也深刻地影响着中国慈善事业的发展。儒学的思想内核为"仁"，讲求"由仁趋善"。由此，以"仁爱"为中心的儒家文化慈善观构筑了包括大同思想、民本思想在内的十分丰富的慈善思想体系。

十月革命给中国送来的马克思列宁主义，替代传统文化成为毛泽东时代唯一的价值观灵魂。毛主席的老三篇《为人民服务》、《纪念白求恩》、《愚公移山》奠定了该时代慈善文化的基调，以"雷锋精神"为核心内容的慈善理念成为指导该时代中国人处理"公"与"私"的行为准则，"全心全意为人民服务"、"毫不利己专门利人"、"狠斗私字一闪念"、"学雷锋做好事"等不仅仅作为标语和口号存在，而且影响和塑造了该时代中国人的利他主义行为。

改革开放以来，伴随着西方自由主义的大规模进入，公益观念发生了巨变。毛泽东时代的慈善理念式微，市民社会理论、新公共管理思潮兴起。西方社会的主流文化和价值观被大量介绍和引进，影响着中国现代慈善事业的发展。特别是一些国际组织把他们的慈善理念和成熟的组织管理制度引入到中国，培育了一大批本土慈善组织，这些组织成为了中国现代慈善事业的重要力量。客观地说，西方市民社会理念逐渐夺取了文化霸权，并且非常强势，甚至可以"欺行霸市"。

与此同时，处于蛰伏状态的中国传统慈善理念复兴并进行了现代式的转化，逐渐与现代社会相适应。"现代式"而非"西方化"的本土慈善理念，在未被西方"污染"的地区或领域中发挥着越来越大的影响力。

就我们对现实的观察，现阶段中国大陆第三部门的慈善文化格局是：毛泽东时代慈善理念一蹶不振的局面没有改变，西方以市民社会理念为核心的慈善文化观念仍处于强势地位，"现代式"的本土慈善理念虽然处于边缘地位但潜在影响力巨大，抬头之势强劲。

（二）两种慈善文化观念特征群比较

通过分析，我们将西方现代慈善文化与本土现代慈善文化观念特征群的主要特点概括如下（见表1）。

首先，从终极价值观的维度来看，本土现代慈善文化在"本体论"上属于"社会本位"，相信社会中的个体是生活在一系列相互依存的基本社会关系之中。就对人际关系的看法而言，强调社会内的个体之间的非独立性，社会借助人伦关系把个体组合成一个紧密的亲疏有别的"差序格局"。在这样的社会结构中，个体的行为必须依在这个关系网络中自己对他人所背负的责任及义务来行事。因此，本土文化强调人与人之间适当关系的实现，强调在两两相对的社会角色中每个角色的义务而非权利，比如"父"要"慈"、"子"要"孝"等。就对社会的看法而言，相信社会先于个人而存在，"社会"的整体幸福是"个体"幸福的先决条件和保障，个体的利益只有在整个社会利益得到保障之后才能成为事实。要达到此目的，个体就要以自我修养的途径，逐渐放弃对个人利害的考虑，并培养出保障社会利益的意愿。因此，道德不是个体的私事，而是有较为确定的伦理规范的，这些规范需要社会中的任何人都要遵守，从而使得社会利益得以优先实现。

与本土现代慈善文化不同，西方现代慈善文化是基于"个人本位"的。其背后关于人与人之间关系的看法是"原子式的个人"，也即无差别的个体间的相互独立。就对社会的看法而言，相信个人先于社会而存在，个人是本源，社会、国家是为了保障个人的某种权利或利益而组成的，除了个人的目的，社会或国家没有任何其他目的。作为社会的"共同体"完全是虚构的概念，"共同体的利益"只是该共同体的成员的利益之总和。在"个人主义"的视角下，每个人都是自足的实体，社会只是个人的集合体。个体具有最高价值，是目的本身，社会只是个人目的的手段，而不是相反。在这种

表1 西方现代慈善文化与本土现代慈善文化观念特征群比较

			西方现代慈善文化	本土现代慈善文化
终极价值观	本体论		个人本位	家庭本位,社会本位
	基本信念		个体具有与生俱来的,不可剥夺的权利,个体在享有权利的同时,具有与权利相称的义务	个体是生活在一系列相互依存的基本社会关系之中,强调每个个体对他人的责任或义务
	最高价值		个人的发展与成就	天人合一
	理想世界		天国	大同
	对人际关系的看法		个体间相互独立;无差别的人人平等;博爱	个体与个体相互依存;亲疏有别,差序格局
	对社会的看法		个体先于社会而存在,个人幸福是社会存在的原因	社会先于个人而存在,社会整体幸福是个人幸福的保障
	对国家的看法	国家的形成	个体让渡自我权利,在人人平等,同意的基础上形成国家	选贤与能,内圣外王的道德精英领导
		国家功能定位	1.保证每个个体应有的权利不被他人侵害,维护机会均等;2.实施"宪政"限制国家权利,保卫公民	1.由"仁者"推行仁政;2.民本主义,"贵民";3.道德教化,淳化民俗(全民真正的福祉是人人向善本性的充分实现)
	对道德的看法		坚持道德多元主义;道德属于私人事务,政府无权干涉	坚持一元道德;道德是公共事务;政府有责任和权利弘扬道德
慈善理念	对人性的看法		性恶论	人具有为善的潜能
	对善的定义		坚持"善"的观念的多元性,追求公平,保障个人权利	坚持"善"的观念的绝对性,存在不以个人喜好和意志转移的道德准则
	达到善的途径		个人主张权利,博爱,社会保障个人权利	个人承担责任,爱由亲始,推己及人,仁民而爱物,择善固执
	对行善的看法	基本观念	"基于权利和义务履行的善行" 1.行善是个体追求其自身善的观念的权利 2.行善是利益相关者履行自己的公民义务	普通百姓:"基于报的观念的善行" 1.行善是对受助人之前帮助的报答;2.行善是对人际关系的投资;3.行善是对自我的可能面临风险的预先防范;4.行善是积极,求福报(积极余庆,承负说,积恶余殃;业报说) 君子:"基于道德实践的善行" 1."知行合一",行善是个体自我道德成长和自觉的需要;2.行善是以主体以主体自觉是行善的基础;3.向善意愿为前提,内心的真诚感受是行善的基础。强调行善需要配合内心的真诚感受和纯结活动机,否则敦会伦为形式,乡愿,作秀

续表

			西方现代慈善文化	本土现代慈善文化
慈善理念	对行善的看法	对施助者助人行为的评价	1. 是否提供帮助是行为者自己的选择；2. 施助者作为利益相关者履行自己的义务，提供帮助并不表明其道德高尚，不需受到道德奖赏	1. 虽然提供帮助是个体自己的选择，但政府、社会、君子有"扬善"的义务；2. 施助者的助人行为是献爱心、善举，应受到社会表彰、社会褒扬，应受到道德嘉奖、政府嘉奖
		慈善工作者性质的评价	社会不同分工导致的一种职业选择	从事的是高尚的、有爱心的事业，是做好事
		对受助者的期待	个体受助是其得到了自己应享有的权利，不必对具体施助者心存感激	君子：对具体施助者心存感激，但应该努力回报社会 / 普通百姓：不必对具体施助者心存感激，如果有机会"报答"更多的东西
		对施助者的期待	不要求回报，不要求其尽自己的理由是"行使了自我权利，尽了自己应尽的责任，没有必要要求回报"	不要求回报，不要求其尽道德的理由是"利他是高尚的道德行为，要动机纯正，不是为了图报而帮助别人"
行动模式	行善主体		弱势群体本身、利益相关者（政府、社会、社区、家人等）	政府、官员、当地的贤与能（乡绅、富人）、熟人（亲戚、朋友、邻居）、家人
	行善对象		依据权利/需求原则选择	依据需求原则/道德原则/亲疏原则选择
	行善方式		1. 社会自主解决问题，主要由非政府组织承担；2. 识别利益相关者，倡导、培训，督促促进相关者履行自己的相关义务；3. 赋权（让弱势群体认识到自己有一系列权利并且自己要捍卫自己的权利）、赋能（培养弱势群体捍卫自己权利并保护行使自己的能力，让他们有能力捍卫自己的权利）；4. 强调受助对象的参与，一方面提高受助对象的参与意识，另一方面强调在决策、实施、监测、评估各个环节受助对象的参与	1. 寻求政府帮助，让政府听见弱势群体的声音，了解百姓疾苦；2. 向社会呼吁，吸引人们对弱势群体的爱心和同情心，合众人之力，患难相助；3. 先提供物质援助，或者若培养持续获得物质的相关技能，再实施道德教化（必须使人的形体生命不匮乏，再专于道德修养，因此，庶之，富之，教之）。整个过程行善过程中，强调对受助者的关怀与关爱；4. 不太注重受助对象的参与性，行善过程中各个环节均主要由施助人自己决定
	行善内容		权利、能力、资源	资源、技能、责任感

原子式的社会结构格局里，同样引起了截然不同的道德观念：作为约束人们日常行为的道德伦理也具有"个人主义"的倾向——否认道德的绝对性，强调道德在本质上是个人的，善和恶完全是个人的主观评价。依据此种观念，每个人便成了其自身利益的最佳判断者，并且每个人知道如何促进这些利益。赋予每个人以选择其自身目标和实现这些目标的手段的最大自由和责任，并采取相应的行动，便可最佳地实现每个人的利益。因此，"权利"概念成为西方现代公益事业的基石。西方现代慈善文化强调社会中的任何个体都应享有一系列的基本人权，这些权利是自然法赋予的，由宪法和各种法律制度保障的，是伴随着人的属性而产生的，是不可剥夺、不可转让的。

其次，从慈善理念的维度来看，相信"向善"是人性的内在本质，相信"人"在"行善"、"为善"上具有能动性和可完美性是本土现代慈善文化重要的人性论基础。就对善的定义而言，中国本土慈善文化坚持"善"的观念的绝对性，认为存在着不以个人喜好和意志转移的道德律——"天道"。人类社会是天道的一部分，人间秩序是以自然界的"公"为准则，追求"公"就能实现社会理想、天下太平。那么如何达到这样一种善呢？概括来说就是"爱由亲始，推己及人，亲亲而仁民，仁民而爱物"，具体而言，就是每个人依据"推己及人"的原则，由近及远践行"忠恕之道"，达到"老吾老以及人之老，幼吾幼以及人之幼"，最终达到"四海之内皆兄弟"的"大同"境界。

相应的，"人性恶"的观念和在此基础上生发出的"罪感文化"是现代西方慈善文化重要的人性论基础。就对善的定义而言，个人主义的伦理观消解了"善"的道德绝对性，使其具有多元主义的特征——个人有选择自己生活方式的自由，因此存在善的观念的多样性。如果能够实现人人平等，那么就能公平分配资源，这样就能够使得所有人都有追求其自身善的观念的公平机会。从而，实现"人人平等"成为善的最高境界。"个人主张权利，在博爱的指引下行善，社会保障个人权利"是实现上述境界的重要途径，也就是说，在机会均等情况下每个人自我奋斗和自由竞争，依据公民义务依法纳税，按照良知的指引捐赠、做志愿工作等，政府或者社会则有责任给每个人提供保障，使得每个人的权利和机会均等。

最后，从行动模式的维度来看，可以将本土现代慈善文化概括为"基于道德实践的善行"。行善是个体自我道德成长和人格完善的需要。就行善对象的选择而言，出于对天然的人际伦理关系的尊重，本土现代慈善文化承认父母子女之间、兄弟姐妹之间、朋友故交之间与一般的社会成员之间相比，要更加亲近，因而彼此要承担更多的互助责任。但同时强调人与人之间的关怀和互助并不止于此，而是应该进一步包容社会的全体成员。"亲疏原则"之外，本土慈善文化依据"需求原则"选择受助者，那些不能够依靠自身和家庭力量的特殊群体成为首要的关注对象。此外，"道德原则"在判定谁应该成为受助者上也发挥了作用，人们不是普撒爱心，而是只愿意帮助值得帮助的人。就帮助内容和行善方式而言，主要是由己出发、秉持"爱人"原则，来确定帮助什么以及如何帮助。行善过程的各个环节均主要由施助人自己决定，不太注重受助对象的参与性。

相应的，可以将西方现代慈善文化概括为"基于权利行使和义务履行的善行"。行善既是个体行使其追求自身善的观念的权利，也是利益相关者履行自己的公民义务。西方现代公益理念中的"权利观"和"平等观"落实到行善对象的选择上，集中体现为"权利原则"——任何人都平等享有基本权利，因此任何人都应受到公平合理的对待，既不享有任何特权，也不履行任何不公平的义务，并且权利与义务相一致。根据权利原则，在现实操作过程中，西方公益组织主要按照权利缺失的状况来确立其行善对象。就帮助内容和行善方式而言，主要围绕"权利"这一概念来确定救助内容和选择行善方式。在整个行善过程中，强调施助者和受助者双方的平等性，一方面提高受助对象的参与意识，另一方面在决策、实施、监测、评估各个环节增加受助对象的发言权。

那么这两种慈善文化观念特征群最大的共同之处在哪里？最根本的差异又是什么？

这两种慈善文化观念特征群在终极价值观的维度上差异最大。因为历史上两种文化是在彼此相对独立的环境中形成的，分别具有一整套完整的理念和逻辑，在终极价值观方面两者都是非常成熟、自成体系的。越接近行动层面，两种观念特征群越表现出相似性，甚至虽然支撑行动背后的理念不同，但最终表现出来的具体形式、实际行动会殊途同归。比如，无论是本土现代慈善文化还是西方现代慈善文化，都可以运用现代企业的经营理念来运作慈善组织，都可以引入完整、系统、科学的项目管理制度和一系列操作方法来实施慈善项目，都可以利用市场营销技术来动员和吸纳各种慈善资源……上述这些共同之处都是在现代工商业市场社会中应运而生的，都是工具理性原则造成的。所谓工具理性是指通过精确计算功利的方法最有效达至目的的理性，它的核心就是对效率的追求。

那么在行动层面上广泛的表面一致中，两种观念特征群表现出来的最大差异是什么？可以将其归纳为一条，就是"施助者和受助者之间的关系是否平等"。

西方现代慈善文化强调平等，是"平等主义"的，而本土现代慈善文化是"父爱主义"的，是精英对弱者的一种同情。以本土慈善文化中的"授人以渔"为例，其表现出来的是一种居高临下的态度，作为一种方法其背后隐藏的就是"授"和"受"的关系。"授"体现了施助者的强势地位，对受助者是"给予"、是"教导"；"受"体现了受助者的弱势地位，对施助者提供的帮助无条件"接受"。进一步来看，慈善领域中施助者与受助者的关系模型其实是家庭中的"父"与"子"的关系模型的推衍和复制。在家庭中，"父"施恩、"子"回报。父母知道子女需要什么、缺少什么，如何给予以及给予后子女如何利用都由父母来决定，子女没有发言权。通过由家及国及天下，由近及远、推己及人的方式，这种"父爱主义"投射到慈善领域，就转化为施助者和受助者之间的关系。在推衍的过程中是爱的原则的扩大，是家庭原则的扩大。施助者和受助者的关系类似于父与子的关系——施助者无须征求受助者的意见，知道受助者需要什么，知道什么样的帮助对受助者最好，施助者"给予"，受助者则"接受"。

两种慈善文化观念特征群的存在，特别是本土现代慈善文化的存在表明，事实上中国并不缺乏本土资源，相反我们拥有丰富的本土慈善文化资源。诚然，今天的中国还不具备令人满意的支持公益事业的文化基础，我们需要重建这种文化基础。但无须像很多人甚至有些所谓"专家"认为的那样，重建中国慈善文化的唯一出路是"洋为中用"，说得更露骨一些就是"全盘西化"。这些论调都是无稽之谈。目前中国的慈善文化建设既不是"全盘复古"，也不是"全盘西化"。而是在继承中国传统文化的基础上，坚守中华民族真正的文化之根的前提下，按照"古为今用，洋为中用"的原则，借鉴外部世界的一些公益理念，重建我们今天的慈善文化，支持我们现代的慈善事业。

公益领域问责研究

康晓光　李呈呈

一　导论

（一）问题提出

问责（accountability），也有人将其译为"课责"、"责信度"、"负责"。

在国外，公益领域问责已成为公众关注的热门话题，Julian Lee 将NGO[①]问责受到关注的原因总结为以下几点：1. 随着NPO（或"第三部门"）的迅速增长，社会主体对其监管、辨别都变得很困难；2. 随着NPO所吸收的善款数量增长，国家的法律监管需要增强，私人捐赠者也开始对NPO的合法性及行为提出要求；3. 许多人认为NPO获得的社会权力应该与问责相伴；4. 当政治空间受到威胁时，NPO能够解决责任问题；5. 近来企业和政府的合法性危机波及NPO，而一些NPO丑闻也使争论升级；6. NPO长期以来对企业、政府等组织实施问责，因而招致"反攻"；7. 民主意味着问责，由于NPO的活动天然挑战政府权威，始于90年代的民主化浪潮的第三波也开始影响NPO。[②]

从我国现实情况来看，一方面，伴随着社会主义市场经济的发展和行政

---

① 许多外国学者在研究中使用的是NGO，而非NPO。考虑到我国很多非营利组织有政府背景，并非完全的"非政府"，以及其他各方面的因素，笔者在本研究中使用NPO一词。但外国学者对NGO的研究成果同样对我国的NPO研究有借鉴意义，本文不再对NPO和NGO进行细致的区分，读者可以暂将两者视为等同。

② Julian Lee, *NGO Accountability*：*Rights and Responsibilities*. Programme on NGOs and Civil Society, Center for Applied Studies in International Negotiations（CASIN），Geneva，Switzerland，October 19，2004，pp. 3 - 5.

体制改革的深化，社会领域出现了一些政府和市场作用之外的公共服务空间，使得NPO在近年来迅速成长，不仅在教育、卫生、环保、扶贫等方面发挥着重要作用，而且在促进社会公平正义、推进改革、增加多元化等方面被寄予厚望。但另一方面，我国NPO面临着内部能力不足与外部监管缺失的双重挑战，亟待强化问责。近年来一系列NPO丑闻的接连曝光，严重毁损了其原有的"天使"形象，也使得公众的信任度有所降低。如果不能尽快建立有效的NPO问责机制，不仅危及NPO自身的良性发展，也会对整个社会的道德风尚产生影响。

目前，我国NPO领域的自律和问责已经开始得到社会的关注。但是，我国公益领域发展时间较短，不仅自身的治理结构不完善、运作不规范，而且问责问题更为严重，具体表现在：法律法规不健全、执法不到位导致的监督疲软；第三方独立评估机构的缺失；媒体舆论监督的薄弱和公众权利意识的缺乏等。近年来层出不穷的公益领域丑闻便是缺乏对其有效问责的例证，这些现象引起了人们对公益领域诚信的质疑，进而影响了公众参与慈善和公益事业的热情。以NPO为主的存在于政府和市场之外的第三部门是现代社会发展过程中不可或缺的组成部分，扮演着提供公共服务、促进社会公平、进行政策倡导等重要角色，加强对公益领域问责问题的研究，对于促进中国第三部门的健康发展以及和谐社会的建设具有重要作用。

本项研究意在理解当前公益领域各主体对问责的行为模式。在康晓光和陈南方《NGO问责——5·12大地震引发的一场"信任大地震"》基础上，本文把道德等软机制引入公益领域问责体系，分析问责中硬机制与软机制的运行逻辑，建立一个动态的、完整的问责框架。具体而言，本文的任务是：第一，硬机制和软机制的概念界定；第二，建立公益领域问责的描述框架和分析框架；第三，运用案例解释问责机制的运行逻辑；第四，提出一套有效问责的框架和可行建议。

（二）文献综述

1. 问责定义

"问责"是从accountability一词翻译过来的，其本身在英文中也有多种含义，有的文献中用来表示外部主体发起的问责，有的用来表示组织自身对责任的承担，与之相似的词还有responsibility、answerability、liability等。

有学者从问责主体与问责对象的权利和义务关系角度定义问责。《非政府组织问责：政治、原则、创新》一书提出问责的逻辑是："NPO 既然享受了权利，就要承担责任，就要对利益相关者负责，就要对自己的所作所为做出交代，就要接受利益相关者的询问和评估，并接受相应的惩罚和奖励。"Brown 和 Moore（2001）认为，当行为主体意识到他承诺去做某件事时，就要承担道德与法律责任，并竭尽全力地履行该承诺，那么，该行为主体就是可问责的。例如，在对捐赠资源的使用上，NPO 对捐赠者是负有责任的。

有学者从问责内容的角度对问责下定义。例如，萧美娟等认为，NPO问责就是 NPO 有责任向直接或间接的参与者提供相关资料，满足他们对资料的需要。① 邓国胜认为，问责是指个人或组织对其使用的资源的流向及其效用的交代。②

参照世界银行对行政问责③所作的定义，康晓光对问责作了如下定义：问责是一种问责主体与问责对象互动的过程，这一过程涉及问责主体和问责对象。在问责过程中，问责对象要就其决策、行为、行为结果，向问责主体进行说明、解释、辩护，并据此接受问责主体给予的奖励和惩罚。④

上述对问责的定义，尽管使用的更多的是 "NPO"，但此概念一样可以推广到整个公益领域，因为，在公益领域从事公益的既包括 NPO，也包括有公益行为的个人或企业。我们从对公益领域发起的问责可以看出，问责主体对公益领域中的 "行为者"——NPO、个人、企业都有问责，不仅有问责的权利，还具体使用和利用这一权利。

Richard Mulgan 对问责的核心含义和若干引申含义进行了区分。普遍被认同的、使用时间最长的，同时也是被实践者所理解的问责概念是：被要求向某些权威解释自己行为的过程。这种问责的特点在于它是外部的，涉及社会互动与交换，并且意味着制裁与控制的权力。在学术研究的发展过程中，问责的范畴和含义被拓展至 "责任"、"控制"、"回应性" 等，但它们都与问责最原始的核心含义有所区别。"问责" 与 "控制" 的区别在

---

① 萧美娟、林国才等：《NGO 市场营销、筹募与问责》，社会科学文献出版社，2005。
② 邓国胜：《构建我国非营利组织的问责机制》，《中国行政管理》2003 年第 3 期。
③ 世界银行对行政问责的定义如下：行政问责是一个具有前瞻性的过程，通过它，政府官员要就其行政决策、行政行为和行政结果进行解释和正确性的辩护，并据此接受失责的惩罚。引自世界银行专家组著《公共部门的社会问责：理念探讨及模式分析》，宋涛译，中国人民大学出版社，2007。
④ 〔美〕丽莎·乔丹、〔荷〕彼得·范·图埃尔：《非政府组织问责：政治、原则、创新》，康晓光等译，中国人民大学出版社，2008，第 1 版，第 1~2 页。

于问责只是众多控制机制中的一种，是要求被问责者对自身的不当行为作出解释、回答质疑的控制机制。"回应性"可以视作有效问责的结果，但问责仅仅是实现回应性的一种负面的、因害怕被问责、面临审查和惩罚而产生的动因。①

Boven. M（1998）将问责的关注点由外部扩展到了内部，将个人的道德感、责任感和对公共利益的关心视作问责的内部方面，但最近的理论发展将两者作了划分，"问责"用来指代外部监管，如要求给出解释、寻求给予证明、施加制裁有关的责任或问责问题；"责任"用来指代个人责任承担的内部道德和职业伦理。②

通过以上分析可以将问责与相近概念区分开来，但不同学者定义问责本身的角度又有所不同。问责最早的研究对象是政府部门，很多概念界定来自于对行政问责的研究。Paul 的定义将问责限定于"使个人和组织对能够尽可能被客观衡量的绩效负责"③。《哈帕柯林斯美国政府与政治词典》的定义④同样假设绩效标准是清晰的，报告机制仅限于组织运行中的记录和存档。Shafritz 将问责的内容从明确的法律要求扩展到了与社会规范和价值观相一致的绩效共识。⑤ Romzek 和 Dubnick（1987）从战略管理的视角将问责定义为"公共机构及其工作人员管理组织内外的多元期待的方法"，将被问责者的角色从被动服从转变到积极参与评价标准的制定，并且在一定程度上能够塑造或控制组织运行的环境。⑥

2. 问责的分析框架

在 NPO 问责的理论发展过程中许多学者提出了自己的理论分析框架，

① Richard Mulgan, "Accountability": An Ever-expanding Concept? Blackwell Publishers Ltd, *Public Administration*, Vol. 78 No. 3, 2000.

② Boven. M., *The quest for responsibility—accountability and citizenship in complex organisations*, Cambridge: Cambridge University Press, 1998.

③ Paul, Samuel, *Strengthening Public Service Accountability: A Conceptual Framework*, Washington, DC: WorldBank, Discussion Paper No. 136, 1991.

④ 《哈帕柯林斯美国政府与政治词典》对问责的定义是：（1）某人对自己在社会中或组织中的行为必须向更高的法律权威或组织权威做出回答的程度。（2）准确记录财产、文件和资金的义务。

⑤ Shafritz, Jay M., *The HarperCollins Dictionary of American Government and Politics*, New York: HarperCollins, 1992.

⑥ Barbara S. Romzek and Melvin J. Dubnick, Accountability in the Public Sector: Lessons from the Challenger Tragedy, *Public Administration Review*, Vol. 47, No. 3, 1987.

下面将对几个主要的、有影响力的分析框架进行综述。

（1）Barbara S. Romzek 和 Melvin J. Dubnick 的公共部门问责分析框架①

在公共部门问责领域提出较早且被广泛引用的分析框架之一是由 Romzek 和 Dubnick（1987）提出的。他们将问责视作管理多元期待的战略方法，根据两个关键因素：（1）定义和控制期待的能力是为机构内部的特定实体所有还是为组织外部所有；（2）对定义机构的期待的控制程度，将问责系统划分为四种类型（见表1），并分析了每种类型的主要特征（见表2）。

表1　问责体系的类型

| | | 组织控制来源 | |
		内　部	外　部
组织行为	高	等级问责	法律问责
控制程度	低	专业问责	政治问责

表2　问责系统中的关系

问责系统类型	相似的关系（控制者/管理者）	关系基础
等　级	上司/下属	监管
法　律	法律制定者/法律执行者委托人/代理人	委托
专　业	外行/专家	对专业的尊重
政　治	选民/代表	对选民的回应性

第一个维度需要建立控制的权威来源。内部控制来源产生于组织内部的正式等级关系或非正式社会关系中的内在权威。外部控制来源产生于法律或有法律效力的合同中的正式制度安排，或者产生于机构外部利益机关的非正式权力中。

第二个维度是对组织选择和运行的控制程度。高控制程度体现了控制者决定公共机构及其成员的行为的广度和深度。与此相反，低度控制为组织提供了相当程度的自由裁量权。

四种问责类型的主要特征：官僚体系中各种期待是通过基于监管关系的等级制度实现；法律问责系统通过合同关系管理期待；专业问责依赖于对专业的尊重；政治问责系统作为管理多元期待的主要方法促进了对选民的回应

---

① Barbara S. Romzek and Melvin J. Dubnick, Accountability in the Public Sector: Lessons from the Challenger Tragedy, *Public Administration Review*, Vol. 47, No. 3, 1987.

性。根据此框架，他们讨论了在特定情况下对不同类型的问责系统的选择偏好问题，并认为组织应当更多地从制度因素的方面考虑选择最合适的问责系统来管理期待。

Romzek 和 Dubnick 的公共部门问责分析框架更多地适用于政府机构问责的分析，因为 NPO 面临的问责系统中通常不包括等级问责和政治问责，而由于 NPO 的公益性质，不以权威或权力为基础的道德问责却是其需要应对的重要问责类型。但是该框架的两个分析维度，即控制的来源与控制的强弱对于分析任何类型组织的问责问题都有借鉴意义。

（2）Kevin P. Kearns 的非营利组织问责分析框架①

Kevin P. Kearns（1994）认为现有的公共部门的问责概念并不适合非营利部门，因为两者在使命、哲学思想、结构和标准运作程序方面的差异巨大。因此他提出了一个识别和定义非营利组织中四种问责类型的分析框架（见表3）。

表 3　问责的维度

		外部控制标准	
		暗　示	明　示
内部回应系统	应对性回应（战术性）	协商问责	服从问责
	积极性回应（战略性）	专业/裁量问责	预期/定位问责

该框架包括两个维度：（1）从组织战略环境中产生的一系列明示（explicit）或暗示（implicit）的绩效标准；（2）从组织内部产生的应对性（reactive）回应或积极性（proactive）回应。明示的标准是在法律、行政管制、合同义务中所规定的。暗示的标准是由社会价值、信念、假设所定义的关于可接受的行政行为和组织行为的共识（Shafritz, 1992）。反过来，组织对这些标准的回应可能是应对性的（战术性的）或积极性的（战略性的）。

Kearns 的这个框架部分地受到了 Romzek 和 Dubnick 的公共部分问责框架的启发。类似的还有 Rubin（1990）提出的区分四种问责类型的两个维度，一个维度区分了法律标准和道德标准，另一个维度区分了服从这些标准的行政责任和技术责任。Gruber（1987）提出了一个两维的连续体来描述对

---

① Kevin P. Kearns, The Strategic Management of Accountability in Nonprofit Organizations: An Analytical Framework, *Public Administration Review*, Vol. 54, No. 2, 1994.

政府机构的实质约束（政策）和程序约束（项目）的交叉。

Kearns 的框架的两个维度同时考虑了组织外部产生绩效标准的性质与组织内部作出的回应的性质，更加突出了"问责"中外部主体对组织发"问"的特点，同时由于涵盖了明示和暗示的标准，也更加符合 NPO 问责的特点。然而，Kearns 的框架是基于对美国 NPO 的研究提出的，它能够较准确地描述美国 NPO 面临的问责现实，却不适合我国 NPO 问责的分析。例如框架中的协商问责和预期/定位问责与美国的代议制民主、政策协商等制度设计有关，而专业/裁量问责则需要较高水平的专业管理能力和标准职业规范的辅助，而这些在我国是很难观察到的。

（3）Alnoor Ebrahim 的问责机制分析框架①

Alnoor Ebrahim 对五种主要的 NGO 问责机制进行了分析，在他的分析框架中将每种问责机制归为"工具"或"过程"，其中问责工具是指独立的、不具有连续性的问责策略或技术，通常用来评价一定时期内的活动，并以实体文件的形式出现，而且能重复使用。问责过程则比问责工具更加宽泛和多元化，尽管也会用到一系列问责工具，但不像其有明显的时间限制并最终形成具体的文件，它强调问责的过程而非结果。Alnoor Ebrahim 从三个维度分析了五种机制各自的特点（见表4）。这三个维度是：从问责主体与问责对象的关系来看是向上负责还是向下负责（对资助者和监管者负责属于向上负责；对客户和社区负责属于向下负责）；动机方面相对于组织来说是内部还是外部；组织的回应是功能性的还是战略性的。

根据 Alnoor Ebrahim 的观察，NPO 的问责实践更多地强调了向上和向外的对捐赠者负责，而向下和向内部的责任机制则没有得到充分发展。NGO 和出资人主要关注于对问责的短期的功能性的回应，而以牺牲对持续的社会和政治变革来说必要的长期战略过程为代价。

Alnoor Ebrahim 的分析框架详细剖析了公开/报告、绩效评估、参与、自律、社会审计这五种问责机制的特点，但对于各种机制在实践中应当在何时、如何使用以及它们之间的关系如何都未进行分析。由于 NPO 问责是一个多种机制共同作用、互相影响的过程，将各种问责机制分离出来单独分析降低了其对问责实践的指导意义。

---

① Alnoor Ebrahim, Accountability In Practice: Mechanisms for NGOs, *World Development*, Vol. 31, No. 5, 2003.

表4 问责机制的特征

问责机制（工具或过程）	向谁负责（向上、向下或对自身）	动因（外部或内部）	组织回应（功能性的或战略性的）
公开/报告（工具）	向上对资助者和监管机构；向下对阅读报告的成员	法律要求；税收地位；资助要求（失去资助或免税地位的外部威胁）	主要是功能性的，关注于短期结果
绩效评估（工具）	向上对资助者；明显潜在的NGO向下对社区与资助者向下对NGO	资助要求（外部）；变为学习工具的潜能（内部）	当前主要是功能性的，有可能是为了长期的战略评估
参 与（过程）	NGO向下对客户和社区；NGO内部对自己；潜在的资助者向下对NGO	组织价值观（内部）；资助要求（外部）	如果参与限于咨询和执行则主要是功能性的；如果参与包括增加客户对NGO以及NGO对资助者的谈判能力，则是战略性的
自 律（过程）	对NGO这个部门自身；潜在的对客户和捐赠者	丑闻和夸大成就造成的公众信任的侵蚀（外部资助的丧失与内部声誉的丧失）	在关注涉及行为规范的长期改变方面是战略性的
社会审计（工具和过程）	对NGO自身（通过将价值与战略和绩效联系起来）；向上和向下对利益相关者	公众信任的侵蚀（外部）；对社会、环境和道德绩效与经济绩效是否一致的评估（内部）	对于影响单个组织行为的程度来说是功能性的；对于影响NGO与利益相关者的互动、促进长期发展长期计划以及被行业接受的程度来说是战略性的

（4）GAP的四维度问责框架①

One World Trust开展的项目的一部分——全球问责项目The Global Accountability Project（GAP）认为，不可能有"放之四海而皆准"的问责方法，问责会在组织间和组织内部有所不同，这取决于主题、情景和涉及的利益相关者。然而不考虑部门的差异，如果要以一种有效和有意义的方式来增强问责性，有些共同的因素是必须考虑的。从"什么对于组织提升对利益相关者的问责性来说是重要的"这一问题出发，GAP将这些有利于增强问责性的共同因素发展成了包括透明、参与、评估、质疑回应机制四个维度在内的问责框架（见图1），反映了组织对问责的积极性途径和应对性途径。

---

① Monica Blagescu, Lucy de Las Casas and Robert Lloyd, *Pathways to Accountability*: *A Short Guide to the GAP Framework*, United Kingdom: One World Trust, 2005.

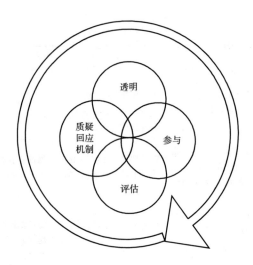

图 1　GAP 四维度问责框架

透明是指向利益相关者提供可获得的和及时的信息，公开组织的程序、结构和评估过程。参与是指组织让关键利益相关者在影响他们的决策过程和活动中扮演重要角色的过程。评估是指组织在关键利益相关者参与的情况下，根据目标和目的监管或修正其过程和结果，不断将从中获得的学习反馈给组织，以及报告此过程的结果的过程。质疑回应机制是指组织使其利益相关者能够对决策和过程进行质疑，并保证这些质疑能够得到恰当回应和相应行动的机制。GAP 指南对每个维度在组织政策与能力方面的应用都从政策发展、政策内容、治理、资源、信息可获得性、用户友好性这六个方面提出了具体建议，并且认为每一个维度对于问责来说都是必要的，任何单一维度都不足以实现有效问责。一个可问责的组织应当在与关键利益相关者的决策和执行的各个层次和各个阶段，将这四个维度融合在政策、程序和运作之中。

GAP 的四维度框架既可以被组织在内部使用来增强问责性，也可以被利益相关者用来倡导问责改革，它强调了组织应将问责视作学习的机制和增强组织有效性的工具，而非控制和服从的机制。组织应当意识到不仅要对有权威的人负责，还要对能够影响组织运作和被组织影响的人负责，因此GAP 对问责作用及问责主体的认识都更为全面。与以往的框架多注重外部特征对 NPO 问责的类型进行划分相比，GAP 问责框架的分析角度侧重于问责的内在特点，这四个维度是实现有效问责需要具备的四个要素；在实际应用方面，该框架适合用作对 NPO 问责性的评估指标和 NPO 增强自身问责性的指南，但对问责主体的行为及问责过程的运作缺乏研究。

（5）康晓光、陈南方——抗震救灾时期的问责机制分析框架①

康晓光、陈南方提出了问责体系的描述框架（见表 5），并通过引入硬制度和软制度的概念，提出抗震救灾时期 NPO 有效问责的分析框架（见图 2）。

表 5　问责体系描述框架

构成要素		说　明
问责对象		行为主体
问责主体		具有法律权利或道德权利去了解行为主体的行为的组织或个人
问责内容		法律问责和道德问责
		绩效问责
问责方式	强制性	问责对象受到某种正式制度或非正式制度的约束
	惩罚性	问责对象要为其不恰当行为接受有形或无形的惩罚
	规范性	对问责对象的行为具有规范性、指导性作用
问责效果	回应性	问责对象针对问责主体的问责内容作出有效的回应

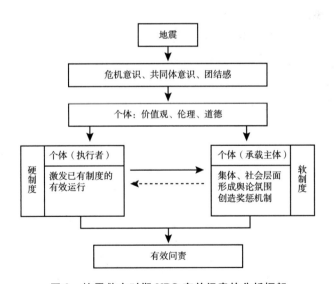

图 2　抗震救灾时期 NPO 有效问责的分析框架

---

① 康晓光、陈南方：《NGO 问责——5·12 大地震引发的一场"信任大地震"》，载于卢宪英、韩恒主编《非营利组织前沿问题研究》，郑州大学出版社，2010。

韦伯认为，人是有思想的动物，其行为与动机是相联系的，其决策和行为受到一系列的约束，其中核心的约束条件是价值观，而价值观又是文化的核心要素。一种体制对应着一套行为规范，这些规范包括硬的规范和软的规范；硬的规范有法制、规章制度等，软的规范有道德、文化等。人的行为主要受到软规范的约束。

该框架认为，地震唤醒了公众的危机意识、共同体意识，以及团结感，激发了个体的价值观、伦理、道德意识。此时，个体作为硬制度的执行者，在一种共同价值观的引导下，注重规范、约束自身的行为，从而激发了已有硬制度的有效运行。同时，个体作为这种价值观、伦理、道德的承载主体，一方面，在社会层面形成了一股强大的舆论氛围；另一方面，创造了一种无形的奖惩机制。这两种制度相互配合及作用从而推动了有效问责的实现。

（6）其他研究问责机制分析框架

世界银行专家组使用了六个维度的参数来对社会问责进行分类分析和评价，这六个维度是：①激励方式——惩罚机制或奖励机制；②问责内容——遵循制度机制或绩效导向机制；③制度化水平——低级或高级；④参与深度——外部或内部；⑤参与范围——社会精英或广泛涵盖；⑥问责的政府部门——行政部门、司法部门或立法部门。①

HAP–I（国际人道主义问责合作机构）开发了"五点"问责框架：谁问责？对谁问责？为什么问责？如何问责？为了什么结果？

3. 问责的效果

（1）GAP——根据影响、责任和代表性决定

GAP认为问责的关键是平衡和回应不同的利益相关者的需求。GAP将利益相关者定义为："能够影响组织政策或被组织政策所影响的个人和群体。"② 并将利益相关者划分为内部利益相关者和外部利益相关者。内部利益相关者是指作为组织正式组成部分的个人和群体，例如组织成员、雇员、董事会、受托人、成员国（对国际组织来说）；外部利益相关者是指被组织决策和活动所影响，但不是组织正式组成部分的个人和群体，例如接受贷款者、救助或捐赠对象、签订合同者、合作伙伴、出资人、支持者、受助者、

① 世界银行专家组：《公共部门的社会问责：理念探讨及模式分析》，宋涛译，中国人民大学出版社，2007年9月。

② Monica Blagescu, Lucy de Las Casas and Robert Lloyd, *Pathways to Accountability: A Short Guide to the GAP Framework*, United Kingdom: One World Trust, 2005.

其他受影响的个人和群体、同类 NPO。

GAP 认为组织不可能在任何时间都对所有的群体保持同等的可问责性，这会导致问责瘫痪。组织应当根据影响、责任与代表性这三个因素来决定优先考虑哪些利益相关者的需求。影响是指利益相关者想要改变组织行为所必须具备的权力，包括那些没有权力影响组织的利益相关者的需求和利益也应当被考虑在内的程度，因为他们对于构成一个特定项目的整体来说是不可或缺的或者对于组织的成功是十分关键的。如果不能以这种方式认识影响，就会增强问责系统的偏向性，往往是损害了权力较小的利益相关者的利益。在责任方面，组织对不同的利益相关者有不同层次和不同类型的责任。组织对政府有遵守特定规章的管制性责任；对其他组织或合作伙伴有合同或法律责任；对捐方或股东有保证他们的资金按照其同意的方式使用的财务责任；对利益相关者有伦理道德责任，因为他们直接或间接地依赖于组织或被组织影响，或者是因为他们是构成组织的使命、愿景或价值所不可或缺的。代表性是指代表的合法性和所代表的人的数量。

（2）Brown & Moore——根据 NPO 的战略决定①

Brown 和 Moore（2001）认为虽然可以依据不同的原则和标准对利益相关者进行排序，例如基于理性、伦理道德或法律，但最明智的是将问责作为能够帮助组织定义和实现最高价值的战略问题。如果组织拒绝特定利益相关者的问责要求有可能削弱外部支持，甚至可能威胁其生存。

为了更加清晰地表明问责与战略之间的关系，Brown 和 Moore 提出了"战略三角"（见图 3），它指出组织为了生存、产生社会价值和适应多变的环境，就必须考虑价值、支持与合法性、运作能力这三个关键因素。

"战略三角"与 NPO 问责的关系就在于其中的每个圆圈都可以被视为一种问责的要求，组织的战略应同时满足三方面的需要。价值圆圈提醒 NPO 要对实现使命中所包含的价值负责；支持与合法性圆圈提醒 NPO 要获得提供资源、授权他们存在等相关主体的承认；运作能力圆圈提醒 NPO 要对组织成员和合作伙伴负责。在这个意义上，组织的战略选择就是对负有责任的利益相关者之间的协商。"战略三角"虽然阐述的是问责与组织战略之间的

---

① L. David Brown and Mark H. Moore, Accountability, Strategy, and International Nongovernmental Organizations, *Nonprofit and Voluntary Sector Quarterly*, Vol. 30, No. 3, September 2001, pp. 569 – 587.

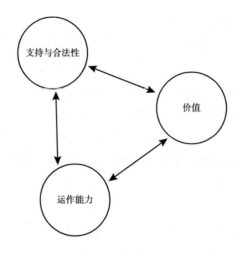

图 3　战略三角

关系，却在某种程度上说明了问责对组织的影响以及 NPO 回应问责的动力来源。

（3）Benjamin——根据问责空间决定①

Benjamin（2008）提供了一个分析问责效果的框架。该框架是在参考早期社会学关于组织理论和结构理论的基础上，用案例研究论证了问责的证实性解释与释疑性解释。关于可测量的结果的解释是证实性解释（verification account）。当 NPO 不能给出足够的证实性解释或没有达到某些隐含的期待时，他们通常被利益相关者要求给出释疑性解释（explanatory account）。图4 说明了释疑性解释的过程，A 的实践与 B 的期望之间断开的部分被定义为"解释空间（或问责空间）"。

Benjamin 对案例的研究从四个问题入手，即①什么时候组织给予解释？②解释的目的是什么？③什么时候这些解释被重要的利益相关者接受或拒绝？④结果怎样？建立了对 NPO 回应的不同层次和 NPO 问责的效果进行分析的"问责空间框架"（见表6）。

Benjamin 通过实证研究做出的"证实性解释"与"释疑性解释"的划分突出了问责主体与问责对象之间的互动过程，适用于大多数问责效果的分析，而且对分析 NPO 对问责的回应提供了思路。但 Benjamin 的框架对问责

---

① Lehn M. Benjamin, Account Space: How Accountability Requirements Shape Nonprofit Practice, *Nonprofit and Voluntary Sector Quarterly*, Vol. 37, No. 2, June 2008, pp. 201 – 223.

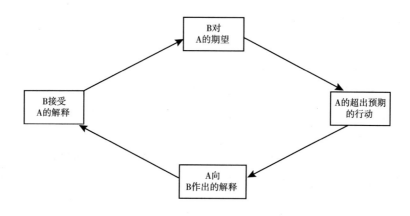

图 4 释疑性解释过程

表 6 问责空间分析框架

	证实性解释	释疑性解释
当……时,资助者要求受助者给予解释	受助者作出正式承诺	1. 受助者没有达到预期:①证实性解释不充分;②受助者没有达到隐含的预期 2. 这个失败对资助者来说是可见的和显著的
受助者给予资助者解释是为了……	1. 证明履行了承诺 2. 避免进一步解释	1. 基于资助者的现有期待重建平衡 2. 挑战和改变资助者的期待
当……时,资助者接受受助者的解释	证实性解释已经充分证明受助者已经履行了承诺	1. 该解释将不被接受的实践和资助者的期待连接了起来 2. 该解释与更大的价值相连,而这个价值指出了资助者的期待与更广泛共享的价值之间的矛盾
当……时,资助者拒绝受助者的解释	1. 证实性解释不足以证明受助者已经履行了承诺 2. 这个失败对资助者来说是可见的和显著的	1. 该解释不足以建立时间和期待之间的联系 2. 资助者拒绝接受解释不会遭受负面的结果
接受解释的结果是……	保持现状	1. 恢复平衡 2. 资助者的期待发生改变,重建平衡
拒绝解释的结果是……	受助者需要进一步解释	冲突仍未解决,受助者不得不:1. 给出另一个释疑性解释;2. 改变自己以符合期待;3. 终止关系

过程的关注仅限于问责主体要求问责对象作出解释、问责对象进行解释、问责主体接受或拒绝给出的解释、接受或拒绝后的结果这四个环节,缺少了对发起问责行动之前的关键的问责动力环节的分析,即问责主体为什么想要问

责对象作出解释，又为什么进一步采取了问责行动。

4. 小结

总结来看，目前公益领域问责的文献均偏重于基础性研究，如回答什么是问责，问责包含哪些要素，问责的类型有哪些，问责的方式有哪些等问题，或是进一步地探讨如何建立问责框架，即如何实施问责。这些分析都属于静态的、横向的分析框架；在分析视角方面多是从 NPO 如何增强自身的可问责性，如何根据若干指标进行评估和指导 NPO 实践的角度出发。然而，问责在现实中是否真正起到了作用？如果是的话，它又是如何发挥作用的呢？这些涉及问责机制的十分重要的问题，我们无法从当前的文献中寻找到答案。康晓光、陈南方（2009）分析了抗震救灾时期，即危机时期问责框架下推动有效问责的原因，认为道德和制度是实现有效问责的非常重要的两个因素。但在危机过后的常态时期，这些框架对于实现有效问责是否真正起到了作用？如果没有，那又是何种原因造成的？我们应如何改进常态时期NPO 问责的有效性？因此当务之急应是研究我国现有的公益领域问责机制是如何发挥作用的、问责机制启动的条件是什么、问责如何作用的等关键性问题，以促使问责行动的发生和问责机制的良好运行，从而构建起有效的公益领域问责环境。

二 研究设计

（一）概念界定

1. 公益领域问责

在公益领域从事公益的既包括 NPO，也包括有公益行为的个人或企业等其他主体。本研究的对象是公益领域中的问责行为。就 NPO 问责而言，从问责主体的角度将问责划分为内部问责与外部问责，国内也有学者区分为同体监督和异体监督，或自律与他律，其中前者的问责或监督主体是组织内部成员，后者的问责或监督主体存在于组织之外。但实际上组织内部对自身的监管已经不属于问责的范畴，而是更应归为"治理"或"管理"的范畴。如图 5 所示，外部主体要求 NPO 进行解释的过程被称为"问责"，NPO 理事会对秘书处的监管属于"治理"，秘书处对 NPO 内部成员的领导监督等行为属于"管理"。

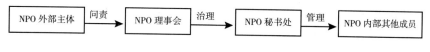

图5　问责、治理与管理

本研究将问责定义为一种问责主体与问责对象互动的过程，这一过程涉及问责主体和问责对象。在问责过程中，问责对象要就其决策、行为、结果，向问责主体进行说明、解释、辩护，并据此接受问责主体给予的奖励和惩罚。而公益领域问责即是针对公益领域行为主体开展的问责。

2. 问责要素

一个完整的问责过程应当包括这样几个要素：问责主体、问责对象、问责内容、问责方式和问责效果。

其中，问责主体是指具有法律权利或道德权利①去了解行为主体行为的组织或个人。即由谁来进行问责。

问责对象是被问责者，即对谁问责。也就是问责指向的对象，在本研究中问责对象就是公益领域中的行为主体，包括实施公益行为的 NPO、个人和企业等。

问责内容，即问责什么。本文从问责内容角度，将问责分为三种类型、两个层次：法律问责和道德问责、绩效问责；其中，法律问责和道德问责为第一层次，即最基本的问责，绩效问责为第二层次。简单来说，法律问责强调问责对象的行为是否违法或违规；道德问责则强调问责对象的行为是否符合社会规范；绩效问责强调问责对象的行为结果是否达到了预期的目标。

问责方式，即如何问责。不同问责主体，所采取的问责方式是不同的。不过，本研究中所说的问责方式并不是指具体的方式，而是强调这些问责方式所具备的特征。本文认为，要使问责有效，问责方式就至少需要具备强制性、惩罚性及规范性的某一特性。

---

① 在政治哲学中，权利这一术语主要有三种使用方式：（1）描述一种制度安排，其中利益得到法律的保护，选择受到法律效力的保障，商品和机遇在有保障的基础上提供给个人。（2）表达一种正当合理的要求，即上述制度安排应该建立并得到维护和尊重。（3）表现这个要求的一种特定的正当理由即一种基本的道德原则，该原则赋予诸如平等、自主或道德力等某些基本的个人价值以重要意义。"法律权利"这一术语是在第一种意义上使用的，而"道德权利"（以前又叫"天赋权利"）则是在后两种意义上使用的。戴维·米勒等编《布莱克维尔政治学百科全书》，中国政法大学出版社，1992。

——强制性

Andreas 认为，强制性即"问责机构（accounting agencies）要拥有制裁的能力，当政府官员违背其职责和公共利益时，无法逃脱被制裁的结果"①。本文认为，问责主体的制裁能力不仅指硬制度方面的强制性，还包括软制度方面的制裁能力。

——惩罚性

现实中事后问责更加普遍，即把行为的实际结果与预期结果进行对比，若实际结果与预期结果相同或是更好，则达到了问责预期的最好效果；若实际结果比预期结果差，则组织或机构、个人要为没有实现预期的目标而接受惩罚。

——规范性

即在行为标准不明确的情况下，通过某种问责方式，如通知、法规、条例等，对问责对象的行为进行指导与规范。

3. 问责机制

（1）问责机制划分的必要性

对比常态下与危机状态下（如地震时期）的问责，我们发现危机状态下的问责效果良好，而表面上看不出问责要素发生的变化。比如，汶川大地震发生后，政府规定了只有 16 家公益组织可以用"抗震救灾"名义接受善款，随后政府对各家组织展开了严密监管，包括出台专项规定、进行跟踪审计、查处违规违法行为等。据国家审计署 2010 年第 1 号审计结果公告显示，16 家组织共接收 84.28 亿元汶川地震社会捐赠，经审计没有发生重大违规违纪行为。② 事实上，无论是常态还是危机状态，公益领域问责中行使的司法权、行政权是固有的；可以说在制度层面，危机状态下问责系统并未发生变化。但是，我们看到危机时期政府和民间对公益领域的问责力度显著增强，这些行动也得到了很好的回应。

通过以上分析可知，单独从法律监管、行政监管等"硬制度"出发，我们无法解释危机状态和常态下公益领域问责机制运行效果的巨大差异。因此，问责体系中必然存在除硬制度之外的关键环节，即社会中的文化、伦理

---

① 世界银行专家组：《公共部门的社会问责：理念探讨及模式分析》，宋涛译，中国人民大学出版社，2007。

② 《汶川地震社会捐赠款物审计结果（2010 年第 1 号）》，http://www.china.com.cn/policy/txt/2010-01/06/content_19189256.htm。2010 年 3 月 20 日访问。

道德等因素。为了进一步深入分析有效问责体系的运行逻辑，本文将问责机制分为硬机制与软机制，并作重点研究。

（2）硬制度与软制度

任何制度都至少包括关系与规则两个方面。传统制度主义认为，制度总是与正式组织所制定的规则、程序和规范等有关。而制度又可以分为正式制度和非正式制度，即一系列规则、秩序、道德、伦理规范等，行动主体在制度的约束下追求效用最大化。社会学中新制度主义则将为人类行动提供"意义框架"的象征系统、认知模式和道德模板也包括在制度范畴内（Campbell, 1995; Hall & Taylor, 1996）。① 很多学者都将制度划分为两种类型，其中正式制度与非正式制度的划分是得到最广泛认同的一种。②

硬制度是指由特定组织或社会群体基于某种权威制定的要求一定范围内的社会成员共同遵守的行为准则和办事程序。硬制度在表现形式上通常以成文制度的形式出现，在性质上具有强制性和约束力。在公益领域问责中，硬制度包括与NPO监督管理相关的国家法律、法规、规章、条例等，具有明确的执行主体。例如《公益事业捐赠法》、《信托法》、《社会团体登记管理条例》、《民办非企业单位登记管理暂行条例》、《基金会管理条例》、《社会团体年度检查暂行办法》等。

软制度是指人们在长期社会交往过程中所形成的普遍认同的价值观、伦理标准、道德规范、是非准则等。它没有明确的制定主体和具体的执行机构，不以成文的形式出现，而是在特定的社会历史背景下、特定的文化中，受到风俗习惯、宗教文化信仰、地域环境等多种因素的长期影响而形成。它为人们提供了认知模板和行为准则，当行动主体偏离软制度时，其他社会成员会对此做出反应。

（3）硬机制与软机制

机制最初是指机器的构造和工作原理，后来被广泛用于系统内各组成部分之间的相互关系、作用方式、作用过程及产生的功能。机制与制度是不同的。制度是静止的，而机制是制度运行的动态过程。问责机制是指在问责系统中各构成要素的作用方式、作用过程以及产生的功能和效果。依据作用方

---

① 何俊志、任军锋等编译《新制度主义政治学译文精选》，天津人民出版社，2007。
② 例如划分为正式规则与非正式规则、正式制度与非正式制度、内在制度与外在制度、强制性制度与非强制性制度、成文制度与非成文制度、有形制度与无形制度等。

式和结果的不同可以将问责机制划分为硬机制和软机制。

所谓硬机制,指行政、司法等部门依照成文的法律、法规、程序等硬制度,作用于问责对象及其回应的综合过程。它的作用方式是一种强制性的措施;它的作用效果是能够对作用对象产生法律上或经济上的硬性损失。如满足条件之一,本文就认为硬机制发挥了作用。

所谓软机制,从作用方式来讲是指依据在长期社会交往过程中所形成的普遍认同的价值观、伦理标准、道德规范、是非准则等,在特定的社会历史背景下、特定的文化中,受到风俗习惯、宗教文化信仰、地域环境等多种因素的影响而形成的作用机制。它能够引导人们以正确的方式行事,并对错误的行为进行批判,也就是具备很强的规范性。从作用效果来讲对作用对象产生声誉上或品牌上的非硬性损失。

判断是否是硬机制主要考虑两个标准:一是作用过程的强制性,二是作用效果是否是硬性的、有形的损失。二者具备其一即为硬机制。比如问责对象被法院判决公开道歉,方式是强制性的,但是结果并不是硬性的、有形的。再比如市场是没有强制性的,但是在市场机制的作用下,对问责对象造成的损失是硬性的、有形的。又比如问责对象被法院判决赔款或监禁,一方面作用过程是强制性的,另一方面对其造成的损失是硬性的、有形的。以上三种都属于硬机制在发挥作用。除此之外的,我们认为是软机制在发挥作用。

(二) 研究框架

硬机制和软机制有各自不同的运行主体、运行方式以及运行效果 (见表7)。在公益领域问责中,硬机制的运行主体主要是对公益领域负有监管职责的行政机关和司法机关或与问责对象有契约合同关系的捐赠方、受益者和评估机构;而软机制的运行主体主要是媒体、公众、同行和其他利益相关者。

硬机制的运行主体拥有法定权力,可以根据硬制度的规定对问责对象施加行政制裁或法律制裁,使之承担行政责任 (这里指违反行政法规、规章所应承担的责任) 或法律责任,这种行动对问责对象来说具有强制性,因为它将直接使问责对象的资金、人员甚至合法性受到损失。当问责对象的行为违反契约时,问责主体可以诉诸法律途径或通过市场机制发挥作用,使问责对象产生有形损失。

表 7　公益领域问责描述指标

构成要素		硬　机　制	软　机　制
问责对象		公益领域行为主体	
问责主体		政府、捐方、受益者、评估机构等具有法律权利去了解行为主体的行为的组织或个人	媒体、公众、同行、其他利益相关者等具有道德权利去了解行为主体的行为的组织或个人
问责内容		法律问责	道德问责
		绩效问责	
问责方式	强制性	问责对象受到某种正式制度的约束	问责对象受到某种非正式制度约束
	惩罚性	问责对象要为其不恰当行为接受有形的惩罚	问责对象要为其不恰当行为接受无形的惩罚
	规范性	对问责对象的行为具有规范性、指导性作用	
问责效果	回应性	问责对象在硬机制的作用下,针对问责主体的问责内容做出有效回应	问责对象在软机制的作用下,针对问责主体的问责内容做出有效回应

　　软机制的运行主体通常不具备给予问责对象行政或法律制裁的权力,因而这种问责行动对问责对象不具有强制性,即使问责对象不回应这种问责也无须承担法律责任或遭受直接的财产损失。问责对象仅承担软性的道德责任。但软机制同样对问责对象的行为具有约束力和惩罚性,这种惩罚看似无形却是强有力的,因为它直接损害的是问责对象的公信力,而在以公众信任为基础的公益领域中,公信力的丧失往往意味着其生存危机。

　　在对问责机制进行软机制和硬机制划分的基础上,我们建立了公益领域问责机制的研究框架（见图 6）,根据问责的定义,问责是一个过程,这一过程涉及问责主体和问责对象;在问责过程中,问责对象要就其决策、行为、行为结果,向问责主体进行说明、解释、辩护,并据此接受问责土体给予的奖励和惩罚。

　　该框架在纵向上展示了问责过程的三个阶段:第一,问责启动阶段。即问责主体在问责动力的作用下发起问责。第二,问责运行阶段。即问责对象就其决策、行为、行为结果,向问责主体进行说明、解释、辩护等回应。第三,问责效果阶段。即问责对象根据问责主体对回应的满意程度接受奖励或惩罚。

　　横向分析硬机制和软机制在每个阶段各自的作用原理和运行逻辑,以及两种机制间的互动关系。为清晰地描述问责机制的运行过程,以及探究影响有效问责的关键因素提供了参照系。

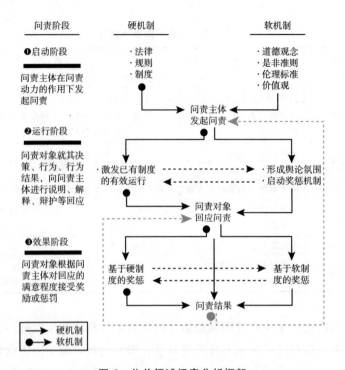

图 6 公益领域问责分析框架

（三）资料来源

本研究采用典型案例研究方法。由于国内问责的特殊性和敏感性，难以对问责相关的所有主体实施深度访谈，特别是对问责对象。为了保证项目资料的完整和可靠，本文的案例资料来源包括二手文献资料和实地深度访谈。

本文使用的案例包括：中国红十字基金会"小天使基金"案例、章子怡"诈捐门"案例、汶川地震捐赠案例、"丽江妈妈"胡曼丽案例、"黄河孤儿院"案例、"太阳村"案例等。

三 公益领域问责现状

（一）公益领域问责扫描

1. 问责主体

在我国，公益领域的问责主体主要包括：政府、捐赠方、受助方、第三方评估机构、媒体和公众等。政府包括司法机关和行政机关，具体来看司法机关包括法院和检察院，行政机关包括民政部门（登记管理机关）、业务主管单位、财政部门、审计部门、税务部门和公安部门等。捐赠方指向公益领域提供资源的主体，这里的主体包括个人或组织。受助方指接受公益帮助的人或组织。第三方评估机构是指受公益组织委托对其日常项目工作进行评估的机构。近年来，媒体和社会公众对公益领域的行为越来越关注，也是重要的问责主体之一。

但就我国当前问责现状而言，存在着较为严重的问责主体缺位现象。"无人问津"是公益领域问责中最根本的问题，主要表现在政府管理部门失职，除了例行检查和提交报告外没有更为有效的问责措施；捐赠方缺少问责意识，往往捐赠结束就束之高阁不再过问；受助方仍然处于弱势地位，没有能力进行问责；较少公益组织启动第三方评估机制，使得专业问责无法落实；而由于不像政府和企业行为与人们生活息息相关，公益问责也很难吸引媒体和公众的长期跟踪关注。

究其原因，主要是由于第三部门提供的是公共物品，其受益对象是"不确定的多数"。公众在对公益资源的监督中并不能显著增加其受益度，相反为了监督还需支付成本，所以在公益领域的问责中存在严重的"搭便车"问题，这就像公地悲剧一样发生了"慈善悲剧"。

从理论上而言，公益组织所接受的慈善资源属于全体社会成员所有。但是，全体公民都去问责的成本太高且不现实，导致了表面上所有社会成员都是所有者，但陷入了谁也不管的困境。社会无法自动建立一套有效的问责机制，只能用法律和规范来约束其行为。由于 NPO 产权的公益性和非营利性决定了其财产和收益不得向其成员进行分配，导致了对 NPO 管理者缺乏物质上的激励，很难形成一套有效的激励和惩罚机制。对 NPO 内部人员只能采用职业道德和伦理机制来约束，内部问责的实施往往存在多种问题，凸显了外部问责的重要性。由于 NPO 的产权不清晰，其对社会的影响力比较弱，普通公众对其监督缺乏动力，所以对 NPO 的问责显得比对政府和企业问责更难实施。

2. 问责对象

本研究的问责对象是指公益领域中的行为主体，包括 NPO，也包括有公益行为的个人和企业。当前我国公益领域问责中最主要的问责对象是 NPO，按照 NPO 获得资助的方式来分，可以分为三大类，即准官方的 NPO、半官方的 NPO 和民间 NPO。其中大型的官办 NPO 或由于项目资金大、影响力大，成为公益领域问责的主要关注对象。同时，从事公益行为的个人和企业根据其自身的影响力也往往成为公益领域问责关注的对象。

一般而言，以 NPO 为问责对象时，利益相关者认为自己有道德权利和法律权利要求知道公益组织的所作所为。因此，NPO 管理者会对外部问责给予有效回应，希望通过外部监督和改善内部管理来提高组织管理水平和服务质量，最终实现组织的宗旨。NPO 拥有与其生存和发展密切相关的利益相关者，包括政府、捐方、受益人、社会大众等，其在行为过程中必须考虑他们的利益或接受他们的约束。其生存和发展依赖于 NPO 对各利益相关者利益要求的回应的质量，从这个意义上说，NPO 应该有内在的动力对利益相关方的问责做出回应。

而以从事公益行为的个人和企业为问责对象时，问责主体主要关注问责对象在进行捐赠或开展公益项目过程中的行为失当、触犯法律或道德底线。我们发现，一些公众人物或者著名企业更容易被问责，他们在接受问责时承受的风险也非常大，既包括经济利益受损，也包括影响力、公信力等受影响的风险。

3. 问责内容

通常情况下，问责内容主要包括三方面：法律问责、道德问责和绩效问责。其中，法律问责和道德问责为基本问责，而绩效问责的要求相对高一层次。简单来说，法律问责强调问责对象的行为是否违法或违规；道德问责则强调问责对象的行为是否符合社会规范；绩效问责强调问责对象的行为结果是否达到了预期的目标。

当前我国公益领域问责的内容主要集中于"善款去向"、"是否如实使用"（"不被挪用"，"透明使用"）、"财务清晰"、"财务透明"等方面，其中的事实和证据集中于从事公益的组织或个人其行为是否至少符合法律和道德的底线，很少包括公益领域的"绩效"方面。这一方面说明社会对于公益领域行为主体的预期比较低，仅是最低层面的要求而已；另一方面也说明当前公益领域发育程度较低，行为主体自我要求也仅停留在"不违法"或"不触犯道德底线"的层面，对于行为绩效的关注欠缺。但是，在危机状态下（如 2008 年汶川地震），问责主体和问责对象均提高问责内容的标准，除了更加严格地关注法律问责和道德问责外，也积极关注绩效问责。

另外，不同的问责主体的问责内容也会有所不同，司法机关的问责主要是法律问责，行政机关的问责是基于管理条例和职责的行政问责，第三方评估部门是基于法律和合同的专业方面的问责，捐助方和受助方或是针对协议合同开展法律问责，或是针对其行为进行道德问责，而公众和媒体更多的是关注道德问责。

4. 问责方式

前文从强制性、惩罚性和规范性的方面对问责方式进行了定义。不同的问责主体会选择不同的问责方式进行问责，问责方式的多样性在一定程度上保证了有效问责的顺利进行。

具体而言，司法机关中法院主要通过审判违法案件，检察院主要通过法律监督、刑事侦查和起诉；民政部门主要通过登记备案、年度检查、监督检查、行政处罚（包括警告、责令改正、限期停止活动、责令撤换主管人员、罚没、撤销登记、取缔）；业务主管单位主要通过审查、监督指导、年度检查初审、协助查处违法行为、指导清算事宜；财政部门主要通过财政监督；审计部门主要开展审计工作；税务部门主要通过税务监督和会计监督；公安部门主要通过治安管理与处罚；第三方评估机构则主要是依据合同协议开展评估与出具评估报告；捐赠方和受助方主要通过质疑和追究其法律责任；媒体则是通过网络、报纸、电视等曝光、质疑、指责；公众通过发起质疑、谴责，形成社会舆论。

5. 问责效果

问责效果，即问责最终达到的目标，包括问责对象的回应以及由此产生的影响。其中"回应性"是指问责对象是如何进行应对。问责产生的效果是通过其启动软机制、推动硬机制以及硬机制与软机制的互动产生效果。

我们从一些对公益领域的问责情况可以看出，一些被问责对象纷纷会做出回应，体现问责的效果。在公益领域，问责的效果更直接的体现是"危机公关"，深刻地体现了危机公关理论中的5S原则。5S原则指：（1）承担责任原则（shouldering the matter）。危机发生后，公众会关心两方面的问题，一方面是利益问题，这是公众关注的焦点；另一方面是感情问题，公众很在意被问对象是否有诚意道歉，从而赢得公众的理解和信任。（2）真诚沟通原则（sincerity）。事件一旦发生，被问对象及事由成为公众关注的焦点，此时需要与公众进行真诚的沟通，说明真相，或予以道歉。否则，没有诚意，或说谎，或不理会公众，则会"得罪公众"，后果不堪设想。（3）速度第一原则（speed）。被问责对象需"警惕"公众对"反应速度"的容忍程度，政府、媒体、公众都在密切等待被问对象的"第一份声明"，密切注视对方的做法和立场，一旦令公众失望，即被再次见诸媒体，加剧事态的发展。问责对象的反应速度及态度和处理方式将使公众能够看到问责的效果。（4）系统运行原则（system）。对公益领域来说，问责对象自身系统内部会做出回应，同时，公益领域作为一个大的系统，公益领域本身也有回应。（5）权威证实原则（standard）。该原则指问责对象自我辩解通常是没有用的，第三方权威的证实才能帮助其重获公众的信任。

问责对象会针对不同的问责主体、问责内容、问责方式展开回应。委托代理理论是学者们在分析 NPO 问责时最常用的理论。该理论认为，资助方与 NPO 显然有不同的目标、利益及动力。正因为如此，资助方通过 NPO 提交项目报告及其他绩效信息进行监督。根据该理论，NPO 为了获得资助或合约，他们会向资助方不真实地陈述自己的能力，而且有逃避或不履行已达成协议的风险（道德风险）。慈善资源来自整个社会，当 NPO 通过各种方式获得资助时，社会与 NPO 之间的委托代理关系随之产生。社会成员将公共资源交给 NPO，委托其实现提供社会公共服务。但是当社会将公共资源授予 NPO 时，社会公众和 NPO 之间存在着信息不对称，NPO 处于更加优势的地位，所以在接受捐赠时 NPO 的承诺不足以有效约束其行为。如果要实现对 NPO 的有效监督，必须加强外部问责机制。

针对问责对象的"回应性"，问责主体有权对其进行奖惩，在问责机制的作用下，最终所呈现的便是问责的效果和影响。问责效果不仅包括对问责对象的影响，也包括对其他潜在问责对象和问责主体的提示。按照问责机制的作用方式，我们可以将问责结果分为硬性的和软性的。硬性结果即是在问责机制的作用下通过启动法律程序或市场机制，最终产生了实质性的、有形的影响，如经济损失、人身监禁等；软性结果即是在问责软机制的作用下，最终表现为名誉、公信力等方面的影响。综上所述，我国公益领域问责概况如表 8 所示。

表 8 我国的公益领域问责概况

	问责主体	问责方式	问责内容	问责效果
司法机关	法　院	审判违法案件	法律问责	
	检察院	法律监督、刑事侦查、起诉		
行政机关*	民政部门（登记管理机关）	登记备案、年度检查、监督检查、行政处罚（包括警告、责令改止、限期停止活动、责令撤换主管人员、罚没、撤销登记、取缔）	法律问责绩效问责	硬
	业务主管单位	审查、监督指导、年度检查初审、协助查处违法行为、指导清算事宜		
	财政部门	财务监督		
	审计部门	审计		
	税务、会计主管部门	税务监督、会计监督		
	公安部门	治安管理处罚		

问责主体	问责方式	问责内容	问责效果
第三方评估机构	评估与出具评估报告	绩效问责	
捐赠人	质疑、追究法律责任	道德问责 法律问责	硬或软
受助人	质疑		
媒体	通过网络、报纸、电视等曝光、质疑、指责	道德问责	软
公众	质疑、谴责,形成社会舆论		

  * 行政机关中的 NPO 问责主体与问责方式参见《社团登记管理条例》（1998 年 10 月 25 日中华人民共和国国务院令第 250 号）、《民办非企业单位登记管理暂行条例》（1998 年 10 月 25 日国务院令第 251 号）、《基金会管理条例》（2004 年 3 月 8 日国务院令第 400 号）中的有关内容。

（二）硬机制运行现状

在公益领域问责中，政府充当重要的角色。作为硬机制的运行主体，政府通常用法律和制度约束行为主体。公益领域问责有关法律制度从形式上看包括：第一，有关非营利组织的正式立法。法律是指由全国人大或全国人大常委会依照立法程序制定的规范性文件。目前，我国专门针对公益领域的法律很少，主要有：《红十字会法》、《工会法》、《民办教育促进法》、《公益事业捐赠法》。第二，有关非营利组织的行政法规。行政法规是指国务院为领导和管理国家各项行政工作，根据宪法和法律，并且按照行政法规制定程序而制定的各类法规的总称。目前为我国公益领域提供法律制度的主要是国务院颁布的行政法规，主要有：《社会团体登记管理条例》、《民办非企业单位登记管理暂行条例》、《事业单位登记管理暂行条例》、《基金会管理条例》。第三，有关非营利组织的部门规章。部门规章是国务院各部门、各委员会、审计署等根据宪法、法律和行政法规的规定和国务院的决定，在本部门的权限范围内制定和发布的调整本部门范围内的行政管理关系的，并不得与宪法、法律和行政法规相抵触的规范性文件。我国制定了许多行政部门规章，主要有：财政部《民间非营利组织会计制度》、民政部《取缔非法民间组织暂行办法》、民政部《社会团体年度检查暂行办法》、民政部《社会团体设立专项基金管理机构暂行规定》、国务院宗教事务局民政部《宗教社会团体登记管理实施办法》、《卫生部业务主管社会团体换届工作管理办法》、民政部《基金会信息公布办法》。

公益领域问责有关法律制度从内容上看包括主体法、行为法和监管法。

主体法是规定非营利组织设立、组织、活动和解散的过程中所发生的社会关系的法律规范的总称，包括非营利组织的组织关系——组织结构及地位；与组织关系有密切联系的外部关系——如投资、财产的增加与减少等。我国还没有对非营利组织统一立法，主要是靠上述法律、法规、规章来对公益领域进行分别规范。行为法是规定非营利组织从事其业务行为的法律规范。目前，对公益领域行为的法律规范主要依靠我国《民法通则》及其司法解释、《合同法》、《公益事业捐赠法》、《信托法》等。为鼓励促进慈善事业发展，全国人大常委会制定了《公益事业捐赠法》。具体的法律规定有：

1.《合同法》中有关公益捐赠的条款

第一百八十六条　赠与人在赠与财产的权利转移之前可以撤销赠与。

具有救灾、扶贫等社会公益、道德义务性质的赠与合同或者经过公证的赠与合同，不适用欠款规定。

第一百八十八条　具有救灾、扶贫的社会公益、道德义务性质的赠与合同或者经过公证的赠与合同，赠与人不交付赠与的财产的，受赠人可以要求交付。

2.《公益事业捐赠法》中关于公益捐赠的规定

第二条　自然人、法人或者其他组织自愿无偿向依法成立的公益性社会团体和公益性非营利的事业单位捐赠财产，用于公益事业的，适用本法。

第二条　本法所称公益事业是指非营利的下列事项：

（一）救助灾害、救济贫困、扶助残疾人等困难的社会群体和个人的活动；

（二）教育、科学、文化、卫生、体育事业；

（三）环境保护、社会公共设施建设；

（四）促进社会发展和进步的其他社会公共和福利事业。

第十一条　在发生自然灾害时或者境外捐赠人要求县级以上人民政府及其部门作为受赠人时，县级以上人民政府及其部门可以接受捐赠，并依照本法的有关规定对捐赠财产进行管理。

3. 《信托法》中关于公益信托的规定

第五十九条 公益信托适用本章规定。本章未规定的，适用本法及其他相关法律的规定。

第六十条 为了下列公共利益目的之一而设立的信托，属于公益信托：

（一）救济贫困；

（二）救助灾民；

（三）扶助残疾人；

（四）发展教育、科技、文化、艺术、体育事业；

（五）发展医疗卫生事业；

（六）发展环境保护事业，维护生态环境；

（七）发展其他社会公益事业。

第六十一条 国家鼓励发展公益信托。

第六十二条 公益信托的设立和确定其受托人，应当经有关公益事业的管理机构（以下简称公益事业管理机构）批准。

未经公益事业管理机构的批准，不得以公益信托的名义进行活动。

公益事业管理机构对于公益信托活动应当给予支持。

第六十三条 公益信托的信托财产及其收益，不得用于非公益目的。

第六十四条 公益信托应当设置信托监察人。

信托监察人由信托文件规定。信托文件未规定的，由公益事业管理机构指定。

第六十五条 信托监察人有权以自己的名义，为维护受益人的利益，提起诉讼或者实施其他法律行为。

第六十六条 公益信托的受托人未经公益事业管理机构批准，不得辞任。

第六十七条 公益事业管理机构应当检查受托人处理公益信托事务的情况及财产状况。

受托人应当至少每年一次作出信托事务处理情况及财产状况报告，经信托监察人认可后，报公益事业管理机构核准，并由受托人予以公告。

第六十八条 公益信托的受托人违反信托义务或者无能力履行其职责的，由公益事业管理机构变更受托人。

第六十九条 公益信托成立后，发生设立信托时不能预见的情形，公益事业管理机构可以根据信托目的，变更信托文件中的有关条款。

第七十条　公益信托终止的，受托人应当于终止事由发生之日起十五日内，将终止事由和终止日期报告公益事业管理机构。

第七十一条　公益信托终止的，受托人作出的处理信托事务的清算报告，应当经信托监察人认可后，报公益事业管理机构核准，并由受托人予以公告。

第七十二条　公益信托终止，没有信托财产权利归属人或者信托财产权利归属人是不特定的社会公众的，经公益事业管理机构批准，受托人应当将信托财产用于与原公益目的相近似的目的，或者将信托财产转移给具有近似目的的公益组织或者其他公益信托。

第七十三条　公益事业管理机构违反本法规定的，委托人、受托人或者受益人有权向人民法院起诉。

监管法是指对公益领域行为主体及其行为进行监督管理的法，如资格审查、登记管理、监督检查等。目前我国对非营利组织的监管主要侧重于对经过注册登记的非营利组织的监管。我国对非营利组织行为的监管规范还较少，主要集中在对救灾捐赠活动的监管，如《救灾捐赠管理办法》。该法对救灾捐赠受赠人范围、组织捐赠与募捐、接受捐赠、境外救灾捐赠、救灾捐赠款物的管理和使用、法律责任等方面作了规定。

从法律和制度上来看，政府对公益领域行为主体的管理条例基本上都是一部程序性行政法规，其主要作用在于规范民间组织登记行为，而问责主体的政府却对民间组织的监督管理缺乏相配套的规章制度。虽然业务主管单位对民间组织的各项管理如人事管理、财务管理、收费管理、税收征管、年度检查、重大事项制度等方面有监督和管理权，但是，由于没有相应的法规，监督管理工作在实施上有很大的困难。另外由于政府对民间组织的"双重管理"体制，它们不能取得民政部门的法人资格，只能登记为企业法人或者挂靠在一级社团之下。虽然，它们接受捐款，从事的活动是公益事业，大量使用志愿者，在公众的眼里它们是公益领域的行为主体。但是，它们却不用接受政府问责。既不用接受政府对它们的检查、管理，也不用参加年检。因此，它们的自由空间相对较大，既可以是企业，也可以是NPO。如果是真正的公益组织，它们会以自律来约束自己，但如若相反，这样的地位更容易出现打着公益的幌子谋私利的现象。

（三）软机制运行现状

　　除了硬机制发挥作用，公益领域的问责还包括依靠道德伦理发挥作用的软机制，比如当前的媒体就是软机制的重要运行主体。一直以来，媒体被视为重要的社会公器，问责这一概念在新闻传播领域中的讨论也很多。这里所说的媒体是指能传播文字、声音、图形、图像、动画和电视等多种类型信息的手段、方式或载体，包括电影、电视、CD-ROM（compact disc read-only memory）、VCD、DVD（digital versatile disc）、电脑、网络等；狭义，专指融合两种以上"传播手段、方式或载体"的、人机交互式信息交流和传播的媒体，或者说是指在计算机控制下把文字、声音、图形、图像、动画和电视等多种类型的信息，混合在一起交流传播的手段、方式或载体，如多媒体电脑、互联网等，也包括具体的实体。现在的四大媒体包括报纸、广播、电视、互联网，以及新出现的第五媒体移动网络。

　　因媒体本身的特殊性，作为民间问责主体，它本身与政府问责主体不同，而在民间问责主体中，它与捐赠者、普通公众的问责方式及问责效果也不尽相同。严格地讲，媒体不是监督机关，它不具有监督的职能，但它作为公众舆论的媒介，则天然地具有监督的功能，并且，这种功能与媒体自由的发展存在着正比例关系。北青报 2004 年 3 月 29 日在题为《如何为慈善公益组织建信任账户》的文章中提到，《南方周末》记者认为，他们对胡曼丽事件的揭露性报道，只是尽了媒体在慈善事业里应尽的义务；按慈善事业发达国家的说法，是为公众充当"看门狗"。在慈善事业发达的国家，对其监督至少有 7 种"看门狗"，媒体只是最外面的一重。税务部门和审计部门必须每天看报纸，把被揭发的慈善机构彻查到底。检察长被赋予最高的监督权力。美国政府的责权理念是，监督的责任在大众。所以，非营利组织被要求向全社会公开信息。在美国，坏案例常常是媒体、公众首先发现的。

　　但在我国，由于体制内的公益行为主体与政府有着不可分割的联系，因此，在新闻媒体上问责不可避免地受到政策制约，媒体的问责也会受到政府的控制。因此，在中国媒体问责是受到一定制约的。与之相反，如果是体制外的公益行为主体，如大量草根 NPO，则在社会中是处于弱势地位，它们通常不受政府的宣传保护，媒体不会因为它们是从事公益事业而原谅它们微小的差错。如果它们的行动出现差错，很容易遭到公众的问责。所以，草根 NPO 则更加谨小慎微，处处注意它们对公众的言行，特别是那些没有取得民间组织法人资格的企业法人，它们更加担心，由于它们的不慎言行，会引起组织不必要的损失。

四 问责机制分析

(一) 问责启动

问责失灵的主要原因之一是无人问责，问责主体的缺失导致问责对象有恃无恐，引发多种问题，因此问责主体发起问责是有效问责的首要条件。问责启动阶段是问责主体在问责动力的作用下发起问责，涉及的问责要素包括问责主体和问责内容。总体看来，问责启动有两类，一是在未知实际效果如何的情况下发起问责，通过问责检验效果；二是已知实际效果与预期不一致，由此引发问责，请对方对预期与实际效果不一致的地方进行解释。这两种情况下，问责主体发起问责的动力来源可以分为两类，一是硬机制作用下的职责或利益驱使，即基于制度规范的职责要求或基于法律规定的合同要求；二是软机制作用下的道德驱使，即基于道德观念、是非准则、伦理标准的判断。

对于不同的问责主体，其问责动力来源不同。初始动力可能出于某种偶然，包括利益相关、从众心理、责任感、职责要求、能力感趋势、良心道德驱使等。对于政府、捐方、受益者、评估机构等具有法律权力去了解行为主体的行为的组织或个人来说，更多是在硬机制的作用下发起问责，即其依据的是法律规则和制度要求。而对于媒体、公众、同行、其他利益相关者等具有道德权利去了解行为主体的行为的组织或个人来说，更多的是在软机制的作用下发起问责，即其是在道德的驱使下，依据道德观念、是非准则和伦理标准来发起问责。这其中隐含的是问责的标准和问责的内容，即问责主体发起问责是依据什么，检测的对象又是什么。不论在哪种状况下，问责主体都有一个价值判断。

本阶段问责机制的作用主要表现为为问责提供判断标准，包括是否问责、为什么问责、问责的内容以及采用何种方式问责等。通过制度规定的职责要求或基于法律规定的合同要求使问责主体具有动力启动问责。对于行政部门和司法部门来说，其基本职责规范要求其行使问责的权利和义务。

2008 年 5 月 15 日，审计署决定对汶川地震救灾资金和物资进行审计。据新华社5月29日电，这次审计是一次非常规审计，审计署采取了全过程跟踪审计方式。审计署还专门成立了由审计长任组长、两位副审计长任副组长和有关司局为成员的抗震救灾款物审计领导小组。

实际上，国家审计署于5月14日就已进驻中国红十字会总会对捐赠款物进行跟踪审计。5月29日，作为红十字会系统的基金会，红基会接受了国家审计署的延伸审计。"其实审计署以前不会对我们所有的捐赠情况进行审计，这次是紧急情况，这么大的资金。"在谈到审计的意义时，负责人表示，"如果没有审计，可能攻击的、不信任的人会多一些。"①

对于其他利益相关者来说，与问责对象的合同契约或规范公益行为的法律法规为其发起问责提供了动力。

2009年4月21日，邯郸白血病患儿家长程东学到"小天使基金"办公室查询资助款并否认收到善款。程东学此次进京，是查询先前爱心人士为其女儿捐助的定向资助款。在与基金会工作人员的交谈中，程东学否认向基金会提交过自己的银行卡账号，其女儿就医的医院也不是基金会收到的医疗发票所显示的北京协和医院。"小天使基金"资助程东学女儿的2万元善款，早在2008年初就已打到了户名为"程东学"的银行卡账户上。这是自2005年成立以来，"小天使基金"第一次被受助者家长质疑。4月24日，程接到了北京打来的电话。打电话的是"小天使基金"的工作人员。"他们说，'该给你的钱会一分不少。'"4月29日，程东学拿到了2万元现金，交给程东学钱的人，是邯郸市红十字会的工作人员王莉。此事引起"小天使基金"的重视，并开始对受助白血病患儿家庭进行回访。②

"丽江妈妈"案例的问责人张春华称她与胡曼丽并没有私人恩怨，是美国国税局对慈善机构的监控，要求她必须对胡曼丽穷追到底。在美国，像美国妈妈联谊会这样的慈善机构，都是享有免税的。但美国国税局为防止不法之徒借慈善机构逃税与洗钱，还需要监管慈善机构的资金

---

① 陈南方：《汶川地震捐赠案例调查报告》，2009。
② 常健、李呈呈：《中国红十字基金会"小天使基金"案例调查报告》，2010。

流向。所以，美国妈妈联谊会在中国的捐助须向美国国税局提交各种合法的票据和财务报表来作出证明。它像美国的其他慈善机构一样，财务收支必须公开，并在每年 5 月中旬向国税局报税，国税局根据慈善机构提供的财务报表和审计报告，批准是否继续免税。张春华发现问题后，立即开始了举报和揭发。①

在问责启动阶段，除了基于法律、规则、制度的硬机制的动力作用外，基于道德观念、是非准则、伦理标准的软机制也发挥作用为问责主体提供了问责动力。

"太阳村"案例中，"中国妇权网"的记者与《中国周刊》记者先后以各种方式到太阳村和政府部门调查取证，最后形成完整的新闻报道发布出来，引起社会各界的广泛关注。显见，媒体的问责动力在于：社会中存在长期形成的共享的价值观、是非标准和道德观念，而媒体记者作为社会公众中的一员也受到道德共识的影响，他们有意向把这种共识以新闻报道的方式传播出去，并用自己的价值判断加以评论，以期唤起公众的道德认知，形成有力的舆论导向；而且媒体的行动力强，记者的身份也有一定的权威性，又为查访提供了便利条件。因此媒体自然会积极地跟踪和报道此类案例。②

同时问责主体的问责动力还受能力感的影响。借鉴阿尔蒙德对公民政治文化的研究③，这里将导致某种行动发生的条件划分为责任感、行动感与行动能力感三个层次，只有这三个条件同时具备才有可能引发问责行动。当公众得到有关公益领域的不正当行为的信息后会通过个人内心的价值判断产生正义感与责任感，确认下一步行为的正当性。这时如果想进一步通过某些行

---

① 陈赟、罗瑞雪：《"丽江妈妈"胡曼丽案例调查报告》，2010。

② 李呈呈、田舒：《"太阳村"案例调查报告》，2010。

③ 阿尔蒙德根据政治发展的水准，将人们对自我在政治过程中的影响力的看法划分为地域型、依附型与参与型三种。地域性态度指对政治系统所知甚少，甚至一无所知；依附性态度指认识到自己是政治系统组成部分，而且政治系统可以对自己施加影响；参与性态度指对政治有所认识，并且感到自己能够积极参与。他还将公民文化的研究归纳为包括公民责任感、公民能力感等在内的十个课题。详见王乐理《政治文化导论》，中国人民大学出版社，2002，第 19~20、139~140 页。

为表达自己内心的想法就意味着产生了第二层次的行动感，这些行为可能是将想法告诉周围的朋友，也可能是在网络论坛上发帖描述自己的感受等。行动能力感是最后一个层次，即不仅想要做出某些行为，而且认为自己的行动能够在某种程度上对事件的发展产生影响。责任感与行动感更多地取决于个体自身因素，而行动能力感在很大程度上受到外部因素的影响。如果公众普遍感到自己对公益领域的问责行动能够引起更大范围的问责，或能对问责对象进行某种惩罚，或促使问责对象的治理改善，那么发起问责行动的人数就会大大增加。

大众传媒尤其是互联网的发展恰恰在很大程度上增强了公众问责的行动能力感。网络作为"第四媒介"和"观点的自由市场"具有开放性、匿名性、互动性等特点，在这里公众可以不受时间和空间的限制，在 NPO 违规信息被披露的第一时间就迅速知晓，通过发帖等方式表达自己的观点或者将此信息再传递给他人。开放的网络信息平台充分保证了表达权利的平等，使公众可以各抒己见而不必担心承担责任，因而成为公众尤其是弱势群体和边缘群体发起问责的重要工具。由于网络具有交互性的特点，不同个体对公益领域行为的谴责很容易引起他人的共鸣，从而迅速形成强大的社会舆论对问责对象施加压力，因此即使是势单力薄的个体也会认为自己通过网络对问责对象提出质疑的行为可以对事件产生影响，从而更加积极主动地采取问责行动。根据韦伯的社会行动理论和"价值相关性"原则，公众基于共享的价值观和相似的文化因素产生趋于一致的主观意愿，继而在主观意愿的支配下导致社会行动。社会行动具有意向性和指向他人两个特征，即行动者赋予其行动主观意义，同时考虑到他人的行为，并且在行动过程中也以他人行为为目标。

1. 硬机制

从当前中国的公益领域问责状况来看，硬制度的问责主要是法律问责。硬制度具有强制性、惩罚性、规范性等特征。以法律为例，其强制性往往是和惩罚性联系在一起的，即有些法律有强制性规定，同时配套惩罚性的措施，一旦违反规定，行动主体要承担相应的刑事、民事或行政责任；有些法律是规范性的，它指导行动主动应该如何去做，而不一定有惩罚性措施。

2008 年 4 月 28 日，民政部颁布了新的《救灾捐赠管理办法》，但面对地震捐款，仅此条例则显得十分单薄，不具备足够强的规范性和指导性，救灾捐赠过程中出现的部分问题无法通过该条例解决。为了改善这一状况，中央纪委、监察部、民政部、财政部等政府部门相继出台了关于抗震救灾资金物资管理监督的专项规定，进一步规范救灾中的捐赠管理。并且，5 月 29 日成立了由中央纪委、监察部、民政部、财政部、审计署等分管领导为成员的抗震救灾资金物资监督检查领导小组。

6 月 2 日，红基会印发了《中国红基会关于汶川地震受捐款物管理使用的暂行规定》的通知，《规定》中提到，"根据《中华人民共和国红十字会法》、《中华人民共和国公益事业捐赠法》、民政部《关于加强汶川地震抗震救灾捐赠款物管理使用的通知》和中国红十字会总会《关于加强汶川地震捐赠款物管理使用的通知》等法规和文件精神，特制定本规定。"

6 月 18 日，中国红十字会总会下发了《关于加强汶川地震灾后重建资金使用管理的指导意见》（红总字 [2008] 56 号），其中提到，"根据《汶川地震灾后恢复重建条例》（国务院第 526 号令）、《国务院办公厅关于加加强汶川地震抗震救灾捐赠款物管理使用的通知》（国发办 [2008] 39 号）以及相关法律法规"，结合红会实际提出灾后重建资金使用管理指导意见。同时要求红基会"根据公募基金会的有关法律法规和政策规定，以及抗震救灾接受捐赠款物的有关规定，参照总会的文件精神制定相应的管理办法严格执行"①。

政府的这些行为，一方面向公众传达了政府对这件事情的严肃态度与做好这件事情的决心；另一方面，给相关的政府工作人员及公益领域行为主体敲响了警钟，同时，对他们的救灾行为起到了重要的规范性和指导性作用。

2. 软机制

同样，作为软机制运行基础的道德观念、是非准则、伦理标准本身就是一套完整的价值判断规范，问责主体也是基于这样的标准展开问责。

针对章子怡"诈捐门"事件，在问及问责主体"是什么让你们坚持不懈地追寻事件的真相"时，从调查结果中可以看到所有的网友都是出于道德和正义感的驱使，在大地震这种状态下，出于社会良知和社会责任感而对章子怡的行为进行追问和谴责。如网友"哆啦 a 梦"在

---

① 陈南方：《汶川地震捐赠案例调查报告》，2009。

回帖中说："必须承认的是，人无完人，我们都会犯错。不懂法也好，不知情也好，这都不是关键，最重要的是事后对自己所作所为的负责任的态度。不能当缩头乌龟，搞什么所谓的'清者自清'这一套。当年国殇之时，她的'精彩演出'，老百姓不仅给了她掌声，还给了她荣誉。但是她对得起这掌声和荣誉吗?! 现在，当公众开始质疑时，她又做了什么? 弄一些低级的把戏来试图转移公众视线。但是，对不起，她休想蒙混过去! 如果真的有一天，我们的声音被无道无天无耻地掩盖掉，我也希望她永远记住，还有老天在看，还有那些地震中亡灵在看着她!" 网友"taizi75cn"说："她利用四川地震在海外募捐，好事。应该提倡! 但是——募捐来的善款用在什么地方? 为什么拿不出账目? 利用国难募捐，就不是她个人的事。如果再挪用善款用在其他地方，那么也就是不道德问题。目前网友谴责她，仅仅是质疑她的善款去向。" 网友"最优雅"在回帖中说："假设一个人犯罪了，伤害到一个无辜的人，那么她是否该受到惩罚? 出于正义感是肯定的，而法律是维持社会秩序的一种管理手段，我们或许渺小，但是不能忘记自己的社会责任，这不是再正常不过了吗?" 网友"日月如心"说："原因就是我们是有良心的中国人，不眼睁睁看着有人以地震亡灵谋利，你认为这个理由合理吗?"①

从网友们的发帖和对调查问责原因的回帖中可以看出，网友对章子怡捐款事件的追问和谴责主要是受到伦理道德、正义感和社会责任感的驱使。所以软机制对激发公众问责起到了重要作用。

3. 机制互动

这一阶段的软硬机制互动，主要表现为软机制对硬机制的激发作用，当面临大灾难，激发人内心深处的道德感，使得人们感同身受，以身作则，恪尽职守、严格执法，发挥已有法律、规则、制度的作用。硬机制也会对软机制的运行造成影响。因为硬机制的运行主体受到软机制运行所产生的社会舆论的影响而采取的监管、处罚等问责行动，会极大地增强软机制运行主体的行动能力感。同时硬机制对软机制也有反作用，表现在硬制度的完善会提高人们的道德感和能力感，从而推动软机制的良性运转。

---

① 陈赞、李呈呈：《章子怡"诈捐门"案例调查报告》，2010。

（二）问责运行

问责启动意味着，一方面激发已有的法律、规则、制度的有效运行，对问责对象产生潜在威胁，问责对象可能迫于硬机制的压力作出回应；另一方面通过大众、媒体等形成的社会舆论启动非正式的奖惩机制，问责对象可能迫于软机制的压力作出回应。问责运行时的硬机制和软机制促使问责对象作出回应，此时的机制作用要素包括问责内容、问责方式和问责对象。这里，各种机制发挥作用才是问责的关键。

硬机制的执行者是个体，软机制的承载主体也是个体。个体的行为受到各种因素的影响，如价值观、情感、利益等。其中，价值观是最核心的影响因素之一。价值观是一个社会中人们所共同持有的关于如何区分对与错、好与坏、违背意愿或符合意愿的观念。而且，价值观通常是充满感情的，它为一个人的行为提供正当的理由，当公众形成了一定的共同情感基础时，达到了价值观共识，公众对某一社会行为的判断标准开始统一。公众不仅以此标准来约束、规范自己的行为，同时也以此标准来评判、规范他人的行为。例如，在抗震救灾过程中，公众认为所有的人都应该尽自己所能帮助灾区人民，有力出力、有钱出钱；此时，公众秉持两条评判道德的标准，一是，是否捐赠了？二是，你所捐赠的数额是否与你自身的能力相匹配？因此，如果在这种危机时刻没有尽其所能的行为是违背社会道德的，是为人不齿的。正是在这种价值观、伦理、道德共识下，个体的行为受到规范、约束，促进了有效问责的实现。

1. 硬机制

硬机制指问责主体发起法律问责，已有的法律、规则、制度被启动，按照成文的规章法条，对问责对象的行为进行约束和管理，迫使其做出回应。

2001 年 8 月 20 日，山东省济宁市梁山县村民郑洪运、菏泽市鄄城县村民孟兆勋等人联合向菏泽牡丹区公安分局举报董玉阁及黄河孤儿院涉嫌诈骗。[①] 举报者称：董玉阁打着给他们送养孤儿并包办一切手续的名义，收取他们 3800 元至 7800 元不等的高额领养手续费；但是，他们并没有从董玉阁处领养到孤儿，也没有退款。通过两位村民的起诉，公

---

① 中央电视台《今日说法》栏目，2002 年 6 月 7 日，http://www.cctv.com/life/lawtoday/20020607/bqnr/bqnr.html。

益人物董玉阁和公益机构黄河孤儿院事件进入了问责运行阶段。随后，当地公安机关迅速介入，初步查实：董玉阁在明知自己无资格办理合法领养手续的情况下，以收取领养费、押金等名义，收取鄄城县以及附近地区（山东菏泽、济宁、泰安以及河南等十几个地市）83 名申请人交纳的 33.48 万元，并开具了盖有"黄河孤儿院"财务专用章的收据，口头许诺一个月、三个月、六个月不等的时间给送养孤儿，但事实上许多人没有得到孩子。当部分申请人欲讨还交纳的领养费时，又被董玉阁以各种理由拒绝退还。董玉阁的行为明显违反了《中华人民共和国刑法》的有关条款。很快，董玉阁因涉嫌诈骗被刑事拘留。①

在上世纪 90 年代闹得沸沸扬扬的问责案例是胡曼丽与美国妈妈联谊会的官司。美国妈妈联谊会负责人张春华通过法律手段对胡曼丽问责。张春华自认为胡曼丽在善款使用方面存在挪用、账目不清等问题后，先向丽江人民政府举报，并于 2001 年 6 月向丽江地区中级人民法院递交诉讼，称自 1999 ~ 2000 年，美国妈妈联谊会为救助丽江地区孤儿，先后向丽江妈妈联谊会捐赠美金 353217 元及人民币一万元。丽江妈妈联谊会法人代表胡曼丽收到款后，未完成按美国妈妈联谊会的要求使用，且财务管理中账目不清，弄虚作假，公私混淆。丽江地区审计局分别于 2000 年和 2006 年对丽江民族孤儿学校的财务进行了审计。审计工作按照国家审计条例和相关法律法规的规定进行。丽江地区中级人民法院接到张春华的起诉后，对该案依法进行了判决。云南省高级人民法院接到上诉申请后，对此案进行了终审判决。②

从当前中国公益领域问责状况来看，硬机制的问责主要是法律问责。硬机制具有强制性、惩罚性、规范性等特征。以法律为例，其强制性往往是和惩罚性联系在一起的，即有些法律有强制性规定，同时配套惩罚性的措施，一旦违反规定，行为主体要承担相应的刑事、民事或行政责任；有些法律是规范性的，它指导行动主动应该如何去做，而不一定有惩罚性措施。关于强制性和规范性，金锦萍认为："这是两个完全不同的行为模式，前者是（对

① 田舒、罗瑞雪：《"黄河孤儿院"案例调查报告》，2010。
② 陈赞、罗瑞雪：《"丽江妈妈"胡曼丽案例调查报告》，2010。

惩罚的）害怕恐惧，后者是我是想做好的，但不知道怎么做才是好的，这些规则出台之后我就有法可依了，就知道这是一个良好的方向，我就按照这个方式来做，而并不是害怕。""所以有些规范出来之后，有些组织并不害怕它，而是这么做是被论证过的，组织主动去遵照执行。"①

硬机制的惩罚既包括有形的惩罚，也包括无形的惩罚。有形的惩罚体现为行为主体要为自己的违法、违规等行为承担相应的民事、行事或刑事责任；无形的惩罚与软制度的惩罚相似，只不过它是建立在有形的惩罚之上的，这种不良结果也会对组织的公信力带来毁灭性的破坏。因此，法律法规、政府审计、社会审计、司法监察等硬制度对 NGO 行为具有很强的约束力。

2. 软机制

问责主体作为价值观、伦理、道德的承载主体，一方面，在社会层面形成了一股强大的舆论氛围；另一方面，创造了一种无形的奖惩机制，从而推动了有效问责的实现。这就是软机制。软机制的最大特点是具有"无形的惩罚性"，且是致命的，即它会使一个公益组织数年来积累的公信力毁于一旦。在公益领域中，公信力就是组织的生命。社会对公信力的质疑必定给问责对象提出严峻的挑战、施以巨大的压力，迫使其做出回应，以增强公信力。

媒体，特别是网络媒体是软机制发挥作用的关键。一方面，媒体具有传播信息的功能，而网络媒体这种功能则显得极为强大，一条消息不管是好是坏、是真是假，只要足够吸引人的眼球，就能在非常短的时间内被成千上万人所知。另一方面，也是最重要的方面，即媒体为社会舆论提供了载体，从而才使得舆论发挥强大的功效。近年来的网络媒体迅速发展，公众可以通过网络发出相同的或不同的声音，在社会层面形成一种广泛的共识，甚至在事实真相未被揭开之前，就出现"众口一词"的现象，最终还可能导致集体行动，例如问责。我们可以看到，地震时期的"管理费风波"、"帐篷事件"等问责行动具体体现了媒体功能；常态时期的章子怡"诈捐门"也是媒体问责的典型。

　　　　网友对章子怡善款的问责方式主要是网络。网友从网络上搜寻章子怡捐款和募捐的相关信息，然后在网上发帖，对章子怡的行为进行质疑、谴责，继而形成社会问责舆论。如最早揭露此事件的网友"善款

① 陈南方：《汶川地震捐赠案例调查报告》，2009。

去向"2010年1月22日在天涯发帖质疑"章子怡，地震善款你用在了哪里？"该网友对章子怡的捐款和海外募款提出了六大质疑，并且贴出了大量与章子怡募款相关的图片，引起了众多网友讨论。该网友号召大家加入到对章子怡善款去向的质询队列中，一起揭示章子怡捐款的数额和戛纳募款的去向。网友"小小小圆子"通过中国红十字基金会的捐赠查询系统查出章子怡本人的地震捐款只有84万，而非其承诺的100万元；网友根据章子怡在海外募捐的视频挖出新线索，指章子怡利用红十字以及红十字基金会（简称红基会）的名义在海外进行募捐。这些信息主要通过网络手段获得，成为了网友质疑章子怡捐款数额及海外募款去向的主要依据。

在事件发生的初期，网友发表的帖子中表现出对章子怡海外募款去向的密切关注，对章子怡对善款的使用表示质疑，希望章子怡方面能给出戛纳捐款人的详细记录，公布海外募款的用途和流向。"诈捐门"事件发生后，章子怡方面仅仅在2010年1月28日发表了一个没有实质内容的声明，没有涉及海外募款的数额及善款的去向，虽然表示"欢迎质询，欢迎大家监督"，但没有给出任何监督的途径和有效监督方式，所以网友对此表示不满，公众对章子怡捐款数额及善款去向的疑惑并未消除。

随着事件进一步发展，不断有网友揭露出章子怡海外募款的数额和美国"子怡基金"的信息。国外的网友证实网址链接是加州政府的一个部门，登记加州成立的所有慈善机构，其中有子怡基金的名字，已于2009年5月15日过期，基金2009年度的990表显示基金的资产为0；经网友调查，德阳资源中心这个机构就不存在；网友通过调查得知但凡涉及四川地震的任何立项，批准都不会超过4个月。这些信息使部分网友对章子怡的募款行为开始由质疑转化为谴责。

最后，由于在天涯社区浏览该事件原帖的人数达到400多万，留言超过了10万条，加上网易、新浪、搜狐等网站，新京报、华西都市报等报纸的大量报道，使该事件成为社会舆论的焦点，一种社会问责舆论形成。

同时，网友在天涯上追问善款的帖子发出后，各大媒体纷纷对网友的质疑和章子怡的回应进行报道，使更多天涯社区以外的公众了解到该事件的内容，从而加入到问责行列中来。2010年1月22日天涯网友发帖质疑，1月28日章子怡发表公开声明回应公众问责，1月29日四川在线和华西都市报对网友质疑的内容和章子怡的回应进行了报道，有大量网友在看到报道后表达了对此事件的看法，如河南网友"毋宁"在留言中说："本来捐款是爱心的表现，捐多捐少都是无可厚非的，但是作为一个公众人物，代表的是一定的影响力，做出的承诺也是必须要遵守的。你就是捐了十万，但是你做到了，我们也会感激……"随后华商网、华龙网、新浪娱乐、四川新闻网等网站和新文化报、海峡都市报、京华时报和新京报等报纸都对"诈捐门"事件的相关信息进行了报道。由于报纸传播信息快速、高效，网络具有受众广泛的特点，所以这些媒体报道的宣传效果十分明显。经过上述媒体的专访和广泛报道，该事件在社会上受到高度关注，成为舆论的热点，从而形成一股要求章子怡澄清善款去向的社会舆论。[①]

个人的价值观、伦理、道德受到潜在的软制度（行为规范准则、舆论氛围、奖惩机制等）的影响，这样就将我们所定义的软制度和软机制联系起来了，软制度是存在于整个社会层面的，它会影响到每个社会成员个体的价值判断。而后面我们所经常分析的责任感、能力感、成就感等其实都是着眼于个体的。最终软机制的有效作用有赖于众多个体问责行为通过扩散效应和示范效应逐渐形成一种问责的社会舆论氛围，个体层面的问责上升为群体层面的问责，由此才对 NPO 的公信力造成影响。

扩散效应主要是通过媒体作用产生的，主要指信息的传播扩散；示范效应表现为个体与个体间的相互影响，可以理解为行为模仿。以社会舆论为主体的软机制可以达成统一的问责标准，强化奖惩机制。问责主体意识到问责行动可以促使舆论氛围的形成和奖惩机制的运行时，自己的成就感就会大大增强，继而使行动能力感增强，在下一次的问责行动中就会表现得更加积极主动。这个循环往复的过程产生了一种累积效应。

软机制已经形成了对公众人物违反社会公德的奖惩机制。对于国人而言，公益事业是非常神圣而道德高尚的表现，不容亵渎。所以，在软机制的作用下，那些受社会知名度和关注度高的公众人物得到了特别"关照"，他们的声誉和公信力是根本，并且他们的行为对社会公德也有引导作用。如果这类人违反了社会公德，社会舆论中的负面评价将使其公共形象受到损害。比如，章子怡"诈捐门"所引起社会公众问责，使其声誉和公信力受到严重影响。

---

① 陈赞、李呈呈：《章子怡"诈捐门"案例调查报告》，2010。

3. 机制互动

问责中的硬机制和软机制存在互动，而不是毫不相干的独立运行。最常见的是，个体作为硬制度的执行者，在价值观、规范等软制度的引导下行动，进而激发已有硬制度的有效运行。并且，在现实中两种机制独立发挥作用是不可行的。一方面，若想通过软制度的问责获得直接的效果，这在现实中还是比较难以实现的，我们看到的大多数情况是，公众将这种通过软制度的问责抛向了硬制度，推动政府通过硬制度进行问责，而且，这种效果也是比较明显的。另一方面，硬制度的有效运行推动软制度发挥作用。

以汶川地震中的问责为例，空前的灾难，有力地激发了个体的道德意识，在为数众多的个体之间迅速建立了"共识"，这种"共识"又引导他们采取步调一致的集体行动，形成了无形但强大的问责压力。这种无形而强大的压力，又启动了硬制度，把它从常态下的昏睡中唤醒，成为问责的"利器"。紧接着，软制度和硬制度又互相激励，互相支持，使问责效果得到"倍增"。

从中国红十字基金会"小天使基金"案例我们发现，中国红十字基金会对公众质疑做出解释并公布改善管理的措施以及马书军案件进入警方的调查程序后，媒体和社会公众对此事件的关注程度明显降低，问责的强度明显减弱。主要表现在媒体对此案件的追踪报道较少，仅限于几篇对警方采取取保候审等措施的简短报道，而公众对此事件的议论也减少，善款截留的事情不再是网上论坛的热点话题。这说明虽然在事件发生后，软机制是最先运行起来，并且对 NPO 进行了强烈问责，迫使 NPO 做出回应的一种有效的问责机制，但软机制也存在缺乏持续性的先天缺陷。其原因是软机制的运行过于依赖大众传媒，然而媒体的关注点是在不断变化的。媒体通常会在某一事件刚刚发生，或者进行到关键环节的时候将对此进行大量报道以吸引人们的眼球；而随着事件的发展和公众的新鲜感、兴趣感的消退，旧热点会很快被新热点所取代，媒体的报道重点发生转移，尽管之前的热点事件可能仍然在进行中，还没有结束，但是已经无法引起媒体和公众的高度关注了。

当小天使基金善款被截留事件被报道出来时，媒体和社会公众给予了极大关注，一时间许多重要媒体纷纷加入调查报道的行列，网络论坛上讨论此事件的跟帖、回帖急速增加，从而启动了软机制。但是，为什么软机制的问责强度渐渐降低呢？一方面问责对象及时做出了回应，且处置较为得当。中国红十字基金会及时通过接受媒体记者采访等形式回答了社会公众的质疑，并且将一系列改进小天使资助管理、加强资金监管的措施向社会进行宣传。

另一方面，本案例中截留善款的马书军已被警方逮捕，社会公众认为后续行动应该交给警方进行，而且由于调查审判一般耗时很长，短期内难有结果，因此社会公众自然就不会保持对此事件的高度关注。

与软机制相比，硬机制虽然启动较晚，在 NPO 问责运行中发挥作用的频率也不如软机制高，但它却在持续性方面具有优势。因为司法机关、行政机关等的职权和行使职权的方式都是国家法律明文规定的，对于在部门管辖范围内的事件就要按照规定的工作流程、方法等进行管理，不会因为社会关注焦点的变化而改变或终止。在小天使基金案例中，警方一旦立案就要对马书军事件展开调查，当无法在短时间内做出决定时还应当继续侦查下去，直到把案件的有关情况调查清楚，对马书军所应承担的责任进行明确认定并做出相应处罚措施后，这种问责行为才能停止，否则就是公安机关的失职。由此我们可以看出在 NPO 问责中软机制和硬机制的作用都是必不可少的，两者各有优势和劣势。

所以，软硬机制是相互作用、相互促进的。在软机制对硬机制的作用方面，媒体和公众可以为社会舆论造势，让政府相关部门或主体关注此事件，使得硬机制发挥作用。在硬机制对软机制的作用方面，硬机制的运行本身就会被公众视作通过质疑谴责的方式问责 NPO 所产生的效果之一，从而减少对案件的继续密切关注，软机制的问责强度逐渐减弱。硬机制在保证问责效果方面有着重要作用。

（三）问责效果

本阶段机制作用包括两个层面：一是问责对象的回应产生问责结果，问责对象根据回应是否合理受到相应的奖惩；二是问责结果对问责主体和问责对象的反馈。

第一个层面，根据问责对象的回应，软硬两种机制分别作用产生效果。如果问责对象没有给出合理的解释，则一方面硬机制发挥作用，从潜在威胁变为实际效果，通过司法或市场给予问责对象人身或财产的惩罚。另一方面软机制发挥作用，使得问责对象名誉、公信力受损，或引发更多的问责主体问责。

第二个层面，机制的反馈作用表现在两个方面，一是对同一问责事件中问责主体和问责对象的反馈，二是对公益领域其他问责主体和问责对象的反馈。

对于同一问责来说，问责主体根据问责结果的满意程度选择采取下一步的问责行动。由于问责结果是由问责对象的回应直接导致的，因此对问责对象的反馈表现在对其回应的验证，如果前一次的回应不能令问责主体满意，则考虑是否继续回应或换种方式回应。当然，问责结果也会影响到问责主体的问责动力，增强或削弱问责主体问责的能力感，帮助其判断是否应该发起问责。对于其他问责对象来说，问责结果将起到以儆效尤的作用。

在软硬机制的共同作用下问责对象针对问责主体的问责做出回应，这种回应包括表明态度、采取措施或不予理睬。问责内容包含判断标准，决定了问责对象的回应与标准是否符合。在此基础上，软硬机制对问责对象给予奖惩。而问责对象的回应以及最终的奖惩结果共同构成了问责效果。问责效果会反作用于问责对象和问责主体，对双方接下来采取的行动产生影响。这一阶段涉及的机制要素包括问责主体、问责对象、问责内容、问责方式和问责效果。

1. 硬机制

硬机制主要通过已有的法律、制度、规则发挥作用，根据问责内容提供的标准来判断问责对象的回应是否合理，进而启动成文的法律奖惩机制。

> 在"丽江妈妈"案例中，胡曼丽在接受《长江商报》的采访时表示，针对政府审计报告中指出的"把约33万元社会捐款说成是自己的个人捐款，不据实列出开支的数额亦达33万元；在支出中应按固定资产核算而未核算的资金达43万余元"等情况，胡曼丽表示："关于这些今天我没有时间谈，我只想说一句，目前已经审计出来的所有问题，都没有牵涉到我犯罪，有点财务管理上的问题与犯罪是有天壤之别的，这就是中国法制的进步。"
>
> 2005年2月14日，丽江市民政局撤销了"云南丽江妈妈联谊会"的注册登记。对于撤销的原因，胡曼丽在接受《长江商报》的采访时表示，"丽江妈妈联谊会"当时要撤除，并不是因为有张春华举报，政府当时给她的文件所说的理由是"政府的官员不能在协会任职，所以要撤销"，是这样才进入了审计程序。审计，实际上是政府在撤销丽江妈妈联谊会时所进行的一个正常程序。[①]

一方面，法院的判决迫使胡曼丽最终返还了美国妈妈联谊会90余万元

---

① 陈赟、罗瑞雪:《"丽江妈妈"胡曼丽案例调查报告》，2010。

捐款；张春华的持续推动使丽江市民政局撤销了"丽江妈妈联谊会"的注册登记；由于张春华的不断举报和政府审计局的审计结果，导致丽江市政府决定让丽江市教育局接管丽江民族孤儿学校，胡曼丽不能再担任学校校长一职。另一方面，由于《南方周末》等媒体的报道，社会公众对胡曼丽的行为进行了谴责和批判，使其社会声誉和公信力受到严重影响，其"中国妈妈"的光环和荣誉不再。

硬机制的惩罚既包括有形的惩罚，也包括无形的惩罚。有形的惩罚体现为行为主体要为自己的违法、违规等行为承担相应的民事或刑事责任；无形的惩罚与软制度的惩罚相似，只不过它是建立在有形的惩罚之上的，这种不良结果也会对组织的公信力带来毁灭性的破坏。

在汶川地震抗震救灾期间，面对来自社会各界强烈的问责压力，中国红十字基金会是如何回应的呢？一方面，通过各种渠道对公众提出的各种质疑做出回应，例如主动邀请媒体采访，如做客人民网强国论坛、接受中央电视台的采访，对公众的问责进行解释、说明。另一方面，通过实际行动树立自己的"诚信形象"，例如：5月22日，中国红十字基金会公开承诺将严格按照民政部和中国红十字会总会的有关规定和要求，在此次抗震救灾中接受捐赠的款物，将全部用于地震灾区的紧急救助和灾后重建工作，不提取行政管理费用，不将捐款留作原始资金。而在5月21日，中国红十字会已率先承诺不从此次募捐中提取管理费；5月22日，中国红十字会总会又发出声明，将接受政府审计与社会监督，同时要求各级红十字会不得在赈灾捐款中提取管理费。5月24日，中国红十字基金会主动邀请中维会计师事务所提前进驻审计。在谈及这个决定时，中国红十字基金会秘书长王汝鹏说："因为近日我们不断接到捐赠者反映，称自己的捐资信息未及时在网上公布，且迟迟没收到相关的捐赠收据，由此对捐赠款物的去向表示质疑。同时，网上也不断有对红十字基金会关于帐篷价格等负面的不实消息。"① 中国红十字基金会工作人员还说："特殊时期特殊资金，社会的压力会更大。因为你稍不小心，媒体给你曝光，那你这个机

---

① 京华时报，"审计员提前进驻红基会"，2008年5月26。http://epaper.jinghua.cn/html/2008-05/26/content_279265.htm。

构就……，唾沫都会把你淹死。"这些舆论压力使得他们"在抗震救灾的工作过程中更加的谨小慎微，认真对待每一笔捐款，每一个捐方，每一笔物资，谨小慎微、如履薄冰"。①

除了成文的具有强制力的制度外，硬机制还可以通过市场奖惩机制发挥作用。问责对象的回应是否能让问责主体（特别是与问责对象有直接利益关系的捐赠人）满意，则会由"看不见的手"发挥作用，依据市场机制对问责对象作出奖惩。比如，明星参与拍摄的电影和广告代言主要是借助明星的公信力和社会影响力，只有得到了公众认可才会带来市场价值。如果明星的社会声誉受损，广告公司会考虑撤销该明星的代言，电影公司会考虑替换该明星出演的角色，从而对明星个人事业带来负面影响，这就是市场奖惩机制发挥了作用。市场奖惩机制往往对公众人物具有硬性的惩罚，会给其带来直接的经济或其他方面的损失。章子怡为了避免因自己社会声誉和公信力受损带来的损失，对公众的质询和谴责进行了回应，主要方式包括公开发表声明、接受媒体专访和补齐所缺差额。

章子怡受到网友质疑的消息经媒体广泛报道后，章子怡的社会声誉受到影响。据国际在线报道：由于丑闻缠身，目前已有一个与章子怡长期合作的国际顶级品牌有意与其终止合约，章子怡的广告代言收入遭到一定损失。目前，章子怡代言的产品包括国际铂金协会、彩妆、名牌时装等。明星代言界早有惯例，一旦明星惹上负面消息，就会引发产品的美誉度降低，因此品牌企业只有及早从明星绯闻中抽身。因此如果此事成真，对于出道以来就打"国际牌"、美誉度甚高的章子怡来说，无异于一记重创。②

2. 软机制

软机制发挥作用是基于道德观念、是非准则和伦理标准，判断问责对象回应是否合理，进而产生对问责对象名誉、公信力等方面的奖惩，使问责对象受到非正式制度的约束，并对问责对象的行为具有规范性和指导性的作用。

在章子怡"诈捐门"案例中，对网友和其他社会公众对捐款问题

① 陈南方：《汶川地震捐赠案例调查报告》，2009。
② 陈赞、李呈呈：《章子怡"诈捐门"案例调查报告》，2010。

的不断质问，章子怡做出了回应，回应方式主要包括发表声明、接受媒体专访、补齐差额等。虽然"诈捐门"事件最终得到了妥善处理，但是作为国际明星的章子怡的名誉和诚信等道德严重受损，还直接导致了广告代言费等经济损失。①

3. 机制互动

其实，在问责效果方面也存在众多硬软机制的互动。一方面，软机制在很大程度上推动了硬机制的有效运行。制度是由人来执行的，因此，要使制度发挥作用，制度执行者必须具有强烈的责任感、道德感。当前问责不力的原因不在于是否存在某种制度，而是制度的执行力度不够。

在社会舆论等软制度作用下章子怡的声誉和公信力受到损失，从而导致市场奖惩机制发挥了作用，章子怡的广告代言和电影拍摄受到影响，经济收入遭到损失。可见，软机制对启动硬机制发挥了重要作用。章子怡受到市场机制的惩罚后对公众问责没有产生明显的影响，公众一直呼吁政府司法部门的介入，有的网友甚至认为仅有市场的惩罚是不够的，章子怡必须接受法律的制裁。但由于各种原因，政府部门并未介入调查。因此在此案例中主要是社会舆论和市场奖惩机制在发挥作用，政府司法和行政处罚机制并未发挥应有的作用。

另一方面，硬制度的有效运行进一步强化了软制度的作用。硬制度执行者的积极回应，在一定程度上鼓励了民间的问责行为，强化了公众继续进行问责的信心，因而也强化了软制度的功能。事实上，如果硬制度发挥作用时，社会舆论就变得更加理直气壮、有理有据，不再是单纯地用道德大棒到处打人。所以某种程度上，硬性的也为软性的树立了一种规范。

五 有效问责的影响因素

问责是一个完整的过程。只有保证每个阶段的关键环节得到正常运转，问责体系才有可能有效。非常明显，相对常态而言，危机状态下的问责比较有效。那么，为什么危机状态和常态下问责形成了如此鲜明的对比？可以肯定的是，当前常态下的问责体系还不成熟。

---

① 陈赞、李呈呈：《章子怡"诈捐门"案例调查报告》，2010。

（一） 危机状态与常态问责对比

1. 问责要素的对比

常态时期与危机时期对 NPO 的问责呈现出以下不同点。第一，在问责主体方面。常态时期，问责主体的范围较小，往往是主要的利益相关者和当地司法部门，属于小面积问责。危机时期，问责主体的范围涉及社会各界，属于大面积问责。第二，在问责对象方面。常态时期，对 NPO 问责的时间多为事后问责，只有当 NPO 的行为造成恶劣后果时，问责主体才会对其进行问责。危机时期，对 NPO 问责的时间多为事前问责和即时问责，以达到事先预防的目的。第三，在问责内容方面。常态时期，对 NPO 问责的内容多为道德和法律层面，很少涉及绩效层面。危机时期，对 NPO 问责的内容除了道德和法律问责外，人们更多地关注到了 NPO 行为的有效性，其行为是否达到了预期目标，这更多的涉及了绩效层面。第四，在问责方式方面。常态时期，对 NPO 问责的方式主要是外部问责，即问责主体为组织外部的相关利益者。而在危机时期，对 NPO 问责的方式除了外部问责外，还包括内部问责，组织自身会对其进行严格的管理和控制，以不断完善组织内部机制。第五，在问责效果方面。常态时期，对 NPO 问责的效果往往不佳、回应消极、司法不透明，公布结果缓慢甚至无结果。危机时期，对 NPO 问责的效果非常有效、回应积极、司法透明，公布结果迅速。

从常态时期和危机时期的问责对比分析，不难发现危机时期的 NPO 问责不论是问责主体、问责内容、问责方式、问责时机还是问责效果都显著优于常态时期的问责。

2. 危机状态问责有效的原因

韦伯认为人是有思想的动物，其行为与动机相互联系。人的决策和行为都会受到一系列约束，其中最核心的约束条件就是价值观，而价值观又是文化的核心要素。从汶川地震的问责实践来看，随着有关地震信息的快速传播和更新，公众的危机意识、共同体意识以及团结感逐渐形成，即"灾区的事就是我们的事"，并由此激发了个体统一的价值观、伦理和道德意识。当公众形成了共同情感基础并达到价值观共识时，会对社会某一行为形成共同的判断标准，并以此来评判和规范他人的行为。在抗震救灾过程中，公众普遍秉持两条评判道德的标准：第一，你是否捐赠了？第二，你所捐赠的数量是否和你的能力相匹配？正是在这种价值观、伦理、道德共识下，个体的行为受到规范、约束，并通过两种问责制度——硬制度和软制度，促进了有效问责的实现。

在此种情况下，道德和制度是问责有效的最重要因素，也就是硬制度和软制度在问责中发挥了重要作用。当然，硬制度和软制度不是独自发挥作用，而是相互作用、相互促进。空前的灾难有力地激发了个体的道德意识，在为数众多的个体之间迅速建立了价值观上的"共识"。个体作为硬制度的执行者及软制度的承载主体，其行为受到这种"共识"的引导，使得硬制度与软制度开始发挥作用。同时，两种制度也在互相推动与强化，正是它们两者之间的这种相互关系，使问责效果"倍增"。①

3. 常态问责低效的原因

根据委托代理理论，所有者缺位是 NPO 问责最大的问题。根据公共物品理论，由于 NPO 提供的都是公共服务，其受益对象往往是不确定的多数。公共服务的特点容易发生"搭便车"行为，从而产生了"慈善悲剧"。理论上，数量众多的问责主体通过各自的问责方式对公益领域进行包括法律问责、行政问责、专业问责、道德问责在内的全方位问责，应当能够构建起一个完善的问责体系，形成有效的监督问责环境。然而近年来国内接连不断出现的丑闻却表明事实并非如此。2002 年，曾作为慈善典范的"希望工程"被媒体曝光违规操作和主要领导人贪污，之后又有美国妈妈联谊会以账目不清、弄虚作假将"中国妈妈"胡曼丽告上法庭，山东黄河孤儿院院长董玉阁被控告诈骗钱财，辽宁阳光儿童村负责人付广荣将善款据为己有，国家自然科学基金会会计贪污挪用公款，牙病防治基金会被曝管理费高达 70% 以上，等等。可见，现有的公益领域问责体系存在官方监管"机制失灵"与社会监管乏力的双重问题，难以发挥持续、有效的作用。

然而，2008 年汶川大地震中积极踊跃的问责行动与问责对象回应问责的良好表现似乎又对上述判断提出了质疑。这促使我们思考为什么常态下不良的问责机制在危机状态下却能有效运行？影响有效问责的关键因素是什么？

我们通过将地震前的常态与地震后的常态对比，发现地震的洗礼没有消散，影响持续，使大众养成好习惯，累积的效应凸显，公民能力感增强，问责之后会有效果。区别在于地震引发的危机意识、共同体意识、团结感，使得道德观念、是非准则、伦理标准提高且趋于一致，从而使得硬机制的执行者恪尽职守，

---

① 康晓光、陈南方：《NGO 问责——5·12 大地震引发的一场"信任大地震"》，载于卢宪英、韩恒主编《非营利组织前沿问题研究》，郑州大学出版社，2010。

获得了问责的成就感、能力感和责任感，形成了强烈的社会舆论氛围和奖惩机制，也推动了问责对象的自律。所以，单纯的硬制度还不能保证问责有效。

（二）硬机制发挥作用的条件

1. 完善相关法律、规则和制度

硬机制要发挥作用，最重要的前提条件是已有的硬制度完善，做到"有法可依"，即为公益领域行为主体提供可供参考的行为规则，这个规则必须具有强制性、惩罚性和规范性。

1992 年爆出的轰动一时的美国联合劝募会主席阿尔莫尼自占捐款事件和新纪元基金会行骗事件，使美国慈善事业陷入了相当长一段时间的公众募捐低潮。但是，也正是这些教训，使得美国对慈善机构的监督日益完善起来，主要体现在三个方面：一是行业评级与社会监督。美国慈善评级机构先后为超过 5300 家慈善机构评级，级别为 4 星到无星从高到低，同时提供各个标准下的前十排行榜，其中不少是负面排行，比如筹款回扣率排行、财务危机排行、劣等机构 CEO 薪水排行、赠款囤积花不出去排行。一旦慈善机构信誉受到质疑，就可能被公众抛弃。在这种监督力量推动下，慈善机构纷纷提高自己运作的透明度。二是政府监督。美国政府对社会对慈善组织进行了多方面的监管，规定慈善组织每年向国税局详细报告本年度经费的来源和支出情况以及各项活动经费的来龙去脉，以便政府检查慈善组织的活动是否符合免税规定，而免税事关一个慈善机构的发展乃至存活，诸如此类的监督，成为确保慈善机构透明度的一个重要保障。三是法律制约。对于侵吞捐款及借慈善行骗的行为，都予以非常严厉的惩处。[1] 这些不仅体现了软机制启动后的效果，更体现了硬机制启动后的效果。

2010 年 5 月 1 日起实施的《江苏省慈善事业促进条例》是全国首部促进慈善事业的地方法规，清华大学邓国胜借此表示，中国公益事业的法制建设需要一个丑闻的刺激，新加坡国家肾脏基金会丑闻在公益慈善市场上的震荡，零零散散的慈善风波并未掀起多少涟漪，汶川大地震不期而遇震动了中国的公益市场。[2]

汶川地震以来，不少名人和明星纷纷宣布慷慨解囊，感动了无数人。然

---

① http：//hi. baidu. com/% B2% E0% C6% C0/blog/item/483508f587cf3d20bc310937. html.

② http：//www. dooland. com/magazine/article_ 40419. htmlJHJ_ .

而，从去年开始，先后有余秋雨、章子怡、成龙等名人和明星身陷"诈捐门"。尽管章子怡和成龙都表示将尽快落实捐款，但接二连三的这样那样的"诈捐门"引发了人们的质疑。据悉，湖南拟提请省十一届人大常委会第十八次会议审议的《湖南省募捐条例（草案）》（以下简称"草案"），对慈善领域备受关注的"骗捐"、"诈捐"等问题作出了规范。"诺而不捐"将要吃官司——捐赠人不履行捐赠合同或者捐赠承诺的，募捐组织应当向捐赠人追索；追索未果的，应当向社会公告并依法提起民事诉讼或申请仲裁。"该条例不仅可以弥补当前募捐立法的不足，而且可以为国家立法提供实践经验。"湖南省民政厅厅长余长明作草案说明时说。

而 2010 年 4 月 20 日的《情系玉树大爱无疆——抗震救灾大型募捐活动特别节目》晚会，明确提出，善款要先到账，企业才能举牌，即企业的捐赠资金在接受捐赠的公益机构确认到账后，凭捐赠发票领取晚会门票才能在晚会上举牌亮相。

2. 保证执行人的恪尽职守

硬机制并不是在任何情况下都在有效地运行。"机制失灵"现象在中国已是司空见惯，而造成这种现象的原因有很多，其中，道德缺失是造成"机制失灵"的一个重要原因。这就要求硬机制的执行人要恪尽职守，做到"有法必依"，真正对问责主体和问责对象起到约束作用。一方面问责主体要按照法律规定履行自己问责的权利，另一方面问责对象要按照法律规定严格规范自身行为。

在"丽江妈妈"案例中，法院使用的法律手段和政府的行政手段对问责都产生了显著作用。在本案例中硬机制之所以发挥作用，是因为具备以下三个条件：第一，问责主体具有较强的法律意识，知道通过法律诉讼的方式对侵占、滥用慈善资源的人进行惩罚。问责主体的法律意识对能否启动硬机制进行问责具有重要影响。第二，具备完善的法律体系，处理慈善活动中的贪污腐败、挪用资金等案件有法可依。第三，政府部门对慈善活动管理工作的高度重视。

3. 软机制的促进作用

软机制对于硬机制的促进作用分为个体层面和群体层面。个体层面，机制是由人来执行的，因此，要使机制发挥作用，机制执行者必须具有强烈的责任感、道德感。一方面，软机制在很大程度上推动了硬机制的有效运行。有些硬机制是原本就存在的，但形同虚设，在汶川地震中，我们看到它们开始发挥了作用。在这次地震中政府同样受到来自民间社会的问责，甚至比

NPO 受到的问责更加强烈。因为当公众对问责主体的信任与期待越高时，其问责就越强烈，而当前中国公众对政府的信任与期待远高于对 NPO 的期待。从事公益活动的 NGO 由于其特殊的使命，被披上了一层神圣的外衣，从而被强加以更高的行为标准，然而，中国 NPO 的种种不良行为已使公众对其信任与期待降至最低。

群体层面，软机制发挥作用形成的社会氛围和奖惩机制会对硬机制的执行产生影响。比如诈捐门事件，网友们在道德驱动下形成了广泛的舆论问责。章子怡在受到众多网友质疑后，其社会声誉和外部形象受到了影响。在市场这套奖惩机制作用下，章子怡遭受了经济损失，这种市场惩罚机制具有强制约束性。我们发现，虽然这种市场奖惩机制对慈善问责起到了显著作用，但这种硬机制是在软机制的作用下才启动的。如果没有社会舆论的强大影响力，仅靠个别人的言论无法真正影响一个公众人物的形象，市场惩罚机制也就无法发挥作用。

（三）软机制发挥作用的条件

软机制发挥作用的过程是：首先人们认识到事件不正义，其次认识到自己有责任改变现状，再次认识到自己有能力去改变，在此基础上开始行动。通过扩散效应（媒体宣传）和示范效应，在一次次自己行动成功或观察别人的行动成功后，能力感逐渐被累积起来。通过社会舆论氛围的形成，问责标准的形成，奖惩机制的强化，形成了软机制并发挥了作用。

1. 全社会道德观和价值观普遍提高

每一个个体对其行为都有解释，知道自己行为的意义。韦伯强调从行动者自身的视角出发来研究人的行为，他提出社会科学家应该尊重社会行动者一项不可让渡的权利，就是他们有权利确定他或她的社会行动对其本人来说意味着什么。因此行动必须是对行动个体来说具有主观意义的活动。[1] 社会行动是指行动者赋予其行动主观意义，行动时也考虑到他人的行为，并且在其行动过程中也是以他人的行为为目标的行动。也就是说，一项行动被确定为社会行动需要具备两个要件，即意向性和指向他人，只有符合这两个要件的行动才是社会行动。这样我们就排除了未赋有主观意义的和未指向他人的集体现象是社会行动。所以，社会行动在特定主观意愿支配下展开，而人们的主观意愿又是在特定的

---

[1] 马克斯·韦伯：《经济与社会（上卷）》，商务印书馆，2004。

风俗习惯、文化传统、心理结构、理想选择等因素作用下形成的。

个体在采取行动前首先会考虑所做的行为对他们自己来说有什么意义。个体的道德、伦理、共同体意识、责任意识、权利意识等价值取向的增强会增加行动者对自己行为将产生意义的积极预期，从而进一步推动其行为的发生。所以问责主体的道德伦理意识和权利意识会增强问责的意愿，更加愿意积极主动地采取行动。行动者还会考虑到他人的行为，以他人的行为为取向，从而逐渐形成一种超个体的共同价值观。

就公益领域的问责而言，社会对于 NPO 的公益性质具有广泛共识，对 NPO 的行为具有不同于其他组织的更高的道德要求，当 NPO 的不正当行为暴露时，公众会基于这些共享的价值观做出行动，这就是软机制的启动。比如，地震时期的问责就属于以上情形，地震激发了公众道德意识的觉醒，促成了价值观上的共识。而影响人的行为的核心因素就是价值观。因此，这种共识也促进了人们的行为的一致性，如为灾区捐赠资金和物资并进行跟踪、关注抗震救灾进展情况等。同时，评判行为正确与否的标准也趋于一致，当出现与这种标准相背的行为时，容易引发一场集体行动——问责。

当然，除了道德、价值观等文化方面的因素，还有其他因素也从客观上促成了舆论氛围的形成。首先，公众关注点高度集中。其次，一直以来，中国公众不了解 NGO，也不信任 NGO，这种长期积累的不信任在这次地震中得到全面爆发。再次，公众的权利意识也逐渐觉醒等。但是，全社会道德观和价值观普遍的提高是根本。

2. 问责主体的能力感增强

阿尔蒙德提出公民能力感的概念，即指公民个人对自己影响中央和地方政府决策活动的能力如何估计。公民能力感越强，越会积极地参与政治活动，对政治系统的忠诚感越高，也越信仰民主系统。自我能力感只是推动政治行为的一种态度，还有许多不同类型的态度推动着政治参与。[①]

阿尔蒙德根据政治发展的水平，将公民的自我能力感划分为三个层次：地域型态度，依附型态度和参与型态度。地域型态度，指公民对政治系统所知甚少，甚至一无所知。他们认识不到自己可能对政治系统施加影响，也认识不到应该承担必要的义务。这种态度是传统社会与过渡社会政治文化的共同特征。依附型态度，指公民认识到自己是政治系统的组织部分，而且政治

---

① 王乐理：《政治文化导论》，中国人民大学出版社，2002。

系统可以对自己的生活施加影响或潜在影响。但是他们不能认识自己在政治当中可能起到的作用，更不会想到积极地去影响政府的行为。他们对政治参与始终抱着被动的态度。参与型态度，指公民对政治输入，即社会当中那些促使自己介入政治的过程具有一定的认识，形成了鼓励自己利用各种参与机会的态度，相信自己通过努力可能影响国家的政治事务。

公民参与公益领域问责和公民参与政治活动类似，同样受到公民自我能力感的影响。政府部门积极回应社会中形成的问责舆论，会改变公众对自己问责行为效果的估计，促使公众对问责行动的态度从地域型和依附型向参与型转变，从而增强其对公益领域问责的动力。

在"丽江妈妈"案例中，首先，有关NPO不正当行为的信息要能够被披露出来，最初的信息披露中披露者的身份、披露动机、披露方式都有多种复杂情况，但这种具有偶然性、不确定性的信息披露却是启动软机制运行的一个重要的前提条件。其次，软机制的问责主体要具有行动感和行动能力感。硬机制的问责主体基本上不存在这个问题，因为他们何时需要采取行动以及能够采取什么行动来对NPO进行问责早已被各种法律、法规、规章等所明确规定。但是软机制的问责主体相对于问责对象来说既没有直接的利益关系，也没有法定的奖惩权力，因此只有当具备了行动感和行动能力感时，软机制的问责主体才会做出问责行为；反之，问责主体就缺乏行动的动力。

总结来看，要在公益领域问责中增强公民能力感，要关注以下几个方面。第一，问责主体树立起问责意识，即意识到某件事情是不正义时应当受到指责和惩罚。第二，问责主体产生问责的责任感，这其中的原因具有多样性，不同的案例背景下问责主体有不同的问责动力，但在大环境的变动下容易被更广泛地激发出来，如地震灾害等大危机。第三，问责主体有能力感和成就感，即意识到问责行动是有效果的，问责行动的示范效应是在一次次的自己问责成功或观察别人问责成功中累积起来的。第四，问责主体有采取问责行动的条件，包括信息可获得性、媒体对事件的扩散效应等。第五，问责主体采取行动后能够产生舆论压力迫使问责对象回应。

3. 硬机制的保障作用

软机制要发挥有效作用，离不开硬机制的配合。一方面，软机制不具有强制力和正式性，当硬机制与软机制的作用方向不一致时，软机制的作用效果就会严重受到影响。另一方面缺少硬机制的有力支持，软机制的行为主体也会受到影响，进而使得问责效果不尽如人意。

比如，北京太阳村案例。"中国妇权网"的调查为揭露太阳村的负面消息开辟了先河。《中国周刊》的报道更是一石激起千层浪，引发了强烈的社会反响，新浪网和各大新闻网都发布了这篇报道，此报道甚至在新浪网头条挂了一个月之久，其他新闻单位也纷纷转载。在报道后的半年之内，针对太阳村的爱心捐赠数量（包括捐款捐物）都大幅度减少。国家某位高层领导作了批示，北京市相关领导也作出指示要求解决此事。北京市顺义区区委领导特地组成了调查小组专门关注此事，顺义区民政局领导还亲自约见《中国周刊》记者朱顺忠来了解情况。然而此后调查再无下文，不了了之。太阳村方面的反应也非常强烈，张淑琴在许多场合公开表达自己对报道的不满和愤怒，认为报道是歪曲事实无中生有。为此朱顺忠还接到过不少匿名的骚扰电话。而太阳村的一些工作人员和孩子也对报道存在反感和抵触情绪。

但是随着时间推移，太阳村不再处在舆论的风口浪尖，它的经营运作状况又恢复到了从前的状态，甚至变得更为积极，影响继续扩大。2010 年 7月 5 日，中华少年儿童慈善救助基金会在保存原"太阳村"体制不变、自主运作的前提下，与北京市太阳村儿童教育咨询中心签订了合作和资助协议，在基金会内设立专项基金，帮助各太阳村协调发展、加强管理和资助监督工作，逐步将全国 7 个"太阳村"办成能够经常自主募集捐助、科学管理运作、为特困儿童创造福祉的"绿色家园"。这意味着太阳村的经营已经开始步入了稳定发展的轨道。

有效问责是一个系统化的过程，在当前社会体制不成熟的大背景下，问责体系也存在多种问题，但通过危机状态下的有效问责，我们看到在不成熟的问责体系中也可以有成熟的有效的问责，其关键原因在于启动软机制，充分发挥软机制的作用。当然软机制的有效运行也必须有硬机制作为保障。

六　结论和讨论

公益组织或公益领域的资源在理论上属于全体社会成员所有，产权的所有者不明晰。再者，第三部门组织提供服务或产品属于典型的公共物品，具有非排他性的特点。因此，公益领域的问责经常出现无人问津的情况，缺乏明确问责主体，甚至存在严重的"搭便车"，导致慈善悲剧。当前社会还无法自动形成一套自律机制，只能依靠外部法律和道德规范等问责体制约束其行为。但是，我国公益组织在社会的影响力还比较弱，普通公众对其监督缺乏动力，所以对 NPO 的问责显得比对政府和企业问责更难实施。

从我国自身的现实情况来看，一方面，伴随市场经济的发展和行政体制改革的深化，社会领域出现了一些政府和市场作用之外的公共服务空间，各种公益组织得以迅速发展，在教育、卫生、环保、扶贫等领域发挥重要作用，还有人对此寄予公民社会的出现。另一方面，我国公益组织正面临内部能力不足与外部监管欠缺的双重挑战。近年来一系列丑闻接连被曝光，公益组织在公众心目中的"天使"形象受到严重毁坏，公信力下降。如果不能尽快建立有效的 NPO 问责机制，不仅危及 NPO 自身的良性发展，也会对整个社会的道德风尚产生影响。

通过理论和现实两方面的原因我们确定公益领域问责问题研究的重要性和紧迫性。在此基础上，我们把问责要素归纳为问责主体、问责对象、问责内容、问责方式和问责效果，从这五个方面对公益领域的问责现状进行了扫描。通过案例调查发现，媒体已成为公益问责的重要主体之一，其作用日益凸显。

通过对比危机状态和常态下公益领域问责的不同，我们将问责机制分为硬机制与软机制。通过引入问责软机制和硬机制的概念，具体分析影响问责主体及问责对象行为的因素以及相互间的关系，来阐述有效的问责机制的运行逻辑。按照问责的发展逻辑，本文将问责划分为三个阶段，即问责启动阶段、问责运行阶段和问责效果阶段。硬机制和软机制在每个阶段都发挥作用，且都有自身逻辑和两种机制间的互动关系。危机状态下的问责体系为清晰地描述问责机制的运行过程，以及探究影响有效问责的关键因素提供了参照系。通过分析我们发现导致有效问责的三个重要环节为：第一，问责主体是否发起问责？第二，问责主体发起问责后问责对象是否做出合理的回应？第三，问责对象根据回应是否合理地受到相应的奖惩？

进而得出本文结论，即提出发展有效问责体系的策略：有效问责要在软硬机制的共同作用下产生。"徒善不足以为政，徒法不能以自行。"在当前社会整体机制不成熟的情况下要实现有效的问责，一方面要关注硬制度建设，保证法律制度完善，有章可循、有法可依；更重要的是要关注软制度建设，最紧迫的任务就是树立良好的价值观、道德规范、行为准则，使全社会道德观和价值观普遍提高。从而促进软硬机制的互动，推动有效问责的实现，进而建立起有效的公益领域问责环境，推动全社会道德文化建设和第三部门发展。真正有效的问责不在于出了问题后人人喊打，而是通过软硬制度的完善提高公益领域行为主体的自律能力和监督意识，防患于未然。

图书在版编目(CIP)数据

依附式发展的第三部门/康晓光等著. —北京：社会科学
文献出版社，2011.6
（非营利研究丛书）
ISBN 978 - 7 - 5097 - 2312 - 8

Ⅰ.①依… Ⅱ.①康… Ⅲ.①社会团体 - 研究 - 中国
Ⅳ.①C232

中国版本图书馆 CIP 数据核字（2011）第 066890 号

非营利研究丛书
依附式发展的第三部门

著　　者／康晓光 等

出 版 人／谢寿光
总 编 辑／邹东涛
出 版 者／社会科学文献出版社
地　　址／北京市西城区北三环中路甲 29 号院 3 号楼华龙大厦
邮政编码／100029

责任部门／社会科学图书事业部（010）59367156　　责任编辑／李兰生
电子信箱／shekebu@ ssap. cn　　　　　　　　　责任校对／韩海超
项目统筹／王　绯　　　　　　　　　　　　　　责任印制／岳　阳
总 经 销／社会科学文献出版社发行部（010）59367081　59367089
读者服务／读者服务中心（010）59367028

印　　装／北京季蜂印刷有限公司
开　　本／787mm×1092mm　1/16　　印　张／21.5
版　　次／2011 年 6 月第 1 版　　　　字　数／373 千字
印　　次／2011 年 6 月第 1 次印刷
书　　号／ISBN 978 - 7 - 5097 - 2312 - 8
定　　价／59.00 元